U0101423

何遂遗踪

主编：何达 王苗

何遂 1962 年摄于海南岛三亚海滨砾滩

目录

代　序：传奇人　赤子心　　　　　　　　　　　何嘉　　　1

代生平简介：悼念我的父亲何遂　　　　　　　　何达　　　4

遗作集萃

辛亥革命亲历纪实　　　　　　　　　　　　　　何遂　　　12

辛亥革命时期的广西新军　　　　　　　　　　　何遂　　　36

反袁回忆录　　　　　　　　　　　　　　　　　何遂　　　39

参观欧洲大战记（选载）　　　　　　　　　　　何遂　　　46

关于国民军的几段回忆　　　　　　　　　　　　何遂　　　59

丛台集序　　　　　　　　　　　　　　　　　　何遂　　　68

黄埔军校中山先生纪念碑碑文　　　　　　　　　何遂　　　70

黄埔东江阵亡将士纪念碑碑文　　　　　　　　　何遂　　　72

济深公园记　　　　　　　　　　　　　　　　　何遂　　　74

军校学生北伐阵亡将士纪念碑碑文　　　　　　　何遂　　　75

绘园藏瓦（选载）　　　　　　　　　　　　　　何遂　　　76

绘园古鉴（选载）　　　　　　　　　　　　　　何遂　　　83

兵要地理　　　　　　　　　　　　　　　　　　何遂　　　86

唐故米国大首领米公墓志铭考　　　　　　　　　何遂　　　88

何叙甫藏甲骨文（选载）　　　　　　　　　何遂　集拓　90

叙圃甲骨释略（选载）　　　　　　　　　　　　何遂　　　94

校经图序　　　　　　　　　　　　　　　　　　何遂　　　104

对中国现代史研究的几点建议　　　　　　　　　何遂　　　108

叙圃词　　　　　　　　　　　　　　　　　　　何遂　　　110

叙圃诗　　　　　　　　　　　　　　　　　　　何遂　　　141

叙圃书画　　　　　　　　　　　　　　　　　　何遂　　　149

寻踪文撷

过瞿塘少年抒豪情　　　　　　　　　　　　　何达　　194

一张照片引起的回忆　　　　　　　　　　　　何康　　196

何遂主持黄埔军校校务前后　　　　　　　　　何达　　198

抗战初何遂与中共高层的交往　　何世庸 口述　何达 整理　206

花园口决堤见闻与思考　　　　　何世庸 口述　何达 整理　212

虎画轶事　　　　　　　　　　　　　　　　　何仲山　216

筹运花马池盐的往事　　　　　　何世庸 口述　何达 整理　219

解放战争时期的何遂　　何世庸 何康 何嘉 口述　何达 整理　224

从大陆战斗到台湾——缅怀吴石伯伯　何康 口述　何达 整理　234

父亲与文物考古　　　　　　　　　　　　　　何仲山　246

我心中的爷爷　　　　　　　　　　　　　　　何迪　　265

印证历史的踪迹——缅怀敬爱的爷爷　　　　　何代宁　284

最后的微笑　　　　　　　　　　　　　　　　何敏　　296

何三叔逸事　　　　　　　　　朱德君 口述　朱权 整理　299

最早向新上海捐献文物的何遂将军　　　　　　陈正卿　302

撷影留真

老照片（以时间为序）　　　　　　　　　　　　　　　310

附录

何遂年谱简编（1888~1968 年）　　　　　　　　　　　347

何遂家系简表　　　　　　　　　　　　　　　　　　　370

代后记：这本书的故事　　　　　　　　　　　何达　　372

传奇人　赤子心 （代序）

何　嘉

父亲辞世40年了，我很想念他。

父亲一生爱国，富有正义感，为人正直、豪爽、热情、侠义，可以说是一个生于乱世满怀赤子之心的传奇人物。

父亲一生在政治上是敏锐而清醒的。从参加辛亥革命到抗日，从不满到反对蒋介石，从同情、支持共产党到直接为党工作，父亲的思想始终站在时代的前沿。他是一个富有民主思想的爱国者，他毕生的信念就是振兴中国。

何遂、陈坤立 1912 年于南京李相府喜结秦晋
此为 1962 年所拍金婚纪念照

父亲出生的 1888 年，正是中华民族饱受列强欺凌积贫积弱的清末。他 16 岁从军反清，19 岁加入中国同盟会，21 岁毕业于保定陆大第二期，是广西同盟会创建人之一。他满腔热血忘我地投身孙中山领导的民主革命洪流。辛亥革命中，是一个非常活跃的分子，翻开那段历史，许多亲历者的回忆中都写到他。

在武夫当国的军阀混战时期，父亲参与了护国、护法斗争。抱着"以军阀制军阀"的模糊思想，他投身直系，参与了 1924 年冯玉祥、孙岳、胡景翼发动的"北京政变"。在他 36 岁时，当上了国民军空军司令、国民军第三军（军长孙岳）参谋长兼第四师师长；也被北京政府任命为航空署署长，授衔空军中将。按说算得上风光一时，但他对此并不在意，一心幻想着把国民军第三军带到甘肃、新疆去割据，实现他的改良梦。结果和他义结金兰的挚友孙岳闹僵，独自离开了国民军。

中国历史走进以蒋介石集团为主导的国民党统治时期。北伐战争中，父亲遵照蒋介石的指令，到河南去策动吴佩孚的主力倒戈响应北伐。应该说，蒋介石对交游广阔以"当代鲁仲连"自命的父亲是不错的，先后任命他为广州黄埔陆军军官学校"代校务"（代校长、副校长主持校务）、国民政府立法委员、立法院军事委员会委员长等高官。父亲对蒋的不满，主要起于抗日。父亲是个民族意识极强的人，对日本的侵略痛心疾首，不共戴天。"九一八"事变后，他与朱庆澜共同组建"辽、吉、黑抗日义勇军民众后援会"，自己毁家纾难，变卖古董字画充作抗日军饷，还代表"后援会"和孙科到热河去敦促汤玉麟整军抗日，自己又请缨杀敌当了55军军长，险些被进攻热河的日寇打死。蒋介石对日本入侵的一再妥协使他很反感，正是在抗日这面民族大旗下，西安事变后，他开始靠拢中国共产党。

1937年5、6月间，当周恩来、博古等中共中央代表到南京时，经张冲安排，他和周恩来等有了接触。"七七"事变后，叶剑英、博古、李克农等共产党人与父亲交往渐多；1937年9月，父亲还专程陪同周恩来从第一战区到山西去，协调阎锡山与八路军的关系。父亲和共产党的交往是很真诚的。国共刚开始合作抗日，在南京，他听叶剑英对他说，中共代表驻地警卫缺少枪支，他立即将家中所存四支步枪两支驳壳枪连同子弹全部相赠；皖南事变后，他得知重庆八路军办事处经济困难，立即送去一笔现款。也许有人觉得这不算什么，可是在当时的政治环境中，这种雪中送炭的真情，是多么难能可贵啊！

我和父亲接触最多的时候是1949年。这一年，党组织两次让我伴随父亲，协助他工作。一次是在寒冷的1月，我随父亲从香港到汉口，按照党的要求，父亲三次会见白崇禧。他们在白的卧室谈话，我就坐在外间客厅等。完成任务后，返程路过南京，父亲又主动地去见"代总统"李宗仁（父亲与李宗仁、白崇禧有师生之谊），劝他真诚地和共产党和谈息兵，避免继续生灵涂炭。另一次是4月随父亲从上海赴广州，后转台湾工作。8月在台北，父亲和吴石伯伯接触密切。为了人民的解放事业和避免祖国的分裂，吴石甘冒斧钺，同意继续为共产党工作。我们并在香港协助吴石和党组织接上了关系。这段生活很特殊，由于工作关系和环境险恶，我和父亲的关系有了不寻常的变化，我们既是父女，又是为完成一个共同任务而努力工作的同生死的战友。这

1951年摄于上海，此乃新中国成立后首张家人合影。何遂、陈坤立居中坐，环立者左起为何嘉、何世平、何世庸、何康、何达

真是一个奇妙的组合。父亲一生很多事情让我感动，他的音容笑貌，爱国情怀，待人的真诚侠义，永远铭刻在我心间。

父亲的记忆力极强，可以成篇地背诵《左传》和《战国策》。他热爱中国的传统文化，诗词书画在他的生活中已不可或缺。画画送人是他的乐趣，动辄有诗，出口成章。我一直认为，父亲的文才远胜于他从政之资。父亲从20世纪20年代中期就开始文物收藏和考古。他收集的秦汉瓦当逾千，亲自拓片汇成三十余册；他的《何叙甫藏甲骨文》有郭沫若作序；他的《叙圃甲骨释略》有商承祚、陈独秀题词。他收藏的大量文物都先后捐献给了几个地方的博物馆。仅1950年捐献给上海市历史博物馆的文物就达6895件。他没有给子孙留下一件文物。他在1943年作的《校经图序》（见《百年敦煌文库·文献卷》）中，对文物国有，文物的保护、管理等提出了一系列极有见地的见解。他自己就是一个忠实的实践者。

最难得的是，父亲历经沧桑却始终保持一颗透明的赤子之心。他的言行有时像个孩子。1957年"反右"热潮中，我二哥何世平（在全国人大办公厅工作）接到同事的电话，说当天部分人大代表批判右派分子黄绍竑的会议上，正群情激愤，父亲突然离席，到小卖部买了一盒冰激凌，在众目睽睽下送到被批得满头大汗的黄绍竑面前。二哥立即约同我的爱人邓裕民赶到父亲家，对老先生进行了苦口婆心的"教育"。他们两人当年被家人戏称为"救火队长"。

在家庭里，父亲事母至孝，关爱弟兄；对子女则是一位真正的慈父，民主平等，慈爱有加。他心

中早知自己的儿女是共产党，但并不说破，只是默默从旁协助、掩护。有一次，我三哥何康在客厅读《联共（布）党史教程》，随手将书扔在沙发上。父亲拾到后，提笔在书的封面上写下"他山之石"四字，并签上自己的名字，仍置于客厅。我想，父亲在家中所以这样，是他既深受传统道德的熏陶，早年又遍游欧美，接受了西方民主思潮影响的结果。这也是儿女和孙辈特别爱戴他的一个原因。

新中国成立后，父亲任华东军政委员会委员兼政法委员会副主任，司法部部长，是一、二、三届全国人大代表，法案委员会委员。每年人大都要组织代表到各地参观考察，父亲看到祖国欣欣向荣的建设非常高兴，创作了大量赞美新中国的诗画。但对一次次过"左"的政治运动很不理解。早在20世纪50年代初，他就当了一回诤友，讲了一些逆耳诤言。从他晚年的一些诗作中，也可以窥见他内心的困惑。1968年1月，他安详地离开了人世。

我的弟弟何达，1954年详细记录了父亲口述的生平经历。1957年他被错划为右派分子，此后生活相当坎坷，但仍陆续写了一些关于父亲的文字。近两年，在第三代何迪、王苗的策划组织下，全家亲人同心协作，这本《何遂遗踪》终于出版了。我们要说，不是为了纪念而纪念，只是为了留下一些有益的作品和史料。

朋友，请读读这本书，在这里，可以看到近现代历史的若干侧影，也可以感受一些中国传统文化的魅力。

悼念我的父亲何遂

（代生平简介）

何 达

何遂出席第三届全国人大会议使用之标准照

父亲病逝17年了，他的音容笑貌常常浮现在我眼前。

父亲字叙甫，福建闽侯人，1888年生。

1904年，父亲进入福建武备学堂，结识了林觉民、方声洞、陈更新等，开始参与反清革命活动。1906年，他到南京在第九镇当排长。1907年，父亲考入了河北保定陆军随营军官学堂（后改称陆军大学）。这年，由方声涛主盟，加入了中国同盟会。

1909年秋，父亲在陆大第二期毕业后随耿毅等一批青年志士，到广西训练新军的机构督练公所参谋处担任筹略科科长兼陆军干部学堂教官。1910年，他和耿毅、刘建藩、杨明远等几位同盟会会员创建了同盟会广西支部，耿毅为支部长，父亲为参议，赵正平为秘书长。在桂林福棠街二号设立机关，积极发展组织，出版《南报》（后改为《南风报》）宣传革命。

武昌起义爆发时，父亲是清军北洋第六镇统制吴禄贞的参谋。吴禄贞是革命党，在北方军人中颇有声望。山西宣布独立后，清廷任吴为山西巡抚，命他攻取山西。吴禄贞派父亲和协统吴鸿昌率部进驻石家庄。清廷电促吴鸿昌进攻娘子关，父亲得悉山西革命党实力空虚，便利用吴鸿昌畏葸不前和首鼠两端的心理，用缓兵计阻止了进攻。吴禄贞抵石家庄后，派父亲到山西去联系，消除了阎锡山的顾虑，父亲又随吴禄贞到娘子关与阎锡山会晤，组成燕晋联军，推吴为大都督，阎副之。当时，吴禄贞已与驻滦州的二十镇统制张绍曾、混成协协统蓝天蔚有约，准备同时起义，直取北京，并接受父亲献策，扣压清军运送辎重的列车，截断了北京通往汉口前线的铁路交通。因此，吴禄贞的存在，对清廷和袁世凯构成极大威胁，这是吴禄贞被刺杀的背景。吴禄贞在石家庄火车站被刺的那个晚上，父亲宿于隔壁屋子里，听见枪声后冲出去，吴的人头已经不见了。父亲对我说，慌乱中他没有找到手枪，只拿了一把短剑，看到吴统制被害，悲愤到极点，曾用短剑自刎，那把剑恰恰没有开口，很钝，把他的脖子割破了，血流了下来，疼痛使他猛醒：不能这样死，要继承吴统制的遗志。父亲率领第六镇部分官兵宣布起义，被推为燕军大都督，他抱着失去人头的吴禄贞的尸体到娘子关，阎锡山对他说："如今燕晋联军仍然存在，我比你年长几岁，也不客气，我就担任联军大都督，你屈任副都督吧。"父亲只求他厚葬吴禄贞。吴的坟后来修在石家庄火车站旁，立了很大的碑，碑文中记下了父亲这段经历。

辛亥革命时期，年轻的父亲充满了反对封建帝制的革命激情和忘我的牺牲精神，在当时的历史条件下，他是走在时代潮流的前面的。但父亲对辛亥革命的结局很失望，随着清王朝的覆灭，他在政治上也失去了明确的奋斗方向。

1915年，父亲应黎元洪的邀请，到陆军大学任战术教官，与李济深同事，他们从此相交甚契。云南"护国战争"发动后，父亲潜往山西大同，策动晋北镇守使孔庚通电反袁，电文是他起草的。这是北方最早起来反袁的行动。结果，孔庚被阎锡山抓起来，父亲则由山西警备司令胡谦"陪送"出境。袁世凯死后，黎、段政府派父亲和沈鸿烈、郑桓等为代表，赴欧洲观战，因此，父亲到过法、意、比前线，并去过英、美等国。归国后，写了一本《欧洲观战记》。这段生活以及父亲1913年去日本考察学习的经历，对他的资产阶级民主思想的发展是有影响的。"护法运动"时，父亲曾由广州"护法"政府委任为"靖闽军司令"，在福建从事倒李厚基的活动，失败后，再次东渡日本。1920年，父亲经直系

军阀曹锟卫队旅（十五混成旅）旅长孙岳引进，做了曹的军官教导团的教育长。1924年，冯玉祥联合孙岳、胡景翼发动"北京政变"，囚禁了贿选总统曹锟，建立国民军，通电欢迎孙中山先生北上共商国事。父亲作为孙岳的参谋长和挚友，始终参与策划和行动。国民军时期，他任第三军参谋长、第四师师长（第三师师长是杨虎城将军），还担任北京政府的航空署长、国民军空军司令。国民军中聘有几十名苏联顾问，父亲受了一些影响。他当时极力劝说孙岳离开中原、华北，把有限的军队带到甘肃、新疆去，取得苏联的援助，实行军事割据，由此来实现他的资产阶级政治主张。孙岳对此最初是同意的，军队已经由陕西向甘肃进发。可是后来，孙岳变了卦，决定回去就任直隶军务督办兼省长，父亲和他闹翻了，于是拂袖而去。

北伐战争时期，父亲赋闲于杭州，蒋介石派陈铭枢把他找到南昌，让父亲回河南去，利用旧关系，运动直系和曾属国民军系统的军人倒戈响应北伐，父亲照办了。1928年春，父亲应李济深的邀请，到广州担任李的总参议。5月，继李济深担任黄埔军官学校的代理校长，称"代校务"。到1929年年底，因蒋介石已在南京另设军校，黄埔军校的经费日益困难，父亲愤而辞职，到西安去做了杨虎城将军十七路军的总参议。

"九一八"事变的炮声，震醒了父亲强烈的民族意识。他对蒋介石"攘外必先安内"的政策和对日不抵抗，放弃东三省的卖国行动十分反感。1932年春，他在北平与朱庆澜将军一起组织了"辽、吉、黑抗日义勇军民众后援会"，朱任会长，他任副会长兼主任干事。父亲以极大的热情，到处奔走呼号，

20世纪30年代，何遂伉俪摄于南京

演讲抗日，募集捐款。他自己也毁家纾难，捐款4万元，并多次到热河前线慰劳抗日义勇军，还拍过一些纪录影片。但是，由于反动派的破坏，"后援会"被迫撤销，父亲不仅受到许多莫须有的指责，连我们在北平察院胡同的家，也遭到一群有政治背景的"强人"的抢劫。

西安事变发生后，宋美龄曾让蒋介石的侍从室副主任林蔚（林是父亲的学生）找过父亲，要他设法利用和杨虎城的关系，保护蒋介石的安全。当时父亲虽曾找过沈德燮计划飞往西安，但他内心认为蒋是活不成的。西安事变的和平解决，出乎父亲意料，使他更看清了：真正从民族大义出发，爱国抗日，富有政治远见的是中国共产党。他热诚拥护枪口对外，国共合作，建立抗日民族统一战线的主张。1937年，中共中央代表团到达南京后，他结识了周恩来、叶剑英、博古、李克农等中央领导同志。父亲当时任国民政府立法院军事委员会委员长，这是个亦政亦军和各方面联系很广的职务，他在各种会议和交往中，坚决拥护国共合作，一致抗日。他对中国共产党的态度是很真诚、很热情的；我党领导同志也把他看做是真诚的可以信赖的朋友。父亲讲过这样几件事：周恩来和他见面时，称赞他同冯玉祥将军等组织国民军，电迎孙中山先生北上议政，是进步的行动，希望他能为团结抗战多作贡献。他非常高兴，立即通过孙科上书蒋介石，要求担任国民党驻十八集团军代表，未被蒋采纳。先前，父亲常到老虎桥监狱去看望陈独秀，并与陈合写了一本关于日本片假名来源的小册子，被列入中山文库。周恩来委婉地劝他不要和陈交往过密，他接受了。当时，国民党释放了一批政治犯，有许多刚从监狱里出来的衣衫褴褛的同志纷纷聚到傅厚岗十八集团军办事处，国民党中某些别有用心的人便谣传共产党要暴动。那时，南京市市长马超俊是孙科的亲信，父亲受叶剑英同志委托，特为此事向马作了解释。有一天，父亲在家里宴请中共代表团，叶剑英同志告诉他，中共代表团驻地要加强警卫，缺少枪支，他立即让我两个哥哥把家中的四支长枪和两支手枪送到十八集团军办事处。

程潜将军出任第一战区司令长官，父亲任第一战区高级幕僚室主任。这期间，他曾陪同周恩来乘一辆小汽车由河南前线赴山西五台山八路军总部，在路上数日交谈中，父亲深获教益，对抗战形势及中共的主张有了更深的了解。在山西境内，公路被日机炸毁，父亲让副官到村里去找老乡抢修，一个人也没有找来。周恩来笑着对秘书说："你去，你去。"不久，就找来了一群乡亲。周恩来亲自和他们一起搬石填坑，有说有笑，使父亲大为惊讶。后来，他多次对我们谈及此事，一再赞叹："共产党真会做群众工作。"那次在五台山八路军总部，父亲见到了朱德总司令、彭德怀将军等，相谈甚欢。他利用同阎锡山的旧关系调解过八路军与阎的矛盾。当时八路的给养较差，他对阎锡山说：共产党在前面替你挡着日本人，既然是联合抗日，不让别人吃饱穿暖怎么行呢？他还通过当时在军令部任要职的林蔚去疏通，给八路军增加了一些军饷。

抗战进入相持阶段后，父亲对蒋介石消极抗战、积极反共的做法是不满的。在重庆，父亲和母亲曾一起去拜望过周恩来和邓颖超同志，邓颖超同志还亲切地问到他们子女的情况，给予慰勉。1939年年底，第一次反共高潮期间，叶剑英同志曾由我大哥和三哥陪同去云庄找过父亲，请他向山西有关军政人士说明我党抗日救国的宗旨，要求制止摩擦。父亲即向山西驻渝办事处处长孙焕庸等做了工作，间接宣传了党的主张。

1940年夏，因淮、泸盐被日军控制，陕中、豫西地区食盐供应紧张。国民政府盐务总局局长缪秋杰想从陕甘宁边区运花马池盐接济。缪是父亲的好友（后为儿女亲家），通过父亲和叶剑英同志联系，叶帅认为：此事对抗日统一战线有利，而且将花马池盐外销，换取边区所需的棉布等日用品，对增加边区财政收入，活跃经济也是有利的。经父亲介绍，缪秋杰在重庆海关宴请董老、叶帅、博古同志，父亲作陪。席间商妥，由我大哥以盐务总局代表身份赴边区洽办。此事得到了较圆满的解决，客观上破坏了反动派对陕甘宁边区的经济封锁。

20世纪50年代，何遂伉俪摄于广州何世庸家

1941年1月皖南事变发生后，董老经我三哥转了一封信给父亲。他从信中得悉八路军办事处经济上有困难，不顾当时政治局势的险恶，亲自与缪秋杰先生驱车前往曾家岩周公馆，见到董老，向他表示了对蒋介石破坏抗战的不满，并面交一笔现款。后来，董老、叶帅送他们延安生产的毛毯、衣料作答，这毛毯父亲一直珍藏在家中。

抗战胜利后，父亲对蒋介石发动内战是反对的，他目睹蒋管区黑暗腐败、民不聊生的现实，从几十年的切身感受中认识到：只能把振兴中国的希望寄托于中国共产党。解放战争时期，他与刘晓、张执一、刘长胜等同志经常接触，对党托付的任务总是积极、认真地去完成。

新中国成立后，父亲任华东军政委员会委员、司法部部长、政法委员会副主任，是第一、二、三届全国人大代表，人大法案委员会委员。他拥护社会主义，拥护党的领导，对祖国面貌的巨变是衷心喜悦的。他60岁时患心冠动脉血栓症，1952年复发，住在上海华东医院，他认为自己生命即将结束，特地把负责上海统战工作的陈同生同志请到医院，当面对某些党员的作风问题等提出了尖锐的意见。事后又觉得有些话说过了头，心里很不安，病情更趋严重。这时候，陈毅同志到医院去看望了他，恳切地对他说：你是我们党的老朋友，我们把你当做老同志、老干部一样看待，希望你安心疗养，战胜疾病。父亲心上的疙瘩解开了，他很感谢陈毅同志的关心，后来，在医护人员的精心护理下，居然渡过危险期。1954年他在太湖疗养时，陈毅同志看了他的诗稿，曾写了一首诗送给他，并将自己的近作《莫干好》一词抄赠给他，父亲非常高兴，把陈毅同志的赠诗裱在自己诗集的卷首。

对于19世纪50年代即已出现的一些过"左"的做法，父亲感到不理解、苦闷甚至痛心。他的一些亲友在历次运动中受到冲击，有的在"文化大革

何遂、陈坤立与何达
1957年8月摄于北京

命"中被迫害致死，他晚年的心情是不平静的，但对未来是乐观的，始终没有动摇过对中国共产党的信赖。他写过许多旧诗词，歌颂祖国的变化，歌颂党；他画了许多国画，把对祖国山河的热爱倾注于笔端。

如今，父亲离去已经17年了。他不是一个完人，但他的爱国思想，民主精神，待人的耿直、热诚，特别是他和党的亲密关系，给子女的影响是很好的。1979年夏，李世璋同志曾给我讲述过这样一件事：1937年，他就任第一战区司令长官部秘书长兼政训处长后，赴南京公干，程潜先生要他催我父亲赶紧到前线莅职（父亲当时任第一战区高级幕僚室主任）。李到南京普陀路我家时，叶帅正看父亲为他作画，父亲即兴挥毫，也为李画了一幅青松。吃午饭时，叶帅把我大哥拉到李世璋同志面前说："这个青年人交给你，让他跟你去。"就这样，我大哥世庸、二哥世平都到了汉口前线，并先后分道赴延安，进了"抗大"。1939年，三哥也要由重庆去延安，父亲对周恩来说：我已经有两个儿子到延安去了，老三再走，我就待不下去了。周总理让博古同志把何康找到机房街八路军办事处去谈话，把他留下了。后来，他们兄弟三人都在国民党统治区做地下工作，我的姐姐何嘉、嫂子缪希霞也在新中国成立前加入了共产党，参加了革命工作。父亲以他的社会地位和朋友多、学生多的有利条件，掩护并协助他们开展工作。

父亲一生不近烟酒，唯酷爱书画、文物，他没有给子女留下任何金钱和物质遗产，这是我们要感谢他的。他的唯一的财产就是大量的古文物和图书，全部先后分别捐赠给北京故宫博物院、上海历史博物馆、南京博物馆和天津市图书馆了。仅1950年捐赠给上海历史博物馆的古文物就有6895件。为此，陈毅市长，潘汉年、盛丕华副市长曾专函致谢，中央文化部发给了褒奖状。

父亲晚年，最惦念的莫过于祖国的统一，他常常思念在台湾的亲属、旧友、学生，一直盼望能和他们团聚。今天，在悼念父亲的时候，我衷心希望父亲的这个遗愿能够早日实现。

原载1985年2月24日《人民日报》

遗作集萃

20 世纪 30 年代初之何遂

辛亥革命亲历纪实 （遗作集萃）

何　遂

（一）

我生于1888年。当我长成的时候，清王朝已经风雨飘摇，面临它的末日了。

我的童年是在动荡不安中渡过的。不仅由于父亲的早死，家道中落，由小康堕入困顿，饱尝了世态炎凉；更由于社会正处在大变革的前夕，不论政治、经济和思想上的变化都异常急剧，因此，我很早就受到了风行当时的维新派思想和民族、民主主义革命思想的影响。

戊戌变法的这一年（1898年），我随父亲住在江西南昌。父亲是个由举人大挑的试用知县，祖父在四川泸州做县官。有一次我父亲解饷到四川去，当时余栋臣已经在大足县一带起义，反对教会和官府的压迫。泸州距大足不远，祖父曾写了一部关于这次起义的书，父亲带了回来，我在父亲的案头上看见了。书的封面上题着"余蛮子事略"，书中详述了起义的原因和经过，其中有一副对联给我的印象很深，我记得是这样写的：

　　什么天主教，说甚天圣天神，绝天理，灭天伦，直到天讨天诛，天才有眼；

　　这般地方官，尽是地匪地棍，穿地心，挖地骨，闹到地翻地覆，地尽无皮。

我当时年纪还小，但总觉得余蛮子是英雄，外国人是坏蛋。甲午（1894年）以后，传教士深入内地，我住的那一条街，就有两处教堂，眼看着法国神甫满街走，教民横行霸道，无恶不作。在这种民族危机日甚一日的景况下，我那幼小的心灵中已激起了对于媚外的清政府和洋大人的仇恨。

1899年，我的祖父死了，父亲也在奔丧中哀毁死去。母亲只好带着一群子女，到四川泸州去投靠二叔。回想当时所见，真是一个暗无天日的世界：瘟疫流行，随处可以看到倒毙道旁的饿殍。女人只要几吊钱就可买上一个。我的二婶买了许多丫头，任意地打骂摧残。我那时处在寄人篱下的地位，对于这种腐朽阴暗的封建大家庭深为痛恶。

在这个时期，社会上的变化更大。1900年，清政府与帝国主义者勾结在一起，镇压了如火如荼的义和团起义，在次年签订了空前屈辱的《辛丑条约》，使中国人民再也忍无可忍，使人心更倾向于革命。慈禧太后也看出风头不对，被迫作了一些让步，下诏变法，准许兴办学校。这时在泸州有两个书院。书院有一定的规矩，凡去报考的，给你一份卷子，大多是考策论，做好交去，按文章的优劣给予奖励，名曰"膏火"。我的大哥本来考上了经纬学校，后因反对先生打人，和一个名叫余切的同学一同被开除了。余切就此寄住我家。这个人带来了许多《盛世危言》、《新民丛报》之类的书刊，也给我带来了革命的启蒙思想。我常常给书院写文章，得来的膏火就拿去买书。于是开始读到了严复所译赫胥黎的《天演论》、魏源的《海国图志》、郑观应的《盛世危言》、冯桂芬的《校邠庐抗议》等书。我从此渐渐懂得了"物竞天择"、"弱肉强食"的道理，接受了一些"中学为体、西学为用"的变法维新思想。但总觉得这种办法不解恨，倒是对那些古代所谓"叛逆"的故事深表同情，太平天国革命尤其使我神往。有一次在梁启超的《饮冰室诗话》中读到了石达开的几首诗，如获至宝，反复成诵。又读到梁启超的《意大利三杰复国传奇》中"倚啸东门，辍耕陇畔，国仇家恨压眉尖，侧目看朝党"等语。这些书对我的影响很深，余切又有"汉流"（哥老会的别名）的风度，在这种种影响下，我的反清民族革命思想不觉油然而生了。

1903年，我们一家离四川回祖籍福建。从此，我也开始走上了革命的道路。

（二）

甲午战后，日本在中国的势力迅速地扩张，福建在当时是日本的势力范围。日本杂志《外交时报》公开地说：日本要控制中国，必先打入内部。恰恰清政府又以为只有依靠列强势力来练兵、办学校，才能达到所谓的"自强"。所以在1902年成立的福建武备学堂，除了总办孙道仁，从总教习到助教都是日本人。管理学生的总队长和区队长则是日本士官学校第一

期毕业的学生如许崇智、王麒、冯炯光等。我因为有一个远亲在武备学堂当翻译，经过他的介绍，在1904年进入了该校第二期的预科。当时社会上都认为"好男不当兵，好铁不打钉"，母亲不愿我去。可是我想：乱世用武人，要革命还得靠武装，便坚决地去了。

福建除了武备学堂，还有一个省立高等学堂，林觉民、方声洞、林之渊等都在该校。另有一侯官小学，也是个革命的策源地，陈与燊、陈更新就是该校的学生。我入武备学堂不久，就和这些人结识了。这时期革命书籍出版得很多，革命派和保皇党的斗争也日益尖锐。我们虽然与国外的孙中山先生没有直接的联系，但都自以为是他这一个系统的人。我们常常交换一些革命书报，也就在这个时期，我看到了邹容的《革命军》及由明末四部书所组成的《陆沉丛书》（包括《扬州十日记》、《嘉定三屠记》等）。当我在灯下看到《扬州十日记》的时候，不

1956年，何遂在广州黄花岗七十二烈士墓前

禁伏案恸哭，反清革命的意志更坚定了。我们不仅自己看，还强迫别人看，有时把这些书放在同学的床下，公开地说："你是不是汉人，看！不看打你。"总队长、区队长知道了也不敢管。有时他们到宿舍来检查，我就立在书柜的前面站着不动。他们虽然明知其中有问题，可是看看也就走了。

武备学堂招生没有严格的考试，有人情就可以入学。针对这种情况，我们提出：福建武备学堂只准福建人入学，外省人要受限制；凡是入学的必先经过考试。这个主张得到了许多学校同学的支持，我们因此结识了更多的人。我们那时是很少懂得什么政治的，也不知道什么政党，只听说俄国有什么虚无党、无政府主义等。我们当时以为，只要是反对政府的，大概都是好的。有人说我们是"革匪"，我回答说："是革匪又怎么样！方孝孺也不过夷了十族，他死了，后来继起的志士仁人还有的是。野蛮的惨刑酷法，能吓倒谁？"

有一次，不记得是谁发起的，各学校的革命志士聚会于望北台。望北台在离福州城七八里外的仓前山，是五代时闽王王审知的庙。那是一个夏天，飘着雨。到会的有六七十人，都是白服短装。有十几个人演说，都讲得激昂慷慨，大多是痛陈清朝统治的腐败卖国，昏聩无能，尤其对所谓"量中华之物力，结与国之欢心""宁赠友邦，不予家奴"的残民媚外的政策，更是万分的愤慨。大家一致认为要救国就必须反清，反清又必须有武装。因此要打入军队去。开完会，在大雨中，我们列着队，唱起下面这首歌：

> 一朝病国，人都病。妖烟鸦片进。
> 鸣呼！吾族尽。四万万人厄运临。饮我

鸩毒，迫以兵。还将赔款争。宁波、上海、闽粤、厦门，通商五口成。香港持相赠，狮旗飒飒控南溟，谁为戎首，谁始要盟，吾党何日醒！（此歌沈心工作曲，名《何日醒》，有鸦片战争、中法、甲午、庚子等四首，此为关于鸦片战争的一首。）

歌声雄壮，步伐整齐，绕道东门，过旗营而散。

武备学堂除了学习军事学科，还要学习汉文，每周由先生出题，做一篇文章。有一次，先生出了一个题目："诸葛亮出师表书后"。我写道："有问于余曰：诸葛亮何如人也，为一姓之兴亡而倾倒如是哉！……"因为我常在汉文课上看小说，读禁书，汉文先生对我久已怀恨，这次抓住了把柄，告到总办那里，不久就以"文理荒谬，行止欠谨"的罪状宣布开除我的学籍。布告一出，全校哗然，大家对我表示同情。许多同学说"去找他们讲理去"，把我拥到了总办室。我走进去见总办，质问他为什么汉文不好就开除。总办刚刚说一句"自然有开除的道理"，外面有人嚷道："不要和他讲啦！"呼的一声，一个花盆从窗口砸了进来，把总办吓得面如土色。我趁此时走了出来，和大家一起拥到闽浙总督衙门和将军衙门去申诉，结果都吃了闭门羹。这次学潮坚持了三天，当局本欲严办，最后由大绅士陈宝琛出面讲情，算是没有深究，只开除了10名学生。在开除我们的布告上写道："除交其父兄严加管束外，并咨行各国公使，各省督抚，不得留学、留用。"这样，我在福建待不下去了。

日本帝国主义为了笼络中国的知识阶层，对于中国的留学生给予种种方便，入境既不要护照，入学和生活起居都很便利，而且言论也比国内自由一些。因此当时一般青年留学日本几乎成了风气。我被开除后，也决心到日本去。1906年2月，我带了一封同志的介绍信，离开福建，到上海的海关找到了在海关里做秘书的林森。他是上海福建学生会会长，桥南社（当时福州一个革命团体）的人。他给我写了几封介绍信，让我先到南京去找林述庆和林之夏，于是我到了南京。林述庆那时是第九镇的三十三标第三营管带，他劝我改一个名字，留在他那个营的左队里当排长，不要到日本去，说是到日本也学不到什么东西。我无路可走，家里也要钱供给，就很高兴地答应了。

当时军队的成分是很复杂的，在我那一连里共有126个士兵，其中有1个举人、6个秀才、27个学生，由3个排长轮流带着。冷遹（御秋）是右队的队官，统带赵声（伯先）是江南革命的老前辈，柏文蔚是第二营管带。部队里革命的气氛是较浓的。几乎所有的士兵都剪了辫子，表示对清朝统治的反抗，谁要不剪，就被骂做"豚尾奴"。我去不几天，剪下了辫子，穿上了军装，从此在狮子山麓石头城下度过了一段艰苦的军队生活。每天破晓，我们带着队伍，在露迹未干的草场上，唱起赵声所作的军歌：

> 散步散步江南道，一幅画图位置英雄好。钟山如龙城如虎，长江匹练西北来环绕。绿杨夹道杏满城，锦绣江山锦绣何能较。国家恩我恩无限，生此带砺以慰我怀抱。吾侪何以报国家？愿将赤血染上青青草。

不久，我因为翻译了几篇日本军事杂志上的文章，得到统制徐绍桢的赏识，被调到第九镇司令部去当了一个三等参谋。这时革命运动已渐深入，1907年，光复会的徐锡麟起事于安徽，杀了巡抚恩铭。一时风声紧张，南京第九镇也有一部分队伍调去镇压，我曾亲自送他们上船。不几日，传来了徐锡麟、秋瑾等烈士英勇就义的消息。徐锡麟曾说："法国革命不知流了多少热血，我国在革命初创阶段，亦当不惜流血。我到安徽就是预备流血的。"他死后，野蛮的清朝统治者曾把他的心肝挖出来。这些情形我都在第九镇司令部的文电中看到了，烈士们为革命慷慨牺牲的精神，使我深深地受到了感动。

这年的秋天，我带着三等参谋的官衔，考入了河北保定陆军随营军官学堂（第二期，在第三期以后改称陆军大学，简称陆大）。因为考试成绩优良，段祺瑞把我找了去，勉励我说："第一要忠君爱国，恪守三纲五常，学问倒在其次。"我听了心里又是恨又是好笑。到保定不久，结识了在北方的革命党人孙岳、王法勤、刘汝贤、耿毅、刘建藩、刘廷森、倪德勋、钱鼎、陈树藩、童保暄等。大家常在保定城内火神庙孙岳的住所聚会，饮酒谈心，讨论学问。保定除了陆大，还有一所陆军速成学堂，革命党人方声涛、吕公望、林知渊等都在该校，我们是互通声气的。方声涛在日本时早已入了同盟会，因此我们又和日本同盟会总部有了联系。有一次，方声涛说："连清洪帮开山堂都有个形式，我们闹革命总也得有个形式呀！"大家都表示同意。他拿起笔来草拟了一个志愿书，写的是："驱除鞑虏，恢复中华，建立民国，平均地权。"我说："这是外国的办法，不合中国人的口味，不如改为：'誓同生死，志共恢复，此心可表，天实鉴之。'下面是主盟人、入盟人的签名。"大家同意了，于是由方声涛主盟，用针刺破手指，写了血书，烧成灰后置于酒内，痛饮一番。在保定，前后加盟的有72人。

1909年，陆大与速成学堂两校学生同时毕业。我考试的成绩很好。军谘府大臣载涛曾来监考，我毕业后被派到他统率的禁卫军去当队官。正在此时，王孝缜（勇公）受广西巡抚张鸣岐的委托，到北方来邀集训练新军的人才，我、耿毅、刘建藩、吕公望、贺斌、杨明远、杨卓等人皆在被邀之列。大家先到北京会齐。这时，各省留日学生也都集中北京等待皇帝引见。经过王孝缜的介绍，我认识了李烈钧、尹昌衡、唐继尧等。广西，这个太平天国革命的故乡，对于我们这群年轻的革命党人，具有多么强烈的吸引力啊！大家都向往广西之行，我当然不能抛开这班革命的朋友，一个人到禁卫军中去当队官，于是请李烈钧执笔打了一个辞呈，交到禁卫军办公处辞了职，同大家一齐到了广西。

（三）

1909年底，我们一行人在王孝缜率领下，由上海到香港，在九龙见到了赵声。他住在一座小楼上，非常热情地招待我们。这时恰在燕塘兵变失败之后。赵声讲他当时起义的计划，侃侃而谈，我们受到很大的鼓舞。1910年早春，我们到了山明水秀的桂林。

广西是比较偏僻的地方。庚子年后，随着清政府玩弄变法的骗术，广西也先后成立了法政学堂、警察学堂、警察督练所、典狱学堂、农林学堂、优级师范、陆军小学、干部学堂等。谘议局也在1909

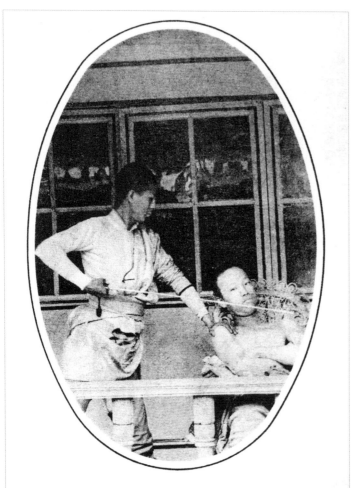

耿毅、何遂合照

此合影1910年摄于桂林福棠街二号中国同盟会广西支部秘密机关。持剑者为广西同盟会支部长耿毅，抱臂坐椅睥睨者为同盟会支部参议何遂。意示革命意志坚定，"威武不能屈"也

年成立了。广西的巡抚张鸣岐、藩台魏景桐、臬台王芝祥都是些老奸巨猾的官僚，多少带点儿维新派的味道，不过只是赶时髦而已。练新军的机构是督练公所，下分兵备、参谋、教练三处。陆军小学、干部学堂和学兵营都是为培养新军骨干而设的。第一任兵备处总办是庄蕴宽，帮办是钮永建，都是当时社会上知名之士。

同去广西的，除我们几个内地学生之外，还有孔庚、雷寿荣、田稼轩、刘鸿基、覃鎏钦、钟鼎基、赵恒惕、杨曾蔚、尹昌衡等日本士官学校第四、五、六期的毕业生。我们到广西不久，曾因分配职位的问题，留学生和内地学生之间闹了些意见，无非是名位功利思想作祟而已。

3月，军谘府令张鸣岐调查中越边防。张委我为边防调查长，耿毅为副。4月初，我们便离开桂林向越桂边境出发了，冷遹也同行（冷时因革命嫌疑被撤职，在闲居中）。迎着初夏的艳阳天，我们翻越了十万大山。中法战后，苏元春的兵说裁就裁，不加安顿，大多成了游勇。一路上但见田野荒芜，疮痍满目，几十里没有人烟，景象非常凄凉。沿着边境有许多大小炮台，都是苏元春时修筑的，铁炮早已锈得不能用了。不久到了镇南关（今名睦南关），住在对汛委员王幼拓家里，居然是洋房客厅，相当讲究。我们问他孙中山在镇南关是怎么打的。他说："有一天发现左辅和右辅山上插着青天白日旗，知道被革命党人占了，可是谁也不敢上去。龙济光调兵来用炮轰了好几天，不见动静，上去一看，一个人也没有了。"我们只能以大笑答之。

我们从镇南关又到龙州，住在右江镇总兵陆荣廷家里。陆荣廷出身绿林，与法国侵略者有很深的仇恨，驻越南的法军都很怕他。我们见他房檐下挂着一块匾，题曰："独立三边静"（唐人诗成句："独立三边静，轻生一剑知"）。他对我们讲了冯子材抗击法军的故事，并说："我真不懂，为什么打了胜仗还要把安南割给法国？不过法国人是怕我的，你们不信，到安南去问一问，我派出去的人谁也不敢惹。什么外交不外交？打得过就是外交。拍洋人马屁不如打他。"我们听了深为敬佩。

龙州道台有一营人，管带是革命党人陈裕时（字元白，学佛后改号圆白）。隔一天，他请我们吃饭，我和冷遹、耿毅去了。他开门见山地讲了不少革命的知心话。他说："我们力量还小，不要太冒失，革命不是一天可以成功的；我们不但要考虑成功，还要考虑成功之后该怎么办。"他又说："我们的组织太散漫，是个大缺点。每一个地方都应组织起来，多多地联系人，将来互通声气，便可连成一片了。"我们说："我们这一次来，调查边防是次要的，主要是想联络人，听取别人的经验，为将来的起义打下基础。"我们还告诉他说再往北去已没有什么人可联络，所以决定由耿毅一个人继续前进调查，搪塞官差，我和冷遹决定到云南去一趟。陈裕时替我们写了几封介绍信给云南方面的熟人。于是，我们先入越南境，在河内坐上火车，经河口、阿迷州到了昆明。

在昆明先会见了方声涛，他约集了云南的革命志士在讲武堂俱乐部举行了一次宴会，到会的有李根源、方声涛、罗佩金、唐继尧、叶荃、赵康时、刘晓岚等三十多人，谈的无非是彼此如何合作，进行革命。我们在昆明逗留了一个星期，又回河内与耿毅会齐，经海防到了香港，在香港同盟会总部见了赵声和黄兴。黄兴告诉我们说：南宁讲武堂总办蔡锷（松坡）也是革命的同志。他给了我们一封介绍信，要我们多与蔡联系。这样，我们完成了此次出差的主要任务，才返回桂林。

我们乘着一只小船，由梧州溯漓江而上，在距桂林30里的地方碰上了吕公望。他说："现在勇公他们全都走啦。你们走后，这些人发了狂，把什么都泄露了，险些儿掉了脑袋。"原来，有一天张鸣岐请王孝缜和几个新来的人员吃饭，酒酣耳热之际，尹昌衡失口说道："要想中国复兴，满清是不能存在的。"王孝缜急忙用脚踢尹，可是张鸣岐已经觉察了，笑道："大家不用顾虑，畅所欲言好了。"他还拿出几支新购的手枪来让大家传观。王孝缜酒后兴起，接过枪来连放数响，把天花板打了好几个洞。张鸣岐连称："壮士！壮士！"又对尹昌衡说："广西地方太小，不足以容公。将来四川有事，可以多多借重。"（尹是四川人）尹大笑道："世事难定，将来不知是谁借重谁啦！"张鸣岐因为王等握有实权，敢怒而不敢言，只得表面敷衍一番，暗中急调前任陆军小学监督蒋伯器（尊簋）和南宁讲武堂总办蔡锷入桂。蒋、蔡一到，张鸣岐就变了脸，把陆小监督雷寿荣和兵备处经理科科长孔庚扣押起来，并扬言要开军事法庭进行审讯。多亏吕公望作揖叩头，求蒋伯器、王芝祥帮忙，说："政府现在都不随便杀人，公等都是汉官，何必过于认真。"蒋、王总算答应了。蒋伯器还说："我只问抚台，这批人是谁请来的？如果杀了人，上奏折，岂不要担知人不明之罪？政府唯亲贵是用，保不定反因此得罪哩！"蒋伯器也是同盟的人，和秋瑾相熟，所以他肯帮忙。由于他和王芝祥的转圜，一场风波算是消弭了。但王孝

缜和他约来的大部分同志都被撤差，离开了广西。

吕公望劝我们不要再回桂林。我们商量了一下，决定回去看一看。吕公望便一个人回老家浙江去了。我们回到桂林，见到大多数同伴都已走散，的确有一种萧索之感。张鸣岐升为两广总督，带着蒋伯器走了。继任的巡抚是沈秉堃。蔡锷一人身兼兵备处总办和干部学堂监督，掌握了督练新军的大权。耿毅和我约集了刘建藩、杨明远等几个留下的伙伴，商讨今后的大计。大家都深感过去没有组织和计划，把事情弄糟了，所以决定组成广西同盟会支部。1910年8月，在干部学堂、陆军小学、学兵营等几个部门的同志共约二十多人聚在一起开了一个会，大家推举耿毅为支部长，我为参议，赵正平为秘书长，刘建藩为学兵营分部长，杨明远为干部学堂分部长，梁史为陆军小学分部长，蒙经为谘议局分部长。我们还议定了会规，开始发展组织，并且把保定的那一套歃血为盟的办法搬了过来。耿毅是支部长，往往因为一天有好几个人分别履行宣誓仪式，手上要戳好几针，不几天就红肿了起来。我们因为这样怕被人发现，才议定改为集体宣誓。我们又做了分工，大体上是：杨明远、刘建藩和我负责新军；耿毅负责运动巡防营和联络绿林会党，他和广西天地会首领刘古香等有密切的联系。这样，广西同盟会的组织便一天天壮大起来了。

我们本想直接拿着黄兴的介绍信去见蔡锷，但看他表面的样子没有什么革命的味道，所以想出一个办法：在黄兴的介绍信之外另附一信，大意说"我们路过香港，遇见你的好友黄君，带来书信一封，并有要事相商，请于某晚九时到江南会馆前门一叙"，并把两封信都放在蔡锷办公的桌子上。可是那

一天他没有来，我们估计蔡锷曾在长沙时务学堂学习，和梁启超有师生之谊，可能是立宪派，因此就决定设法对付他了。恰好，广西因经费不足，新军由原定训练一师人改为训练一个混成旅。这样，干部学堂培养的军官就过剩了。蔡锷决定用测验汉文来甄别一下，成绩好的留下，坏的淘汰。结果录取的一百二十多人中，湖南籍学生占大多数，广西本地人只取了三十多人。这件事引起了广西学生的不平。我们乘机扬言蔡锷袒护同乡，排挤本地人，并且通过同盟会的组织关系，动员干部学堂、陆军小学罢课，学兵营罢操。这个反蔡的运动很快波及到师范学堂和政法学堂。议长甘尚贤和议员蒙经等也在谘议局弹劾蔡锷。王芝祥和护理巡抚魏景桐怕乱子闹大了，示意蔡锷离桂，所以不久蔡锷就到云南去了。他临走的时候请我们吃饭，席间对我们说："你们何苦撵我，你们是革命党，我比你们资格更老。你们太年轻，浑身带刺儿，不小心将来难免杀身之祸。我在此尚可为你们敷衍，我走后你们更须自爱，千万不可拔苗助长。"说着在桌上取过一个炮筒子放在我的面前，说："这个送你们作个纪念，成大事的人都要有个修养，你们念过苏东坡的《留侯论》吗？所谓'猝然临之而不惊，无故加之而不怒'，你们能做到这一点，当成大事。"蔡锷走时，荐方声涛继任兵备处帮办（方后由帮办改任学兵营营长）。方声涛来后，老朋友团聚一堂，非常高兴，从此革命活动更便于开展了。

同盟会支部组成不久，在福棠街二号租了一幢房子，作为活动的中心，并决定出版《南报》，开展革命宣传，由赵正平任主笔，每半月一期，每期印两千多份。在这个报上，我以"贱夫"的笔名写过一篇《边防调查纪实》。《南报》创办以后，起了不小的影响，各学堂都有人来订阅，也有捐钱的。不久受到巡警道王秉必的干涉，我们又改名《南风报》继续出版。

1910年《南报》被禁，易名《南风报》继续出版，为同盟会广西支部所主办。该报配合形势，积极鼓吹革命。报社设于桂林福棠街二号，由同盟会员捐集经费，共出版八期，印数逾万，风行全国。左图是《南风报》之一幅插图，图中所画墨竹，枝叶里隐藏"民族主义"四字。一只大雄鸡对着旭日高鸣，题为"雄鸡一声天下白"，表示革命风暴即将来临

干部学堂第二期招生的时候，耿毅和尹昌衡主持招生工作。由于耿毅的活动，该期所招新生大多是对清朝统治不满、怀有革命志向的人，所以干部学堂的革命气氛是较浓的。我当时除担任参谋处筹略科科长的职务外，又兼任了干部学堂的教官。干部学堂有二十多个同盟会会员，分部长杨明远是一个精明细致的人，每次开会他都预先通知我，并把学生集合好。我们曾在一起主持过入盟式。有一天上课时，我借口教室太闷热，命学生队长带着全班跑步到郊外的操场去。到了操场，我对学生作了一次演讲，大意是说："自从鸦片战争以来，满清王朝丧权辱国，残民以媚敌，我们做的是二层奴才。满洲人讲的是'宁赠外邦，不予家奴'，外国人只要派一只兵舰来，就能从中国拿一块地方去。我们要让满洲人统治下去，不久就会当了亡国奴，怎么有脸立于世界，怎么对得起自己的祖宗？广西是洪秀全的故乡，广西人是对得起祖宗的。今天有了枪杆子就要誓同生死，志共恢复。孙中山、黄克强不是到处举行起义吗？我们就是和孙先生一伙的，孙先生的人遍于天下，只要我们中间有人起来振臂一呼，就会天下响应。"我当时情绪很激动，问大家："你们当中有敢做陈胜、吴广的没有？"学生们一致高呼："有！"又问"有不以为然的吗？"谁也不做声。操场中立着一座天桥，高约丈余，我便三脚两步爬到天桥上站住，又从上面奋身跳了下来，指着天桥对大家说："敢做陈胜、吴广的就跳此桥！"在场的七十多个学生经我这番鼓动，全部都跑上天桥，奋身跳下，以表示他们的革命决心。我兴奋极了，对他们说："你们毕业了。你们都是洪秀全！清朝一定要灭亡！"我们闹得这样厉害，有些人从天桥上跳下时

又摔坏了腿，沈秉堃也有些觉察了。他问干部学堂监督赵恒惕："听说有人拿你的学校闹革命，是真的吗？"赵连忙说："没有这个事，何遂这个人有口无心，我敢担保。"沈秉堃才没有深究。

1911年到来了。从全国范围来说，革命已呈现了山雨欲来风满楼的形势；在广西，经过一段组织和宣传，革命也有了相当的实力。这年年初，香港同盟会总部派了一个同志来找我们询问广西同盟会发展情形，并通知我们4月1日将在广州起义，希望广西届时响应。我们召开了一次会议，经过一番争论，决定响应广州的起义。

正月底，二月初，许多同志陆续从外省到桂林来了，有陈更新、严汉民、冯超骧、刘元栋、王印芗等。方声涛的姐姐方君瑛、弟弟方声洞、嫂子曾醒也都来了。大家团聚在福棠街二号，每天谈论革命。方君瑛、曾醒是由香港经广州来的，谈及起义的准备情形，并述说她们如何化装成送葬的寡妇偷运军火。我和陈更新睡在一个床上，共同回忆着福建望北台的往事。他长得瘦弱文雅，我开玩笑说："你这个人，风都能吹得倒，还闹什么革命？"他很生气。我又问："你娶过亲了没有？"他说："娶了。"我问："娶多久了？"他答："半年。"我笑道："这一次不要去啦，你死了，老婆很苦呀！"他气得要和我打架。二月中旬以后，来的人陆续到广州去了。大家心知此去凶多吉少，但都视死如归。我们依依不舍地送走了这些同伴，颇有些"风萧萧兮易水寒"的感慨。

不幸广东方面因泄露了机密，不得已提前在3月29日举事。这就是震动一时的黄花岗之役。从广西去的同志，大多数在起义中光荣地牺牲了。

3月30日，我们正紧张地筹划着起义，电报局送来一份香港拍来的电报，电文是："何叙甫、耿鹦生、方韵松：父已死，毋庸来港。"我们一看就知道是广东事败。正在难过的时候，巡警道派人来把耿毅叫去，追问他电报是打给谁的，三个人中究竟谁的父亲死了。幸喜耿毅沉着，说是方韵松的父亲死了，电文在"耿鹦生"下面漏了一个"转"字，因为方声涛随学兵营驻郊外李家村，不常入城，他的函电一向都是由我们转交的。巡警道王秉恩虽然怀疑，也无可奈何。不久，消息传来，果然是广东事败了。方声涛听说弟弟声洞死了，十分悲恸，狂饮大醉，把队伍集合起来，要向桂林进发。经刘建藩极力劝阻，才制止了他这个冒险行动。当时真是风声鹤唳，我们的门前布满了侦探。沈秉堃扬言要砍几个脑袋下来。我们也暗示，只要上面动手，广西就要大乱。那个时候，清朝的统治已似风中残烛，加上亲贵当权，排斥汉官，所以一般汉官都自有打算，不肯把事情做得太绝。由于这个缘故，沈秉堃并未深究，只把握有兵权的方声涛解了职。但革命的种子已在学兵营中深深埋下，刘建藩又是骑兵队队长，所以这支力量仍然掌握在广西同盟会的手中。

7月，沈秉堃派程子楷和我到北京去参加永平秋操，行前把我叫去，郑重地对我说："你这次到北京，是代表广西的，一举一动都要顾及影响，排满革命的话千万讲不得。"我也表面上回了他一套忠君爱国的话。就这样，在武昌起义的前夕，我离开桂林北上了。

（四）

8月14日，我到了武昌，参观汉阳兵工厂。厂方说："革命党将要起事，风声很紧。有一半工已经停了。"我又到南湖兵营找人，碰上戒严，进不去。于是我到了北京，会见了刘汝贤和孙岳，知道武昌已经打响了。

一天，王孝镇来访（他当时是第六镇统制吴禄贞的副官长），见面就对我说："绶卿（吴禄贞字）要见你，请你去一趟。"我跟着去见了吴禄贞。他的样子很英武，谈吐率直而亲切。他说："我早就听勇公谈起你，你来得正好，马上有事托你。"我问："什么事？"他说："武昌战事荫昌打得很不好，他大概吃不消了。涛贝勒（载涛）把我找去，告诉我山西已经宣布独立，派我的一协人到山西去镇压。你跟队伍去，担任十二协的参谋，马上动身到保定去报到。"我说："好吧，你拿公文给我。"他说："这事刻不容缓，公文来不及了。"我问："十二协统领是谁？"他答："吴鸿昌。"我说："那好极了，吴鸿昌是我保定陆大的同学。他带的是什么兵？"他说："一团是第六镇的；另一团是禁卫军，是派来监督我的。"我说："你放心，我有办法。"其实我自己也莫名其妙，只是心里有一种必胜的愿望，根本就没有想到失败。

这时，荫昌已被调回，清廷起用了袁世凯。但武昌起义所点起的革命烽火，很快便燃遍了大半个中国。我便在这种动乱的形势下赶到保定，会见了吴鸿昌。他说："你来得很好，我们马上就要出发了。"我说："我的公文还没有来哩！"他急道："不用了，局势很紧张，你跟我走吧。"9月12日，我们从保定向石家庄进发。一路上吴鸿昌对我大献殷勤，说什么同学了两年，今天在一起要同生死共患难。我说："你放心，我听你的吩咐，我是有什么就干什么的。"他又说:"国家到了这步田地,我们也应该真正地拿出一点办法来。"我也故意顺着他的口气说:"当然,当然,早些把革命党打平就好啦!"

晚上,到了石家庄。我已经知道:团长曹进和三等参谋方本仁是坚决反革命的;石家庄车站司令瞿寿堤和站司令部参谋刘文锦是革命的同志。当天深夜,车站司令瞿寿堤、正太铁路总办丁某和几个法国人来了,大家商议如何接通与山西接界处的铁路。忽然得到报告:山西内部空虚,没有多少队伍。原来过去山西只有一个混成协,起义后跑的跑,散的散,剩下不过三千来人。所以派到娘子关来防守的队伍很有限。知道这情况以后,曹进主张急攻。他亲自跑到井陉县去视察,打电话回来说,娘子关防卫单薄,催促队伍迅速前进。禁卫军一团都是旗人,平日只知道搭架子,作威作福,这时早就吓破了胆,不敢向前。于是吴鸿昌和我率领第六镇的三营人出发了。

我心想如果真的开了火,一打就进了娘子关,可以一直打到太原,那么山西的革命就算完了。怎么才能阻止这次进攻呢?情急智生,我想出了一个办法,就对吴鸿昌说:"我们应该亲自到前面去看看。行军切忌冒进。队伍是你的,不能专听曹进的话。"他同意了。我们就乘一辆花车,随第一营前进。火车过了获鹿县,渐渐入了太行山。车身歪来斜去地颠簸得厉害。吴鸿昌很害怕,一路嘀嘀咕咕。到了头天门,我说:"这个地方,一夫当关,万夫莫开,我们稳当一点好不好?"吴连说:"好,好,要稳当,要稳当。"我说:"打败仗是你的责任,不能好大喜功。你看这地势,车行于狭谷之间,万一旁边插出一支敌人来,我们怎么应付?还是停下来搜一搜

吧。"吴鸿昌立即命令下车搜查。我又说:"头天门是个险要的据点,如果被敌人控制,我们想回头都回不成。"吴说:"那么应该留下一营人来守卫。"于是,第一营便留在头天门。我们继续前进,到二天门、三天门各留下一营。再前进到了微水,山势更凶险了。车行于陡崖巉壁之间,昂起头来只能看见一线天光,前面的路轨被两侧的山岩挤得好像没有了。吴鸿昌下车看了又看,徘徊道旁,进退失据。曹进又打电话来,催队伍前进。吴怒骂了他一顿。曹说:"我要回来报告!"我对吴鸿昌说:"缦卿不在,你现在是独当一方的司令官,责任重大,应该经常和北京、汉口方面保持通讯联系。你看驻在什么地方最合适?"他说:"当然是石家庄喽!"我说:"一点也不错。"他说:"咱们还是回石家庄吧。"就这样,留下了三营人,我和吴鸿昌坐着花车回来了。在路上他对我说:"这一次多亏了你,我头一回上战场,实在是毫无办法。"我说:"这里的地形是如此复杂,你又带着一团旗兵,这些兵是吃粮不管事的,你支使他们还得小心一点。现在北京、汉口都看着我们,关系太大了。我们是只许成功,不能失败的。因此头一条要稳,千万不可急攻。我还有一个办法:上谕不是叫我们剿抚兼施吗?我们是不是先抚一抚,告诉他们大兵压境,趁早投降。要能不战而屈人之兵,才是上策。如果不抚就打,万一打不过怎么办?北京还能派多少人给你?"他说:"谁敢去抚?革命党是要杀人的。"我说:"我和你是患难之交,我愿意去走一趟。"他很踌躇,说:"我们回石家庄再从长计议吧!"

到石家庄,一进车站司令部,瞿寿堤指着我骂道:"你怎么搞的,把队伍弄得一塌糊涂!"我向他

使了一个眼色，笑道："这还不好么，你傻极了。"他哦了声，恍然大悟，问我："今后怎么办？"我说："看风使舵吧。"他说："你搬到我这儿住下，有事好商量。"于是我搬到他的隔壁房里住下。正在这时，吴禄贞来了，住在站长室，隔我的住处约四五间房子。我见他和吴鸿昌、旗兵统带等谈话，便找到他的副官长周维桢。周问我情况怎么样，我说："我做了一件很有趣的事，至少几天打不起仗来。"他问什么事，我说："山西是相当空虚的！"他吃了一惊，说："那不太妙呵！"我便将如何故意把队伍分散驻扎的情况说了一遍，并说最好让我到娘子关去联系一下，可以把山西的兵带出来，与第六镇会合，一起进攻北京。周维桢说："你做得很好，你知道不知道统制（指吴禄贞）现在危险得很。"我惊问缘故。他告诉我：驻滦州的二十镇统制张绍曾和混成协协统蓝天蔚曾向清政府提出改革政治条件。清政府大为震惊，派吴禄贞去宣抚。吴由北京出发，同行的还有军谘府的一个厅长陈其采。吴禄贞以为陈其采是陈其美的胞兄，其美既已在上海宣布独立，其采一定也是革命党，而且又是日本士官学校的同学，所以在路上对陈其采谈出了自己的意图，并且指着地图说："这次去，联络张、蓝，加上我石家庄的队伍，会师北京绰有余力，光复之功，唾手可得。"火车到了滦州，张、蓝也来了，随即开了会议，全体通过吴的建议。会后用饭，饭后一看，陈其采溜了，停在滦州车站上的所有车皮全都开跑了。吴这才知道出了问题。因为回北京太危险，所以才退到石家庄来了。周维桢讲完，连称"危险！危险！"我说："吴鸿昌一定会提出剿抚兼施的办法，你们就表示赞成，然后派我去联系，我去，一定可以把山西的兵带出来的。"他说他转告统制。

次日（9月14日）晨，我正坐在车站客厅里，曹进和方本仁撞了进来，面带怒容，劈头对我吼道："你是革命党！你把队伍搞成什么样子了？这么搞，我们不要打仗了。"我也跳起来说："胡说八道，你们懂得什么？你们凭什么来对我讲话？下回再这样，我就不客气了。"他们气极了，跑到吴禄贞那里去告状，说山西是空的，一冲就可以直捣太原，何遂把队伍搞得一塌糊涂，有助敌的嫌疑。吴禄贞笑道："不会这样简单吧，敌人的虚实我们不太清楚，冲进去出了事，你们负责吗？我们现在是剿抚兼施，何参谋做得很对。"他们不敢再攻击我，便说："山西混成协的参谋朱鼎勋来了（也是陆大第一期的），那边的情形是他讲的。"吴禄贞说："那很好，他来了正要借重。"于是命令朱为正宣抚使，刘文锦为副使，到娘子关去宣抚。我明白吴这样做的意思，就暗里将张、蓝及我们计划要与山西会师的事对刘文锦说明，说："朱知道的山西内情太多了，到那里请山西把他扣下。"他们到娘子关后，刘文锦打电话来说："山西很听话，请我们队伍慢点来，有事好商量。"我问吴禄贞，是否再派我去一趟，看看宣抚得如何。他说："好，你明天去吧！"忽然，守卫车站的兵士来报告，有一列火车进站，是运军饷、辎重到汉口前线去的。我急忙跑到站上，命令火车停下来，不许开。押运的军需官气冲冲地跑来找我，嚷道："谁让火车停下，汉口粮食快完啦！这些都是军用物资，你们谁敢负这个责任？"我说："我是奉命扣下的，山西已经投降了，这些东西我们都要用。"他喊道："不行！这是闹着玩的吗？"我命令左右："扣起来！"上来几个兵就把他押下去了。于是几十万饷银，十几车皮粮食、弹药、棉军装，把仓库塞得满满的。我把此事报告吴禄贞，他说："你做得很对。"

15日，我乘专车到了井陉，打电话和娘子关联系好，便带着几个随从去了。关前乏驴岭的一段铁路已破坏了。关上守将姚以价派队在那里迎接我。我到娘子关轻松得像回了家一样，便把石家庄的情形向姚以价等和盘托出，说明吴禄贞意欲联合张、蓝和山西的队伍直捣北京的企图。他们说："北京已经发布命令，授命吴统制为山西的巡抚了。"我说："他算什么巡抚，他现在危险得很。"又把吴与张、蓝联合会议及陈其采忽然跑走的事说了一遍。他们说："最好请吴统制到这边来一趟，阎都督还是很不放心的。"我说："这样最好，请阎都督也到娘子关来，他们可以当面谈一谈。"姚以价等打电话和阎锡山联系，阎锡山答应了。我当晚赶回石家庄，把情况向吴禄贞作了报告。他说："很好，明天我们就去。"

16日午后1时，我随吴禄贞抵达娘子关。阎锡山亲自来迎，并召集了山西重要将领。请吴禄贞训话。吴登台演讲道："兄弟们！现在山西的成败很要紧。山西的独立使京畿震动。我已经和二十镇统制张绍曾、协统蓝天蔚联系好了，山西的军队、张、蓝的军队加上我们第六镇的队伍，会师北京是一定可以成功的。现在袁世凯派人到武汉捣鬼，他是有阴谋的，我们如果早到北京，就可以把他的计划完全打破。因此，山西的成败关系重大。再则，山西是我们中国民族最重要的堡垒。将来中国一旦对外有事，海疆之地是不可靠的。那时候，山西要肩负很大的责任，所以山西要好好地建设。"这一番话，讲得台下鸦雀无声，在场的人无不深受感动。吴禄

贞又说道："现在北京授命我做山西巡抚，我是革命党，这对我真是笑话。阎都督是你们山西的主人，我是替他带兵的。"阎锡山在一旁举手高呼："我们拥护吴公禄贞做燕晋联军大都督。"台下欢声雷动。会议便这样结束了。

当晚回到石家庄，情况有了很大变化。曾被吴禄贞撤差的前第六镇协统周符麟到石家庄来了，正暗地召集军官们开会。我赶忙把这情形报告吴禄贞，他说："不要紧的，骑兵营营长马蕙田担任警戒，他是我的心腹，靠得住。"稍晚，陈其采到了，也参加了周符麟等的会议。我又报告给吴禄贞，他说："禁卫军一团人天天跟在身边我还不怕，这几个人怕什么？"我说："山西队伍就快到了，是否派一营人来做你的卫队。"他说："不用了，你带着马营长去替我慰劳慰劳，说我明天接见他们。"10点多钟，山西的队伍来了，驻于石家庄郊外。我和马蕙田坐着摇车去迎接。马很年轻，长得蛮漂亮。他对我说："统制专门介绍过你，今后还要请你多多指教。"我说："吴统制很器重你，今天本来要加派卫队的，统制说你很可靠，才没有加派。"万万没有想到，正是这个卑鄙叛徒，为清廷和袁世凯所收买，出卖了他的长官，在当天晚上谋杀了吴禄贞！

我慰劳晋军回来，已经是夜里11点多了，很疲倦，倒下便昏昏睡去。酣睡中忽然被一阵枪声惊醒，瞿寿堤顿着脚喊道："兵变！兵变！你赶快去调山西的队伍来镇压。"我一摸身边的手枪，没有找到，随手抓起一把短剑冲出门去。这时正是深秋的午夜，天高月朗，寒风飒飒，站台上一个卫兵也没有。忽见一队人从吴禄贞的住室中奔出，迎着我跑来。我大叫："站住！站住！"这些人也不理我，愈跑愈快，

一溜烟就不见了。我心里顿觉不妙，正往前走，忽听地上有人痛苦呻吟，彷佛是张世膺的声音（他是奉天小学的总办，是应吴禄贞之约而来的）。我叫道："华飞，你怎么啦?"他已不能言语。我借着朦胧月色低头一看，他的头已被一刀劈开了，眼珠突出，脑浆流了一地，快要断气了。我说："华飞，我不能顾你了，我要看绥卿去。"说完便向站长室飞跑。我穿过外面的一条过道，刚到绥卿的卧室门口，被一个什么东西绊了一下，定神一看，正是吴绥卿！他穿着第一次和我见面时穿的那件军大衣，胸前闪烁着一颗双龙宝星。我一惊，伏下身去大叫："绥卿，绥卿！"再摸他的双手，冷冰冰的全是血污，头已经没有了。我猛然跳起，向着仓库跑去，我记得那里有一连守军。我哭着喊着："快来人呀，统制被人刺死了！赶快跟我去报仇呀！"跑到仓库，听队伍中有几个人叫道："这家伙乱喊些什么，杀了他！"我见势不妙，急忙回头，向着郊外晋军宿地奔去。那时我方寸已乱，一路上多少次跌倒了又爬起来，哪里还感到疼痛。我一口气跑到晋军宿营地，一看，完了！营帐虽在，但空无一兵。我找了许久，才找到三个兵。他们告诉我，晋军因来的人少，不知我方虚实，听见枪响，怕生变故，祖营长带着队伍回娘子关了。一个兵问我："大人怎么这样慌张?"我哭道："吴统制被人害死啦！"几个兵都很激动，说："我们替他报仇。这儿有马，请大人骑上，我们去把队伍追回来。"我骑上马，几个兵随在后面，飞驰向前。不多久，我追上了队伍，找到祖营长说："吴统制被刺了，我们要马上回去给他报仇。"我已经忘了他们是山西的队伍，而且只有一营人，石家庄却有整整一旅人。祖营长立即答应跟我回去，我便策马

先行。天微明的时候，到了石家庄。回头一看，只剩下和我去追队伍的三个士兵了。一瞬间，千百种思念涌上心头。从出发以来，多少希望，多少计划和努力，眼看着胜利在望，如今却落得"为山九仞，功亏一篑"了。

一个兵把我扶下马来，脱下他身上的大衣披在我的肩上。我猛然感到难忍的饥渴与疲倦。喉咙喊哑了，唇也咬破了，血顺着嘴角流下来。士兵送过来酒和食物，又对我说："大人请放心，我们跟着你，保护你。"我吃了一点东西，心神慢慢安定下来，对士兵说："你们到石家庄车站上去看看动静。"一个兵说："我一个人去就行了，你们两个保护大人吧。"他去了一会儿，跟着一个军官回来了。那个军官的肩章、领章都已取掉，臂上缠着白布，走到我面前说："我们已经起义了！"我一看是齐燮元（他当时是上尉副官）。他说："我们预备好了，请你训话。"我踉踉跄跄地跟着他走去，见前面立着不到一连人，都缠着白布。齐燮元对他们说："吴统制故去了，何参谋就是我们的领袖，请他给我们讲话。"我讲道："兄弟们，我们不能因眼前的失败而灰心。要再接再厉，为吴统制报仇。我们现在并不孤单。张统制和蓝协统的队伍驻在滦州附近，已经有电报来了。山西的队伍跟着就都要开来的。石家庄的形势重要，不能轻易放弃。"正说着，吴鸿昌来了，对我说："你太辛苦了，现在一切都好商量。大家全跟着你，你是首脑，请到站上去吧，大家等着你了。"我随着吴鸿昌走进站长室，马蕙田、夏文荣、吴云章、苗得林等（以后知道刺吴即是这四个人）都在座。我说："山西的队伍已经开来了，吴统制不能白死，我们要继承他的遗志。山西队伍到后，再会合张、蓝的队伍

直捣北京，把满清的统治推翻，光复就在眼前。统制虽然死了，在座的各位能继承他的志向，就都是吴绶卿了。"这时，有一个军官立在我的身后，我认得是保定的同学倪德勋，他是前两天才到石家庄的，是一个同盟会的革命志士。他喊一声"报告"，对我说："山西队伍答应尽量开来，阎都督亲自接的电话，我命令火车全部开去迎接了。"说完立在我的身后。我问吴鸿昌："你们知道统制是谁杀的？"他们都说不知道。突然有一个兵押着另一个兵进来，交上一把带血的刺刀。我见刀上血渍犹新，怒不可遏，立即命令把他枪毙。吴鸿昌怕事机泄露，连忙说："先送到军法处，详细地审问。"吴鸿昌等见害我不得手，便说："队伍总得布置布置，以备不虞，请你下命令吧。"我拿起笔来写了命令。吴说："你太累了，休息一下，我们照办。"我已经支持不住，眼睛一闭，便沉沉睡去。不知过了多久，睁眼一看，只有倪德勋还站在我的面前，已经时过正午了。我问："吴统领呢？"他说："布置队伍去了。"我们走到外面，发现人都没有了，电话线也被剪断。我们四处查看，又向车站上的铁路工人打听，才知道禁卫军的一团旗兵闻说我们起义，吓得大哭，往北面潜逃，武器、辎重扔了一地；吴鸿昌的队伍则往南逃到滦城去了。这时，山西的队伍陆续开进了车站，首领是仇亮。我问他："带了多少人来？"他说："很多很多，后面队伍还在运哩！现在最重要的是推出一个人来继承吴统制的职务，便于军事行动。"他向着带来的士兵们说："吴统制为革命牺牲了，大家都很哀痛。但革命还要继续下去，我们还要有领导，何先生是吴统制的心腹，和我们联系已经很久了，是否我们就请何先生接替吴统制担任燕军大都督？"兵士们大呼一声"是"。仇亮对我说："请你讲话吧。"我也并不推辞，向士兵们讲道："革命是一定要流血的，吴统制先走了一步。我们要踏着他的血迹前进。现在形势对我们是有利的，我们在吴统制的桌上找到两份电报，让我念给你们听。一份是滦州二十镇张统制和混成协蓝协统拍来的，电文说：'本军已整装待发，请与山西军前来会师。'另一份电报是吴统制发出的回电，电文是：'愿率燕晋子弟一万八千人以从。'兄弟们，听明白了吗？"全军高呼："明白了。"我说："好了，大家不必担忧，满清王朝的末日就在眼前了。"

山西兵到得并不多，我们怕吴鸿昌等反扑，把石家庄通北京和汉口两端的路轨都破坏了一段。第二天，和仇亮一商量，觉得石家庄不易守，决定撤到山西去，首先把一切可用的物资运走。可是仓库中储存的东西极多，怎么能在短时期中运走呢？我们找到了获鹿站长陈永庆，他说有办法，可以找工人出来，仓库米很多，只要规定每开一列车皮发两包米，工人们就会来了。我们同意这个办法，并且答应，凡是来做工的，每人都发一包米。于是人愈来愈多。车站的电灯亮了，脚行也来了。所有仓库里的物资，一列车一列车地运往娘子关，在两天中便全部运完了。再由娘子关转运太原，太原车站上物资堆积如山，单只现银一项就有三十多万两。

我亲自把吴禄贞和张世膺的尸体送到娘子关埋葬。副官长周维桢与吴、张同时被害，但第二天才找到他的尸体，只得就地埋了。后来山西人为了纪念吴禄贞的功勋，在石家庄为他修筑了一座坟墓。关于吴禄贞的被刺，有说是清廷的主使，也有说是袁世凯的主谋。我想，吴禄贞的存在，不仅对清廷京师是严重的威胁，对袁世凯的阴谋也是极大的障碍，因为吴在北方军人中素负声望，是能够和袁世凯抗衡的佼佼者。过了许多年以后，当1924年国民军占领北京的时候，段祺瑞又被捧了出来。有一次我和段的长子宏业闲谈。他大大地称赞马蕙田，说："马蕙田是英雄，够朋友，他的行动省了不少不少的事。"这话可以作为一个线索。据说，袁世凯是通过段祺瑞来策划这一阴谋的。袁世凯杀了吴禄贞，也就破坏了北方军人统一起义的计划，使他的野心可以更顺利地实现了。

我和仇亮、倪德勋等到了太原，阎锡山亲自来接。说了一大堆恭维感谢的话。他把我们请到督署，私下对我说："如今燕晋联军仍然存在，我比你年长几岁，也不客气，我就担任联军的大都督，你屈任联军副都督吧。"我当然无所谓，只希望他到娘子关去看一看吴禄贞、张世膺等的遗体，因此又和他回到娘子关。这时，张锡銮同第三镇已经进抵石家庄了。阎锡山很惊慌，说："我们还是先回太原筹划筹划再来吧，千万不可冒失。"忽然前面报称：第三镇有一营炮兵起义，火车向这边开来，车头上站着一个军官，自称叫刘廷森，说是找何遂的。刘廷森是我陆大同期的同学，也是72个盟兄弟中的一员。我赶忙去迎接他，走到前哨，只见他一个人过来了，一边骂道："车一停，这些兵全都散了，现在军心动乱，谁也管不住了。"于是刘廷森随我们一同回到了太原。

山西新军是第二十混成协，山西起义是由这一协完成的。都督阎锡山本来是山西混成协的一个标统。光复后的军务部部长黄国梁原来也是一个标统。

起义时，由列兵杨篯甫带队冲入抚台衙门，打死了巡抚陆钟琦，各县均传檄而定。但山西北面雁门以外的地区尚不在阎锡山的控制之下。所以阎锡山请孔庚为朔方招讨使，带一团兵驻大同，又请我练兵。我建议练一团敢死军，排长称连长，营长称团长，团长就称司令，并请杨篯甫当司令，我自愿做他的参谋长。阎锡山说："你太客气了，你是副都督，怎么好委屈你当参谋官哩！"我说："还是务实莫务名吧。"他笑道："那就叫杨篯甫给你下命令啦。"练兵的地方在山西大学堂，杨篯甫始终未来，我就在这里训练了一团人。阎锡山想建立他的子弟兵，招来的学员大多是他五台的同乡。我除了讲授一般教练、行军、战斗等基本军事课外，着重地进行了精神教育，内容无非是阐说清朝统治的残暴昏庸和丧权辱国。我写了许多军歌，教给士兵们唱，其中一首是：

> 泱泱大国风，三晋中原雄，龙蛇起陆开运动。练我体力强，壮我神明种，气吞满房人人勇。东下石家庄，北定顺天府，胡儿出走还我中原土。仇袍与子同，纠纠干城用，军歌铙吹饮黄龙。

10月中旬，张锡銮和曹锟的队伍就从石家庄向娘子关推进了。阎锡山命刘廷森做前敌总指挥，并亲到娘子关督师。我接到增援的命令，也带着一营人（号称一团）到了娘子关。阎锡山对我说："有一件事要拜托。"我问什么事。他说："我们防守的是正面，侧面是芦凹口，有敌人活动。你去打退他们，然后偷袭他们的后方。从平山县到滹沱河大桥，把桥炸毁，这样，敌人的主力就不战自溃了。"我说："请下令吧。"他发了命令，又说："守芦凹口的就是到石家庄去过的祖营长，他的队伍由你指挥。"天微亮，我率队出发了，自己骑马走在前面，让团长殿后。队伍愈走愈长，步兵渐渐成了骑兵。原来，一路上兵士们弄了许多老百姓的牲口骑上，牲口的主人也就跟上了。不过三四十里地，拖拖拉拉地走了一天，太阳落坡的时候才到芦凹口。祖营长接我到指挥部，和阎锡山通了电话。阎说："前面紧得很，最好今晚去夜袭。"可是我和祖营长商量，他说："我的队伍没有经过训练，是不能夜袭的。"我们的队伍，也只有一个月的训练，我又考虑到白天行军的情形，也很担心。最后决定组成敢死队。命令下达后，有六十多人报名，那天是10月17日，黄澄澄的月亮又大又圆，照得山沟里亮堂堂的。我在队伍前面派了侦察，自己压住后面。11点钟左右，到了桃林坪，侦察报道，前面有敌情。我跑到前面命令队伍："不准放枪，跟我前进。"话犹未了，"砰砰"两声枪响，子弹从我耳边飞过。有人大叫："不能打，不能打，大人站在前面呀！"我回头喊一声："冲呀！"六十多人一拥向前，冲到村子里，敌人已经跑了，衣服、枪支、望远镜等抛了一地。我说："我们要继续追击。"有人在暗影里嚷道："不行！我们要睡觉了。"营长也劝我休息。我一坐下，士兵们也都睡了。我命令营长守在桃林坪，自己骑马回到了芦凹口。

第二天一清早，我就被房外一阵哄闹声吵醒了。起身一问，才知道正面战线失利，娘子关可能丢了，电讯也断了。祖营长对我说："两面都是敌人，军心动乱，怎么办？"我命令集合，两营的人站得非常整齐。我说："敌人不可怕，他们有枪，我们也有枪。现在我们还摸不清前面的实在情形，应该立刻增援

娘子关。"说完率军出发。走了不多远，一个老百姓送来了一张纸条，上面写着："正面已全线撤退，娘子关不保，请自择出路。"署名是"刘廷森"。我忙问祖营长："这里到后方还有什么路可走？"祖营长说："有一条小路，越太行山，过盂县可到五台。我们队伍里五台人最多，走这条路可靠。"我同意了。于是队伍上了太行山，在崎岖陡峭的山路上走了一天，傍晚到了盂县。我下令宿营。半夜，忽听外面人喊马嘶，有人报称敌人来了。我急忙起来集合，但是已经控制不住，士兵们大部分都散光了。我也只好追上去，一路风声鹤唳，狼狈不堪地退到了五台。

我们在五台山下的台怀镇落了脚。兵士们回到家乡，多已走散。原驻在五台的一个营长杨缵绪送来一份清廷的招降电报，大意说"革匪"已被打散了，所有地方的驻军要好好地维持秩序，通知他们来收编。我说："我剩了一个人怎么办？"他说："我也只剩几个人了。管他的，来了就拼一场。"他走后，有两个朋友来找我，一个叫胡亮天，一个叫张绍丰。他们说："何先生，我们山西人对不起你，我们两人死活都是要跟着你的。"我问他们外面有什么消息。他们说，传闻南北已经停火议和了。又问他们阎都督有没有消息。胡亮天脱口骂道："那个龟孙子不知跑到哪里去了！"我说："革命一定会成功，我们最好到南边去，那里有我许多朋友，可是我一个钱都没有了。"他们说："我们有钱。"这可算得是雪中送炭，使我非常感动。我又问怎么走。胡亮天说："路上都是旗兵。我们最好是化装成和尚，行动就方便了。"于是三个人上了五台山，在南山寺住持僧光大的帮助下戴上了风帽，穿上了僧衣，扮做云

游的僧人，再一次越过太行山。路过保定时邀了孙岳一路，几个人历尽千辛万苦，九死一生，终于到了当时江南的革命中心地南京。

（五）

我们到南京的时候，许多老朋友都已在那里了。我打了一个报告给陆军部，叙述了石家庄与山西事变的经过。王孝缜听说我来了，立刻来访，一见面就说："你来得太好啦，我们都当你早成了鬼了。现在这里全是自己人。仇亮是陆军部军务司司长。还有元白（陈裕时）、鹃生（耿毅）、崑涛（刘建藩）都在这里。"从王孝缜的口中，我们知道了许多南边起义时的情形。王孝缜又说："克强知道你们来了，很高兴。请你们去见见他。"于是我和孙岳去拜会了黄兴。

黄兴住在铁汤池，见了面很亲热，慰勉了一番。他说："南京现在军队散漫得很，要力求整顿统一，还得依靠你们这一批人。这里的人都认识你们，你们来得正是时候。"他仔细地问了我关于吴禄贞被刺的情形，深表惋惜。他又问阎锡山是怎样的人。我说："他只知道一跑了事，险些把我害死。"他说："阎锡山已经回到忻州了，袁世凯在谈判中想把陕西、山西撇开，不算是革命的省份。阎锡山没有什么力量，袁世凯的兵要是真打进去就完了。经过我们和袁力争，现在大概没有问题了，阎锡山可以复任山西都督了。"过了几天，王孝缜来说："徐宝山割据扬州，蒋雁行占住江北，不知道他们干些什么。想请你和禹行（孙岳）走一趟，看看他们的动静。"于是由陆军部委我为扬州军总参谋，孙岳为江北军总参谋，分道上任去了。

我到扬州，徐宝山的参谋总长华彦云来接。徐宝山是江南有名的盐枭，人称"徐老虎"，这时自封为扬州军司令，霸住这一块地盘，收的税不往上缴，却还伸手向南京要钱。扬州没有经啥动乱，市面上熙熙攘攘，商业仍很繁荣，只是满街上走着像叫花子一样的兵。徐宝山请我躺在大烟灯旁和他谈话，把他闯荡江湖的历史吹了一阵。我问他有多少队伍，他说："你要多少，我就有多少。"又指着面前摆的两把手枪说："我是弹无虚发的，这几年的虚名不是容易挣来的呵。黄大元帅的威名震于四海，众望所归。只要他肯用我，给我发饷，我们是讲义气的，肯拼命的。"他请我吃酒，抽鸦片，还把他的一支手枪送给我，表示愿意结交。晚上，我住在旧盐运使衙门，见一个穿得破破烂烂的人站在房门口。我问他是干什么的。他说："是大人的卫兵。"我说："天这么冷了，你怎么还穿得这样单薄？"他说："寒衣还没有发哩！这里的钱多得很，可是用在我们身上的很少。"我问他队伍上有多少枪，他说："枪很少，许多兵是没有枪的。"在南京的时候，黄兴的秘书长林长民就对我说过："外面乱兵烂将太多，闹得一塌糊涂。"看看扬州，情形更坏。当时各地都拼命委官，招上几个人就挂起一块某某师、某某军的招牌，向上面催粮要饷，饱了私囊，结果甚至弄得官多于兵，兵多于枪。我想到这些情形，实在忍不住心头的烦闷。在扬州住了几天，孙岳派人来告诉我：江北军队的名目很多，有沪军、扬军、淮军、镇军，等等，现在举他做司令，称淮扬联军总司令。他请我到南京把这事向政府通过一下。因此我又回到南京，找到仇亮，把孙岳的事告诉他。仇亮笑道："这个容易，我提笔一写就是一个什么长。"我说："你这样不行呀，外面官多于兵，将来怎么打仗？"又把见到的情形说了。他说："知道，知道。可有啥法子呢？禹行这件事总得办吧"，说着就拿起笔来写道："特任孙岳为淮扬联军总司令，何遂为淮扬联军总参谋兼江北兵站分局长。"他说要待一两天，因为委任状要经临时大总统孙中山签署。我又把扬州的情形向黄克强作了报告。他说："你们要好好地联络一些人，现在外面的耳目就靠你们了。"我带着两颗官印，又到了扬州。徐宝山大为高兴，对我说："你办兵站太好了，我放心极了。你不要到别处去，就住在扬州。我现在送你3万块钱，以后每月3万。你领了款就交给我，其余的事你不用管啦。"我听了虽然生气，也无可奈何，只得说："我不只管你扬州一军，我要各处看看情况再说。"一面差人把官印送给了孙岳。

这一个时期，中国的政治局势是极复杂的。我得到清帝退位、袁世凯做了大总统的消息后，打了一个电报给孙岳，说我不到他那里去了。和平既然实现，兵站应该取消，我就回到了南京。过一天，孙岳也来了。王孝缜问我们怎么突然回来了。我说："不打仗了，还要兵站做什么？"他说："你把问题看得太简单了。现在北京兵变，袁世凯不肯南下就职，事情又复杂了。"我说："有事情咱们就干，我是不知道什么叫做'怕'的。"他说："黄兴要你和禹行到北边去一趟，看看情况究竟如何，立刻报告我们。"于是我和孙岳当了调查京、津、保兵变特派员，坐船赶往天津，又转北京和保定。我们看到天津、北京许多地方被烧得一片瓦砾，保定的火还没有熄灭，店铺都关了门，街上冷冷落落，许多乱兵游来荡去，情况非常混乱。在北京见到刘汝贤，他说："这几天，变兵到处抢掠，袁世凯自己也管不住了。"我们急忙

密电南京，希望南方军队从山东、京汉线与海路同时进攻，乘北京混乱的时候，一举可定大局。可是南方的妥协势力占了上风，我们许久不见回音，只得悻悻然又回到南京。

这次北行中的一个有趣的插曲，是在保定车站上碰见了汪精卫。他是到石家庄去吊唁吴禄贞的。他殷殷地问着吴禄贞死时的情况，还唏嘘地落下了几滴眼泪。刘汝贤事后对我说："当汪精卫获释，狱卒为他开脚镣的时候，他吓得晕过去了，还以为要杀他哩！"又说："汪精卫是袁世凯保出来的，这次南北议和，他多方为袁奔走，卖了不少力气。"汪精卫这个民族败类，早在辛亥革命的时候就显露了他丑恶的嘴脸！

回南京后，立刻感到一片妥协气氛。陈裕时、黄恺元、王孝缜等许多拥有实力的人都嚷着："让袁世凯做一做看吧！"我把北方混乱的情形告诉他们。王孝缜说："不要讲啦，现在大家都愿意让袁世凯做一做。"我说："怎么能让袁世凯做呢？"他说："难道让孙先生做？政令不出南京，甚至出不了总统府。何况三路进兵也得有力量呀！现在官多于兵，哪一个肯去打仗？还是少现眼吧！"

袁世凯继任总统以后，政治局面又起了一阵混乱。宋教仁等为争取未来国会选举的胜利，在8月下旬改组同盟会为国民党。改盟为党，简直是拿着本子乱填，谁要进党都可以登记，大批因势趋利的投机分子都混了进去。我和刘建藩等都没有参加，尽管别人怎么劝也不参加。我说："现在还搞新八旗呀！你们懂什么？政治上有何真知灼见，能把中国治好？既然不行，咱们练兵好啦。政治腐败了，我们就再打。"当时只是对革命后的现实不满，自己也

不懂政治，拿不出什么主张，只好天真地嚷着用练兵来解决问题了。

武昌起义后，许多省的军队都会师南京。江西有俞应麓的一旅；安徽有柏文蔚的一师；浙江有朱瑞的一师；广东有姚雨平的一师；江苏有洪承点的一师、冷遹的一师、陈懋修的一师；还有广西赵恒惕的十六旅和陈裕时的十五旅及第九混成旅。另外挂块招牌的军队很多。二次革命前属留守府统率的号称十七个师，但是军令并不统一，许多军队黄兴是指挥不了的。有一次，王孝缜对我说："浙江方面骂黄兴骂得厉害，你是否和戴之（吕公望）商量商量，不要再反对黄兴啦。"我因此问吕公望，为什么总是反对黄兴。他说："他不公平嘛，陆军部都歧视我们。一句话，给朱瑞一个军长，就不再反对黄兴了。"我转达了这个意思，后来朱瑞果然当上了第六军军长。因为陶成章被陈其美刺杀的缘故，浙江方面的人对孙、黄是不满的。朱瑞不参加国民党，大概和这事有些关系。黄兴也感觉到留守府力量散漫，打算作一番整顿，所以想组织一支中心队伍，这就产生了第八师。所谓第八师，主要是以广西的两支人马为基干。赵恒惕原为北伐第三军总指挥，改任第八师第十六旅旅长；陈裕时原为第三军参谋长，改任第十五旅旅长兼混成第九旅旅长。二十九团团长是黄恺元，三十团团长是王孝缜，骑兵团团长是刘建藩，我任三十二团团长。师长陈之骥（同盟会员，士官学生，冯国璋女婿）不过是顶个牌子，实权主要掌握在陈裕时的手中。第八师的成立，员额虽尚待补充，然训练积极，成绩甚好，因此增强了留守府的实力，使它有了暂时的稳定，对南京及附近的治安也起了一定的作用。

袁世凯登上大总统的座位后，就开始向南方伸张他的势力。他唆使心腹爪牙陈宧与陈裕时进行勾搭（他们是湖北同乡）。经过陈裕时的中间活动，黄兴也继孙中山先生之后，到北京去和袁世凯面商国事。袁世凯表面上对孙、黄推崇备至，暗中却派人收集孙、黄的所谓"阴私"，编成许多小册子分发各军，诬蔑黄兴"与孀妇姘居"，孙中山"在海外到处骗钱"，等等，以破坏孙、黄的声誉。另方面他又派人直接打入南方军队内部进行拉拢、收买和分化。留守府成立后，改孙岳的淮扬联军总司令为第十九师师长。袁世凯直接下了一纸命令，以原在江北多年的刘之絜代替孙岳的职务。孙岳是从北方来的，在江北的根底不深，因此不能立足，跑回南京来了。有人嚷着说："袁世凯得寸进尺，挤到我们身边来啦！"妥协派说："这是孙岳想做官，造的谣言。"孙岳一怒，便跑到江西找李烈钧去了。胡万泰是安徽都督柏文蔚手下的一个师长，袁世凯请他到北京去，送他一柄五头狮子军刀，对他说："烈武（柏文蔚）一有差错，你就是安徽的都督。"胡万泰后来果然就做了叛徒。袁世凯对第八师也不放松。他叫人来说，第八师与其他师不同，所有的团长都补少将，发给三等文虎勋章。但我们没有理他。

第八师成立了，可是广西出来的队伍不多，我那一团只分到一千来人。按照新的规定，每连是二百多人，一团应该有步兵十二连，另机关枪一连。共两千六百多人。因兵额不足，黄兴派刘建藩和我到湖南去招兵。我们到了湖南，谭延闿问："不是到处叫裁兵吗？你们怎么反招兵呢？"我们说："克强叫我们来的，第八师是基干队伍，所以要加强。"他问要多少人，我们说要三千。他给办了。我们刚刚把三千湖南兵运回南京，又有一批从西藏遣散回来的队伍，约有一营人，我们也全部收下。这样一来，引起了其他一些军队的极大不满，纷纷向我攻击，说我擅自招兵，闹得很厉害。黄兴无法，只得下令把我撤差了。王孝缜是一个火性子人，为这件事在留守府的参谋部大闹一番。结果是我到杭州去玩了一个星期，回来当了第八师的代理参谋长，但仍兼第三十二团团长。

袁世凯摸清了南方的情况后，就进一步向第八师开刀。谭延闿因湖南境内乱兵烂将很多，粮饷困难，愿意裁兵。于是袁命第八师派了一团人，由王芝祥、赵恒惕带着到湖南去了。这样，第八师既被分裂，又作了恶人。袁世凯一箭双雕，十分得意。最后，留守府亦被迫撤销，南方的军队就直接属北京袁氏政府统辖了。

辛亥革命那年，我才24岁，少年气盛，看不起人，革命形势一旦缓和下来，不免和同伴们发生一些纠葛。再加上我对现实很为不满，对国家前途感到渺茫，乃决定离开第八师，去日本学习政治经济。我正在上海准备动身的时候，袁世凯主谋刺杀宋教仁的案件发生了。孙中山先生由日本赶回上海，在他的领导下，第二次革命（即癸丑讨袁）开始了。

一天，黄兴通知我开重要会议，我去了，见会场里挤满了人，情绪都很激昂愤慨。孙中山先生作了演讲，大意是说：袁世凯排除异己，是杀害宋教仁的主犯，非用武力讨伐不可。会议讨论得很热烈，也有主张用法律解决的。最后决定，尽快宣布袁世凯的罪状，正式号召国人和国民党人起来倒袁。散会后，黄兴对我说："请你沿长江一带去联络联络，主要是到柏文蔚和李烈钧处，看看他们准备得

如何。"

第二天，我动身到安庆，见到了柏文蔚。他抱怨着说："我坐在都督、民政长的位子上，一点办法都没有，急得浑身是汗。"我说："你应该找一些好的幕僚，用不着凡事都自己动手的。"我又告诉他上海的情形，说明我的来意是了解他的情况，真打起来能出多少兵，地方上情况如何。柏文蔚说："袁世凯的心思很明显。我还能不抵抗，让他打吗？我在徐州附近还有些队伍，总能出两师人，反正有多少兵都豁着干吧。至于内部情况，那是一团糟。安徽素来不好治，到我手里就更没有办法啦。"我问他部下中是否有袁世凯的内线。他说："可能有，袁派人来我也不得不招待。不过部下都跟我多年了，如果形势好，还不至于出什么乱子。"我问："如果形势不好呢？"他苦笑着说："那就难讲了。但我想讨袁初步是可以一致的。你就把这些情形向上海方面谈一谈吧。"我说："湖北黎元洪是不会反袁的，这回成败全靠你和协和（李烈钧）了。"他说："你放心，我对你是说实话，对外面当然是说兵强将勇，不会示弱的。"我临走时又劝他找几个助手，"群策群力"好办事。据说后来他找了陈独秀和张鸿鼎。但搞了不久，倪嗣冲的军队就来了。胡万泰叛变，一个电话把柏文蔚赶走了。这是后话。

我从安庆又到九江，见着了代理镇守使耿毅。他发了许多议论，说："辛亥之前，大家目的倒还明确，痛恨满清王朝的腐败卖国。虽说组织得不好，但总算还有个组织，而且哥老会等反满秘密结社遍于大江南北。所以武昌革命一起，居然成功了。但成功之后，原来的组织反而涣散了，大家又都不懂政治的门槛，握住了权柄不知怎么运用。协和的手

脚大，弄来了一堆男女老少，把个都督府搞得乌烟瘴气。可是袁世凯不糊涂，得寸进尺，如今终于点起战火来了。我这里是最前线，我这个九江镇守使怕是不好当的了。"我问他部下究竟有多少人。他说："直属部队只有一旅人，打起来你们可得来人啊！协和是比较有手法的，可以筹出饷来，但国民党内部太涣散了，南边几省只怕乐观得有限。"我说："总不能坐着挨打吧？"他笑道："自己人说真话，打总是要打的。目前表面看来，长江以南还是我们的势力，长江以北尚有陕西和山西。问题是国民党已经不像过去的同盟会，投机的太多。军队也很复杂，许多将领都腐化了。上海那批人就是嘴里讲漂亮的话，讲完了逛窑子。孙先生和克强待在上海也指挥不了各省；你看，闹了这一阵，还是只听雷响不见下雨。不信你回去看看。管保还是老样子，没有什么进展的。"他又叹息着说："我们怎么会这样糊涂，把袁世凯捧出来做总统？黄兴居然想拉袁世凯来做国民党的党魁！我们简直把他的历史都忘干净。话说得远些，袁世凯一个人还好对付，只怕他手下的这一批人今后才更不容易收拾哩。"今天看来，耿毅的这一番话倒是颇有见识的。

归途上，我又到徐州会见了冷遹，他统率着第九师坐镇徐州。他说："我这里是前线，敌人来了我就打。我的队伍虽不算强，对付张勋的辫子兵还是可以的。"又问我第八师是否会开来，我说："当然会开来，养了那么久了，还能不用一用。"他带我察看了假想的前线阵地。徐州表面上很平静，火车仍旧畅通，只是市面上冷冷落落，乞丐满街走，显出一幅非常破败的景象，到处传来凄凉的声调。我问冷遹，徐州怎么弄成这种样子。他说："淮河年年有灾，

外加兵灾人祸，老百姓被迫流亡的或当土匪的很多。怎么能不破敝呢？！"

我重回上海，在妓院里找到了陈裕时，告诉他安庆、九江的情况。他含含糊糊地说："这里天天开会，仍旧是那几句话。孙先生成天喊讨伐，也没个响动，大概他想到日本去了。"我见这情形，很觉无聊。他说："你还是回福建去看看老太太，我们有事再找你。"于是我回了福建老家。

6月中旬，袁世凯撤免了李烈钧、柏文蔚和胡汉民的江西、安徽和广东都督的职务，同时开始了军事行动。7月12日，李烈钧在湖口发出了讨袁通电，黄兴也亲自到了南京，苏督程德全则被迫宣布独立，福建也接着宣布独立。我接到上海方面的电报，因交通阻隔，两星期后才赶到上海，听说前面已经打响了。黄兴到南京后，把反对讨袁的第一师师长陈懋修枪毙了。又听说第八师已有一团人开赴前线，是刘建藩带去的。头一仗就把张勋打得丢盔卸甲。我见上海混乱，海军的态度也很暧昧，便又急忙赶到南京。一去首先碰见了刘建藩。我惊问："你不是在前面打了胜仗吗？怎么回来了？"他叹了口气说："别提了，你听我慢慢说吧！"原来南京一独立，他就上了前线，第一仗把张勋打得大败。一直追过了山东界。全军正在兴高采烈地庆功，士气非常旺盛的时候，江苏都督程德全偷偷地跑到上海，通电南京，要求取消独立。黄兴到南京后，一个钱也没有，前头后头又追着要饷。黄兴看看无法摆布，也甩手溜了。因此，南京又宣布取消独立，一个电报把刘建藩调了回来。目前，南京正处于混乱中。何海鸣受孙中山先生的委托，来南京坚持主张讨袁。一般下级官兵对这种妥协极为愤慨，酝酿着兵变。刘建

潘说："我们打了胜仗，本来可以继续前进，反而把我们召回来，元白（陈裕时）在背后一定有鬼。冯国璋要来了，陈之骥是他的女婿，还能坚持抵抗吗？我看现在士兵们都愤愤不平，恐怕要出乱子。他们是压不下去的。"

第二天，军队闹得更厉害了。孙中山先生的委任状已经下来。当时孙先生是坚决主张讨袁，反对取消独立的，但他没有实力，因而向第八师下级军官活动。孙先生在这时是表现了他出众的革命魄力的。我去找王孝缜，他的样子很沮丧，说："带兵是玩火，现在火要烧自己了。你是自己离开了第八师的，外面还以为你是被挤走的呢。广西的队伍和你很熟，感情很好，现在正好请你说说话。"我答应了。他又说："情况很紧张，事不宜迟，今天晚上就请你和大家见面。讲完了，这个是非之地我们也不留你，你还是到日本去。"我问黄兴的近况，他说："克强表现得太无能了。大家都看不上他啦。"当天晚上，他们请我吃饭，所有团长以上的军官都在座。饭后，第八师全体连排级军官都来了，约有二百多人，把厅堂挤得满满的。我讲了话，大意是："我和大家相处很久了，从广西起就一直在一起拼死拼活，没想到今天南京是如此黯淡。可是革命嘛，就要坚忍。别人做不到的时候我们要做到。我吃的苦不会比大家少。我们不应该为这一次

1913年二次革命失败后，何遂偕陈坤立流亡日本。此照当年摄于日本东京。陈坤立，湖北宜昌人，张之洞所办湖北女子师范学校学生。赴日后，进入青山女子实践学校。她反对丈夫学习贬侮女性之日本《民法》，何遂乃弃学归国

的失利就灰心气馁。相反，我觉得今天的责任更重
了。袁世凯比满清的力量大得多，手段也更阴险毒
辣。我们现在不能不忍耐，不能不团结，千万不可
自己人杀自己人。一旦散了，就什么全都完了。上
面有什么过错，大家要多多原谅。我从福建来为的
是同你们一道好好打一仗的。昨天和刘团长谈起，
知道大家心里不平。我希望大家要忍耐，要冷静。
第八师是有名气的，千万不要搞散了，暂时的忍耐
就是将来的成功。"我讲完这一番话，大家当时表现
得还满意。陈之骥、王孝缜、黄恺元等都来谢我，
当晚送我上船。刘建藩悄悄对我说："我也要回湖南
了，本乡本土总有个出路。这一次出生入死，被他
们搞成这个样子，我在这里实在待不下去了。"船到
镇江，忽然一个人慌慌张张地送给我一份电报，我
一看是南京方面让我转给陈裕时的，电文是："元白：
勿来。人心激动，集矢于兄，危险。"我到上海的第
二天深夜，一阵急促的敲门声把我惊醒。开门一看，
所有第八师的高级军官都来了，神色狼狈。王孝缜
连说："完了，完了！"我急问："怎么回事？"他说：
"你走的第二天，二十九团兵变，团附李协卿去弹
压，当场被刺刀刺死。第八师整个儿闹起来了。我
们听到报告，什么东西都没带就逃上了船。船上没
有坐席，一直站到上海。唉！完了，完了。"我问他
们今后准备如何，他们都说："只好同你一块到日本
去啦！"

几天以后，经过日本人须藤军医（他本是第八
师军医处长）的布置，我们一行人出发东渡了。当
轮船缓缓地开出吴淞口外，我回首遥望苦难深重的
祖国，依然是风雨如晦。多少年来梦寐系之的一次
革命，就这样失败了。一刹那间，真是百感交集，

心乱如麻。在这时，许多人灰心了，当然也有许多
人并没有灰心。我也深感前途渺茫，一时还找不到
一条救中国的道路。这种苦闷，正是一个资产阶级
民主革命者在半封建半殖民地的旧中国所无法逃避
的悲哀！

原载《辛亥革命回忆录》第一集
中华书局 1961 年出版

辛亥革命时期的广西新军

（遗作集萃）

何　遂

　　我是1909年（清宣统元年）和耿毅、刘建藩、尹昌衡一班同志到广西办新军训练的。我们未到广西之前已经参加同盟会，到广西之后进行了不少革命活动。这些事迹，耿毅同志写的《辛亥革命时期的广西》一文已介绍得很详细和完整。耿毅同志这篇文章，我不但参加过意见，最后还是经我定稿的，因此现在要说的话就不多了。年来多病，病中无事，再加追忆，拉拉杂杂的还忆起一些，现在写出，以作耿文的补充吧。

　　辛亥革命前夕的情况，概括起来说就是：国势日弱，外患日急，官贪吏酷。尤其是广西，曾经多年战役，起义军四起，官军就乘此机会到处焚村杀人，以达其升官发财的目的。我1910年调查桂越边防，从南宁入十万大山，走到广东、广西交界的剥鸡隘，又沿边调查到广西、云南交界的剥隘，所过两处，村落多半成为瓦砾之场，草高没人，走路至七八十里远都找不到一间民居。可知当时焚杀之惨，人民焉得不起来革命，反抗满清王朝的统治呢！

　　我于1909年到广西时，广西地方当局正计划练新军，但仍留旧军，以防新军。当时那班老官僚最怕的是学生与新军，他们以为革命党即在其内，但又不敢不依从当时朝廷办新军、练新军的命令。于是就用一种"两套并举"的办法来对付：一面慎选学生，挑选那些他们认为不革命的学生才吸收；一面拖延新军成立的时间，而且保留并加强旧军，以防新军与学生革命。广西当时的情形，就是如此。

　　广西延聘我们这班不受欢迎的人，在当时是经过很慎重的考虑的。他们所付以聘人责任的王孝缜（勇公），是一个祖父尚书（王庆云，工部尚书）、叔父状元（王仁堪）、父亲粮道（王仁东）的人。他们认为这样大封建家庭出身的人，一定不会是革命党。哪知王孝缜不止是革命党，而且还是当时的激进人物。王孝缜到北京时正值满清政府廷试（在保和殿考试，为全国最高一级的考试）留学日本士官学校四、五、六期毕业生，授以"举人"。那时我已在军官学堂毕业（以后改名陆军大学堂，是从第三期起改的，我是第二期，后来也改称陆军大学堂第二期。这是训练参谋军官的学校，我当时以第九镇上尉参谋资格入学）。保定陆军速成学堂训练的初级军官也在这时毕业。王孝缜就从这一班人中寻到许多当时认为志同道合的人。日本士官毕业生有孔庚、赵恒惕、尹昌衡、周荫人、陈之骥、刘洪基、李书城等；保定速成学堂毕业生有刘建藩、杨明远、耿毅、吕公望等；军官学堂毕业的只我一人，人数共为七十余人（这个数字仅凭我的记忆）。这在当时都可算是比较进步的人士了。广西巡抚张鸣岐表面上优礼这班人，各授以陆军职位，但是这个老官僚是另有计谋的：他一面给新人物以筹备陆军的责任，把建成新军的期间拖长，使这班人无兵无权；另一面把旧防营加强，并使其驻在省会及各要区，以资牵制；另外还把新军分开在桂林、南宁、龙州三个地方来举办，使其力量分散。办理情况大致如下：

（一）桂林　桂林系省会所在，所办的新军是属于全省性的。其系统和编制是在巡抚之下设督练公所，主持一切新军的编练事宜。督练公所内分兵备、教练、参谋三处。督练公所置督办一人，由巡抚自兼。另置总参议一人办理所务。但此员未经委派，故所务均由兵备处主办。兵备处置总办、帮办各一，下设三科。1909年总办系庄蕴宽、王芝祥；1910年系蒋尊簋、蔡锷；最后是汤鲁藩。教练处设总办、帮办各一，下有二科，但并未派员，其职务由兵备处代办。参谋处，由军谘府委派赵学方为总办，下有二科。以上是管理机构。至业务机构则有干部学堂、陆军小学、学兵营三部。

干部学堂，负责训练创办新军所需的下级军官，是速成性质的。监督先后为李书城、陈之骥、赵恒惕。

陆军小学，三年毕业。毕业后入陆军中学，两年毕业。再入军官学校，一年半毕业。毕业后充入伍生，实习半年，授为少尉。这是正式的军官。总办先后为蒋尊簋、钮永建、雷寿荣、蔡锷（兼任）。

学兵营，负责养成军士。营长为方声涛。下有步兵三连，每连126人，连长陶德瑶、雷君典、余1人姓名忘记了。骑兵一连，66人，连长刘建藩。炮兵一连，126人，连长邓鼎封。工兵一连，126人，连长姓名忘记了。学兵营训练期满的学兵和干部学堂的毕业生，均为新军骨干，加招新兵就成立了混成协。这支部队，于1912年与南宁、龙州的新军北

广西陆军干部学堂创办于1909年，系一所培养新军干部之学府。由于大批同盟会员入校任职，该校实际上为同盟会广西支部所掌握。此为陆军干部学堂全体员生合照

上援鄂，转至南京编为陆军第八师的步兵十六旅及骑兵第八团、炮兵第八团、工兵第八营。

（二）南宁　南宁系提督所在，所练新军属地方性的。有讲武堂一所及步兵一团。主其事者先为蔡锷；蔡召入省后，郑开之、程子楷先后继之。广西独立后，步兵团归陈裕时指挥，和龙州的步兵团编成六个大队北上援鄂；后至南京，改编为陆军第八师的步兵第十五旅。

陆军第八师是黄兴任陆军总长和南京留守时的主要军队。袁世凯军攻南京，第八师全体官兵战至最后一人，无一降者！牺牲之壮烈，不下于太平天国之坚守天京。

（三）龙州　边防道李开侁、右江镇总兵陆荣廷驻此。有步兵一团，团长黄榜标。营长为陈裕时、符振坤、张元文。后来黄辞职，由陈裕时继任团长。陈是李开侁的同乡，士官生，也是同盟会会员。

那些清朝老官僚最害怕新军。有新军之处，必有不止一倍的旧军以监视它。名为练军，实则以筹备为名，拖延时日，敷衍了事。由上述的编制来看，督练公所实际只有一兵备处，而且是一年换人几次，最后索性把旧官僚汤鲁藩用上。汤对新军本一无所知，他们这样做，徒显示其顽固不化而已。仅参谋处因清末亲贵弄权，直接由军谘府委赵学方为总办，下设调查科及筹略科，仅用一人兼两职。我是第一次、也是最后一次的科长。

他们以为换人多次，分散多处，加以旧军监视，就可以平安无事了。实际上我们这些当时所谓革命党的人，内部是很团结的。不止在省内，而且在省外也有联系。看外表，我们人数不多，复处处受到限制，甚至被敌视。到广西的才七十多人，到广西独立时所剩已不到一半。但是这些人都是蔑视旧官僚苦干硬干的。他们只要能干的就无不干，能联络的就无不联络一致。1911年（清宣统三年）广州3月29日的起义，有些人就是由桂林去参加的。起义失败逃出来的人，依旧回到桂林来，旧官僚毫无办法对付他们，这就可以知道当时这些人的力量。

在武昌起义前夕，广西成立了混成协，统领是胡景伊，日本士官学校毕业生。官兵不完全招齐，一共只有两千人。新军虽少，但毕竟由于普遍建立了同盟会的组织，依照陆军编制的所有单位都设支部，影响日渐扩大。就是这些力量，终于导致辛亥年九月十七日上午十一时广西宣布独立，宣告清政府在广西统治的终结。

原载《辛亥革命在广西》
广西政协 1962 年编辑出版

反袁回忆录

（遗作集萃）

何 遂

（一）

1913年二次革命失败后，我与王孝缜、黄恺元、刘建藩等同船逃往日本。当时，日本帝国主义者的侵华方针是：从容拨弄于两种势力之间而坐收渔人之利。因此，它对我们这批政治犯，不仅是容留，而且给予进行政治活动的方便。

我们住在本乡馆，未经考试就进了早稻田大学，习政治经济。后来我们这一些人觉得不方便，想自己办学堂。有一个专吃中国革命党饭的日本法学博士寺尾亨，聚了一些日本学者，在锦町三丁自办了

何遂伉俪1916年摄于北京

一个政法学校。我便转往该校。王孝缜在那里做翻译。我妻陈坤立进了青山女子实践学校。

这时流亡日本的革命党人很多，孙中山和黄克强都在。孙对黄在二次革命中的犹豫态度颇多责备，黄此时则比较消沉。不久，孙创中华革命党，入党手续近似我国旧的会党，而且要宣誓绝对服从他个人。我们认为他想学陈永华、顾亭林，都没有参加。

在苦闷中度过了一年。某日，我的妻子翻阅我们的功课，突然气得满面通红，把我们的书本都撕了。刘建藩问："怎么发脾气了？"大家一看，原来民法中论"人"一节，把人分成几种，有所谓法人（团体）、自然人（个人）；自然人又分为有能力的与无能力的，无能力的有白痴，还有女人。女人下写：无财产权、无发言权、无选举权，理由是尊夫权也。大家才说："难怪。唉！不要学啦！学了回去，拿这个统治老百姓，中国人不是倒霉了吗？"我本来对日本人讲的东西不满，经此一事，更觉乏味。恰巧，陕西陈树藩来电请我回去，我便决心回国了。

这期间，袁世凯一面加紧对外投靠，大量出卖主权；一面非法解散国民党，解散国会，取消"临时约法"，把辛亥革命残留下来的一点足资纪念的痕迹抹杀干净。同时，他利用从帝国主义那里乞求来的借款，大肆收买政客和议员；对那些不甘为其所用的，则施以残暴的镇压。我的挚友仇亮，就是这时期被杀害的。阎锡山曾被袁召见三次，有人问他

袁是什么样子，阎说："我……我没有看见，我只看见他的靴子。"表现得极其懦弱驯服，连袁世凯都被感动了，于是他这个辛亥起义的都督，居然被留了下来。

我离开日本时，内兄陈裕时托我带一封信给陈宧。到北京后，见到了陈宧，他这时是袁世凯的参谋次长。他对我说："你过去是英雄气概，现在情形变了，做事千万要小心一些。"他和陈裕时的关系很深，所以答应遇事帮忙。

我到了陕西。陈树藩说："我们这里队伍太乱了，请你办一个教导营吧！"于是我在同州办起了教导营，自为营长，张瑞生为营附。我还兼一个有名无实的团长。这时陕西有所谓"刀客"，游侠尚义，类似四川的袍哥，在渭北一带势力很大，辛亥革命中，曾起过一定的作用，因而更形成一股特殊的势力。陈树藩要办教导营，主要的就是笼络其中拥有实力的人及一些当时社会上起作用的有名人物，诸如胡景翼、岳维峻、弓富魁等人都网罗其中。

有一天，孙岳（禹行）突然来了，青衣毡帽，乡下佬打扮，神色慌张。我问他为什么这样狼狈。他说："家乡待不住了，袁世凯要杀我。"孙是明末宰相孙承宗的后裔，常对人说他是天生的革命党，不反清做什么，孙家是高阳世族，孙岳在北方革命党中也是有名的，所以袁世凯的爪牙四处捉他。我说："这里有的是关中豪杰，你不用怕。"他不安心，在华山下找了一间土房子，去做隐士了。

辛亥革命后，陕西的实权都掌握在哥老会人的手中，袁世凯很不放心，一面把陕西都督张翔初（凤翙）调到北京当参政院（袁自搞的所谓立法机构的名称）参政，一面封自己的心腹陆建章为咸武将军，派到陕西来。陆建章一到，陕西震动。陆命陈树藩为陕南镇守使，命张云山（哥老会大哥）为陕北镇守使。陆建章住在八仙庵，是西太后住过的，内有一个道士是专为西太后纳贿的。这道士当然体谅陆的心意，所以来行贿的都通过这个道士。陈树藩送了很多烟土和古董，巴结得不坏，总算准予上任了。张云山因为钱太多了，陆抓住不放。张云山拜陆为"干爹"，每天去伺候他抽大烟。陆建章是今天要烟土，明天要黄金，愈要愈多。张云山是又急又疼，不到半年，就被逼死了。陆以治丧为名，霸占了张的女儿，把张搜刮陕西人民膏血聚资开办的"富秦银行"也接收过来。据说，后来陆建章的烟土弄得太多，索性设一禁烟总局，派一禁烟督办，各县设分局，各镇设支局，在禁烟的幌子下公开卖烟。这还不够，更强迫老百姓种烟，初种时有"初捐"，长大了有"次捐"，收获了有"亩捐"，卖时有"禁烟罚款"。如果不种呢，有"懒捐"。于是把陕西搞得乌烟瘴气，民不聊生。

陆建章一来，孙岳很不安，常来探听虚实。胡景翼说："你不要怕，我们保护你。"还曾对我说："我们这班人不是无用之辈，今后如果中原有事，你振臂一呼，胡某人可以拿出三万人跟着你。"刀客很讲义气，我和他们相处得不坏。陈树藩不大高兴，教导营结束时，连伙食都供应不上了，我几乎和他的军需官冲突起来。这时接到黎元洪的一份电报，让我到陆大去任教官。陈树藩知道了，赶来留我，正谈得热闹，孙岳来了，被陈看见。孙怕陈出卖他，也极力劝我答应到陕南去。几天后，孙岳带着我的家眷走了，我则和陈树藩到了西安。

在西安，陆建章的人已经插了进来，商震（起予）做卫队团团长。辛亥时商震是孙中山委任的"关东军司令"，二次革命后被捕，他就倒向了袁世凯的怀抱，和陆建章的儿子陆承武拜了把兄弟。某日，陆建章的参谋邱斌（陆大时同学）来说："陆听说你在这里，要见你。"我去了，陆正在吸大烟，躺着对我说："这里你的朋友、同学不少，希望你一块帮帮忙。"我诺诺而出，心想待下去愈陷愈深，不走不行了，于是留了封信给陈树藩，只身到了北京。

（二）

我到北京后，在南海光绪死的大殿里见了黎元洪。他说："革命已经成功了，太平岁月，军事上要好好建设一下。陆大是高级学府，很重要的。过去教官都找外国人，太不像话了。我已大有改革，除留少数日本教官外，大都换了中国人。请你做战术教官，位置虽然不如陕西的实缺，但可研究些学问。"又说："学校的待遇可能不如陕西，你仍是上校阶级，薪水照发，不足部分由我补贴。"黎元洪很会磨时间，一句话要分成几句讲，再说，仍是那些话。当时他也是个坐冷官的副总统，很无聊，我辞出时，还一再嘱我常去找他。

由随营军官学堂改称的陆军预备大学，迁北京后又改陆军大学，当时的校长胡百城是我同期的同学，黎元洪的同乡。教官中有李济深、张文、林立等，都是过去的熟人。我从第四期起开始上课，学生中有刘汝贤、周亚卫、林蔚、徐永昌、姚琮、周敬孚、林知渊等。刘汝贤时年54岁，是辛亥时期的老同志。我们这群人，很自然地形成了一个小团体，时常商讨形势，与各地不满袁世凯的势力渐有来往。

袁世凯在破坏了"国会"与"临时约法"以后，加紧了向帝国主义投靠，不顾全国人民的反对，接受了日本帝国主义旨在灭亡中国的"二十一"条。我到陆大这一年（1915年），"洪宪帝制"的进行逐渐表面化了：美国政治流氓古德诺发表的《共和与君主论》被袁世凯的一伙盗徒引为金科玉律；一时间"筹安会"、"全国请愿联合会"各种名义的请愿团纷起大肆活动；非立宪不足以救国家，非君主不足以成立宪的滥调高唱入云。袁世凯的衣服也变了，头戴冕旒，祭天，祀孔。学校也大念起四书五经。所谓请愿，更是荒唐。每个机关不是要发薪吗？请愿书写好，管你愿意不愿意，钱尚未发，图章就给你盖上了，所以非常整齐。我要领钱，他们问我："盖不盖？"我心里骂王八蛋，嘴上只得说："天与人归，盖吧！"回去与刘汝贤等聚会，大家都痛斥袁世凯，决心要行动起来倒袁。

孙岳离陕后，曾把我的妻子送回了她的老家宜昌，我在这个暑假回家探亲，见到了从日本回国的内兄陈裕时，谈及时事，发生了一场争执。我说："现在北京闹得乌烟瘴气，连新华门的卫兵都留辫子，这样下去，袁世凯非做皇帝不可。辛亥以后的妥协派是有罪的。"陈裕时说："我可以保证袁世凯绝不做皇帝，他不会这样傻。他的头脑很清楚，总统做一辈子不是一样吗？现在有谁能和他争，他何必画蛇添足非做皇帝不可呢？你太幼稚啦。他能使中国统一安定下来不是很好吗？就是我们去做也不会有什么好的前途，我们还是冷静一些好。"我问："你拿什么保证袁世凯不做皇帝？你这么相信他，他拿什么给你看了？"陈说："袁世凯亲口对我说的，我和他讨论过这个问题，他看得比我还透彻，他这个人头脑好极了。"我说："你敢下保证？他要真做了皇帝呢？"陈说："那我有办法，非打倒他不可。"我笑道："从前我们据有声势，长江以南都是我们的，结果两个月就完蛋了。现在什么都没有，刀把子握在别人手上，你还有什么办法。"陈说："你这么看不起我呀！当时的情形不同，中国人最怕乱，只要有一个人能够使局势安定下来，就会屈服的，二次革命所以失败的原因就在这里。如果袁世凯真做起皇帝来，情形就不同啦。'皇帝'二字是举国上下都知道用革命来打倒的，他要做，就处在和清末一样是个被打倒的目标了。老百姓是求安的，但他做了最不安的事，所以一定会失败的。"我说："你这个话讲得太抽象。"陈说："怎么抽象呢？你想现在各省哪一个是甘心让袁世凯做皇帝的？这班人都受够了他的气，而且还有我们的人在里面。难道我不能在中间找到可以打倒他的地方吗？"我没有和他再争论下去。陈裕时是湖北陆军革命十团体中最年长的同志，是一个经常不露面而喜欢在背后出主意的人。诸如南京临时政府时要李书城把陆军次长让给北京陆军部的科长蒋作宾，留守府时推举冯国璋的女婿陈之骥为第八师师长等，都是他的主意。第八师是南京留守府的基干队伍，实际领导权一向为他所掌握，而他是倾向于与袁世凯妥协的。他经常对人说："让他（指袁世凯）做一时看吧！"二次革命失败后，许多革命同志对他很不满意。他也是很消沉的，曾到英国去读中国的旧书。

（三）

1915年年底，袁世凯把早已准备好的大典筹备处公开出来，宣布改次年为洪宪元年，封黎元洪为武义亲王，徐世昌等为嵩山四友，对各省也大封其爵位，最大的是龙济光，封为震武将军郡王。据丁春膏说：袁曾在居仁堂大厅演礼，设宝座，一如前清仪式。先是上朝，卿、大夫、士排列两厢，有一纠仪肃政史指挥。摆好了，打电话通知袁，高呼班齐。前面出来一队女官，环立宝座两侧。袁世凯在侍卫簇拥下登场，站在宝座左方，下面三呼万岁，行三跪九叩大礼。礼毕，宣布退班，如此演完了一幕千古丑剧。

正在袁世凯得意忘形的时候，云南护国军起义在1915年12月25日爆发，帝国主义的态度也起了变化，一时间，北方的形势也陡然紧张起来。时陕西陈树藩派张瑞生来观风色，住在我家。我约集了刘汝贤、林知渊、徐永昌等商讨怎样行动。张瑞生说："老段（段祺瑞）最不赞成帝制，尤其恨陆建章，说陆建章是北洋系中一个最坏的坏蛋，让陈树藩相机行动，把陆彻底清除。"我说："南方广东、浙江已经行动，最好是黄河以北陕西和山西同时行动，影响就大了。"最后决定，我到山西去，张瑞生回陕西。他说："山西一有消息，陕西立即驱陆独立。"

我与孙葆瑢等同到山西大同，在晋北镇守使衙门找到了孔庚，告诉他我们的计划。他说："我只有一团人呀，好吧，一团人我也干。"孔召集了他的部下赵守钰（友琴）等商量举事，大家都关心段祺瑞的态度，因为段和几个高级军事学校的关系很深，许多人和他有师生之谊，所谓"门生故吏"。他们听我说段祺瑞反对帝制，成天在家里念佛，黎元洪搬到东厂胡同自己家里闭门谢客，陕西已经准备和山西一起行动，都兴奋起来，决定干。孔庚说："你起草吧。"于是我拟了一份通电，大意是：袁氏窃国，毁坏共和，帝制自为，为全国人民所不容，大同宣布独立，兴兵伐罪，希望各省同胞同仇敌忾，共诛元恶。

电报发出后，阎锡山立即派军队占了大同，把孔庚免职押到太原去。营长赵守钰通知我，我连夜出城，次晨上了火车。忽见一人坐到我的对面，向我点头，我认得是山西宪兵司令胡谦，阎锡山的心腹。他笑问我到哪里去，我说回北京，他说："我可以陪你坐一段。"我们就瞎谈起来。我问他山西人对帝制态度如何，他说："当然是不愿意的。袁项城也已经觉悟了，宣布取消帝制了。可是各地仍不服，今后不知如何是了。"我奔走一夜很疲倦，不觉睡着了，醒来时已经到了天镇县，是山西与察哈尔的交界处，对面的胡谦不见了。我很紧张，怕他叫人来抓我，可是没有，心知是阎锡山故意做的人情。第二天回到了北京，住在孙葆瑢家。

我很担心孔庚的安全，于是去找一个曾经在陆大同当教员的日本中校官内英雄，告诉他我刚从大同逃出来。他说："大同不是取消独立了吗，你现在是否有危险？"我说还看不出来。他说："还是小心一点吧，袁杀了你算个什么。你到我们公使馆去住吧，一定让你感到方便，你有什么行动我们是可以协助的。"我说："我住在亲戚家，很偏僻，北京人这么多，他们找不到我的。倒是孔庚怕有危险，你们是否可以想想办法。"他立即拿出一个本子，有索引编号，查出孔庚，念道："孔庚，日本士官学校第五期毕业，成绩优良，山西革命元勋，是晋省唯一外省师长，威望仅次于阎锡山，现任晋北镇守使，驻大同，兵力一团，颇得所部拥戴，袁政府封为伯爵。"官内英雄接着说："就是他吗？这个人很勇敢，兵力那么少，山西内部情形这样复杂，阎锡山那么忌刻，他居然敢在黄河以北头一个独立，我们日本人是很佩服的。你只要给我们一封信，我们公使馆可以派人去，只要见到他，我们就可以负一切责任，请你放心。"他又对我说了些恭维和拉拢的话。日本帝国主义虽然一直怂恿袁世凯称帝，但也深知帝制复活不易得到中国人民的容许，为了左右逢源，无往不利，又暗中扶持反袁势力。令我惊异的是，他们对中国人的情况竟然调查得那么清楚。许多年后，

何遂画楚墓木俑，题诗曰："入土二千载，尚能存其真；嗟哉举世人，独忘生死因。"

我在台湾买到一本日本出版的中国人名字典，其中关于我的记载有些是我自己都忘记了的。由此可见，日本帝国主义侵略我国是何等的处心积虑。

那时袁世凯的特务活动已经很厉害，我不敢在北京待下去，知道浙江已经独立，便混在三等车中，逃到杭州。时吕公望（载之）为浙江都督，见了面很高兴，他让我做军事参议官。我说："你想当日本天皇啦！"他笑道："浙江也不小呀！"那里吕的部下争权夺利的味道很浓，吕也对我说对某某说话要小心些呀等等。我建议急速打安徽，他说即将出兵广德，让我随行。正在这时，传出了袁世凯的死讯。

（四）

这里，要补叙一下陈裕时和黄恺元了。陈、黄都是湖北宜昌人，日本士官学校同学，又是同盟会同志。黄家是宜昌巨富，沿江各省都有商号，黄是同盟会最忠实的同志，常想毁家纾难。在辛亥革命前后，尤其是南京政府成立初期，黄恺元是黄兴的军需局局长，起了相当的作用。第八师成立，黄恺元任步兵二十九团团长。二次革命失败，陈裕时、黄恺元同到日本，又同到英国，带了不少中国书（如二十四史、九通及现代史料之类）去研究。不久欧战爆发，袁世凯帝制自为，陈裕时为了表明反对帝制，弥补内疚，约黄恺元一同回国，先同到长沙，劝说汤芗铭反袁，约好电报密码及发电时间。黄留长沙，陈赴成都，劝说陈宧。于是陈宧、汤芗铭（二人皆袁素日深信之人）的川湘两省独立讨袁通电同一时刻到了袁手，袁因此而死。

陈裕时在袁死后，曾说明他被袁诓骗的经过。

他说：在第八师成立后不久，袁托他的好友陈宧请他一定要到北京，和袁面谈，他也想摸一摸袁的底，果然袁一见面就同他单独长谈，主要谈到两点：第一点是袁已认识到他不只是对孙（中山）黄（兴）二人都起重要作用，而对第八师是一实际领导人，得到全师成员的信赖的。袁说，第八师在南方精简军政方面，已起了很大影响。希望他能把第八师掌握好，把南方军政彻底帮助黄（兴）搞好。袁对"希望他能把第八师掌握好"这一个意思，用了不同语言反复说了三遍，每说一遍还移动座位接近靠拢他。第二点，袁说："外头人说我要做皇帝，这个皇帝是最要不得的东西，不是清朝就在你们手里推翻了的吗？我是在对全国国民宣誓忠诚下就职的。怎么能说我要做全国人民所推倒的玩意呢！你是对历史研究很深的人，当然知道有史以来做皇帝的都没有什么好结果。即如你现在所驻地南京，就有六个朝代皇帝的惨史，他们的子孙甚至于临到末路有生生世世不愿生在帝王家的怨言。上溯秦汉，下迄唐宋元明，哪一朝是有良好的结果？清帝逊位后，虽受到优待，但是一旦国民不承认他，还有什么方法存活下去呢？我若连这一点都看不清楚，还敢在这乱糟糟的时候挺身而出，当此大任吗？请你将我的话告诉孙黄二公及第八师各位，使他们信任我。"陈裕时在叙述上面情况之后，说："我当时也已看出袁是一个权变有余、厚重不足的人。我真糊涂，竟为他这一些空言欺骗了。所以他帝制自为后，我给他以有效的反击。"

袁死后，陈裕时与黄恺元均不问政治，成了佛教徒。但陈裕时终身还是居士（生活与常人一样），黄却带了他第二个儿子出了家，号称大悲和尚，并且住在杭州附近山中一个小庵闭关（不与外人交结）三年半，1920年圆寂。陈于1939年病死于重庆江北。

袁世凯一死，形势急转直下，黎元洪"继任"了大总统，段祺瑞任国务总理。吕公望对我说："你和北方的人熟，请你到北京去一趟，算是浙江的代表，我已经打电报去通知了。"于是我又匆匆地回到北京。在北京见到孔庚，他是山西的代表。阎锡山把他押到太原后，软禁起来，一切当然是很优待的，等到形势一变，赶忙又把他请出来，以表明阎锡山也是反对帝制的。

对于陕西的情况也了解了一些：张瑞生回陕后，陈树藩暗中把力量都调进西安城内，陆建章被迫交出军政大权。陈树藩一天陪着陆建章，说："我绝对保护老师的安全，您所有的东西都可以带走，我亲自送你出关。"陆建章信以为真，陈树藩也真的把他送出潼关。可是预伏在关外的刀客很多，把陆建章搜刮而来的全部财产都拿走了，陆仅以身免。

黎、段对各省来的代表很招待。一天，黎的统率办事处处长金永炎来对我说："叙甫（我的号），请你和我们一起去接收总统府。"我们到了中南海，有一个从前袁的校尉做向导，到袁的住处居仁堂，什么东西都没有了。就问那个校尉："东西呢？"他说："袁家都搬走了。"我问袁世凯死在哪里？他说："楼上。"我们到了楼上，满地都是垃圾，袁世凯住在靠海的一间（窗户用砖砌起来，糊上白纸），外一间是袁的五姨太住的。五姨太房中立着一个乡间常见的大立橱，污腻很厚，墙上贴着许多"万国来朝"、"一团和气"之类的乡镇中流行的印刷品，窗户用高丽纸糊得严严的，还贴着用红纸剪的"黄金万两"、"招财进宝"等，窗旁的皮纸袋里还存着袁世凯服用的中药方。我很感兴趣，命校尉把药方和"黄金万两"的剪纸等取下来给我。他说："平常就是这个样子，他们喜欢这个。"校尉述说了袁死的情况：先是一个多月睡不着觉，性情暴躁，大骂筹安会和手下的人骗了他；后来撒不出尿来，用管子通入尿道小便；死的那天，看到了四川和湖南相继独立的电报，遂在暴怒中晕过去，当天便结束了他可耻的一生。

不久，浙江又派沈钧儒、葛敬恩为代表到北京来，我便仍回陆大教书。这年冬天，黎元洪派我和沈鸿烈、郑桓等四人去欧洲观战，段祺瑞也拉一把，送了一万块钱。于是我得到了一次到欧美旅行的机会，这可以说是我个人在倒袁中得到的一点好处。

原载《文史资料选辑》第四十八辑
中华书局1964年出版

参观欧洲大战记（选载）

何　遂

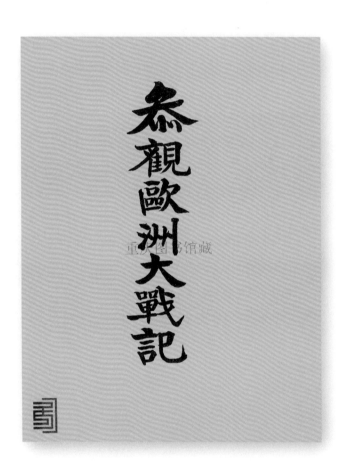

多部名人词典何遂条目，注明其著作有《欧洲观战记》，家人均未睹庐山面目。

2007年，经何仲山好友潘国平博士多方努力，始于重庆市图书馆觅得此书。实一大幸事。

该书记录1916年12月至1918年7月，何遂奉命赴欧观战，

历经日、美、法、英、意、比、瑞士诸国，考察战场、战事之见闻与心得。

其中多项建议颇具远见。贯穿全书，力主向西方先进军事科技学习之议论，

堪称国人"打开国门，直面世界"之先声。

该书为一军事专著，1921年由重庆军事日刊社出版，长达7万字。

本书选载第一、二章，第三章第十一节及第五章以飨读者。

第一章
参观之经过及列国情形之大要

遂奉命赴欧观战，于中华民国五年十二月二十七日出京，七年七月回国，前后约二十余月，经历日美法英意比瑞士诸国，期间经过之概要如左：

第一节 观战计划及实施

观战本无先例，受命之日，曾呈计划于府部，大要如左：

一、先参观青岛，视察日本经营我国之情状，并参观日本军队，以观察日本之实力。

二、取道美国视察其对于交战国之情形及其将来之方针，并其军队国民之实力。

三、分二组参观。

甲组、由美国经荷兰入德，视察同盟方面。首德次奥土勃等国。

乙组、由美国入法，视察联军方面。因巴黎、瑞士为两方情报之中心，故宜以此为基地而参观之。首法次英意比等国，归途参观东方战场，由西伯利亚归国。

实施上计划，至美国时，因美已对德绝交，我国亦继其后，遂与郑君同赴法国。六年俄军单独媾和，该方面参观亦不果。

第二节 各国观战员情形

在欧视察各国派员之情形如左：

一、联络员 属于大本营及各军内，并随时参观战线，随时将情形报告本国。

二、考察员 有专门及普通之视察二种，前者尤属紧要。

三、谍报员 概以瑞士国为谍报机关。我国对此，一则派员不多，二则责任不专，三则无领袖董其成，四则公使懒于交涉，故无大效果。

四、驻在武官。

第三节 青岛参观及日本

五年十二月三十一日，参观青岛战场。其正面不过六七启罗密达，登依鲁栖司高地，一览了然。对海陆仅小规模的配备，维色守兵四千余名，火炮百数十门。日以一师一旅及攻城炮兵团攻之，英以印度兵四百五十名参加焉。九月二日，亘于二十三日间，上陆于龙口崂山湾附近，九月二十四日，集结于即墨，九月二十六至二十八日，始为前进支队之驱逐战，此后整顿战备。十月三十一日，开始总攻击，仅七日即开城。此战役有称为日本投机事业之一种者，其可评论者，唯航空机之参加，及炮击之十分准备，可略记而已。

日本此举，用力少而成功多。山东半岛因青济铁路之关系，已成日之自由行动区域，且藉此更肆其破坏之策，良可慨也。

六年一月参观日本军队学校一切之所感：

一、精神之向上。自小学校即养成之。

二、对于战争之准备，殊不周到。

三、国民器量狭隘无大国风。

四、国军习惯，教育尚多空论。

五、不知世界大势，对我问题。

第四节　美国参观

两次到美，参观其学校、军队、要塞，前后判若天壤，所感如左：

一、伟大之国民。

二、人种复杂。

三、国防与对日。

四、对于战争之影响。

第五节　法国参观

联合军之中坚，实在法国。六年五月至九月间参观法国，获益不少，用述所感如左：

甲、武装之衰颓

法当那翁时代，尚武风靡一世，军事进步，冠于列国。德国近世军话多用法语，实其一例也。其后军人受政治家之压迫，社会交际上地位低下，致使军官羞着军服立于社会中。普法战争后，热心于军政改良，而军人亦稍形活动。一八九〇年，军

何遂欧洲观战期间，曾赴美国考察，游踪颇广，此其1955年偶忆之作。款曰："北米（美）太古树，树干开洞通过汽车"

人又被政治家压迫，遂生官长军士补充之困难。一九一三年，法军生将校三千军士六千之缺员，其中以步兵将校为最多。如某步兵一团缺中少尉七至十三人。骑工兵概充实，炮兵于一九一三年缺八十八人，一九一四年缺百二十人。当一八九零年将校学生之志愿数二千三百二十一人内，仅采用四百六十一人（平均合格点为十至十二点）。一九一三年，志愿者九百九十八人内，竟采用五百五十人（平均合格点为八点以下），军士缺乏更多。因此，素质不良，教育又劣，连长以下几不能掌握部队。枪之射法，在近距离时，极为不良，然在德军之将卒，程度与之判若天壤。故此次国境第一次会战后，德人为猛烈之前进，而法军在距敌四五百密达即行冲锋，致德蒙 Mc 之大损害。如某步兵第三十九团开战一星期间，生千人之补充，又其战前准备亦不完全。例如开战直前，欠靴至百万双。又如德军由比境侵入，战前已有论者，政府知其然而不改变其准备。

当动员时，我国学生有在其第八军充见习官者，据其所云如左，亦可见其一斑。

一、彼受命赴某村分配宿营地，团长未交该村动员文书柜之钥匙，破之，见其图皆三四年前者，现已多所改正，遂会同村长临时改正而用之。

二、征发之马匹，有彼此错误送至他队者。

三、面包准备不充足（兵员到达有一日未食者）。

四、动员初日，人员甚少，八日以后，忽然蜂拥而来。

欧战中，以法军为主干死伤日多，某等于波尔多上陆时，见一种萧条之状，令人可怖。老兵之入营者，疲弱不堪。在野则土地乏人耕种，在巴黎市面，

民国五年（1916年）何遂参加讨袁役后，被派往欧洲观战，在法国凡尔登战场考察两日，此其写意之作也

少壮者均外国人，男子之数，仅女子六分之一。凡诸机关、商店、交通、工厂诸处，均以女子占大多数焉。

乙、生活之困难

法工价本少，而战后物价昂贵，几四倍于战前。生产力均耗于作战上，人民生活非常困难，因之生产之率愈少，即至战后，亦颇难恢复也。

丙、国民性有左述数种特质

热烈、好勇、易馁、亲切、享乐、爱国。

丁、巴黎之情况

首都巴黎者，交通之集会，经济之中心也。巴黎失陷，法国麻木不仁矣，故德国最初之计划在乘法不意，一举击破其野战军而包围其首都。因法军力战，遂未果。现巴黎之繁仍旧，惟少壮者少，外兵麇集。夜间则飞机时来，灯火甚少。昼间则射远炮弹常至，惨状不堪入目。盖人民多避于外省，外省物价较巴黎为昂，至物资因交通阻碍，由船舶输送而来甚少，故颇缺乏。每星期肉食二次，面包糖等均用切符。国债日募日多，惟货币信用尚好。

戊、战线参观之概况

由英国境界以达瑞士国境，其间战线参观应说之处甚多。兹仅述一二，以助趣味而已。

一、第一次临战线时，见德人破坏之酷，心为惨然。凡德军退出后之四十启罗密达地面，全行破坏，林墓为墟，人民尽虏。

二、战场空虚。如无兵车来往及枪、机关枪、炮声与气球、飞机，则如清野也。

三、好整以暇。司令部多居良屋，及时而作及时而息。兵员则昼伏而夜动。一日在战线上参观炮击敌阵地后，见炮兵人员除一二留守外，余皆归村休息。

四、通路空虚。运输概以火车及汽车，鲜用马车者，因通路之分配良好故也。

五、首领部人员颇多。

六、战线之调动。Sorsun.Rans.Vtidon.附近，终日炮声隆隆，然A.L.一带则山深木秀，战斗既少，风景又佳。故阵地上常将久守一地之兵彼此调动，轮流休息，如服勤务然。

七、假装物。多用绘工物，以欺骗敌人。

第六节　英国之参观

英国参观系由十月下旬至十一月上旬，凡一月间所感如左：

一、外交国。

1．见东方司。

2．每参观后之陪观员报名。

3．接待有限，日限中皆佳。

4．监视甚严。

5．绝对秘密。

二、外交之领袖。以外交与法军之实力相对。

1．报纸之鼓吹。

2．小攻势。

3．炮击不断。

4．多派委员。

三、外用外兵。即壕加及中国工人。

四、军需充实，给养佳良。

五、以经济支配他国。

六、外交上与美国大携手。

七、战线情况。

1．外人多。

2．外交上有宾馆。

3．旧阵地。

总之，此次之战，英德之战也。

3．道路佳好。

4．工事伟大（山洞水道）。

总之，意奥为对手国，议终无攻势之望，此次不过英法所挟制而战也。

第七节　意国参观

意为新国，其联合政府成立不过六十年。自民国五年十二月至六年二月，又由同年四月中旬至六月上旬之间，均随该国军队实习。意人热心而亲切，受益良多，所感如左：

一、凡百准备不完全，又因同盟军攻击猛烈遂酿成大败。内阁时时更迭，军备问题常为众愚所左右。

二、国民教育及文化。以罗马为界，北则染法瑞，化育尚良，南则较差，其人热烈佻达锐敏，而以美术音乐长。

三、无炭无铁。

四、食品少。

五、人尚多。

至战场则披山带河，非常坚固。在彼一月间，仅闻炮声二次，其整暇可知。

1．早衔晚散。

2．观剧于战线。

此为1958年何遂赠爱妻之作。款曰：
"一九一八年四月，参观意军战场，夜宿军部，月色满室，花香时来……晨起门外紫藤盈壁，晓霞中为立赏久之"

第八节　比国参观

民国七年三月中，参观比国概况如左：

一、国民散处英法各地。

二、借地为政府，设补充所甚完全。

三、战地为比之余土，即 Flandun 之隔湿地。比王驻此，有总督一，司此寸土之行政。

四、战线均在地面。因地为湿地，掘至十密达即水也。工事用沙囊及比顿成之。

总之，现在之比，仅有其名而已，然比战功伟烈。其国

人整洁、好工作、富于爱国心，故人多敬之。

第九节　瑞士之勾留

此世界之窗也。一望而知天下。在欧欲通知全局者，非驻此不可。日本驻员甚多，以间接得德军进步之状态。联军皆于此有侦探团，所感如左：

一、真正的自由平等国。

二、德法意三人种大不同，捕虏分布亦不同。德人多整饬努力，可以去懦。法人优秀文美放任。意人又次于法，其国民亦分爱三国。

三、两军之供给，及瑞士之苟免，无利而有损。

四、中立之办法，四周设阵，各国皆尊重之。

由瑞士及各战国的观察者，并论其情形如次：

1. 德国完全军国主义，全国一致，平时即从事于战争计划。其国民教育主眼重在规律训练，涵养绝对之服从心，以养成其忠顺国家且为有秩序勤俭之国民，即家庭亦然。故国之使民也易，而民亦只知为国牺牲而已。

2. 凡事物均一贯研究之，造兵军事亦然。

3. 先见学低级语。

4. 克己无不可能之事。

5. 计划周到。

6. 凡百皆应用化学。

由是观之，目下世界战后，仅陆则德，而海则英美之局而已。日虽雄峙一隅，第二大战将因而起，成败殊不可定。将来黄族之废兴者，惟视我国（土地人民）与土（三亿回教徒）而已。

第二章
战局之过去及将来国家总动员

参观经过及列国国情视察（其详见欧战总报告及其他专篇）其略已述如前矣。兹更就战局过去大势及将来国家总动员概述如左：

一、交战国　二十一，面积富力占世界之过半。

二、人口　直接交战国，英俄法意比罗塞德奥勃土之总人口为四亿五千万。

交战国别	动员总数	与男子数比较	战斗师数
协商方面	二千七百万	约五比一	约五百
同盟方面	二千五百万	约三比一	约三百八十

三、战线

法国约一千一百里。

东方战场约二千七百里。

合计三千八百里。巴意东非之战场尚不在内，以较近古第一大战之日俄战役总兵力约九十万，战线广百八十里者，何啻天壤也。

四、损伤（除日本）　合约三千零五十三万即

国别	死伤	俘虏	合计
联合军	一千五百三十万	四百十万	一千九百四十九万
同盟军	八百五十八万	三百四十六万	一千二百零四万
通计	二千三百九十七万	六百五十六万	三千零五十三万

五、经济（战费）　自开战至一九一七年秋

协商　千五百亿

同盟　六百亿

合计二千一百亿，为日俄战之四十七倍。其一日战费，各国总计约二亿元。

内最多者，个英约五千万元，法约四千万元。

总之，斯战也，为国家国力全力之战，其胜败即国民之胜败，故可由左之诸力决之。

1．国军之精神力

2．国家兵员征集力

3．国家实力

4．工业能力

（一切属于国家，故曰总动员。）

第三章
兵器之进步

第十一节　关于兵器制造之意见

今日战争实为科学之战斗，上述兵器均所必需，非有绵密精细之准备，兵员虽多，仍不足以言战。英国素以工业见称于世，犹新添工厂，收用民有工厂，维日孜孜，犹恐不敷供给。法则素属军事设备之邦，今日全国工业已倾于兵器之构造。若意大利远逊英法，亦尽其国力以准备军械。比国则土地殆尽，沦于敌手，亦设置必要之工厂。各国并为兵器设立专部，以利进行。我国兵器之缺乏，不足言战，无可讳言。若徒从他邦采购，在欧陆战事方殷，自顾尚且不暇，至我东邻，因关系太切，万难藉助，故非我自为谋，殆无一而可。若谓兹事体大，非一期一夕所可能，然势在必需，无可苟免，今试以比国为证。比国仅余湿地一隅，实无设计之余地，一切皆仰给于法，经费一节不俟烦言。然于制兵亦竭力设备，应有尽有。其前敌所需，概可自给。我国观此，亦可以兴矣。兹仅陈管见，以最少限度（即以比国意大利为例）立论。今我国方参加欧战，藉此充实军备，诚千载一时之良机，一逸即不可复得，诚宜倾注全力，补我国家数百年来之缺点也。

1．设立兵器总监部，专司兵器之行政，其勤务如左：

甲、造兵计划之策定，及实施之监督。

乙、造兵人才之罗致及养成。

丙、兵工厂之设置。

丁、旧兵工厂之改良扩充。

戊、私立工厂之奖励（一般工厂，如电气铁厂等，战时均可充军用）。

己、新兵器之设计。

庚、存库旧兵器之应用。（一）存库兵器之应用。（二）要塞兵器之转用。

2．造兵厂之设置，其最重不可缺者如次：

甲、炮厂。我国本已自有，然目下趋势，炮兵愈多，则战斗力愈大。英国炮厂已多，尚且添设，我国亦知所取法矣。至炮之方式，应以法国为准，盖法之炮兵，实出于他国之上也。至制造之种类，野山炮以外，应造以下各种以应急需。

A．十生五长炮，一百五十五密里密达榴弹炮。此二种在西方战场已大显效用。

B．炸弹炮。此炮种类太繁，应选定最良之一种仿造。

乙、炮弹厂，此厂专造炮弹。人力炸弹弹壳，最初即应设备极大之规模，盖目下战争使用极多也。

丙、炸药工厂。此厂应设备者如下：

1．炸药火药制造工厂。

2．装填子弹炸弹工厂。

丁、信管及瞄准器具工厂。

戊、光学器具工厂。制造远镜及瞄准观测器具。

己、自动车厂。目下战场使用自动车极多，其应制者多为司令部用车及运搬用车也。

自动车专为军用制造时，价值甚贵。故宜奖励民间普为使用，如街道公共乘用自动车，及商店转运车等，战时均可补助军用。法军麻耳奴河会战之役，巴黎卫成总督集巴黎街道公共乘用自动车，一夜之中，输送第六十一师于战地击退德人之包围此其最著之战例也。

庚、枪及机关枪厂。目下使用机关枪为数骤增，步兵每营约有二十三门，轻机关枪尚不在内，是宜设规模最大之工厂造之。至于步枪，则因步兵之数，动至百数十师战争之中，时有增兵之举，故宜多造以待。此种厂之规模不宜亚于炮厂也。

3．造兵之人才。美国参加战团，法人希望极大，当美国参战后，法国派遣将校至美担任造兵及教育者多至数千，英比意均有派遣。我国果决然出兵并允出其原料制械，既供已用，复可应欧军之需，则得此人才，正属易易。英国对于吾国关系已久，尤因人种之特性，不易为我用。故仰给此项人才，最良者无过于比意二国，关系于我既少，其国人性爽直，国小而易就范，造兵经验亦复良好。法国虽与我颇有关系，然其人种性同于比意二国，法政府已疲于为战。如我为助联军而设备，则法人自然尽力从事，故此项人才，宜藉助于法意比三国，严其权限，优其待遇，更用知外情者管理之，无不就范矣。然徒仰外来人才，非久计也。同时应由造兵总监部设置造兵学校，搜集已在国内国外具有机械学识之人才，即令聘请之各国技师将校，任其教授，则一二年后，我国即可自备此项人才，而造兵之基础立矣。千载一时，机不可失。战事之后，即有此项计划，亦恐不克施行也。

4．造兵之机械材料及其资金。我国原料虽多，然非有工厂制造，亦无以为。唯工厂主干之机械，欧洲则不能输出，而日本不仅自给不遑，即有亦与欧美相去大霄万万，购求尤艰于欧美。故我国兵工厂始设之机械，非仰给于美国不可。美素忌日，我能善用其术，则照欧陆联军之成例，以一张国债票而购械之事已了，此种便利，唯在今日，诚千载一时之良机也。

我国煤铁各矿，遍地皆是。欧陆正缺乏此种，宜以援助联军为名，借款开发。限定战期以内供给联合诸国之用，则我造兵之原料既多，存于地下之宝藏尽发，有援助友军之实，与复得经济充裕国防充实之效，于国际上国计民生上实有百利而无一损者也。

第五章
航空勤务

开战以还，飞机之航空勤务日见进步。迄今竟为军之耳目，"无航空机不能战斗"之说，遂为各国观战将校之口头禅。兹记目下各国航空机现状之大略如次：

第一节　法国

法国航空机分为三种。

甲、侦察及射击修正用航空机，为飞行之基准。每军团均有一队（约四十机），其任务如左：

1. 阵地之照相。每日行之，藉此以知敌地之变动，我炮兵之效力等，并由此照相以绘成细密之敌阵地图。

2. 目标之监视。大致区分空中为若干监视区域，每四启罗密达，以一飞机任之。司目标之监视及远距离射击之效力观测。

3. 射击之观测。约每启罗密达使用一机，主任射弹之修正。

4. 通信联络。步炮兵及司令部间之通信，以飞机任之，最为确实而迅速。

乙、驱逐用航空机，其任务如左：

1. 驱逐敌机，妨害其侦察。

2. 对敌机之战斗。

3. 防护我飞机之侦察。

丙、爆击用飞机，其任务如左：

1. 对敌战线后方动作目标，如铁道、重炮兵、行进中之敌辎重炮兵等之爆击。

2. 敌阵地后方要点，如司令部、仓库、车站等之攻击。

3. 远距离都市之攻击。

法国航空总监部，专司航空机、气球等之制造供给教育等。

第二节 意大利

意大利飞机任务之区分同于法，其编制大致如次：

1. 陆军部外，另设航空部，专司航空机、气球等之制造供给教育等。

2. 飞机之教育，分为观测及驾驭二科，全国共二十余校。

3. 每军设航空部，内分飞机气球材料三课，有将校校官以下四员。

4. 军有专属之飞行队，行侦察及远距离之爆击及空中之警戒。

5. 每军团有炮兵射击用并侦察飞机一队（十二机），以供军团之炮兵射击、侦察敌况及警戒之用。

第三节 比国

比国采用英法之飞机，其种类全同，其编制凡侦察用、驱逐用每队均十二机。

第四节 德国

德国飞机约二百七十队，区分如下：

甲、猎机队。每队官长以下百三十人及飞机十八架。

乙、警戒队。每队飞机六架。

丙、侦察队。每队官兵一百二十员名，飞机六或七架。

丁、炮兵使用队。编制与侦察同。

戊、攻击队。每队飞机六至八架，官兵凡九百员名。

此外尚有左述三种飞机队：

A. 要塞飞机队。

B. 补充飞机队。

C. 海军飞机队。

又在一军之内，有一军航空厂，内存飞机之材料、预备飞机及预备员。此外尚有多数兵站航空厂，从一千九百一十六年十一月二十五日以来，所有德军全部飞机队统属于一总监之令下，而于每军设航空队集团司令官（Le esmmandanf des forces aeriennes）。其在军之后方区域，则分为若干地段，每一地段设一航空队团，团有长。

又在每一大军（以数军组成为一大军）司令部内设一参谋官（少校或资深上尉），司关于该大军内航空队结合上之战术问题。此外直接于大军参谋长，尚有一将校，职为校官，专任关于航空谍报事宜。

第五节 航空队种类

甲、飞机。

于商之种类如左：

1. 猎机形式。为单叶式，装备一或二门固定机关枪。

2. 侦察飞机。炮兵用飞机。双叶式，二百四至二百六十四马力，有一机关枪在后方，由观察者司之。

3. 爆击用飞机。可载三至四人，机为复叶式。

乙、气球

是为固定之观测所。各国均于每军团设一队，有气球二三个。

丙、航空船

航空船在战前颇有倾动一世之概，然欧战战场中使用之者殊不多见，因其使用困难，制造力不大，故各国航空事业均倾注全力于航空机也。

第六节　意见

目下趋势，航空业务不整顿即不能战斗，殆已成为格言。我国所有飞机，久已等于博物馆之陈列品。一有战事，必至非常困难，其急救之术，则在藉参战之时机，借材于先进之国。着手之初，即为大规模之计划，庶几一蹴而底于成，兹述管见如次：

1. 设航空总监，专任航空事业之进行。

2. 航空制造厂之设置。最初即宜为大规模之计划，我尽可以该厂之设，即用于参战为名，借用机械于美国，借款采购，与兵器设厂同一办法，至于技师，则应由法意二国选聘。

3. 我国虽有航空学校，而为数唯一，规模不宏。目下航空一科使用之途既夥，损伤之数尤多，教育补充，不可不妥为筹备，兹述学校之设置如左：

1. 航空制造学校。

2. 航空观测学校。

3. 航空驾驭学校。

学校之教官技师，商之法国及意国政府，派遣多员，兼资航空队之教练设计。盖开战四年以来，航空机实日日进步，月异而岁不同。我国于此毫无经验，故惟采用以下二法，始可追随世运之进步，而后可以言战也。

（1）不惜经费扩充设备、航空诸校，与法意政府切商，遣派有经验之将校技师，妥为训练，学成则遣往战场、工厂，以助战为名，得经验之实。

（2）遣派学生技匠入法国各工厂各学校练习。此项学生须择有意志坚确有为之才，为数不可数人数十人，宜数百人数千人为率。此项学生，学成即使服务于欧陆，如此则有欧陆战场应有之航空技能

1917年9月，陈坤立怀抱次子何鹏（后更名世平）所拍满月照。旁立者为3岁之长子何旭（后更名世庸）。彼时，何遂正奔忙于欧洲战场

知识，尽为我得，一年以后庶几可与他国同其进步。

以上两种办法，费款甚多，且既派员助战，则损伤颇大。然试观美国，为充实军备，以御日墨起见，悉举全国之生命财产，以入战争漩涡之中。我国废武弭兵为日过久，所有情状有如世外，一旦与外国遇，则予取予求，国久不国。若不乘此人方有需于我之时，以图充实其力，战争完了，恐国际席上且无吾辈立足之地，区区生命财产甯足计也。

关于国民军的几段回忆

（遗作集萃）

何　遂

　　读过几篇关于国民军的回忆文章，多是记述冯玉祥的活动的。现在这里要谈的，比较侧重于孙岳和国民军第三军的情况，限于个人亲身经历，又系仅凭记忆，错误或偏见的地方，恐怕是难免的。

（一）

　　我和孙岳结识，是1907年在保定陆军行营军官学堂里（这个学堂以后改为陆军大学，我同孙岳是第二期），我们同住一间宿舍。那时政府专重北洋军人，同学中南北省籍间也有界线。我少年气盛，对某些旧习较深的北洋系同学很不满意，也常常遭到他们的白眼，唯有孙岳对我十分热情。熟识以后知道他是河北高阳人，是明末辽沈督部孙承宗的后裔。清军入关时，把孙承宗拴在马后，活活地拖死了，所以孙家的后人在清代是不应试的。孙岳少年时曾为友报仇杀人，犯罪流亡，当过短期的和尚。他26岁投到北洋武备学堂，在学校曾与青年志士共立一"茶话所"，结识了刘廷森、李延玉、吴樾等。毕业后，分入第三镇，由排长升到二等参谋。孙平时言简而要，对朋友却很体贴，颇有燕赵慷慨好客之风。他唱得一口好北昆，常唱"鲁智深醉打山门"给我解闷，我们可称莫逆之交。

　　1909年，军校第二期毕业后，我和耿毅等到广西去了，孙仍回第三镇任二等参谋，驻长春。辛亥年，孙岳任第三镇九标三营管带，武昌起义后调入河北。后来孙对我说，当时曹锟很怀疑他，在长春时曾问他："禹行（孙岳别号禹行），你看大局如何？"孙说："大江以南恐怕不保。"曹说："他们（指革命党）有国家的力量大么？禹行你要拿稳主意呀！"不久，孙被免职，回保定。

　　我随吴禄贞在石家庄起义，吴死后，入山西。娘子关兵败后，我逃至保定，与孙岳一起潜往南京，后又与孙到江北徐宝山、蒋雁行的队伍中工作。蒋等推孙岳为江北联军总司令，以后改为陆军第十九师师长。袁世凯窃取了辛亥革命果实后，派人把孙挤掉，孙只好跑到李烈钧那里去当垦牧督办，我戏称之为"弼马温"。

　　1913年，陈树藩约我到陕西替他们练兵。陈树藩是个善于投机的野心分子，一面对袁世凯表示驯服，一面极力扩充自己的实力。他办了一个教导营，编制是一个军官连，二个军士连，请我替他主持。胡景翼、岳维峻等都是当时军官连的学员。

　　教导营设在同州。有一天，随从带进一个乡下人来，青衣毡帽，风尘仆仆，原来是孙岳。他说老家住不下去了，袁世凯要杀他，他准备到华山去隐居，让我给他筹款。我尽所有给了他，他不久便在华山安居下来。由于他常常潜来同州相聚，也就结识了胡景翼等人。孙在北方颇有仗义疏财的名气，这时和胡景翼等处得很投契。陆建章入陕以后，孙很不安，刚好有一次在我家里被陈树藩撞见，孙怕陈出卖他，更觉不安。胡景翼等知道了，都来安慰他，说："二哥，你放心，我们保护你。"我那时和陈树藩也有矛盾，他怕我和教导营的人关系太好，故意拆台，于是我与孙岳都先后离陕。这就是孙岳、我和胡景翼结识的开始。据我了解，胡景翼早年曾到日本留学，是同盟会会员，是渭北刀客中的一个有影响的人物。我离陕时，他曾对我说，将来中原有事，他随时可以供应三五万兵力。

1920年，直皖战争以后，孙岳当上了曹锟的第十五混成旅（即直鲁豫巡阅使署卫队旅，驻保定）的旅长。我在福建倒李厚基失败，又不能到广东去，便经孙岳的引见，做了曹锟的军官教导团的教育长。就在这一年7月，直系要打陕西的陈

树藩。阎相文师和冯玉祥旅是打陈的主力。冯玉祥命团长张之江到保定请孙岳和我给胡景翼写信，约其夹攻陈树藩，我们照办了。这时胡景翼是陕西靖国军第四路司令，陈树藩曾希望联合他来抵御直军，但胡看出直系势大，倾向于联直倒陈。陈树藩败走四川后，阎相文任陕西督军。不到两月，阎死，冯继任。

冯督陕后，和胡景翼的矛盾直接化了，派人对孙岳说："胡部完全是土匪，扰乱地方，绝不能容的。"孙对我说："冯太不够朋友。胡刚帮了他一个忙，他就要反过来收拾他。"孙希望我到陕西去缓和一下，于是我到西安，向冯玉祥提出胡景翼的事。冯说这大概是误会。我说，陆军部军法司司长陈登山曾来保定，出示过你的电报，电文内容是邠县李纪才部行同土匪，请褫夺官勋，归案拿办。我说："李纪才是胡景翼的旅长，这不是在收拾胡么？"冯

1916年冬孙岳与何遂等摄于北京积水潭。由右至左为孙岳、何昂（何遂长兄）、慧犬、何旭（世庸）、何遂。从孙岳亲笔题于两侧之志感中，可见孙与何遂"移语竟日缠绵不忍去"之亲密关系。此后不久，孙赴川蜀，何有欧洲之行

玉祥笑笑说:"你到三原去看看吧。"于是我又到了三原。

胡景翼部多是在靖国军解体时迅速扩大起来的、纪律确实不好,胡的司令部就很乱。我劝胡要约束、整顿部队,要办教导营训练干部。胡说:"吴佩孚、冯玉祥要把我挤出陕西,要收编我的队伍。"我说:"现在吴佩孚尾大不掉,曹锟表面上对他推崇,暗地里也有自己的打算。我们可以利用这一点,越过吴、冯直接走曹的路子。"胡问怎么办?我说:"曹是贪财好货的,陕西的古董很多,可以搜罗珍贵的,叫军需官带上和我回保定,再由孙岳去疏通,一定可以办到。"

胡景翼照办了,于是我又经西安回到保定。孙岳使其妻崔雪琴向曹锟的妻孙菊仙去行贿。崔和孙是结拜姐妹,是孙岳在曹锟那里的内线。结果曹锟很高兴,把我找去问胡的情况。我对胡的实力作了渲染,曹乃决定把胡部编在他直属的范围内,番号是陕军暂编第一师,并电告吴佩孚和冯玉祥。不久,胡景翼到保定见了曹锟,表白了一番忠诚,胡的位置暂时稳定下来。

1922年春,第一次直奉战起,孙岳任直军西路军司令,沿京汉线进攻。西路军只有三个混成旅,而奉军在这一线却是三个师、二个旅、二个骑兵旅,双方实力相差悬殊。接火的第一天,直军攻南冈洼失利,指挥官庞炳勋打成了瘸子。第二天,由坨里绕大灰厂进攻也溃败了。第三天,前线董政国旅和豫军溃败退却。我带了一些人勉强止住了溃乱,恢复了原来的阵地。这时吴佩孚的参谋长李济臣来到前线,责备孙岳指挥不当。我说明了敌我力量悬殊的情况,并指出这样打下去,如果保定有失,战局

不可收拾,而北京是政治中心,如集中兵力攻下北京,大局可定。吴佩孚采纳了这一建议,自己跑到西线来指挥,以张锡元旅攻南冈洼,李鸣钟旅攻大灰厂。战事进行到第七天,奉军就溃退了。当时我就对孙岳说:"你最初是指挥西路的,现在西路大胜。如果不骂你,吴佩孚是显不出来的。"孙很郁闷。果然不久,吴佩孚命孙部到郑州协助冯玉祥打赵倜。

冯玉祥请孙岳对付许昌及其以南赵倜的队伍,没有遇到什么抵抗,先头部队就和湖北的直军会师,于是又回到郑州。冯玉祥很殷切地招待,孙对冯表示了对北方政局和对自己处境的不满,冯表示同情。

直奉战后,论功行赏,连西线溃败的董政国都升任第十三师师长,孙岳没有下文,反把孙部曹世杰(曹锟的侄子)一团扩充为十六混成旅,孙部只剩下一个团,一个学兵连,炮兵、骑兵各一营,我做了孙的参谋长。

一天,李济臣来说,吴佩孚请我吃饭。到了吴的司令部,李对我说:"孙岳这个人没有什么发展,怎么能给他做参谋长呢!吴的意思是请你同胡景翼部驻九江。"这种一石三鸟的手法,我听了当然很不高兴,责备他这样做太不够朋友。我说着正要走,隔扇门突然打开,吴佩孚站在那里笑道:"请吃饭,请吃饭。"

我回去把这事告诉了孙岳,他正在抽大烟。我说:"你这个鸦片鬼太不争气啦!"孙愤愤然。不久,孙岳被任命为大名镇守使,我和徐永昌团驻在邯郸,辖四十二个县。大名归孙后,孙添了守备队步兵三营、骑兵三营。孙又派他的副官长庞炳勋为清剿司令,专门指挥各县的县队,孙的实力有所扩充。

第一次直奉战后,冯玉祥调任河南督军。河南

是吴佩孚的老地盘，冯又不是一个甘心俯首听命的人，矛盾当然十分尖锐。后来，冯玉祥实在做不下去，就去向曹锟哭诉。于是曹锟发表冯玉祥为陆军检阅使，驻兵北京南苑。冯当时对自己处境的不满，是可想而知的。

胡景翼在第一次直奉战时调离陕西，驻地是顺德到安阳（彰德）铁路沿线地区，司令部设在顺德。这样，胡军与孙岳的队伍连成了一气。胡景翼请我替他轮训军官，于是就在邯郸设立陕军第一师教练所，三个月一期，共办了半年。

那时，冯、胡、孙在直系中处境都不得意，加上他们对当时腐败、混乱的政局都有所不满，所以他们的联系逐渐密切起来，终于在第二次直奉战前，形成了直系内部的反直三角联盟。

（二）

第一次直奉战后，美英帝国主义支持下的直系军阀垄断了北京政权。曹、吴的气焰一天高似一天，坏事愈做愈多，愈做愈大，卖官鬻爵，镇压工农运动，收买猪仔议员贿选总统，闹得乌烟瘴气。曹锟贿选的筹款，大名辖区也摊上了一份，由曹锐（曹锟弟，时为直隶省长）交给孙岳一个名单，说是"金丹犯"（以海洛英为主要材料，用面粉等合成的药丸，名为金丹。贩运金丹是违法的，故称金丹犯）。这个名单几乎包括大名一带所有有钱的绅士，第一个就是大名中国银行经理吴钦泰。由我力争，把吴钦泰免了。孙岳命大名县长丁春膏按名单都抓起来，吓得绅士们叫苦连天。这一次，大名献纳了32万元。地方绅士遭遇尚且如此，一般百姓就可想而知了。

奉军战败后，在日本帝国主义支持下，积极扩军备战。到1924年，直奉之间终于由骂战而再次大动干戈。吴佩孚在中南海的四照堂设总司令部，调兵遣将，分兵三路，以山海关一路为主力。冯玉祥为第三军司令，出古北口取热河。胡景翼被任为第二路司令，屯兵通州。孙岳是北京的卫戍副司令（实际上能指挥的只有一团多人）。冯出发前与孙、胡相约，决定发动政变。

孙岳的司令部设在校尉营贤良寺，发动的当晚孙妻崔雪琴还在中南海曹锟家里打牌。晚上9点，李书城来访，说黄郭可能出来组阁，请我们多帮忙。当我送李回家路过新华门时，总统府门前岗哨林立，灯火辉煌，全城都是静悄悄的。午夜，冯军鹿钟麟部已抵安定门，我们布置的守兵开城迎入。凌晨5时，鹿军已遍布市区。我们也拿出事先准备好的上有"不扰民，真爱民，誓死救国"等口号的臂章戴上，与冯军合而为一，就这样迅速地占领了北京。

早6时，鹿钟麟来说总统府内还有一团人，请孙设法缴械。我和孙商议后，找来营长顾海清（顾的父亲是曹的拜把兄弟，顾从小就拜曹为"干爹"），我们对他说明利害，说只要卫队一抵抗，曹的性命就不保；放下武器，我们保证曹的生命安全，并且答应缴械后的队伍全部归他带。于是顾海清进入中南海见了曹锟，大哭一场，把外面的情形说了。曹知大势已去，乃命令卫队缴械。

当天下午，我和冯玉祥的参谋长刘骥、旅长李鸣钟，同到当时内阁总理颜惠庆处，去交涉善后事宜。到了那里，外交部长顾维钧、交通部长张国淦和其他大部分阁员都到了。颜惠庆说了很长的话，意思是要我们说明京内外的现状，对我们提出的几项要求想要拖延处理。我很不客气地说:"现在山海关前线还有许多队伍,政府必须立即通电表示态度。如果不能在今天下午5点以前把电报打出去,我们就不能再负北京市内安全的责任了。"颜惠庆立即说:"好办,好办,电报已经拟好,一定可以在下午5点以前发出。"这三个电报就是:1.曹锟引咎自请解职以谢国人;2.颜惠庆内阁全体辞职;3.免去吴佩孚本兼各职,任命吴佩孚为青海屯垦督办。

第二天下午,冯、胡、孙及主要将领和一些有关的政客,在旃檀寺冯的司令部开会。会议决定电请孙中山北上主持大计,并决定国民军的编制,由冯玉祥任总司令兼第一军军长,胡景翼任副司令兼第二军军长,孙岳任副司令兼第三军军长。冯玉祥推荐黄郛组织过渡性的内阁,阁员名单也进行了讨论。孙岳要我发言为李石曾要交通部。冯玉祥说:"李先生是以办教育著名的,已拟写了教育部了。"冯接着又问:"陆军部由谁做呢?"我说:"李书城从前是黄兴的参谋长,做陆军部是合适的。"大家表示同意。这时王芝祥说何遂可以做烟酒督办,许多人知道我是不吸烟喝酒的,引得满堂大笑。冯问我想干什么?我说:"我对航空很感兴趣。"于是我当上了航空署长兼国民军航空司令。

这时,天津以东有吴佩孚的军队,漳河南边有陈文钊、王为蔚等师,保定尚为曹世杰盘踞。国民军虽号称三军,只有冯玉祥实力较厚,孙岳的第三军实际只有一旅多人。当时的布置是:冯军阻击吴佩孚由山海关的回师,胡军向河南阻击漳河一线直系军队,孙军先取保定。

出发前,顾海青来说,直军的总兵站就在这里,我即令贴上第三军兵站的条子,立刻派一连人驻守。

不多久,守兵站的连长来电话说,冯军把兵站包围了。我赶快打电话告诉冯玉祥,冯立即命令将军队撤走。事后一查,这兵站的粮食可装二三十列火车,军械、被服、汽油也很多。后来,打下保定,得了直军的总军械库,里面有从李鸿章做北洋大臣时起就集中的各种军械,堆集了好几间大库房。第三军能在短期中,由三四千人扩充到号称十万,也多少借助于这一笔横财。

当孙的队伍在徐水以南与曹世杰部发生战事时,冯玉祥曾派佟麟阁率一个加强营来援,直军溃退。当夜,姚村来了电话,是曹世杰的炮兵营营长王寿臣,他说退下来的军队都集合在姚村,请我们赶快去收编。孙岳委十五混成旅参谋长门炳岳为第十六混成旅旅长,到姚村去收编,不久我们围住了保定。

曹世杰据保定城顽抗。这次战斗，我们把航空署的飞机也调来助战，由法国人驾驶，李石曾和段宗林跟来做翻译。结果是用飞机把徐永昌载到定县，指挥已在定县一带的徐永昌一团及庞炳勋一团合围保定。曹世杰看形势不妙，开城投降了，于是第三军有了一块立足的地盘。

（三）

国民军起事前后，虽口口声声自称是革命的，但根本没有什么明确的政治主张。一、二、三军结合的纽带，与其说有什么共同的政治基础，不如说是迫于形势，不得不相互倚重。这时奉张已经入关，冯玉祥一面电邀孙中山北上，一面又与奉张妥协，捧出了老牌军阀安福系头子段祺瑞。

打下保定后，孙说老段要上台，让我至北京向冯报告战况，并到天津见段。我在天津宫岛街段宅见到段祺瑞。段问起前线的战况，因孙和我都算是他的学生，便笼络了一番，最后写了一张正金银行10万元的支票送给我。我说："现在军队正在草创，老师的厚赐是不敢辞的。"段特别说："这是我给你的，随你怎么花吧。"

在天津，王孝镇（当时他刚从苏联学习回国）和叶荃来访，我约他们同回保定。

孙得了10万元，又见到王孝镇、叶荃，大为高兴。这时冯有急电来说：吴佩孚已回洛阳，漳河南岸已有接触，请孙派人到大名协助胡军。

这时，顾海青、徐永昌、庞炳勋、门炳岳等都已扩编成步兵旅，于是商定：孙岳兼第一师师长，叶荃任第三军副军长兼第二师师长，我为大名镇守使、第三军前敌总指挥兼第十五混成旅旅长，尽速出发。

徐永昌等分出去后，十五混成旅并没有多少兵，出发时只带了一营炮兵（营长宋国兴）和一个补充营（营长麻振达），先到邯郸，再进驻大名。原在大名搞县队训练的补充营营长刘崇武，负责集中各县县队于濮阳。我们在保定兵库里存的军械很多，这时又以40辆军用卡车运载器械，所以队伍很快就拼凑而成。到濮阳后，分兵两路：一路由大名境回隆镇进占安阳（彰德），这样就直接威胁了直军漳河战线的后方；另一路由濮阳直取道口镇。作战时，因兵士训练时间太短，都是新兵，炮兵打了几炮，前面的步兵不习惯炮声，纷纷溃退。正好道口镇的地方代表出来迎接，这才又整队进城。驻在道口附近至京汉线的是直军徐寿椿旅，驻安阳一线的是贺国光旅，他们都派人来说不愿意打仗，要归我节制，并请求将他二人的师长陈文钊、王为蔚不要改他们军队的番号而加以委任。我以第三军前敌总指挥的名义照办了。不久，吴佩孚见漳河战线已降，大势已去，便从洛阳出走了。经开封地方人士请求，我又率队进驻开封。

这期间，保定和北京，许多人都在骂我，叶荃、王孝镇等攻击尤烈，说我胡乱指挥队伍，用电话乱下命令（实际上是虚张声势，队伍根本不能打仗）。另一条罪名是：乱花钱。事实是：我到大名时，中国银行行长吴钦泰把当年大名辖区的"上忙"38万元交我印领了，所以我可以大赏士兵，有几个受伤的都发给600元至1200元的养伤费。于是他们说："让何遂这样闹下去，将来别人没法子带兵了。"我听到这些话，一怒向孙岳辞职。不久，胡景翼、叶荃、王孝镇等到开封，我就到北京去了。

段祺瑞上台后，安福系政客非常活跃。奉军势力入关，北方政局更形混乱。段为了拉拢冯玉祥，把察哈尔、绥远和当时京兆所属22个县作为国民第一军的地盘，允其扩军为六师、三旅。第三军则准予扩编为四师、三旅，由陆军部加委，孙岳兼第一师，第二师是叶荃，第三师是杨虎城，第四师是我；另外还有三个补充旅，号称10万人，实际上孙能指挥的较有战斗力的只有3万余人而已。

胡景翼的地盘是河南。这时憨玉琨（憨玉琨是刘镇华所辖镇嵩军的一个师长。刘是豫西人，所部军队都是豫西土匪，刘虽在陕西，其军队仍占据豫西）盘踞洛阳。为了争夺洛阳，发生了"胡憨之战"。第三军由叶荃指挥，出动了两师人助战。胡、叶估计，憨玉琨的部队是些土匪底子不经打，实际上憨还指挥张治公、柴云陞两个师，打得很顽强。结果，二、三两军遭到很大损失才占领了洛阳。战

斗中，叶不明地形，把地图上的凹地看做平地，并强使军队徒步渡过很深的洛河，结果死了很多人。

憨玉琨师是刘镇华的主力，洛阳战败后，刘镇华已经没有多少力量了。于是，孙岳又命徐永昌指挥，在第二军的协助下进军陕西，没有经过剧烈战斗就进驻西安。孙岳做了陕西督军，第三军的势力直达甘陕边境。

在进军陕西前，我和孙岳有一个向西北发展的计划。我们曾深谈过数次，一致认为河南、河北自古是四战之地，奉军、直军各派势力争夺的焦点，第三军实力有限，绝对不能在这个地区长久立足，而甘省以西没有一支新式军队，是易于发展的。那时，甘陕接境的陇东护军使张兆钾是我的顾问林锡光的儿女亲家，林本是代理过甘肃省长的，张兆钾使人和林联系，表示欢迎第三军入驻甘省。所以我们的计划是先据陕西，然后到甘肃立足，由甘肃再向新疆发展。我当时对这一计划抱有很大希望，幻想在甘新一带搞一长时期的军事割据，来实现自己一大套自上而下的资产阶级改良主义的政治经济主张，孙岳对此是赞同的。

在二、三军向豫陕发展的同时，北方各系势力间的矛盾已经愈演愈烈，勾心斗角，相互倾轧。姑且举和我有关的二事来说明。一件是段祺瑞企图利用我为他培植私人势力。他让吕公望、林锡光、金兆枬（都是善后会议的代表，当时参政院的参政）来找我，把一个国务会议的议案给我看。这个议案的内容之一是设立护路司令部。护路部队经费每月42万元由铁路开支，任命何遂为护路司令。吕公望说："吴佩孚从前每月的军费也只是42万元，段对你不坏呀。"我气极了，说："你要拆我们第三军的台

呀。"我把这事拒绝了。另一件是航空署订购的法国战斗机六架，运到天津为奉军扣留，结果是我自己跑到天津和张作霖交涉，才要回六架教练机。到第三军入陕时，奉军李景林部已据有整个河北，第三军退出了保定、大名，国民二、三军和第一军的防区已被奉军隔开了。我的航空署长的职务也在这时被段祺瑞免去。这种种矛盾的发展，都促使我更加希望西进。

孙军进入西安后，张兆钲派人来催孙军进入甘肃，说是已为我们准备好了粮饷和冬衣，可是这时孙的态度突然变了。我们的西进计划首先遭到冯玉祥的反对，冯把甘肃当做他发展势力的地区，当然不愿第三军向西北扩展。这时冯派了钮永建等来阻孙，请孙回师与第一军合攻李景林，答应河北到手后，由孙掌河北军民两政。另外，北京政府中一些与孙关系较深的人，如刘汝贤、李石曾等，都怕孙走后，对他们的地位不利，于是放出话来说："孙二哥不要故乡了。"他们还动员了孙的亲属守在孙的鸦片盘旁，日夕劝孙回师。

我见孙要变卦，特去见他，说明张兆钲已派代表来联系，可以不费兵力进驻陇东。孙沉默了许久突然说："你不是免去了航空署么？你来当陕西省长好不好。"我觉得他的话很奇怪，便劝他连陕督也让给部下，自己率兵入甘。孙终于说："我不能听你的了，现在我要回师东进了。"我说："第三军虽号称10万，但大部分是过去直军的底子，这些直军的旧人，都留有自己的后路。徐永昌等则又羽翼渐丰，随时准备另谋发展（这是孙自己早知道的，孙曾对我说徐永昌等都是贼）。第三师杨虎城是指挥不动的。所以一旦有事，真能为你用者不过3万人而已。以这些实力去争夺河北，不用几个月就要失败的。"说到后来，几乎和孙吵了起来。就这样，我们闹翻了，我离开第三军到日本去了。

何遂夫妇与孙岳将军遗孀崔雪琴20世纪50年代初合影于上海。左起崔雪琴、陈坤立、何敏、何嘉、何遂、何达、何仲山

我从日本回来时，李景林已在国民军的进攻下退出天津，孙岳当上了直隶督办兼省长。二军的邓宝珊为军务帮办。冯玉祥自任甘督，薛笃弼任甘省长。

过了两个多月，直奉联合夹攻国民军。吴佩孚的军队从京汉线入河南，二军失利退出河南。张宗昌、李景林也从津浦路发动攻势。冯玉祥通电下野。国民军腹背受敌，在河北站不住了。这时，孙岳让李烈钧来把我找去，希望我替他办理军队的后事。我不忍推却，于是在败局已定的情况下，就任了第三军的代理军长。

那时，冯驻北京的队伍是鹿钟麟，鹿曾要我出面和直军联系，让直军暂缓进攻，国民军自动撤出京兆，退到西北去。我两次冒险进入直军防区，最后与直军前敌总指挥田维勤同到了北京，和鹿钟麟当面洽商。1926年4月，国民军退出了北京。至于第三军，原属直系的旧人，多已和直军暗通声气，徐永昌则带所部到山西投靠阎锡山去了，至此第三

军实际上已经瓦解。第二军也在河南退却时不再存在。就这样，国民军变做冯玉祥的西北军了。

孙中山先生曾说，国民军的行动初上来好像真有革命的色彩，后来……情况一天不如一天，为别种势力所牵制，就不像革命的运动了。由此看来，由于没有正确的革命思想的指导，国民军及以后的西北军的失败，是历史的必然结果。

孙文复电

北京冯焕章、胡立生、孙禹行、续桐溪、刘守中、景定成、凌毅、李石曾、李含芳、岳维峻、张之江、李鸣钟、鹿钟麟、邓宝珊、李云龙、李蔼如、史宗法、何遂、李干三、李仲三、周耀武、李养倬、胡德夫、刘延玉、张簋、刘世贤、刘士养、续范亭、涂永昌诸先生同：

来电敬悉。前闻诸兄驱逐元恶，为革命进行扫除障碍，已深庆幸。兹悉诸兄更努力建设，期贯彻十余年来未能实现之主义，使革命不至徒劳无功，尤为欣慰。文决日内北上，与诸兄协力图之。先此奉复。

孙文　阳（按：7日）叩

上述电文，系孙中山复11月4日冯玉祥、胡景翼等二十余人具名及胡景翼单独具名之两份电报之原文。据《孙中山全集》第十一卷载《覆冯玉祥等电》(1924年11月7日)，藉此电文，实可窥见国民军发动北京政变性质之一斑

丛台集序

（遗作集萃）

何　遂

1922年，孙岳任冀南镇守使，何遂任孙部参谋长，
驻军邯郸，支持地方重修武灵丛台（春秋时赵武灵王所建）。
竣工后，何遂主持搜集历代有关丛台之诗文，汇为《丛台集》，自撰《丛台集序》。
经清末进士书法家王琴堂书丹，立碑于丛台上，至今仍为胜景。
《丛台集》1922年石印出版，现藏国家图书馆古籍分馆。

曩[1]游欧美，于罗马见二千余年之古城遗址，一砖一石，灿然备列，社会个人所以爱惜之者，无不至。美为新建之邦，亦盛饰历史遗物以为国光，他国称是。盖所以资凭吊，助美育，俾目击者如游心于历史中，与注古社会相触接，意至美也。吾族有史垂四千年，古物之存在者，钟鼎彝器、金石文字外，建筑之物率为古圣贤帝王陵墓宫室之伦，则以代有兵燹，存者寥寥。其历年之久，可与孔子故居并峙者，则邯郸之丛台也。台之名，始见于《汉书》，颜师古注曰："以其连聚非一，故名。盖六王时赵王之故台也。"《名胜志》谓为赵武灵王所筑云。今台在城东北隅，为明嘉靖间兵备副使杨彝

碑刻原文拓片

重加修缮，建有据胜亭。清高宗南巡，曾留题刻石其上，同治间，邑令英榮、侯国钧续为建筑，存至今日。壬戌秋，予驻军兹土，军书余暇，辄与二三袍泽联袂登临。气爽天高，云蒸霞起。紫山西峙，滏河北回。树色黏天，薄云遍野。牛羊归牧，樵歌互答。感人事之不常，喜斯台之宛在。唯是丹漆蚀于风雨，名区委诸草莱。时统军孙公禹行驻邯郸，胡公立生驻邢台，岳公西峰驻洹上。爰相与集赀，属邑绅王君文山董其事，就台次旧神祠改建武灵旧馆，于其侧新筑三楹，名曰如意轩，以《汉书》称赵王营丛台。赵王者，高帝子如意也。轩之上为台，以小桥通于其上，台四周与城堞间有仄径曲折通内外。因

就其上为棚，遍植藤葡瓜豆之属。复就台旁积石为洞，建屋其次。而古籍相传台有天桥、雪洞、妆台、翠被诸胜者，依稀近之。台下旧有明太保张国彦庶园十余亩，圈归台址。其地有湖，备水道通城壕，步久湮废，今俱为修凿如故。湖中有岛，因旧有望诸君祠，爰建望诸榭于其上。邑有三忠祠及四贤祠，祠韩厥、程婴、公孙杵臼、廉颇、李牧、赵奢、蔺相如，今俱废。湖之西北隅得隙地，因合建为七贤祠，府以开国以来诸先烈，存旧迹，式先贤，资观感也。湖之四周，筑路筑堤二，从西北向及东向，通于望诸榭，于其交会之处设宛在亭，延长西侧通路，北达赵武灵王丛台故址碑台，折而西，过明张太保旧坊，连于通衢。而计划略备，并拟刻古

贤今人诗赋于其上，以为文饰。辄复寻讨志乘，集旧作之涉于丛台者，上自曹魏，下迄胜清，得文赋十首，诗词五十余首，益以掌故十余则，编为专集，颁诸海内，博雅群幸，广其意，发为诗文书画。俾存之名区，勒诸贞石，与斯台同其不朽。则所以存古物，扬国光，助美育，资登临凭吊者，其为裨不已多欤？是为序。壬戌孟秋侯官何遂识于邯郸军次

注 ❶ 曩（nǎng）：过去，昔日。

2007 年春，"寻踪之旅"何家亲友合影于邯郸武灵丛台

黄埔军校中山先生生纪念碑碑文

何　遂

1928 年 10 月 11 日，黄埔陆军军官学校
"代校务"何遂率军校各部长官在八卦山为孙总理纪念碑破土奠基。
纪念碑正面隶书字为胡汉民书写，碑东侧所刻总理遗训"和平、奋斗、救中国"
乃何遂执帚书写。此项工程 1930 年 5 月完工，何遂已离军校。
碑顶铜像为日本友人梅屋庄吉所赠。

纪念碑远景

纪念碑近景

国民革命军军官学校之创立，肇始于中华民国十三年六月十三日。先生莅临训词，以"亲爱精诚"相激发，围座观听者罔不承謦欬❶而奋气节。盖先生鉴数十年革命未能成功者，由于无纯正革命军之实力；深知救国救民，非有真能为主义而奋斗之人杰，不足完改革而宏建设。乃创军校，选军人，定军学，搜军实，学术兼修，有典有则，使知能捐生死者，必先化其气质。于是校长蒋中正，用编党军。校长躬自督率，先平东江之陈孽，继靖杨刘之鬼蜮，既奏凯以东旋，复誓师而北伐。不数月，奠定长江，不两载，统一全国。若夫以一敌百，为革命史独造之戛戛❷，旷古今中外无有其匹，何一非先生精神所凝结，讵意昊天不吊，竟弃吾党而永诀。回忆濒行告别之训言，莫追音尘而凄咽。窃以先生手创民国，艰贞卓绝，党建党治，具在方略，行易知难，详诸学说。先生言之不惮，唇焦舌敝，吾党承之，莫不涕零心折。论者谓北境会盟，南徼平秩，咸推开济于党军，实则荣源乎百粤。顾以训政、宪政之大，彼端资夫良弼，而吾党所窬寐求者，继述遗言于贯澈，庶

几先生积四十年之精力，可无遗憾于毫发。今兹校生六期业毕，追维吾校之肇祖，不能自已于陈述。节南山之具，瞻屼丰碑，而展谒将以诏示来者。俾知先生之遗泽与吾校之荣光，并垂无垠于块圠❸。

中华民国十七年十二月

代理校务何遂敬撰

注 ❶ 謦欬（qǐng kài）：本为咳嗽。引申为谈笑。如亲承謦欬。

❷ 戛戛：韩愈《答李翊书》："惟陈言之务去，戛戛乎其难哉。"后常以"戛戛独造"形容别出心裁，富有独创性。

❸ 块圠（yǎng yà）：漫无边际貌。贾谊《鹏鸟赋》："大钧播物兮，块圠无垠。"

黄埔东江阵亡将士纪念碑碑文

（遗作集萃）

何　遂

东江阵亡烈士墓

1929年，何遂"代校务"主持重修
黄埔军校东江阵亡烈士墓，并于其侧兴建了东江阵亡烈士纪念坊。

惠城踞山阻水，东江锁钥寄焉。叛将陈炯明，拥兵负隅，屡攻不下。先大元帅以无主义无训育之佣兵，不足有为也。于是十三年五月，令设陆军军官学校，蒋公中正长之。秉主义，施训育，桓桓肃肃，兴也勃然。十四年春，蒋公率学生九百余人，教导团两团会各师，东讨鲤湖、棉湖，战绩甚伟。是役死事同学十六人，士兵六百余人。旋挫杨希闵、刘震寰叛军，班师归校，复加训练。十月再命东征，校长蒋公为总指挥，率三纵队。副校长李公济深、教育长何公应钦、程公潜分领之。各纵队基干，则本校学生三千人也。十三日，令总攻击。炮射惠城，皆中要隘。敌以机关枪扫射，先锋迫城者，死伤枕藉。第四团长刘尧宸中将竟中弹亡。士气抱痛愈奋。十四日炮向北门及左右侧防，机关猛烈扫击，掩护冲锋者前进。众乘势倚梯肉搏以登，前仆后继，而飞鹅岭纵队同时夹攻。至是敌势不支，纷纷东遁，而海丰、陆丰、河源、紫金、老隆，凡入潮梅要冲，次第悉平。是役死事同学五十八人，士兵百七十八人。古所称天险惠城，三年攻之，不足一日，陷之有余。昔何其难，今何其易欤？曰：有主义，有训育，故能果于克敌。逾年越岭入赣，转战两湖三江，铲除军阀，直捣幽燕。国基南奠，中外翕然。完成革命之功，其兆于斯乎。夫不有党军，何以展党力？不申东讨，何以勤北征？烈士之荣光，吾校之荣光也。遂今春来粤，蒋、李二公倥偬马策，以校务委代。巡视埔岛，爰至平冈之原，肃然曰：烈矣诸君，为主义死，为统一先导死，死且不朽，曾何恤身后之表扬。但吾人既安其窀穸❶，而未彰其姓氏功绩，于义有

关，乃述综概。次名籍，俾后人得证考而仰止焉。平冈之阳，松柏九九，碧血黄花，并堪千古矣。慨叹不足，从而缘之辞。

中华民国十七年十月
代理校务闽人何遂撰文并书

注 ❶ 窀穸（zhūn xī）：墓穴。

下左图：烈士纪念坊内所立二巨碑，记述东江之役始末，为"代校务"何遂撰文并书丹。旁立者为何迪（右）、何代宁
下右图：东江阵亡烈士纪念坊外景

济深公园记

（遗作集萃）

何 遂

照玉生先遂务校代何

何遂担任黄埔军校"代校务"期间
之历史档案照片

民国十五年，校长蒋公中正帅师北伐。苍梧李公济深以副校长行校长事。李公性沉毅，识远大，以为学记敬业乐群，当如紫阳所解说，其于锻炼体力，修养人格，精进学业，尤致意焉。诸生咸一观听，退而自奋，相期为干城之选。黄埔之东蝴蝶风，居本校分校中枢，亦修学地，波此观摩敬其群也。风上多松，相络相瓦，使之息游，乐其群也。爰就

形势，藉榛莽❶，�去沮洳❷，蔚成一园，踞长洲之胜。昔庾亮❸称和嵩，森森如千尺松。今嘉树成阴，方诸树人树木，有合敬业乐群之旨，即以李公名名斯园。它日李公政和之暇，与诸生俛仰其间，更进博习，亲师论学取友，以至大成髦士❹之化。斯园之乐群其为嚆矢❺欤。

十八年一月何遂记

注 ❶ 榛（zhēn）莽：芜杂丛生的草木。
　 ❷ 沮洳（jù rù）：低湿之地。
　 ❸ 庾亮：东晋名臣。历仕元帝、明帝、成帝三朝。
　 ❹ 髦士：英俊之士。
　 ❺ 嚆（hāo）矢：响箭。发射时声先箭而到，因以喻事物的开端，犹言先声。

军校学生北伐阵亡将士纪念碑碑文

（遗作集萃）

何　遂

1929年何遂"代校务"主持兴建了黄埔军校学生北伐阵亡将士纪念碑。
碑身篆书"为民牺牲"乃何遂手书。碑座南侧为何遂撰写并书丹之碑文。
东、西、北侧刻有北伐阵亡之独立一团一营营长曹渊
等355位黄埔军校学生之姓名。

於戏❶，吾党之荣，源于粤东也。秉先训，豁群家，莫不奋身振踔，虤❷虎蹲熊，生死与共，袍泽与同。溯自丙寅七月，鞠旅驰骢，有仇必殄，无没弗从。逾岭蹴湘，平吴荆鄂，既焉同而车攻。奠定南京国府，廓清北系兵戎。会三晋两河而誓师，咸惊为并世之雄。义旗分道，风从虎而云从龙。庶天心之厌乱，慰中外之喁喁。既夫浦口困寙❸者，扼力凶锋；甚而武汉螫毒者，腥血殷红。君等咸眦裂肉薄，竟裹马革以完忠。於戏！幽燕直捣兮，卒殄元凶。完成北伐兮，系尔之功。吾党抱国恤而阐先烈兮，庶几❹默慰于尔衷。平冈之石齿齿❺兮，黄埔之水淙淙。屹丰碑以厉世兮，将以垂人纪于无穷。

中华民国十八年二月廿四日何遂并书

注❶ 于戏（wū hū）：呜呼。

❷ 虤（yán）：虎怒貌。

❸ 困寙（qūn jì）：回旋无礼。

❹ 庶几：也许可以，表示希望。

❺ 齿齿：排列如齿状。韩愈《柳州罗池庙碑》："桂树团团兮，白石齿齿。"

碑座，何遂所撰"军校学生北伐阵亡将士纪念碑"碑文原貌

75

绘园藏瓦 （选载）

（遗作集萃）

何　遂

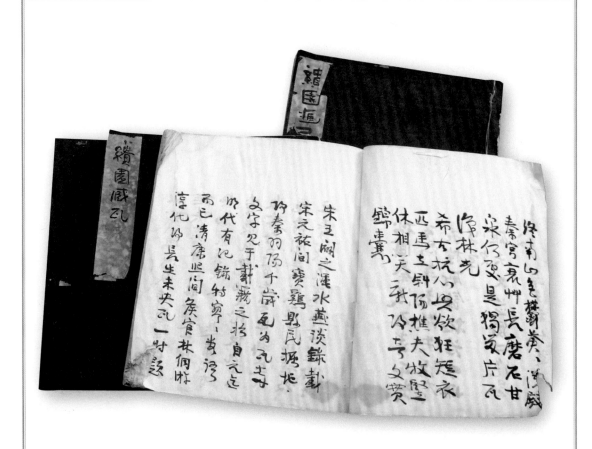

本书影印了何遂书于《绘园藏瓦》卷首之序。

文中叙述他搜集秦汉瓦当千余枚，亲自拓成三十余册。

历述了他研究古瓦当之心得与见解。

一个旧军人，身处利禄旋涡，

有此精神追求，读之能不肃然？

右图：国家图书馆古籍分馆之贵宾室摆放一巨型十扇黄木雕花屏风，其上镶嵌形状各异之古瓦当实物，为何遂早年捐赠。2007年何之家人摄于屏风前。由右至左：王苗、何迪、何康、何达、何仲山

拙藏秦汉瓦当千岁
百品年末散失殆尽
兹择所余拓为一册
以饷
雄夫兄苾僾二佺儿
改
辛未秋 何遂

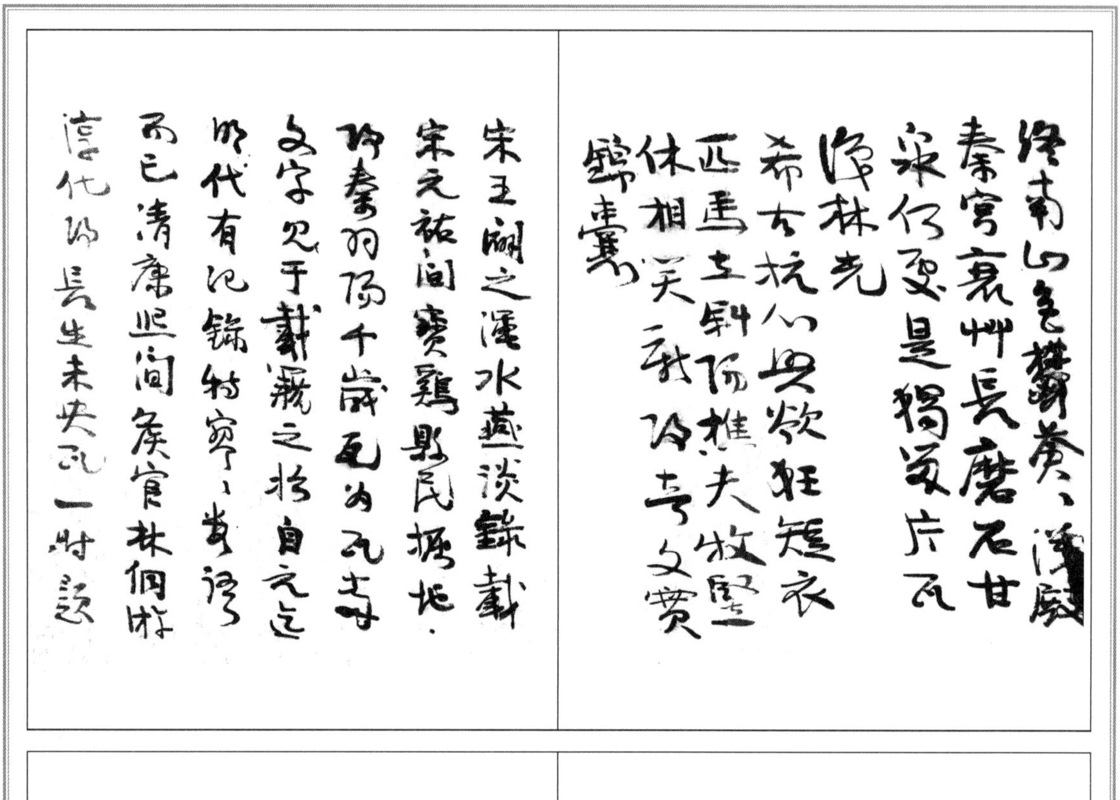

瓦斋鲁迅人于齐河齐辑

齐鲁古瓦当学图之园字瓦

山西洛阳瓦汉后土祠之

宫宜瓦秦瓦及千秋宫瓦

瓦当西汉东山齐古等岁

瓦当汉瓦金石文字一册

新纪元日李平壤记

平汉郡城瓦当后礼宫

齐瓦朝鲜之秦汉时有意匀

辽时代瓦古土艾岁遍

万百年春汉瓦古之出

致遍汉瓦外矣三有余

园古瓦当文字集会名

三十鉤册新村女一斑矣

零之古新教之公易瓦手

辨彼不意感帨传之笑

树击之以身作为

辛未秋仍遂之垠

叙父守瓦如守玉永日摩挲意

不足汉秦遗烈今难追康

强逢吉视此录

二十年十一月七日 娄东狄膺月 题

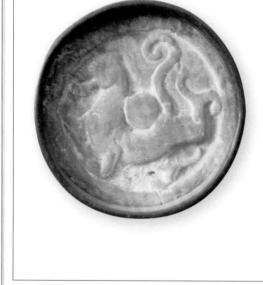

绘园古鉴（选载）

（遗作集萃）

何　遂

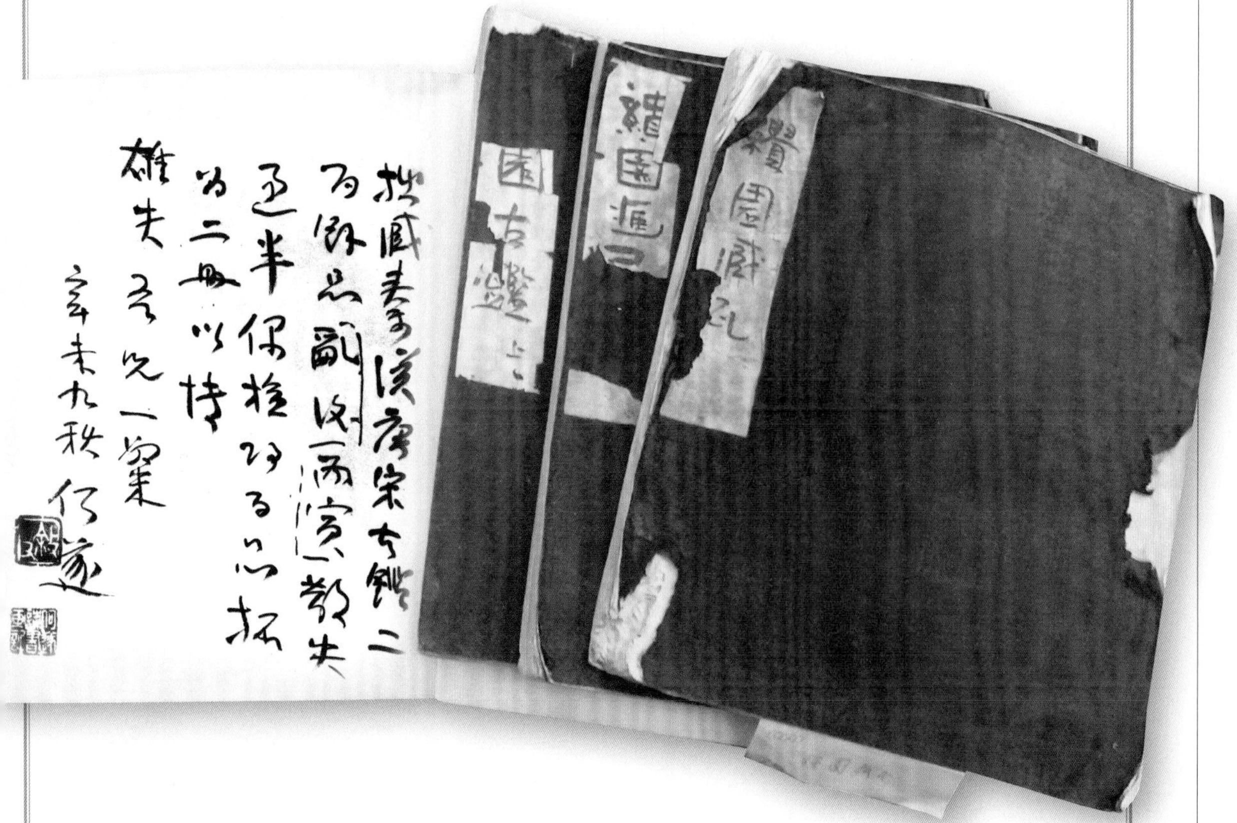

国家图书馆收藏之《绘园古鉴》二册，
卷首有何遂题签，可见此为散失过半后之偶得，
赠友之物也。

兵要地理

何　遂

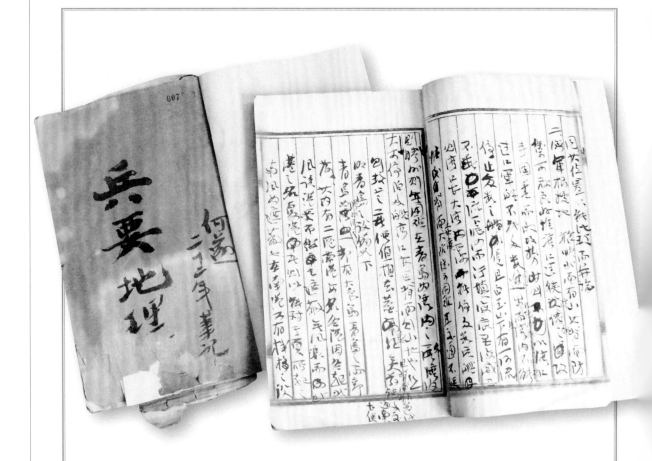

中国国家图书馆现藏何遂新中国成立前遗作有
《丛台集序》、《绘园画册》、《绘园藏瓦》、《绘园古鉴》、
《唐故米国大首领米公墓志铭考》、《叙圃甲骨释略》、《校经图序》等。
古籍分馆尤藏有其手稿《兵要地理》二册，系何遂20世纪30年代初读书听讲之笔记，
毛笔书写，有观点、推理及图例。实其家人未闻更未见者。
国家图书馆与重庆图书馆于本书成书之帮助，
足证图书馆事业于传承人类文明无可替代之作用。

右图：何迪（中坐者）于
国图古籍分馆展读其祖
父手稿《兵要地理》，同
阅者右一何康，右二何仲
山，左一何达
下图：《兵要地理》内页

唐故米国大首领米公墓志铭考

（遗作集萃）

何 遂

按魏源《海国图志·唐西域沿革图》，米国在葱岭西那密水南，与宁远、史、康、何、商弥等国为邻。又按唐玄奘《西域记》，从此（怖悍国）西北入大沙碛，望大山寻遗骨以知所指。行五百余里，至飒秣建国，唐言康国也。国周千六七百里，东西长，南北狭。……从此东南至弥秣贺国，唐言米国也。国周四百余里，据川中，东西狭，南北长。又按《唐书》（二百二十一下），康者一曰萨末鞬，亦曰飒秣建，元魏所谓悉万斤者。其南距史百五十里，西北距西曹百余里，东南属米百里，北中曹五十里；在那密水南。……君姓温，本月氏人。始居祁连北昭武城，为突厥所破，稍南依葱岭，即有其地。枝庶分王，曰安，曰曹，曰石，曰米，曰何，曰火寻，曰戊

地，曰史，世谓九姓，皆氏昭武。又云：米或曰弥末，或曰弥秣贺，北百里距康。其君治钵息德城。永徽时为大食所破。显庆三年，以其地为南谧州，授其君昭武开拙为刺史，自是朝贡不绝。开元时献璧舞延师子胡旋女。十八年大首领末野门来朝。天宝初封其君为恭顺王，母可敦郡夫人云云。米国事实见于载籍者仅此。铭为砖制，丹书未镌，年久磨灭，字多不能别识。志称"米君讳□宝"，与末野门首字音相同，疑即此人也。其事迹惜字太模糊，未能卒读。唯知米君者天宝三载卒于长安县而已。开元止于廿九年，则米君在长安十四年矣。葱岭以西诸国，唐代与中原往还，事迹甚少；此砖可补史书之阙，殊可宝也。方君壮猷回北平，以此砖及熹平四年朱书

陶瓮寄赠北平图书馆，与前寄赠之丹书卫字瓦，均可为文献之一助。熹平四年陶瓮，以时间匆促，未克一读火祆教徒之官，其职与元代崇福司之于也里可温略同也。萨宝一辞，日本藤田丰八谓系梵语 **Sarthavaho** 一字之音译（见大正四年二月份《史学杂志·藤田氏西域研究第二回》），羽田亨氏谓系回鹘文 **Sart-pau** 一字之音译（见大正四年九月份《东洋学报·羽田氏回鹘文法华经普门品断片》），俱有队商首领之义。此志米公讳萨宝，盖管辖火祆教徒之番长，与安难陁氏一家之职位无异也。志文之"阴阳烈石？刚柔叙？德？崇心经津，志行玄门。"诸语，当与火祆教理有关，并说明其人亦为教徒。志文又云米萨宝于天宝元年二月十一日卒于长安县崇化里；崇化里即崇化坊。宋姚宽《西溪丛语》卷上谓唐"贞观五年，有传法穆护何禄将祆教诣阙闻奏。敕令长安崇化坊立祆寺，号大秦寺，又名波斯寺"云云，说者因姚氏沿袭赞宁之误，混火祆摩尼与景教为一；又以宋敏求《长安志》崇化坊并无祆寺，遂谓《丛语》之文乃系由贞观九年景教僧阿罗本来长安而传化，而崇化则义宁之误。今观此志，可知崇化坊实有祆寺，足以证明《丛语》所云不虚，敏求《长安志》特失记耳。《长安志》又谓萨宝府官以胡祝充其职。《丛语》所记贞观五年传法长安之穆护何禄，应是西域何国人，故氏何，与西域僧伽

大师同国。天宝时为萨宝者仍为西域米国人，敏求所记，得此志而益增一证矣。又据慧超注《五天竺国传》，米国与安国、曹国、史国、石骡国、康国并事火祆，不识佛法，则米国大首领而为火祆教萨宝，无足异也。唐代入中国之西域诸教，景教有《大秦景教流行中国颂》一碑，煌煌钜制，为中国宗教史上一重要之资料。摩尼教有敦煌发见诸遗经为之表彰。至于火祆教则除文献上之证其文，乞方君详考后有以见教也。

二一、四、十六
何遂于长安菊花园寓所

编者按：
《米国大首领砖志》，朱书，背面有花纹。全文细为辨识，约略可读，兹依式移录如次：
唐故米国大首领米公墓志铭【并序】
公讳萨宝米国人也生于西垂心怀□土忠？
志？等□□阴阳烈石刚柔叙？德？崇心经律志行
玄？门？□苦海以逃名望爱何而□肩？□□天宝
元年二月十一日□长安县崇化里春秋六十有五终
于私第时？也天宝三载正廿六日窆于高陵原礼
也嗣妻？子？等□丧？戚？不朽铭曰
滔滔米君□□□□榆？杨？□□□□□□法
心匪固□□沉良逝？川忽逝长夜永□
□维天宝三载正月廿六日
《隋书百官志》，雍州萨保为视从七品，诸州胡二百户已上萨保为视正七品。《通典》及《旧唐书·职官志》并记唐代有萨宝府，中有祆祝率府府史诸官，为视流内外九品之官。据宋敏求《长安志》卷十布政坊条，则萨宝府官主祠祆神。林宝《元和姓纂》卷四安氏条谓后魏安难陁至孙盘娑罗（《唐书·宰相世系表》作盘婆罗）代居凉州名萨宝。由此可知萨宝者乃火祆教中之僧职，用以辖中国据外，未见其他。米萨宝此志虽甚简略，不足以方景教碑，顾就火祆教流行中国之史迹而言，亦至足珍异也矣。因读何先生考文，附识所知如此。二十一年四月，向达识于国立北平图书馆。

原载《国立北平图书馆馆刊》
第六卷第二号（1932年出版）

何叙甫藏甲骨文（选载）

何遂集拓

台北中央研究院历史语言研究所藏

1935 年南京中央研究院历史语言研究所将何遂收藏之

甲骨文拓片制成黏装拓本，

定名《何叙甫藏甲骨文》。此书虽在互联网及某些图书索引上查见，

但大陆国家图书馆及地方图书馆均未找到。

为此，王苗特向其台湾友人庄灵先生求助，

终在台北中央研究院历史语言研究所傅斯年图书馆觅得，

并获赠三页，其一钤有该研究所印章。

事有凑巧，庄灵之父原台湾故宫博物院院长庄严（尚严）先生，

1945 年与何遂、何康同为"大足石刻考察团"成员，

同赴四川大足县考察石刻达旬日之久。

庄家存有当年勒石记载考察实况碑文之照片，亦一并相赠（用于本书第 276 页）。

海峡两岸，同根同源，血脉相连，

此亦两岸民间文化交流之佳话也。

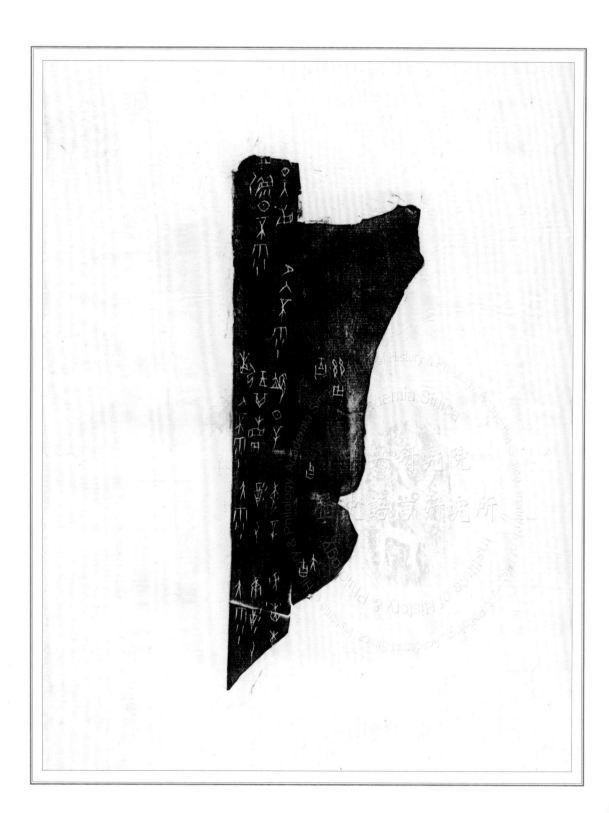

叙圃甲骨释略（选载）

何 遂

《叙圃甲骨释略》是何遂一部完整的甲骨文考古著作，1937年石印出版。甲骨文是商周时代刻在龟甲、兽骨上的文字，是我国最古的文字体系。迄今发现的甲骨文单字在4500字左右，可以认识的约1700字（据《甲骨文编》）。何遂在该书中，对他收藏的22片甲骨上所刻的七十余字做了辨认与考证。该书卷首有三幅题词：一是著名金石学家商承祚（岭南大学、中山大学教授）篆书题词；一是著名甲骨学家董作宾（时为中央研究院历史语言研究所研究员，后在台湾曾任该研究所所长）铭文题词；一是陈独秀以行楷题了"抱残守缺"四字。陈以此贬义词赞扬了何遂于政治动乱岁月中，依然坚持搜集、研究甲骨文的精神。该书正文共30页，皆为陈独秀以行草誊写。甲骨文是很难辨认很难书写的文字，只有像陈独秀这样的专家，才有可能帮助誊清。陈独秀傲骨嶙峋，他又题词又誊写全稿，正说明他与何遂不仅有共同的兴趣爱好，而且有着深厚的友谊。

何遂与陈独秀相识于1913年二次革命爆发前夕。当时黄兴派何遂到安徽、江西、江苏去了解军事准备情况。何遂到安徽安庆见了柏文蔚（安徽都督），柏与何都曾是吴禄贞的部下，柏热情接待；陈独秀时任柏文蔚的秘书长，也便与何遂相识了。20世纪20、30年代初，他们在北京偶有交往，但并不涉及政治；他们对考古、文字学、音韵学有着共同的爱好，并且都喜欢创作旧体格律诗、填词。1934年何遂从北京举家迁往南京后，常到老虎桥监狱（江苏省第一监狱）去看望老友，还曾带次子何世平去过。1936年何遂与陈独秀合作写过一本关于日本片假名源起的小册子，在各自的号中取一字合为笔名。何遂把稿子交给傅秉常（立法委员，立法院外事委员会委员长），傅将该文放在他主编的三民主义文库（也称中山文库）中发表了（这个作品，目前尚未找到）。傅秉常付了1000现洋的稿费，何遂请傅派人直接送给陈独秀了。陈因妻子潘兰珍白天到狱中陪他，还要在狱外赁屋居住，很需要钱；但陈为人狷介，绝不轻易受人钱财，这种稿费他是最愿意收受的。何遂为表示友谊，还送给陈独秀五只古瓷碗（碗底有"显德四年"字样）。《叙圃甲骨释略》可以视为当年两位文化跋涉者另一次真诚友谊的结晶。

该书以古汉语行文，以行草抄录，间有模拟甲骨文图示，颇不好懂。本书谨选载前9页，以飨读者。专业人士如有兴趣，可至国家图书馆古籍分馆（文津街7号）借阅。

殷墟甲骨文字

商承祚题

著名金石学家、中山大学教授商承祚
题词："殷墟甲骨文字"

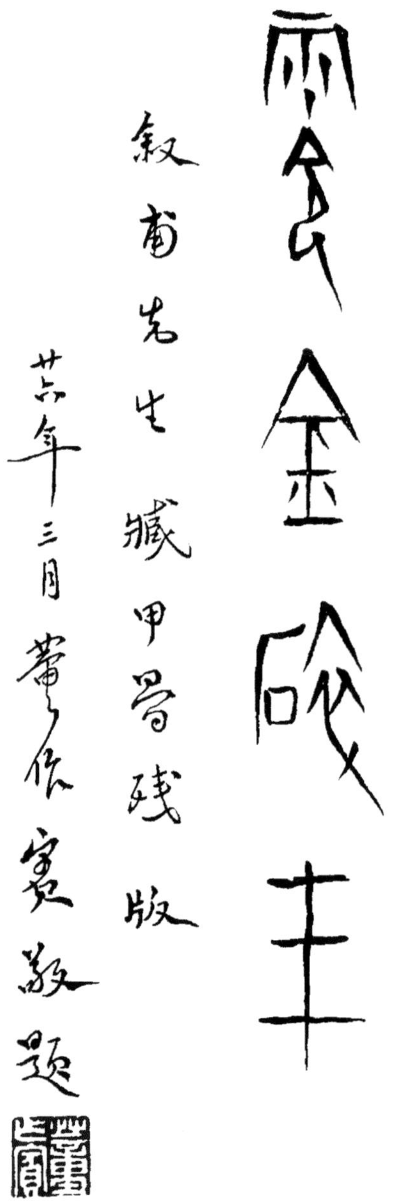

著名甲骨学家、中央研究院历史语言研究所研究员董作宾题词

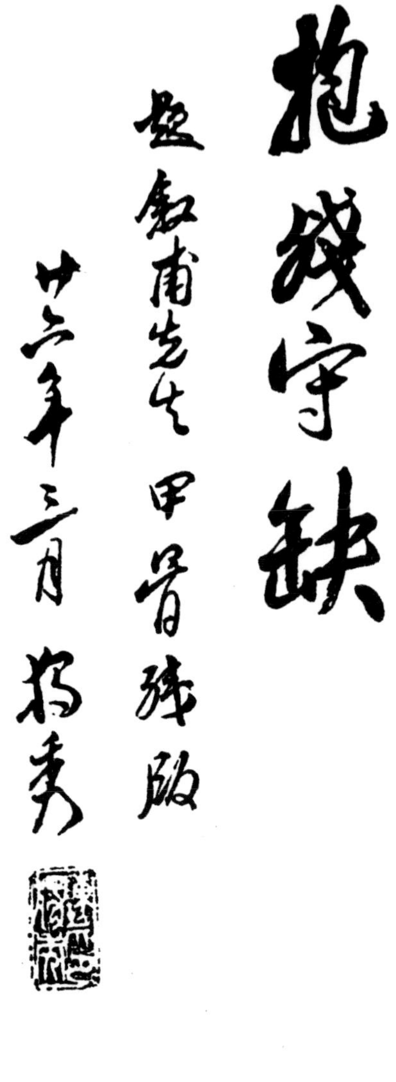

抱残守缺

盩 叙甫先生　甲骨残骨

廿六年三月 独秀

陈独秀题词："抱残守缺"。陈以此贬义词赞扬何
遂于政治动乱岁月中，犹坚持搜集、研究甲骨
文的精神

敘圖甲骨釋器

一、（骨）

二月　　有山（即釋火）

二、

象骨畫形、甲金文二字作二、亦畫為長止字

作二、上短下長、象微小物置大物之上、

月　象半月形、月之故圓時少而缺時多、故以半

圓形表之以別於日也

又　又象右手形、甲金文字兼含有、侑、賄、右、佑、

祐等等義、又多字根、有、侑、賄、右、佑、均後之孳乳字

生古代事簡、文字亦少、以一字兼數用、文化漸進

儐增加偏旁、初猶二又字、後係進有、償、賵参系

疏筆字、

賓　加内作有、言年屮有肉也

儐　程賓加人作儐、言以肉纲官人也

賵　加貝作賵、由以肉赗人、進而以幣賵人也

擯　兩手曲作用以依僎二字程度若　撝

手引申　本者佑之本字又省若之

左佑　本系、翻因文字引申作再叙、乃偁

右方左右用於近俗助字後加人作佑、

禄 加禾作祿，取鬼神祐助之義。

山山 甲文山火，飛龍分山之峰与火燄相似
也。

在冬貧屋

二（甲）

之父

父 亦或作氏，甲金文除草伐之乂又之文，
指左居西手作右在解外，字解名分彦店，盖居
手持物与右手持物，作用上本覺區別而義近，
兹字有三說，一說象持茶，盖弟之知文一說

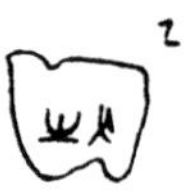

象持杖、一説象持杖夫、余以为之说均通、枝著土

之物均为本古时付为摅威者使用之以镇慑似

庫衆也、故君又之字均以此符表之君从尹甲

文又与尹均从又

业之甲文之字有二源、一作业从屮从一、象之所地

之所形、一作业、从屮从一、象芽苗生长之那屮为枝

絿、一地也、出与生古为一字

三

從竹

往

己巳

卯从 卯为杖之二支撑、象杀人相倚之

竹竹　此字頗象竹莖下垂之形，然是何字難拓

甲金文均未見竹字，促使用竹簡時代較早殷

時似尚處之，唯審甲骨文之結構，以弟舉未盡竟似竹

物不字，以那證矣似筋格條，而各種格不石加字為

絲字

※往　从之从止，對於古形有三說，一為土、甲文往頗多
　作生从者，
　象芝行於土之那與止字之一正異構，一為止，象
　人之之而行之那一為之，王以之，而民从之為从索，
　王無為舉矢之領袖之之所在，即王之所在，生若從王

　處取之也，三說均有相合理由也、

遗作集萃

102

已巳

　巳為紀之名文、象逆他屈曲之形

早巳　甲文辰巳之巳作吊、子丑之子作兕、兕為兕之

本象、子丑辛作兕、後世後以兕仢子丑用推是乃

以巳代辰乎用、此后释滙讹之所自也

甲文甲子巳巳覺兕三字為象幼孩形、巳為手

本象形的胎兒、子别如繪亦象、兕別文偹些与脑

形、摸状踌矣而弓象曰。

四　臭

　臭　从自从犬、说文析云、自為鼻、鼻屬人舉之界、

射者之弰以正中為臬、射臬之臬後自、臬義為臬

三點說滄。

校经图序

何　遂

《说文月刊》1945年第5卷第3～4期合刊

（遗作集萃）

　　癸未七月逭暑贵阳，许子国霖以所著《敦煌石室写经题记汇编》及《敦煌杂录》见视，其治学之笃，不以乱离转徙而有小异，意极可感。予自劫后图书尽失，文献无征，仅能就记忆所及拉杂书之，愿有以谅其浅陋疏率也。

　　据斯坦因《西域考古记》，关于千佛洞之发见，详载于第十三至第十四章（中华书局版，向达译本，144～167页）。由其所述，则此次劫取而去之件，大约如下。

　　甲、1907年5月取去者近五百方尺，计有完整的卷子三千卷左右，此外尚有残篇及文件六千卷。

　　乙、画、绣品、丝线品、印花绸绢、地毡及其他美术上之遗物，装满五大箱，计画近五百幅，篇断简，不计在内。

　　丙、1908年法人伯希和选取去非中文写本及其他认为语言学上、考古学上以及特别有趣的中文写本，一千五百多件。

　　丁、1914年斯坦因二次窃去者装满五大箱，有六百多卷佛经，以上之中可特予提出者略如下：

　　（一）有一大卷雕版的卷子，年代为咸通九年（868年），为现存最古之雕本，据其前面的扉画所表现的技术，可见当时印刷技术已经过长时间的发展。

　　（二）摩尼教经典的发见。

　　（三）非汉文卷子：

　　甲、西藏文卷子大部分为佛经，其他尚有由第八至第九世纪中叶西藏人统治此地及西面塔里木盆地时代关于当地历史以及其他有趣的材料。

　　乙、用印度婆罗门字写的卷子中包有三种不同文字，大部分为佛经，医药方面也有少许梵文本，中有一篇大贝叶本可算现在最古印度写本之一，其中有一种古代语言，以前尚未知道，现已定名为和阗语式塞加语；另一种是古龟兹语，一名吐火罗语，复次尚有古代康居即今撒马尔汗同布哈喇地方通行为伊兰语，足以表现古代敦煌佛教的交流错综的情形，宁利字出于 Aramaie 文，在一些含有突厥文书中，并还采用了同样变体的闪族语，其中最好的一卷是用突厥字写的摩尼教圣诗及一部完全的用卢尼克突厥文所写的占卜用。

　　（四）是佛像画第十四章全部为之说明，他很得意地说出此获物运回不列颠博物院之后，费了专家7年工夫才整理了出来。

　　此外尚用极其揶揄的笔写出1909年我国政府下令将石室藏经全部运到北平的情形。他说在途中及敦煌县署中被偷者极多，而运去之前，住持道士王圆箓又私存他所认为很好的卷子，至1914年又为斯坦因骗去计六百多卷。但是据我所闻，运时及很久以前，因已随时随地丧失不少，而最大损失是为张广建于未运前先选择取去他所认为很好的为数不少，此一份从来未再发见。唯李盛铎则所存甚多，著有目录，而以二十余万元卖与日本人。李藏是否即系张广建的一份，尚属疑问。我在西安、甘肃曾收得残卷不少，且有古董商视为不贵的外国文卷子。

民十八年以后，北平图书馆将前由学部移来的藏经整理一通于学部目录八千六百七十九号外，又增编一千一百九十二号，合计为九千八百七十一号。雨新先生助理整饬之役，将其中有年代可稽者二百余则，及其他有题记者合共四百九十则，著为《敦煌石室写经题记汇编》及题记年代表，又补遗凡百卅余则，并抄佛经以外材料为《敦煌杂录》上、下辑，胡适之、陈寅恪两先生均有很有价值的序文。

我想在这里再说几句话。第一是这么伟大的古书藏发见以后已经许多年，甚至传入外人耳中引他来搜劫而去，这是何等的事，而国人如在五里雾中，醉生梦死的丝毫不作理会，这于民族意识的消沉，真令人不寒而栗，可叹可恨。第二，外人取去如此重要的文化至宝一次、二次，甚至1909年清政府令将全部运归北平以后，你为斯坦因第二次取去六百多卷，这可见当时上下毫无知识，毫无办法，竟使外人如在无人之境举动一样，真是把中国当地理上名词看待了，此可忍孰不可忍。第三，尤其可恨的是，国人一看到外人注意到的古物，不惜千方百计，彻底地窃盗损坏，以求售于外人，以致洛阳、西安各地各古都、古墓都被坏被掘了，云冈、龙门、天龙山等处石窟内佛头都被打了，各处古庙的佛像、壁画、经籍，只要能拿得动坏不了的，无所不用其极，几千年来的文物不幸而有这黑暗无比的遭际，真可算是中国民族史上万分不名誉的一页了。予个人所搜集的即逾万件，分存于北平图书馆、中央研究院、上海博物馆，并为著录成书十六七种，"八一三"后寄存于北平故宫博物院所建之南京朝

1957年国家文化部副部长郑振铎（前行执杖者）、何遂（其左执杖者）等考察敦煌莫高窟情景。左一为国立敦煌艺术研究所首任所长常书鸿

天宫库中，闻为日人所启，不知流失至何所矣。且同时尚寄存有赠与青岛博物馆者八箱，内金石彝器及拓本刻版千余种并记于此。第四，不平等条约束缚及政府当局糊涂之下，对于外人举动不只毫无方法制止，又从而给以便利与无理的谄媚，海关全在外人之手，自然而然地可以任所欲为了。故千佛洞古书藏的被劫，直可以作一篇清季全面腐败史的缩形看，非只一方隅的现象。也由以上四点看来，我不能不作一个将来的希望：第一，现在所谓不平等条约虽已取消了，但是将来要彻底防止外人的文化及经济侵略，对外贸易是必须加以限制。痛快地说，就是贸易要作为政府的特权。第二，古文化物品的卖买及私人间让赠要加以禁止，就是说古物国有，但古物的界限要以专家的见地确定出条例来。第三，以前为外人无理骗劫去的古文物，如此次倭寇所掠及千佛洞所劫的东西，都要用交涉方式收回之。第四，国家应特设关于文化古迹的专管保存及研究机构，而将现在有名古迹加以有系统的整理、发掘、研究，如安阳殷墟，西安、咸阳一带之古宫室故址、古墓、寺庙及清陵等均应有绵密的计划保管之。第五，古物应专属中央，地方士绅及人民绝不许容喙，且绝不许人民私有。这是我对于千佛洞善后的几点意见，至对于千佛洞已发现的文献说一些话，这好像在沧海中觅取希望之品，真困难极了，我所要说的只有二事，可以举出来同许君商榷。

第一，千佛洞卷子中有悟真的相，而碑文有唐宗子陇西李氏再修功德记记张义潮起义前后事甚悉，

李君盖张婿也，又有僧洪辩受牒碑云：盖闻其先出自中土，顷因及瓜之戍，陷为辫发之宗，尔等诞质戎膻，栖心释氏，能以空王之法，革其异类之心，犷悍皆除，忠贞是激，虔恭教旨，夙夜修行，或倾向天朝已分其觉路，或奉使魏阙，顿出其迷津……大德悟真可京城临坛大德并赐紫……牒后并有大中五年五月敕云洪辩誓师所遣弟子僧悟真上表事……师所陈论，深惬本意，允依来奏……所赐义潮敕书处分，想多知悉……又千佛洞第二六八洞有洪辩题词，其供奉人及碑文中往往有归义军节度官职及数十年之久，这个文献与西北历史上也可以说与我民族奋斗史上有很重要关系，兹特提出约略言之。

考唐史吐蕃，本在今西藏，地属于西羌族，古不通中国，在唐初始大。唐高宗时已攻陷安西四镇，灭吐谷浑。武后时王世杰复四镇，吐蕃气焰稍衰。及中宗以金城公主妻吐蕃赞普与以九曲之地（今青海化隆县），壤地近与唐接。玄宗天宝时，哥舒翰收回九曲故地。既而安史叛乱，肃宗在灵武招西北诸镇，戍兵以讨之，边塞空虚，吐蕃乘隙遂侵盗河湟，掠京辅，代宗广德初入长安留十五日乃去，河西、凉陇诸州次第为吐蕃所陷，北庭、安西两大都护与唐隔离，以李元忠、郭昕坚守不下，阖朝亦固守沙州（今敦煌），至德宗时卒被尽陷，于是今河西、青海、新疆之地悉沦于吐蕃矣。宣宗时沙州义民张义潮崛起，与吐蕃竞，经营十余年，至懿宗时乃克光复河陇以归于唐。当时张义潮遣其兄义泽率其属十一人献图籍于朝，悟真者，十一人中之一也。唐以张义潮为归义军节度使镇河西与石室发见文献悉全，终唐之世张氏世守沙州，边境宁谧者垂六十年，吐蕃因之而衰。如此重大史实得与石室发见文物相

印证，此不可不特笔为之记者也，复次应特述者则为特《敦煌写经题记汇编》第三一页上段第十九行之冯晋国，考《北史》卷六十八页十冯熙传，熙字晋国文明太后之兄也……除都督洛州刺史……洛阳虽经破乱而旧三体石经宛然犹在，至熙与常伯大相继为州废毁分用大至颓落……而信佛法自出家财在诸州镇建佛图经舍七十二处，写十六部，一切经延至名法沙门，日与讲论，精勤不倦之云云，末署大代太和三年岁次己未十月己巳廿八日丙申于洛州，所书或讹与史实悉合，而文化上很重要的三体石经之破灭者亦于此得一印证，其事迹弥可宝贵，不得不特赘一言也。

敦煌卷子及画像中由如上述祆教、摩尼教、景教各夷典外国文卷以外，又如于阗人尉迟眉那乙僧父子所绣之佛像，及唐韵与唐末韦庄之《秦妇吟》抄本，可见当时文化交通的一斑。又可见到五代时中国文化犹盛行于敦煌一带，而《秦妇吟》为端巳集之，使文其写安史之乱况，绘影绘声，读之如在目前，真古今来空前未有之史诗，不仅以文学艺术见长，至唐韵则前未之见，尤为学术上之价值也。

最后尚有不能已于言者数事，并记于此。第一，千佛洞之创设及发达，据写经最早之年西凉李暠建初六年，即东晋安帝义熙六年（410年），又据流入巴黎之伯希和编目二六九一号大汉乾祐二年《沙州志》记之会时窟寺并忘，又云从永和八年癸丑至今大汉乾祐二年己酉岁，算得596年，考乾祐二年为公元949年，上溯596年为东晋穆帝永和九年，癸丑与《兰亭序》同岁，当353年抄写本误为8年耳，至云会时窟寺并亡者，会下应奋昌字即唐武宗会昌五年大行灭法，其年始令西京留佛寺四僧准十人，

东京二寺节度观察同华汝四十三治所得留一寺僧准西京数，其余刺史州不得有寺，凡除寺四千六百僧尼开冠二十六万五百，其奴婢至十五万，见宋赵德导尊侯祷镕，敦煌在其时为节度使区，可存二寺，所谓窟寺俱亡者自属不可免的事实矣。寺在鸣沙山下，常其盛时有千余洞，今所存者据张大千氏所编号不过三百零五洞，盖每年流沙渐渐积高，洞亦因之湮没，以次推计之，当尚有三分之二的洞埋没土中多年也。此埋没之年前后不等，若在西夏等乱事以前，则所保存而未毁者当尚不少。又闻当时窟藏经卷的时候共有十八洞之多，今所被发见者不至一洞，故沙土中所保存的文献，必大有灿烂可观者。西北干燥存物多可存其原形，吾人若加以审慎的发掘，则将来之发见，必有十百倍于今日者，不必以敦煌遗物流于英法为可惜矣。

敦煌石室为举世所瑰宝，研究者不绝于途，右任先生曾建言政府设研究院以董理之，殊属必要措置，兹尚有不能已于言者，则该洞现状极有保护之必要，万不可再有意无意或善意地毁损，是笔者所最希望于当世之士者。

拉杂书写，不觉千言，许君得无厌其琐之乎。

中华民国卅二年岁在癸未九月六日
何遂写成于贵阳市六广门外狮峰小寓中

对中国现代史研究的几点建议

（遗作集萃）

何　遂

1957年7月11日在全国人大一届四次会议上的发言

我完全拥护周总理的报告和其他各项报告。

近两年中，我去过东北、华东、中南、西北各地视察，处处看到人民生活都是丰衣足食，安居乐业，连塞外的敦煌也是一样，这是历史上的空前伟绩。人民都是拥护政府、热爱党的。右派分子所说人民生活没有改善的反党谬论，真是睁着眼睛说瞎话！

现在我就中国现代史研究方面提几点建议。我对于历史，是一个门外汉，这次视察听到一些反映，自己也有一些意见，提出来供大家参考，请予指正。

第一，我国史学界一向有"贵古贱今"的风气，尤其是对现代史，被视为"新闻"，史学家多不愿搞这一套。因此，现代史的研究就成为我国历史科学中很薄弱的一环。这个事实已经引起了史学界的注意。1953年刘大年先生在苏联所作"中国历史的现状"的报告中，即已指出：今后要"着重进行中国现代史的研究，特别是要研究近三十年的历史"。但实际考察一下，这几年来，中国现代史研究的状况，并无显著进展。迄至目前，许多大学搞现代史的教研组，对北洋军阀及国民党统治区的历史，仍是摸不清楚。向来，这些方面，只是作为讲革命史的背景而提出探讨的。所以除了一个概括的结论外，很少有人真正下工夫去搜集、摸索这方面的具体史料。

以我今年3月视察过的武昌东湖历史博物馆来说，武昌是辛亥革命发源地，这一段史料竟付阙如。甚至在相当长的一个时期中，谁要多讲了些国民党方面的史料，便被认为思想上有问题，这样片面的看法影响着现代史研究更全面和更迅速的开展。

中国现代历史，实际上存在着两个方面：一方面是人民大众反抗三大敌人革命斗争取得胜利的历史；另一方面是帝国主义和国内统治阶级从镇压革命斗争走向崩溃的历史。前一方面肯定是主要的一方面，但是如果对北洋军阀及国民党统治的历史并不清楚，又怎能真正了解现代中国社会发展的全貌？怎能真正弄清革命史中的一些基本道理呢？我建议，史学界应号召史学家们努力作这方面的钻研，积极地收集史料，进而编写一部更完整的"中国现代史"。

第二，资料是科学研究的"空气"，许多大学的先生们都苦于资料不足，不敢发表研究文章。我建议：

1. 现代史不比古代史，有许多像我们这样年纪的人，都曾是历史过来人，譬如在座的许多代表就是曾参加过1911年辛亥革命和以前及以后的某些重大历史事件。我想，为了让我们的子孙后代更好地了解这一时代的面貌，我们曾经亲历过一些历史事件的老年人，应该把自己的见闻经历，毫无保留地

写出来，发表出来，供给史学家研究（李六如代表的《六十年来的变迁》即是一个好例）。

2．应加强现代史资料的整理、出版工作。过去出版过不少史料书，但数量不大，不被珍视，不能满足各地研究工作的需要。我想，一些确有参考价值的绝版书（如扪虱谈虎客的《近代中国秘史》、陶菊隐丛书等），应该予以选择整理，重新出版。

3．有许多历史事件是带有地域性的，如武昌是辛亥革命首义的地方，又如护国战争与云南的关系最大。事实上，各地几乎都有其特殊的历史资料。这些资料，外地的人是较难调查整理的。而且各地都有一些熟悉当地历史掌故的老年人，其中不少自己没有能力和精力去编写。因此，我建议：分布在各地大学的历史系应该抽出力量来，分别地进行调查整理当地史料。

4．我在中山大学、武汉大学及西安师范学院等处听到这样一条意见：即科学院历史研究所第三所集中了数量可观的材料，但缺乏人去整理，而各地大学历史系有人也有时间，就是缺乏材料，这个矛盾需要解决。希望能把材料按地区分下去，大家来整理。我觉得这是一个很好的意见。

第三，科学研究是要人去搞的。据了解，目前各大学真正能搞现代史研究工作的先生们是很少的，有一位教现代史的先生说："只要配备人力，给予时间和必要的资料，就能搞出东西来。"的确，如不加强人力配备，是很难获得很大成果的。我建议：各个有条件的大学历史系，可附设现代史研究的独立机构，这样也有利于培养青年的史学工作者。

最后，我感到，近年来，现代史的园地似乎嫌寂寞了一点，因为现代史涉及到许多革命的基本问题，"争鸣"的顾虑可能大一些。我热切地希望在党中央和毛主席这一正确方针的照耀下，中国现代史的园地也能做到"百花齐放，百家争鸣"。

《新华半月刊》1957年第17号

叙圃词

（遗作集萃）

何　遂

《叙圃词》1947 年付印，
汇集何遂抗战时期（1937～1946 年）之旧体词作。
既有饱含爱国激情豪放之篇，亦有卿卿我我慎恢柔惴之音。
原汁原味，留待后评。

词梦楼词序

叙圃何君，倜傥多才，文事武备，诗词书画无不精。余寓金陵，以不获一面为恨。民国二十六年丁丑冬，余避夷祸入蜀。间二岁，辗转迁夹江。僻处南郊，朝夕吟哦，唯与樵歌渔唱鸟语蛩鸣互相酬答，以度枯寂之岁月。无论无曩昔友朋之乐，即求如居渝居蓉时，或逢二三旧雨，以快半日之话言者，亦不可得。己卯秋，钱君隽骏、缪君剑霜偕叙圃至夹江见访。跫然足音，喜可知矣。遂同游峨眉，宿洗象池，蹑金顶。叙圃为剑霜画数丈长卷，纪数日峨山之游。余题古风一章于卷后。叙圃并作夹江访戴图贻余，旋别去。而此游无日不在心目中。盖入蜀以来，所最慰情而有友朋之乐者，无逾于是也。一日再见于眉山，叙圃出词梦楼词命序。读之多懊侬柔懑之音，如幻如醉，欲吐欲茹，若有不胜情者，异叙圃平日豪放之行。窃谓人生皆梦也，何独于词为梦乎？长梧子曰，方其梦，不知其梦也。梦之中，又占其梦焉。觉而后，知其梦也，且有大觉而后，知此其大梦也。由是言之，则弋科名撷青紫非文人之梦乎？藻丽江山，辩雕万物，非才士之梦乎？建纛设旄，出将入相，以声施于当世，非富贵豪华之梦乎？极而至于饮食男女，朝谑乐而暮哭泣者，又非芸芸众生之梦耶。而余之不能忘情于前日夹江之晤，峨眉之游，与叙圃把臂于客途之欢者，是亦日在梦中而不自知也。无一非梦，而愚者且自以为觉，岂不悲哉！叙圃以词为梦，而又倚声按拍成百数十阕之词，以实其梦，是真梦也。唯有得大觉，而后知此大梦耳。叙圃解人，殆不以余言为吊诡也欤。

癸未春商衍鎏谨序

林 序

词盛于五季、两宋，而衰于清。有清一代，词人辈出，铺张排比，蔚为大观。然竹坨繁榭，仅存风致。其年容若略，擅才华欲求如二主之衰，感顽艳漱玉之悱恻缠绵，与庐陵之澹远，淮海之俊逸，苏辛之雄秀，姜张之清丽，盖邈不可得。清末作者，墨守声律，取清真梦窗之貌而遗其神。但填塞上去入、阴阳平，更雕镂字句，辄以为周吴去今未远。具高者差有虎贲中郎之似，下者则满纸堆砌生涩。胡适之诋以词匠，非无见也。庚辰伏日，避寇郊居，友人何叙圃出所作词，嘱为一言。叙圃天分甚高，不屑以兵家自限，旁通六艺，兼能敏捷。其词于平易之中存其真，以牲情之人，宜有牲情之词，此其所以迥殊凡响欤。余意诗词莫不贵深入浅出，情感真者无取藻饰。独怪晚近人，矜师承，泥古法，掊扯荆公后山清真梦窗之残骸，于虚墓而涂泽之，非为自贼，并污古人矣。波不善读古人之诗词，害乃至是。岂若叙圃之率真，余故乐为之序以壮之。

庚辰中秋日闽县林庚白识

柳 序

　　叙甫将军词，自运机杼，不落恒蹊。庚白评之允矣。比客筑垣相于村舍，狮峰尢隐麈尾深谈。击王处仲之唾壶，数赵明诚之藏石；典衣以还酒债，乞钱而挂画叉。黄河远上，跌宕旗亭，白雪高吟，诙嘲巴国。披腹中之鳞甲，抉皮里之阳秋。不问炎凉，乐数晨夕，都录旧制，订为斯编。鸿爪湖山，鹤年城郭；斜阳烟柳，凄恻平生。玉宇琼楼，缠绵忠悃，谷音抒其孤抱，樵歌得之自然。行云梦雨，不胜匪风下泉之思；轰雷怒涛，依然缓带轻裘之度。并世工词犹莫测其际，不佞不能词，恶能标举其境地哉。

癸未八月柳贻徵识

题叙圃词稿后·水调歌头

　　扼腕仰天叹，风雅久阑珊。满纸左行，沮诵年少恣传看。漫道雕虫小技，只此偷声减字，好手欲寻难。逝矣李后主，谁咏念家山。狮峰作，振堕绪，挽颓澜。读罢增人帐惘，旧友尽凋残。最忆木兰花下（叙圃仓角头宅木兰一树荫半亩），弟兄同骑竹马，叉角系金环。君已逾中岁，我那不衰颜。

叙圃姻世兄词坛指误郑天放拜稿
时年七十四

读叙圃先生词集用梦窗韵填莺啼序一阕就正

愚弟莎史张大猷拜稿

　　云霄大名万古，胜封侯万户。浮世事棋局纵横，众狙三四朝暮。收拾早，纶巾羽扇，余威满在将军树。把风流，文采分明，半付兰絮。　柳色频添，藕丝不断，隔眉峰眼雾。儿辈觉，哀乐中年，鹍弦还传鲤素。睨公卿望尘有道，也折节下交襡襀。算岁星游戏金门，总惊鸩鸷。轶才丰艺，周见洽闻，垂老尚于旅。英概想气如春夏，助得山川，铁笛回沙，玉壶选雨。邈追秦汉，奢穷寰海，纪行怀旧伤时作。倒词源远溯青衣渡。旗亭绝唱，论功当代诗余，应锡陈芳芳土。故园归好，且让村夫，识两翁桑苎。任皱面自甘人唾。体认真闲，野鸟能歌，林花解舞。偷声减字，多抛心力，一重公案何从了，只忘言味隽江珧柱。我今白发齐生，妙理输君，未知济否。

叙圃词甲稿 ^❶

注 ❶ 甲稿收录作者 1937 年至 1940 年词作。

水龙吟

栖霞山庄

蒹葭 ❶ 满目苍苍，长江杳杳天无际。登楼独望，遥峰千簇，恨鬟愁髻。倚遍阑干，斜阳孤影，天涯游子，将新词填就，旧诗吟彻，无人会，相思意。纤手亲调鱼鲝。算初尝红闺珍味。咸田买宅，后梅赁亩，消磨晚计。似水年华，无情风雨，大都如此。衹丁宁，寻取红布翠袖搭伤心泪。

注 ❶ 芦苇。

杨柳枝

力子 ❶ 夫妇知余伉俪之笃书此示之

与君两心并一心，与君两人同一人。
侬知妾意即君意，君道郎身即妾身。

注 ❶ 邵力子，浙江绍兴人。政治活动家。曾任国民党中
央宣传部部长。1949 年任国民党政府和谈代表，后
留居北平。

满江红

与虞薰 ❶ 同离南京

白下 ❷ 斜阳，惊满目江山无恙。谁过问、梁空燕去，乌衣门巷。戎马秋郊清角怨，龙蛇 ❸ 大陆哀歌抗。凭唾壶击缺 ❹ 肯勾留，骑驴注。　　铁瓮城，何苍莽。秦淮水，休惆帐。正纵横胡骑，谁堪乘障。半着已教全局误，大言不自今朝诳。抚无弦汉上且羁迟，吾犹壮。

注 ❶ 吴石，字虞薰，福建闽侯人。抗战初在大本营负责
对日作战情报工作。后任第四战区中将参谋长。此
阕当作于 1937 年 11 月。
❷ 白下为南京市的别称。东晋南朝时建康（今南京市）
北滨江要地。南朝宋李安民于此治城隍，后日白下
城。唐初曾改名白下县，故有此称。
❸ 龙蛇比喻非常人物。
❹ 唾壶为承唾之器。《世说新语》："王处仲每酒后，辄
咏'老骥伏枥，志在千里，烈士暮年，壮心不已'。
以如意打唾壶，壶口尽缺。"后人因以"唾壶击缺"
作为激赏诗文之词。

踏莎行

水漾平沙，天黏远树，麓山寺外湘江渡。携将纤手上兰舟，绿波照影同归去。

已褪春光，又飘飞絮，梦中忆过前时路。玉楼燕去画梁空，柔肠百结无寻处。

水龙吟

题黄山图

瑶峰万笏凌云，登临最爱文殊寺。连天石磴，迷林琼树，奇崖欲堕。载酒扶筇，相偕仙侣，鸾笙清吹。尽人间乐事，谁能似我，携窈窕，寻幽邃。　此日怀人千里，看朝来朱颜渐改。春愁几许，离情何限，可胜憔悴。历历前游，一痕淡月，一湾流水。怅天涯梦断，枕边衾底，剩相思泪。

满庭芳

面面窗开，朝来爽气，倪迂写出新晴。高梧栖凤，飞絮杂繁英。临就瞢花标格，镜奁畔池水初平。胭脂路，沿堤杨柳，莺语和调筝。　踏青提手处，晴川耸翠，黄鹤飞甍。看风帆几点，水漾沙明。遥记石城①游冶，故国恨，匣剑长鸣。登临久，

山川满目，唱彻武昌城。

注❶ 即石头城。故址在今江苏南京清凉山。此处指南京市。

感皇恩

春色拥云軿❶，汉皋重到。天意怜花教花好。旧愁刚去，又占住新愁了。高唐神女梦，忘昏晓。懊恼湘江，艰难蜀道，追忆前游碧天杳。一腔愁绪，望断斜阳归鸟。声声砧杵递，愁光老。

注❶ 軿音平。古代贵族妇女所乘有帷幕的车。

杨柳枝

拂车垂柳绿毵毵，几树娇红色正酣。扑面东风浑不管，清春送我到江南。

醉花阴

忆胭脂坪故居

相对无言消永昼，香雾浮金兽。帘幕自沉沉，无限愁怀，泪滴罗襟透。　那堪燕燕分飞后，剩粉黏衫袖。随处尽销魂，

一度思量，一度腰肢瘦。

菩萨蛮

用李太白韵

帘波巧把新愁织，门前一树无情碧。莫上最高楼，怕添愁外愁。千寻崖壁立，壁下滩声急。屈指计邮程，零陵十里亭。

齐天乐

题巫峡图

忽忽一觉高唐梦，依稀旧游重省。华发频添，绮怀渐减，憔悴樽前人影。云鬟雾鬓，正婀娜临风，亭亭秀整。惆帐难胜，巫山缥缈负奇景。　　长松化龙百丈，看摩空叠嶂，雄浑无尽。激浪翻银，轻帆浮叶，举首苍冥高回。峰峰递紧。带十里波光，平铺如镜。赋手难逢，唾壶空击损。

青玉案

东风吹湿胭脂路，早便送，春归去。雁影渐阳云外树。画楼傍晚，明灯掩户。搓听潇湘雨。　　更筹点滴催频数，一觉参横欲天曙。梦里欢情能几许？锦衾正暖，口香微度，最是销魂处。

忆秦娥

用李太白韵

金虬咽，银缸伴听西楼月。西楼月，多般滋味，几回轻别。　　晴川芳草清明节，回峰雁断真愁绝。真愁绝，分明有路，寄声犹阂。

满江红

戊寅（一九三八年）十一月廿四日晓雾发仙峰寺至华严顶

晓雾冥蒙，千万峰依稀而已。袛听得鸟声泉韵，冷然悦耳。石磴层梯巉绝处，忽逢古寺心头喜。唤山僧扫叶更烹茶，暂栖止。攀峭壁，磷磷齿；渡危涧，淙淙水。问兹游汗漫几人能似。雨笠烟蓑云际出，诗心半入苍茫里。况箇中画理尽堪参，妙无比。

清平乐

和陈诵洛❶北温泉

敲窗雨冷，枕上添诗境。如豆残灯更漏永，清绝隔帘花影。窗前温瀑帘开，倚山高下楼台。偿了旧时词债，来朝共罄深杯。

注❶作者好友。旧体诗词名家，亦号颂洛。

忆江南

咏峨眉十景

峨眉好，金顶佛光明。瑞彩缤纷开五色，我来如入化城行。到此证无生。

（金顶祥光）

又

峨眉好，秀色萃灵岩。寒碧千寻森玉笋，绀青万顷郁寒杉。霜叶倍红酣。

（灵岩叠翠）

又

峨眉好，圣积听疏钟。破霭平林闻牧笛，凌风唳鹤起长松。余响入空蒙。

（圣寺晚钟）

又

峨眉好，宝月贮方池。万古蟾蜍通佛性，十分龙象悟禅机。垂老乞归依。

（象池夜月）

又

峨眉好，万壑起秋声。多难四方思猛士，鲸鲵屠尽始销兵。匣剑响铮铮。

（白水秋风）

又

峨眉好，晓雨入洪椿。拔地老根三百尺，参天终古瘦嶙峋。图画写难真。

（洪椿晓雨）

又

峨眉好，万绿布浓阴。一阁残阳低鹊影，双桥飞瀑洗牛心。为我豁尘襟。

（双桥清音）

又

峨眉好，古洞访仙踪。闻昔真人来九老，轩辕问道辟鸿蒙。时有白云封。

（九老仙峰）

又

峨眉好，霁雪大坪行。群玉山头参造化，琉璃世界现光明。仙子缟衣迎。

（大坪霁雪）

又

峨眉好，云影漾晴空。望里卷舒心自在，闲来行步从容。天外万千峰。

（萝峰晴云）

平调金缕曲

九十九道拐作

曲泾似羊肠。试极目，层梯云外，一线纡长。路转山回九十九，松风时送清簧。更鸣泉夹道铿锵。忽遇平冈聊小憩，尽饱餐溪渌与岚光。成幽赏，喜如狂。当年秦地记相羊。看太华三峰齐耸，天骨开张。闻得峨眉天下秀，居然夙愿今偿。供眼前郁郁苍苍。翠竹丹枫添古艳，任遍寻宇内孰能方。劝君醉，倒千觞。

又

登青城山作

古洞访天师。唤篮舆,老杉排道,修竹横枝。岚翠雨余飞入袂,归云更自多姿。况娇红点缀相宜。万树鹅黄成掩映,有丹崖百丈蔚雄奇。飞逸兴,悔来迟。 王父当年作宰时。(先祖砚劬公曾宰灌县有青城蜡屐图)理蜡屐披图作记,选壁题诗。卅载游踪依旧在,山光绿上须眉。任石头道滑何辞。绝顶高高看落日,又诸峰偏与白云期。侣猿鹤,莫猜疑。

浣溪沙

偕陈诵洛游南温泉作

十里清溪百道湾,小舟划破水中山,奇松秀竹迥人间。峭壁题名临绝墅,古杉夹径入花滩,飞泉日夜响潺潺。

浪淘沙

门外即天涯,飞絮谁家。凄凉别院听琵琶。杨柳千条难系马,狼藉桃花。 曲曲碧阑斜,可惜韶华。离愁幽恨两交加。犹记小楼人独倚,数尽归鸦。

相见欢

思君有若江流,几时休。挂肚牵肠,一日似三秋。故意密,了无益,反添愁。仿沸凄风苦雨系孤舟。

如梦令

楼外阴阴春柳,柳浪吹人胜酒。风细月斜时,离思又搀刁斗。㑳㑯,㑳㑯,偏是海棠开后。

贺圣朝

也知无计长相聚,看匆匆归去。红新绿怨意难胜,况潇潇风雨。相思别后,平添几许,向谁人来诉。记曾初度度清明,任垂杨低舞。

忆江南

为李涵础题画

茅斋好,屋后几重山。修竹高竿随路转,洪椿一树与檐弯。容我片时闲。

金缕曲

还是当年否?醉沉沉姗姗倩影,几回回首。蝉曳新声他枝去,桂落蓂香节候。

磨蝎事，竟逢阳九。费尽千金难买笑，更千金，买尽闲僝僽。偏如此，相分手。沈郎莫更惊腰瘦。到而今堕欢重拾，须君消受。啮臂前盟丁宁在，蜜意浓于春酒。更记取，天长地久。整理案头盈尺稿，写芳衷，彼此传身后。千万岁，永厮守。

喜迁莺
云庄诗社分得己手

一江秋水，正霜染成丹，波平如砥。传燧连天，鸣笳匝地，借问嫖姚[1]谁拟。小饮聊开吟务，高论且攻愁垒。盼公等，旧山河重整，投簪俱起。　欣然晨夕数。有素心人，臭味逾兰芷。积雨生凉，飞阴做暝，难得一堂知己。曲曲长江如画，面面阑干堪倚。尽收拾，付渔樵闲话，夕阳而已。

注❶ 勇健轻捷貌。汉霍去病官嫖姚校尉。

浣溪沙
云庄诗社分得山字

有底狂澜岂忍闲，不殊风景夕阳寒。

与君无事莫凭阑。　曾倚大河驱兀术，更须绝域斩楼兰。与君痛饮凯歌还。

八声甘州
作图送祁大西征并题

信前程万里，破长空莹澄见襟怀。看银槎张翼，翱翔云外，真入蓬莱。好置须眉云表，鸥鹭再休猜。同尽杯中醁，一霎天涯。　同社清游最忆，伴醉孙瘦吕，斗酒千回。尽哦诗论画，兴到未须催。莽无垠，齐烟九点，俯九州何地不尘埃。还期汝蓝桥仙杵，欢逐人来。

钗头凤
用陆剑南韵游老君洞作

纤纤手，盈盈酒，东风曾绿当年柳。啼姑恶，闲讥薄。罢却秋千，冷伊弦索。错错错。　盟依旧，腰先瘦，梦华重拾余香透。灯花落，吟笺阁。真真宛在，玉珰谁托。莫莫莫。

如梦令

才觉亲君非是，又觉冤君非是。后后与前前，别是一番情味。牢记，足记，软语眼中如醉。

南歌子

语倦盈盈眼，歌慵楚楚腰。欲知何处最销魂。花下酒边和醉，度春宵。

念奴娇

柬醇士[1]

依依垂柳，问更堪禁得几番风雨。若箇闲情抛不得，化作恨丝愁缕。远树黏天，杂英绣地，寂寞春谁主。前时应记，商略还到眉妩。　　消说抱膝长吟，指挥若定，垂老犹能武。与子文章通性命，有约金瓯同补。倚马催诗，横刀草檄，意气谁能伍。壮怀飞越，为君呼酒倾吐。

注[1] 彭醇士，江西高安人。先生好友。国民政府立法委员。

点绛唇

买笑千金，更千金买将烦恼。一春愁抱，肠断焚余稿。　　读罢瑶笺，密意知多少。怎不道，旧欢重饱，还比前时好。

又

宛转娇羞，眉峰锁住深深恨。空阶抽笋，怕见花飞尽。　　无那闲愁，扰乱人方寸。愁一半，镜台春晚，泪匽重施粉。

生查子

襟袖泪痕留，点点凝红豆。无赖是双栖，可奈分飞后。　　欲再不思量，抛却争能够。反侧不成眠，数尽残更漏。

莺啼序

用梦窗韵有奇

芳衷辘轳不定，出罗帏绮户。浑不似中酒恹恹，似怪予美来暮。俊游记，清明正近，风蒲一叶晴川树。霎分襟，化作轻萍，可怜狂絮。　　藉草青溪，选花芳甸，韵事迷香雾。乌丝界，密字真珠，双鱼将与尺素。镜奁边篆烟似水，梁尘后歌声如缕。负当初鸳枕鸥盟，妒飞双鹭。　　桃源再到，桃叶还迎，湘云照倦旅。忍小玉善愁多病，痴遣欢少，总怨愆期，五风十雨。观河皱面，侵霜华发，风流我也灵和柳。把骚魂付与龙舟渡。春深梦短，那堪作赋登楼，信美终非吾土。　　输伊少伯，换取功名，有若耶萝苎。况湖渌清难容唾。叱驭青天，杜宇催归，巴人献舞。山林竹帛，画图环佩，苍茫心事向谁说，杜卿卿祝我铭铜柱。怎知觅路频频，梦里相逢，不知可否？

望海潮

画虎题赠白健生[1]将军

昂头风起，传声谷应，山君一怒凭临。家国播迁，乾坤板荡，寇氛可叹陵侵。城

郭正秋深。看孔明台峻，虎旅如林。人倚长城，龙今不卧虎成擒。 年来墨突难黔[2]。抚萧疏短髦，花好羞簪。西走赵并（指古并州），南临楚越，算公是我知音。神剑肯空吟。况欢同鱼水，谊比苔岑[3]。并力澄清天下，大斗为公斟。

注❶白崇禧字健生，广西临桂人。著名军人，有"小诸葛"之誉。抗战初任军委会副总参谋长，桂林行营主任。曾指挥昆仑关战役。
❷用"孔席墨突"典。席，坐席；突，灶突，即烟囱；黔，黑。谓孔子和墨子热心世事，忙碌地各处奔走，所居席未暖，灶突未黑即已他去。
❸语出郭璞《赠温峤》诗，"异苔同岑"。后因以指志同道合的朋友。

相见欢

迩来懒向花丛。色成空。铸就金铃无计护东风。　拢不住。觅难过。思重重。便是逢山有路也难通。

浣溪沙

碧水回环接翠微。桃花无主鸟声迟。倚竿人坐钓鱼矶。　望眼盈盈芳树讯。上心脉脉冶春词。商量绿瘦与红肥。

点绛唇

护国山祠，笙歌不肯将愁去。当时俊侣，犹作当时语。　凄绝巴江，渺渺人何许。愁绝处，声声欲诉，今夜西窗雨。

浣溪沙

由桂林飞重庆道中作

顷刻云光豁大千，凭虚冲破万重山。不知高处不胜寒。　虮虱微臣朝下界，鱼凫古国辟青天。轰轰差拟响雷鞭。

杨柳枝

别后相思无了期，相思无益尽相思。欲将万斛相思泪，洒绿江南杨柳枝。

浣溪沙

踯躅满山红欲然，曲桥远树接遥天。层峦如绣扑窗帘。　荞麦花齐千顷雪，菰芦苇短一溪烟。水边清绝更村边。

百字令

三月十九日生日与内子合为百龄

糟糠半世，奈刀环马策，几番长聚。百岁平分今日得，莫道美人迟暮。急雨催花，狂风扫叶，因果成兰絮。乔松千尺，老龙鳞甲如故。 细数天上双星，堂前春月，不似寻常语。有约归帆林下好，安顿画叉渔具。佳话风流，鸥波管赵，一样侬和汝。逍遥澥岳，同心珍重将与。

喜迁莺

将与莼沤醇士[1]筑室北碚同赋

华灯耀彩，喜旧雨重逢，胜游能再。诗思新添，金樽酒满，放浪形骸何碍。雅集频赛羁旅，佳什遍传湖海。惊一座，有阳秋皮里，惠和夷隘。 山与邻俱买，晨夕过从，偿足文章债。密竹葱茏，古梅寒瘦，晚节黄花堪爱。大隐市朝无间，豪气幽并犹在。商略后，任渡江击楫，闭门种菜。

注 ❶ 指张维翰与彭醇士。张维翰字莼沤，云南人。时为国民政府监察委员。后曾任台湾政府监察院院长。著述颇多。

水调歌头

淮水两堤柳，嫩翠入青溪。山光如画，洗耳溪上听黄鹂。携伴寻芳绮陌，闲话访僧萧寺，雨过看虹蜺。谁识在朝市，尘土满征衣。 清泉侧，扫藓石，理琴徽。底应明月，相约同倒碧犀卮。不为金丹大药，不为蝇头微利，碌碌更何为。兴尽且高卧，不醉不须归。

昭君怨

楼外竹清风软，叶底莺啼声嫩，春困到腰肢。晚凉时。 倦启惺忪秀眼，一种娇憨无限。小步倚郎行，不胜情。

如梦令

谁个知侬慆慱，乍暖犹寒节候。重捡旧衣裳，休道为君消瘦。厮守，厮守，鹦鹉唤人良久。

渔歌子

嘉陵江上泛扁舟，萧萧芦荻一天秋。消俗虑，起清讴。渔父从来不解愁。

画堂春

新篁抽绿影初长，画栏闲却斜阳。晚风微度蓼花香，懒得匀妆。无那郴江深浅，为谁流下潇湘。残脂犹染旧罗裳，忍再思量。

南歌子

　　楼影随波远，山光到眼明。嘉陵深浅若为情，偏是一江春水载愁行。细雨伤初别，新潮泪暗生。道侬生小几曾经，坐听满船人语倍凄清。

海棠春

过白庙同醇士作用秦少游韵

　　峭壁神工谁借巧。看不足，梦中还觉。湿翠列成屏，隐隐炊烟袅。　　棹歌乍起潮音答，次第听，高迟远早。会意扣舷同，韵事添非少。

相见欢

　　画屏银烛红楼，下帘钩。灵鹊桥成初度，度初秋。　　擎酒盏，思深浅，不知愁。曲月邀人正在柳梢头。

步月

用史梅溪韵自流井中秋与陈颂洛同作

　　轻雾遮山，淡云抹月，翩跹仙侣偕归。雨余泾滑，清露湿裳衣。赌健步闲情未损，发慢哦逸兴遄飞。妙香在，木樨无隐，我欲叩琼妃。　　芳菲相共惜，枉青春作伴，锦绣成围。涂催玉漏，虫语隔窗稀。煎新茗瓶笙乍语，尝老赣杯杓应知。流萤道，良宵且漫入罗帏。

虞美人

　　清流曲曲高低岸，直到朱楼畔。雏莺百啭晓寒中，为汝阑干寂寞倚春风。　　浮花浪蕊知何处，青翠笼窗户。日长强起一登楼，目送孤鸿飞渡峡西头。

减字花木兰

　　一腔春恨，飞絮飞花谁与问。一日柔肠，百结千回似篆香。　　梦回眉敛，饶是寻欢终莫展。莫上高楼，雁字横天个个愁。

留春令

　　月光如许，怎堪帱帐，离人千里。花影窗前乱如丝，认好梦依稀此。雨过梨花开也未？唾东园桃李。中夜罗衣耐轻寒，带旧日些花气。

蝶恋花

月转西廊筛碧树。良夜迢迢，梦也无寻处。楼外疏星时复度，参差花影来窥户。

衾枕浓香留得住。着意怜花，花又纷飞去。篆袅金炉偏缕缕，独眠肠断闻更鼓。

长相思

嘲醇士

隔渝州，思扬州，梦到蓬山不自由。人间几度秋。

倚高楼，语高楼，调笑双星银汉悠。阿侬非识愁。

金缕曲

题吴航感旧图吊王伯秋作

悲绪盈长卷。最堪思，散涵高论，国忧难遣。渺若山河黄垆感，对此声吞泫。人世事麝尘蚕茧。无尽沧桑华发改，莫清樽，告我愁非浅。忍辛读，再三展。

郑和旧迹今重显。仰前贤穹碑遗像，表彰殆偏。一别天边双凫在，盼断寄书黄犬。祗梦里寻君已晚。消息分明今已矣，怆广陵响绝琴中散。肠欲裂，情俱远。

玉楼春

幽幽一霎如花雾，怎及双星年一度。当初祗合不相逢，省却闲愁应无数。

钗盟镜约谁先误，无计教君将愁去。思君一日九回肠，絮尽花飞春又暮。

忆江南

题画

江南好，枫叶艳于花。莼菜丛丛鸥两两，柳边归棹夕阳斜。倚人半湖霞。

西江月

披卷忽思往事，寻芳犹记前游。秣陵一角夕阳楼，秋色醉人胜酒。

此日倚楼如梦，楼前浩浩江流。蒹葭如雪是深秋，说着那堪回首。

十六字令

奇。雪压虬枝月上时。清入骨，吹彻玉参差。

忆江南

题画

　　江南好，好景最流连。沙岸鸳鸯飞两两，柳梢燕子舞跹跹。归棹夕阳天。

　　又

前题

　　涟漪水，莲叶自田田。十里藕花香不断，遥山如画更如烟。诗思入吟边。

满庭芳

　　薄雾笼山，细流浮渚，高楼更着虚亭。捲帘人静，啼鸟隔花听。坐久炉烟微倦，偏无力穿过疏棂。等闲事，倚阑私语，天半认双星。　　霎来新雨后，池塘草长，干甚浮萍。又闲却，雕床棐几银屏。楚岫归云何处，小阑外风动金铃。骊歌起，长江杳杳，细数数峰青。

感恩多

题画竹

　　未谙居士意，非洒湘妃泪。笔端三两枝，是无师。　　不与桐花送秋叶，凤来迟。节节凌高，梢云自不知。

声声令

前题

　　凉斸暑气，清浣尘襟。自高宁许藓苔侵。冲宵劲节，最堪师，是虚心。诗结伴，开泾入林。　　剪雨裁烟，发逸兴快登临。市鞋青袜恣幽寻。便娟绣蓧，托毫端，写知音。只恐伊，龙作夜吟。

满江红

作图送陈颂洛之桂林并题

　　海内论交，惟同社二三知己。可憎才逢场惊座，伊谁能尔。黾赭潮生秋练白，津沽日落寒林紫。莽无垠，壮观入诗篇，真奇士。　　歌将别，情难已。临分处，俄千里。纵经宵剪烛，为欢余几。杯酒张灯关上月，万艘飞雪江南水。准相寻，并辔续前游，令公喜。

金缕曲

再赠颂洛并贻缪剑霜❶

　　窗外梅花放。喜同时新盟旧雨，高情云上。儒雅风流当前是，忍听骊歌乍唱。莫只为此行惆帐。山水桂林天下最，有奚囊到处穷幽访。邮好句，踵相望。　　南中胜侣知无恙。得二贤持筹决策，安危堪仗。幕府文章应刘事，使我闻之神注。况豪气并时无两。盾墨朝朝濡毫泻，想诗成倚马谁能仿。将进酒，宜无藏。

注❶ 缪秋杰，字剑霜。先生好友，儿女亲家。曾任国民政府盐务总局局长。

念奴娇

作图送缤蘅入西藏并题

须弥芥子，任长空踏破，都无留迹。铺就兜罗棉万顷，俯视尘寰蚁虱。星海穷源，皋华弭节，身入清凉国。登高能赋，袖中诗本无敌。　此际车马联翩，画图供张，胜东都宾客。送汝云程摩眼去，把臂言欢今夕。水击三千，风培九万，看展垂天翼。折垂杨处，桓伊吹彻羌笛。

逍遥乐

用黄涪翁韵

闲熬一庭花草。旧思凄清，都付篆烟飘杳。雨霁巫峰，湿翠将飞，打桨荒江残照。曩年臣少。尽风流、慷慨相并，璧完归赵。到酒醒思量，事过堪笑。　桃叶桃根谁好。可曾青天不老。而今散花室，珍重意，向君道。皈依快活佛，安顿六时巡绕。何干悟禅泥絮，何争瑶岛。

黄金缕

谟庄诗社分得雨字

岁月催人留不住。春注秋来，惆怅闲中度。一纸短书无寄处，巴山又听经年雨。

断梦翻寻烟半缕。好景佳辰，如水随春去。揉碎吟笺尊意绪，倚阑搔首知何语。

谒金门

嘉陵水，相送陇头溪尾。此际眼中人万里，相逢惟梦里。　底事天桃秾李，却傍老梅丛桂。寒暖本来殊气味，天涯人去矣。

青玉案

己卯除夕柳州

一年又是成虚度，说难尽伤心处。底事祭诗烦酒脯。边笳哀咽，吴钩倦舞，写得雄浑句。　昆仑关北迁江路，不断闲云自来去。淡淡波光浮一缕。斜阳如血，小梅几树，无那愁情绪。

探春慢

庚辰元旦扬州军次寄内

教写桃符，献成椒颂，又逢开年时序。壁垒萧森，风云苍莽，让与何郎独步。文酒从容宴，半付与军书旁午。誓扫胡虏纵横，布衣还问吾土。　闲杀画眉彩笔，记帘底花前，曾惊鹦鹉。更开东阁，便过西郊，留得彩云同驻。竹里登楼暇，唤林下清风同语。好托微波，先将此意归去。

叙圃词乙稿①

注① 乙稿收录作者 1941 年至 1946 年词作。

水调歌头

将之桂林

此行不寂寞，吾辈岂蒿莱？同舟胜侣，多少巾扇见奇才。浩瀚黄流一片，好似千军万马，竖子尽尘埃。还须剪强虏，大笑上强台。　　昆仑月，今古在，亦雄哉。金钱铜面，此去正待好安排。还剩闲愁清兴，付与画心词笔，怀抱豁然开。豪气冲牛斗，泱泱逼人来。

无闷

海老天荒，搔残短鬓，寂寞江楼独倚。尽影事成尘，上心帘底。几度替商眉妩，唤银海盈盈秋波起。到茗柯初酽，灯花未炧，桂堂防礼。　　风致，总无似。想眼青意真，发长心细。寒悄托琼瑶，欲言还止。翻恨相逢未嫁，一铸错，挨因缘来世。对数点清绝梅花，寸心付还天地。

金菊对芙蓉

次迁江

李广投闲，冯唐未老，对花最惜春光。尽西园旧侣，看杀斜阳。青丝影上堂前镜，见近来渐点新霜。从容谈笑，草完露布，共品茶香。　　圣湖岂在浓妆。把迁江试拟，且贮诗囊。叹郊原戎马，风景何常。昆仑关外依然月，有胡笳满地悲凉。矛头蓐食，威弧动处，射落天狼。

杨柳枝

四阕题周惺老①衙斋高咏图兼上沤翁

罗家湾树郁苍苍，坏瓦颓楼浴夕阳。旧事宜春人不管，只知文酒此开堂。

注① 周钟岳，号惺甫，又号惺庵，云南剑川人。辛亥革命时任云南督府秘书长，抗战初曾任国民政府内政部长，后任考试院副院长。20 世纪 40 年代初，周已逾 65 岁，故有"惺老"之称。

又

螺翠回环拥旧庐，半城山色倒深湖。圆通寺外春多少，迸入江西主客图。

又

爱看青山肯挂帘，浮图不动过晴岚。先生安顿诗禅了，可与寒云共一龛。

又

嘉陵江上酿轻寒，树杪巴山落激湍。最爱漪斋风雨夕，淋浪排夜助清欢。

浣溪沙

岩罅杜鹃新着花，参差帆影入帘斜。一丛榕树拥人家。　冒雨苍鬈分某甲，烹泉皓腕摘茶芽。此生何地是天涯。

鹊桥仙

不期相见，居然重见，憔悴东风无力。梦回孤枕怎能禁，剩洛浦惊鸿一瞥。　这回相见，何时重见，况是落花时节。高楼灯火送归人，任铅泪染红襟褶。

采桑子

洞天幽邃藏岸半，欲把江吞。且命清樽，煮酒同君仔细论。　光月泼池凉如水，壁垒无喧。剑气诗魂，不似江声拥小村。

秋蕊香

用晏几道韵

灭烛教侬相就，月色穿窗时候。经年辛苦成欢偶，如醉洞庭春酒。　翻云覆雨都非旧。携素手，欲言还咽迟回久，不卜此情竟有。

生查子

对月说相思，月色还依旧。倒月入深杯，饮到参横后。　旧燕语呢喃，新燕说昏媾。一树子满枝，一树梅如豆。

玉楼春

用顾敻韵时细雨霏霏如惜别也

匆匆来去期何促，细雨斜风怒庭竹。逢君如梦梦愁醒，此梦何时还可续。　梦魂几度随君去，梦里双娥依样绿。心惊梦转漏声残，烧尽床前双画烛。

贺新郎

忽得周郎顾。说当年同工异曲，风流如故。更说小乔还未嫁，花满绮窗朱户。愿再系金铃相护。渺渺情怀何处寄，托微波为我传幽愫。细合约，莫终负。　东风又作名花主。看双双归巢旧燕，呢喃贺语。观舞闻歌朝复暮，销得闲愁无数。记当日联车访杜（香宋老人）。井里清游生惆帐，隔纱窗又听连番雨。愁无那，欲无语。

沁园春

用陆放翁韵

旧燕归来，旧巢如故，换却旧人。省重重好事，双双艳影，海枯石烂，不愿成尘。深巷高楼，回廊曲径，眼底依然是好春。愁何许，记屏灯馔美，绣桁衣新。　　相亲。覆雨翻云，更孰向梦中觅梦身。且净地楼心，清流濯足，哦诗品画，我本忘贫。忏尽风怀，消将绮语，胜侣今朝鸥与鸫。添佳趣，有青山作伴，红树为邻。

长相思

怕离忧，剩离忧。他若无心我亦休，云外认归舟。　　朝也愁，暮也愁。愁到何时才尽头，长江天际流。

渔父

用张志和韵

漠漠水田白鹭飞，青衣水涨江团肥。掺玉手，履苔衣，游倦雷抵缓缓归。

定风波

有忆

笑破樱唇一颗红，栋花番信尚东风。秋水应从蓬莱见，清浅，黛痕还比远山浓。　　燕燕莺莺空作伴，肠断，朱阑十二路千里。泪写绿阴春已暮，如雨，飞花落絮两濛濛。

捣练子

双燕去，画梁空。院落深深淡淡风。无那恼人今夜月，乱移花影入帘拢。

新荷叶

消息传来，道他明日来归。他若来归，春光应与同归。番风细数，盼归舟天际依稀。伤春人瘦，怕看絮尽花飞。　　漫梅当初，新阴暗绿成围。作主东风，此心难与春违。鸾胶怕续，怨伤心深入琴徽。莫翻旧谱，料量燕瘦环肥。

念奴娇

空袭闻朱子英死耗

清讴接席，尽风流倜傥，盍簪[1]俦侣。酒半琴边欢未足，赢得诗篇无数。建业论兵，渝州议津，又听巴山雨。缙云经夕，案头堆积新句。　　眼底猿鹤虫沙，蛟龙波浪，渺渺愁何许。暮色北碚烟雾里，惆帐招魂无处。独石桥阴，刘家祠畔，犹记分明语。断肠归去，扶头还过来路。

注❶《易·豫》："勿疑，朋盍簪"。后人常用以指朋友相聚。

清平乐

　　无眠向晓，渐觉春寒峭。雨雨风风春已老，一夜落花多少。　　愁随芳草侵阶，芳踪曾印苍苔。坠绪凄凉难理，杨花扑面飞来。

江城子

自流井

　　曲楼薄晚拂新晴，出银屏，好风轻。几度低回，影事唤愁生。回复山川犹在眼，曾此地，立娉婷。　　多情强半若无情，似微醒，总还醒。晓露微闻，百转是莺声。非雾非花谁睬得？猜不透，自分明。

念奴娇

用张子湖韵

　　峨眉四月，似深秋百卉却无秋色。云海茫茫千万顷，山鸟翻飞如叶。月响方池，泉磨细石，水乐交明澈。这时心事，白云差许能说。　　并与仙侣双成，携穿寒绿，

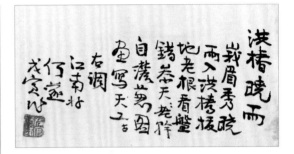

佳想同晴雪。倚玉偎香经惯事，无此胸怀高阔。竹露微闻，松风自在，与我谁为客。剪灯呼酒，共君清话今夕。

摸鱼儿

宿洪椿坪

　　检斑斑酒痕盆袖，凭他那忍重浣。绮愁将欲呼烟语，可奈身闲春晚。春晚晼。忍更忆依稀倩影双桥岸。柳娇花轻。又萧寺移灯，锦屏印影，只是人儿换。　　从头记，整岁迷离芳伴。悲欢回首无限。洪椿傲雨撑孤颖，心与飞泉盘转。诗思懒。浑难比前时响屟危廊畔。知更鸟啭。正反侧寻眠，孤衾半冷，荒梦乱亭馆。

生查子

过九十九道拐

　　奇崖擦面生，飞瀑扬眉舞。缘路逐峰回，不厌千回顾。　　山水也无情，人去偏如故。鸳屟印苍苔，犹认前时路。

永遇乐

重过欢喜亭宿洗象池

　　欢喜亭边，锁天坡畔，旧曾题处。泪墨依稀，芳踪宛在，离怨知何许。前游能记，春和景丽，晴爽更无风雨。唤蓝舆登临未晚，腻谈正偕佳侣。　　堪思此夜，团团好月，恰值佳辰三五。转眼沧桑，分飞劳燕，嘉会成凄楚。如今却怕，窥人月色，闭户把伊推去。凭孤檠，独伴孤枕，浩听虫语。

翠楼吟

重过濯锦楼有忆

　　巷陌曾经，风流薛井，依稀俊游前度。春江还濯锦，间梧竹溶溶涛露。孤帆天际，更芳草萋萋，低迷来路。鸦声怒。倚阑无奈，满城飞絮。　　晚暮。芳事阑珊，纵绿章频上，那留春住。彩雨元易散，醉杯酒如花人墓。君归何处。剩一炷炉香，非烟非雾。伤重睹。眼前风物，超然难去。

南歌子

读来书

　　老兔千年药，灵犀一点通。重重旧恨不宜侬。犹记一番狂雨一番风。　　野草添新绿，山桃落旧红。不因病酒也疏慵。昨夜春寒数尽五更钟。

水调歌头

定军山武侯墓图并题

　　管乐[1]一抔土，谁与问斜阳？此来瞻仰，我欲颠倒旧衣裳。身后有桑八百，葬处连山十二，全蜀泪浪浪。大星仍未陨，终古有光芒。　　寻幽泾，过曲涧，陟高冈。香闻双桂，更有老柏郁苍苍。鱼水两朝开济，蛇鸟八门韬略，收拾此府藏。图就须添写，丞相好祠堂。

注[1]　指管仲、乐毅。管仲为春秋时齐国名相；乐毅为战国时燕国名将。

又

以许君武诗意作图并题

　　瘦马啮残月，高鸟竞长风。池塘春草，佳句今古有同工。成败槐柯[1]家国，富贵枕头事业，是色莫飞空。壮志依然在，不道禄千钟。　　安内术，攘外策，一匡功。雍容筹笔，顾盼矍铄看而翁。万古经纶雷雨，毋载功名尘土，野旷月朦胧。手有横磨剑，行矣破黄龙。

注[1]　槐，三槐。柯，斧柄。比喻三公之位，国之宰辅。

又

南阳诸葛庐

　　此地曾高卧，一对已千秋。直凭只手，正统长在益荆州。有待百年礼乐，未许三分割据，事业比伊周。公真天人也，功德满殊陬。　　三顾处，抱膝石，至今留。

士民流涕，樵采犹识旧松楸。穆穆清风古阁，郁郁参天古木，阅世几沉浮。日暮吟梁甫❶，宇宙共悠悠。

注❶ 梁甫吟，乐府《楚调曲》名。《乐府诗集》："'梁甫吟'，盖言人死葬此山，亦葬歌也。"

浪淘沙

题画马

骏骨玉嶙峋，叱咤风云。驱霆策电信超群。不是孙阳❶谁解惜，终冠全军。誓共洗兵氛，重奠乾坤。三湘百粤捷书闻。斩尽鲸鲵翻海水，如血残曛。

注❶ 即伯乐，称为孙阳伯乐。相传古之善相马者。

破阵子

前题

坐拥将军破阵，腾骧磊落犹龙。霹雳一声清宇内，十万横磨唱大风。麒麟阁上功。　不说檀溪遗迹，丸泥渡海东封。露布草完天乍晓，好句催成兴尚浓。九乌❶落羿弓。

注❶ 古神话传，日中有三足乌。因以乌为太阳之代称，或称金乌。又传天有十日，后羿射落其九。

少年游

读来书有寄

瑶笺描出愁如许，都是前时语。一段柔情，频年绮恨，梦也无寻处。　小楼杨柳丛中露，旧是伊人住。绣被春浓，金樽月满，暮忆胭脂路。

谒金门

云鬟坠，界面汀汀珠泪。影事上心无限意，终夕难成寐。　难得言欢把臂，试味曩时情味。不饮胡为君莫避，未饮心已醉。

燕归梁

几度乌衣冷夕阳，认画栋雕梁。归来似说旧风光。穿绮户，近兰房。　红襟翠尾，玲珑娇小，软语胜莺簧。衔笺前度意难忘。祝地久与天长。

迢春乐

雨斜风定残英少，万绿拥红楼杪。上荼蘼飞鸟言春了。看树上青梅小。　春可惜，惜春春莫恼。那堪更人春俱老。愿买追春快马，不与春知晓。

忆江南　八阕

为鄞县马衡[1]叔平作所居海棠溪八景小册并题

棠溪雨，处处好春耕。陌上未妨牛没踝，枝头时有鸟呼名。茅屋喜先成。　（棠溪赏雨）

注❶ 马衡，字叔平，浙江鄞县人。20 世纪 20 年代任北大、清华考古学教授。1934 年任北平故宫博物院院长。新中国成立后，仍任故宫博物院院长。1955 年病逝。

又

缘溪路，漫诩武陵人。万树桃花红灼灼，一溪春水绿粼粼。此地不知秦。
（桃源避秦）

又

流渐大，叶叶挂江中。写照最宜风日美，移情直到水天穷。东去更匆匆。
（岷山帆影）

又

涂山寺，灵胜及巴西。松顶元音谐雅乐，寺中遗迹误玄圭。诗证乐天题。
（涂寺松风）

又

悠然处，心境自分明。斗室忽如纷瑞霭，银河正尔没残星。豹隐让先生。
（南山晓雾）

又

云间涌，塔势兀峥嵘。蛎粉偏能留落

照，鸽铃犹自绕高层。更爱月初生。
（白塔斜阳）

又

清辉满，水木入轩渠。笛韵须防惊鹡鸰，杖声或许讶龟鱼。负手步舒徐。
（石桥步月）

又

虹曾饮，人亦罕能游。界断苍崖千尺雪，酿成赤日几分秋。倚杖独勾留。
（绝涧听泉）

虞美人

赠赵守钰友琴[1]

黄河如带天如水，长剑同君倚。而今白到鬓和眉，怎及浮云自在惯忘归。　酒痕旧浣征袍在，壮志应难改。高歌一曲纵无弦，知你满胸荆棘落襟前。

注❶ 赵守钰，字友琴，山西太谷人。1936 年派为护送班禅额尔德尼回藏专使。后任赈济委员会委员、蒙藏委员会委员等职。1960 年病逝于台湾。

水调歌头

送罗卓英❶将军飞印

九州青九点，一举绝风埃。图南奋翼，长策早晚诗安排。转战曾经万里，叱咤曾富百万，胆气亦豪哉。印缅经纶者，今古几人才。　茅台酿，分携处，为君开。无须惜别，更须痛饮百千回。舒展澄心堂纸，摹写英姿飒爽，我为岛夷哀。看定犁庭策，接踵捷书来。

注❶ 罗卓英，字尤青，广东大埔人。抗战初任第九战区高级指挥官。1942年年初任中国远征军第一路军司令长官，率部赴缅甸。同年转赴印度，任驻印军副总指挥。

浣溪沙

题北泉感旧图赠吴虞薰

水调歌头袅竹林，嘉陵曲曲上江亭。布帆婀娜出遥岭。　天半泉声蠲俗韵，林间禽语送清音。心平始信入山深。

水调歌头

二阕题重九登高图柬新之行严❶

西风许吹帽，落日读登台。持螯在手，放眼何物不尘埃。俯瞰江潮来注，仰视白云舒卷，天地阃还开。一瞬成今古，琐琐几人才。　疏懒惯，迟作答，爱书来。二公相约，胜具同济菊花杯。道是风烟淳美，又是人文荟萃，俊侣不须催。水调传

高唱，画稿诗亲裁。

注❶ 新之即钱永铭，字新之，浙江吴兴人。财经界宿耆。抗战时期，连任一至四届国民参政会参议员。行严即章士钊，字行严，湖南善化人。著名律师、学者。抗战时期，连任一至四届国民参政会参议员。

又

甚事干卿也，也绝一江波。抛书弃剑，且把宇宙付讴歌。不必黄粱借枕，不必白衣送酒，凝睇此山阿。相与冥尘事，笑骂可由他。　川如带，峰如笏，莫蹉跎。九日古多高会，百岁人都传舍，不乐诗如何。佳节为君展，逸兴看谁多。

蝶恋花

宜汉中秋招宴

几度月圆堪共话。过了中秋，又是秋光暮。玉宇高寒天尺许，只愁后夜风还雨。　如缕乡心无着处。谁解乡心，只合从君去。联臂醉乡深处住，醉乡易觅乡关路。

又

用前韵再柬宜汉

歇马场西寻款语。斗酒狂欢，未觉天将暮。语畅如觞堪几许，去来那计沾衣雨。　曾记去秋经宿处。言笑晏晏，祛却千愁去。便合同君终岁住，何须更上来时路。

杨柳枝

抵宁夏

贺兰山缺倏飞过。弥望龙堆似怒波。双塔万家澄白日，孤云一脉护黄河。

大　有

用潘希白韵题百蕙堂图

刹海荷香，废园芦吹，尽劫交嗟遗阳九。但依稀西山爽气如旧。琴边竟夕敲窗雨，浑却似高谈深候。不尽弦外风流，落得镜中消瘦。　花间月，尊前酒。堂上蕙风清，并携怀袖。佳日轻过，几度小梅黄柳。梦境也知无据，不禁向燕云回首。画图在，索骥何妨，相期日后。

法曲献仙

早发七里山到剑门

叠嶂成屏，奔云作浪，七十二峰青处。剑阁铭传，文昌星应，千载河由樽俎。但梦里，寻今古。溪声送将去，最堪数。健诗情寒驴背上，对嘉陵如雪秋涛惊舞。天末忆伊人，近洛川清浅何许。秃管零缣，怕才尽难填新句。剩一腔幽思，付与斜阳前路。

杨柳枝

留坝①

经霜乌柏红如染，过雨虬松碧欲油。际会风云空此地，逃名未肯气封留。

注❶ 留坝有张良庙。汉高祖刘邦封张良为留侯，封地在留县。此阕可与《满江红·汉中韩信拜将台》一词同读。

卜算子

成都

一树绿阴浓，叶底樱桃小。着意寻春却送春，那及天公巧。　无绪几番风，黯黯闻啼鸟。只道天公最惜花，开过荼蘼了。

金缕曲

为周惺老嫁女作

月色明如昼。正今宵姮娥欲下，匏笙初奏。滟滟金波无声处，万里山川澄秀。更岩桂一枝香透。鹦鹉凤凰相并影，镇同心结就双红绶。才子婿，神仙偶。　而翁我与论交久。写新图渭斋高咏，（余曾为惺老作渭斋高咏图）义兼师友。于此掀髯当狂笑，说把向平愿了，定还有新诗几首。玉洁冰清人啧啧，落九天珠唾知多少。请更进，一杯酒。

浣溪沙

题阳关送别图赠梁敬锌[1]和钧

为唱琳琅惜别辞。卧桥褒柳倒深卮。河梁携手立移时。　　两载艰虞人省识，平生伉爽我钦迟。海鸥何事更相疑。

注 ❶ 梁敬锌，字和钧，福建闽侯人。早年留学英国。回国后，曾任宁夏高等法院院长。20世纪40年代赴美，任驻美物资供应委员会秘书长。著述颇多。

满江红

汉中韩信拜将台

抔土荒台，消得我泚醪几斗。溯中原纷纷逐鹿，争夸身手。时至封侯看马上，途穷进食羞牛后。便千金一饭岂能酬，君知否？　　坛前树，风霆走。坛中土，尘沙吼。想兵多益办，英灵如旧。尽海而东堪自帝，逡巡钟室终烹狗。悔当时不听蒯生[1]言，忠何有？

注 ❶ 指蒯彻。蒯曾说韩信取齐地，并劝信背叛刘邦自立。韩信未纳。后韩为吕后所杀。

忆江南

西狭口逢李晓沧

西狭口，第尾万山青。屈子孤风犹有庙，范公三户尚留亭。说古复论今。　　三年别，重见可胜情。流水玎琤微有会，浮云澹沱亦无心。一笑绝尘缨。

浣溪沙

西安别李筱和作图并题

老树经霜强半纳，华阴道上说秋风。故人宜置画图中。　　相见时还添一别，有涯生欲赴无穷。披图相对即相逢。

水调歌头

辛巳北泉修禊分韵得修字补图并题上陈尧老兼示同人

海内此春禊，第一古渝州。重三高唱，东晋主客媲风流。也有崇山峻岭，又有茂林修竹，颇胜会稽不。四十二人会（兰亭人数），王谢是前修。　　陪都胜，名流集，发清讴。犹今视昔，千古天地了沙鸥。篮笔卧龙西蜀，磨剑屠鲸东海，烽火靖高楼。不浅漓江兴，还继右军游（是日余在桂林有漓江雅集与会者四十余人）。

又

前题

公等一杯酒，眼底有千秋。悠然心会，独秀西望立峰头。春日三巴天近，曲水六朝诗似，快意想无俦。酒例罚金爵，高处眺神州。　　东阳峡，西岷水，北碚舟。虎头非我，谁解一一喷沧洲。今日当垆人去，何日湔裙人共，重醉柏林楼。留影温泉浴，阴火煮岩幽。

忆江南

题"钟馗像"

钟进士，啖鬼以为名。收拾侏儒归脚底，踏翻槎海迄销兵。雅颂奏升平。

菩萨蛮

戎州绿荔标风格，冰盘捧出惊殊色。无语味偏长，凡芳孰我当。　红罗襦不御，此际还谁问。零落可胜寒，春如残梦看。

又

霜娥不耐蟾宫冷，清光飞下寒塘影。境静夜偏长，枕边余粉香。　相思肠易断，梦到斜阳岸。只恐两参差，寻君君不知。

声声慢

桂林书事

幽泾联踪，苍岩并影，那人身世堪怜。撩乱风怀百叠，付与轻烟。玉阶旧同步处，看藓花犹似前年。空帼帐，听柳阴隔岸，声曳残蝉。　已识此生无分，萦绮思，应知无益缠绵。注事如环难解，则个无端。而今夕阳来路，恨重重懒弄鹍弦。乱山外，道危阑休倚，到处啼鹃。

金缕曲

题蕙厂读画论诗图赠桂百铸

天末凉风至。拥高楼，乱峰千叠，一湾流水。无际吟魂栖何处，莽莽斜阳废垒。未敢信人心尽死。举世昏昏天亦醉，又安知海内谁知己。通性命，呼君起。　撑肠万卷徒然尔。算那个风流倜傥，曾堪挂齿。尊酒论文吾侪分，语快气豪襟美。更无隐飘香桂子。此日披图苍茫感，检鸿泥，踪迹沧桑里。歌白雪，赏音几。

金缕曲

壬午岁除中宵不寐纸窗大明则已新正元旦矣枕上作

今夕兮何夕。匣中锋化龙飞去，斗牛应识。容易中年匆匆过，又过今年今日。曾记得浔汴梁筹笔。八百横流倾巨野，定中原独树平戎策。天地变，鬼神泣。　此身不是诸侯客。几转战危城敌后，太行山侧。亲舍白云孤飞感，邈尔音容长隔。只此恨绵绵难毕。誓扫倭奴清区宇，告幽阡泪尽继之血。笳鼓竟，朔风急。

金缕曲

挽刘允臣

风雨连朝夕。记当年秦关百二，曾同筹笔。元灞垂杨呼春语，到处都经吟迹。又满眼干戈未息。封豕长蛇家国恨，效驰

驱，遍坼江南北。愁再读，平戎策。　玉泉祠畔人天隔。恨来作素车丹旐，驴鸣吊客。死去文章撑肠在，耿耿此情无极。竟何有暮年萧瑟。同辈交游零落尽，却惊人，镜里须眉白。浮世事，谁非绌。

阮郎归

挽任光宇[1]

漓江瑟瑟动商声，水流应不平。海滨无地着先生，鱼龙一夜惊。　君有知，勿伤情，人间大梦醒。交期泉路更冥冥，瑶琴今不鸣。

注 [1] 任光宇，字宙丞，福建闽侯人。早年赴英国学习海军。曾历任兵舰舰长、北京政府海军部参谋长、国民政府海军部参事等职。

摸鱼儿

题画赠劬堂

尽毫端繁华惊眼，河山故国天远。英雄割据今何在，终古飞鸿空换。曾看惯，浮玉外，如峰帆影爪州乱。东风未便，怕重上层楼，不殊风景，戎马正如霰。　分携倦，零落故交将半。广陵散剩凄怨。哀

箚匝地烟尘暗，如雪羽书千片。君莫懒。听来日收京，鞭把中流断。垂杨夹岸。更野草桥边，雨花台上，思入大江健。

往　事

往事上心头，曾惹许多愁。而今却似，行雨流水，没处勾留。　宜休且自休。人生百感悠悠。盈颠华发，有谁怜汝，汝自怜不。

满江红

用岳武穆韵题左季高手札

字里行间，叹文采于今未歇。五百年湘皋间气，生兹英烈。箚度玉关春塞柳，旗连准部西番月。殖楚中子弟满天山，风威切。　伊犁水，祁连雪。旟常绩，谁能灭。扩版图万里，金瓯无缺。胡虏重炎三世运，汉儿遍喋中原血。并丰功大错铸山河，款夐阙。

浣溪沙

缙云寺腊梅大开和太虚师

双柏精庐快活吟，推窗面面纳遥岑。
旃檀香妙入梅心。　海外还飞怀素锡，
山中应铸浪仙金。渊源曹洞到而今。

鹧鸪天

黄花岗纪念日。回忆辛亥春仲，将有广州之役，时方声洞、陈更新、严汉民、王印芗诸君集桂林福棠街二号予所（现改江南街三号　在江苏会馆对门）比首涂，予与方韵松、刘崑涛、杨子明送之大圩而反。及三月廿九日广州事败，予等未及发而罢。诸君中有生还者，复来桂寓予所。门外侦骑四集，予驱走之。再接再厉，遂有八月十九日武昌之役。予分道北走，于九月十日率十二混成协至石家庄，与晋革命军合。九月十二日，吴公禄贞至。予衔命赴娘子关，约阎百川来会。十四日阎吴既定策。十六夜吴公忽被刺。翌日晋燕军举予为燕军都督，兼燕晋联军副都督，以继吴公。己而清军大集，阎遂不出关，事竟无成。抚今追昔，感慨系之。

履险如夷自在身，气惊户牖凤谈兵。
仙城碧血侵三纪，士垒黄花动九垠。　怀
旧句，感前尘。落花如雨逐人行（林时爽
旧句，余甚赏之）。英雄各有文章在，圣义
应教性命轻。

　　又
前题

寂寞中原百战余，鹰扬还记革除初。
吾谋可用❶方盟晋，天意难知竟夺吴❷。
　悲事去，赋归欤。蹉跎犹自惜居诸。青
由四面三分水，读尽平生未见书。

注 ❶ 指先生建议吴禄贞扣押清军由北京开往武汉的辎重列车。
　　❷ 指辛亥革命吴禄贞被刺于石家庄。先生曾随吴在娘子关见阎锡山，同组燕晋联军，谋攻北京。吴被刺，事败。

满江红

登合州钓鱼山访余玠❶故城

独钓中原，竟难遣怒涛声歇。扼东川卅年筹战，欻歔前烈。断础天池遗恨石，峭岩城堞伤心月。叹南风不竟死声多，何凄切。　孤臣涕，终消雪。同仇忾，宁澌灭。赖鸿文橡笔，补其亡缺。剑气犹张余玠胆，炮风空喋蒙哥血。剩寒蛩处处吊颓宫，瞵危阙。

注 ❶ 余玠为南宋名臣。曾任四川安抚处置使。开府重庆，筑合州钓鱼城，增强防务。1258年，蒙古大汗蒙哥围攻合州，被炮火击伤死，故有"蒙哥血"一句。

齐天乐

题长江万里图

浪淘人物今如故，遗恨旧游重省。鱼

复云屯，马当风送，难写当时心影。（廿七年六月十二日随白健生巡视马当，廿七日晨离去而马当即于是日沦陷）名都点点，更山拥平畴，疏疏整整。惆帐可堪，四郊多垒负清景。　　吴头楚尾凝望。溯从天到海，雄奇无尽。十丈图成，三春鬓改，举首苍冥高回。叶舟轻俊。乍倒峡奔流，增开平镜。倚醉狂歌，数帆天际暝。

摸鱼儿

癸未盛夏客贵阳一晴十雨气候如秋重展长江万里图纷然往事都在心头叠赠劻堂韵再题此阕

系孤舟吊黄虞畔，天涯愁共人远。笔端无尽豪游兴，可奈宫移羽换。飘泊惯。看一派岷峨，江绕千峰乱。褰裳有便。拍百遍阑干，非花非雾，珠泪落如霰。　　婪春后，那剩残虹一半。芳踪还剩幽怨。垂云满地斜阳暗，休数暮帆风片。曾梦见。尽有梦相寻，梦与魂俱断。惊涛拍岸。回虎踞关前，鸡鸣山顶，诗思画情健。

百字令

癸未中秋虞薰五十初度❶尔汝交期能无对酒当歌一洗胸中块垒

前身谓没，恰中秋，明月人间能几。收拾乾坤归腕底，吾辈固应如是。多少英雄，古今人物，去去长江水。蓬莱清浅，望中澄澈无际。　　相与高唱分题，清谈据坐，莫问今何世。且尽平原旬日饮，侧

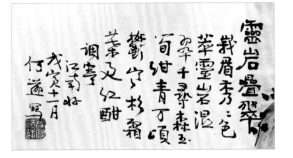

耳羽书❷闻喜。荡涤倭氛，廓清禹域❸，方快平生意。老松仙鹤，一声横笛吹起。

注❶吴石，字虞薰，生于1894年9月14日，恰当旧历八月十五日。故有"五十初度"与"恰中秋"之句。吴石1949年任台湾国防部参谋次长，1950年以"通共"罪被杀害。1973年大陆人民政府追认其为"革命烈士"。本词较为集中地反映了何吴关系及共同思想。

❷古时征调军队的文书，上插鸟羽。此处有捷报之意。

❸中国的别称。传说禹首先划分九州。后世相沿称中国为禹域。

满江红

乙酉夏，余同江宁杨家骆，鄞县马衡应陈习删先生约，考大足石刻。以四月廿七日徙龙冈，访永昌寨故址。遍历碑像塔庙。分任编拓测绳摄影记载诸事，经旬将以所得勒为图志。时任向导者，邑人刘永汉、刘行健。期而未至者，金华金兆梓、江宁步清悚、闽侯何昂、南海罗香林、鄂州王长炳也。用岳忠武满江红韵纪其事。

四月山深，春到晚，纷芳难歇。陟龙冈，摩挲陈迹，低徊遗烈。巴子早归秦郡县，石工独数唐年月。汇同来未至一流人，相磋切。　　碑共像，经霜雪。千百载，垂磨灭。奈余生苦晚，未胜残缺。脉望❶输伊多食字，子规❷催客偏啼血。暮山横，

烟霭正蒙蒙，瞻城阙。

注 ❶ 据《仙经》：蠹鱼三食神仙字，则化为脉望。遇之可
以成仙。
❷ 杜鹃鸟的别称。

水调歌头

玄庭先生吾党君子也。恬淡嗜学，手钞不经见之善本近万
卷。校订精确，多所发明。又能篆石刻竹，精妙入神。并
世之士，孰能及哉。为余校录龙吟秘籍五种，将以藏诸北
泉图书馆，兼为刊布，以永其传。为作恒轩钞书图并题徇
君意也。且志景仰。

　　乱山纷入户，芳草暗侵廊。奇书手校，
万卷不啻百城王。窗外奇峰作笔，楼上清
风扫叶，触目尽琳琅。铅椠千秋业，深柳
读书堂。　　沧海日，卢龙塞，忾珂乡。
太行秀色，千里北走郁苍苍。敞鼎无遗小
集，寸铁能收万象，何用不能藏。天机玄
妙者，清秘自无疆。

齐天乐

秋夜泛玄武湖

　　柔波恐破青山影，延缘画船行缓。荷
盖跳珠，薰衣振羽，风定微闻丝管。斗杓初
转，望玉宇秋新，明河人远。独起长歌，疏
钟吹落柁楼晚。　　烟闲露警流阔，水萤高下
久，如恋清旷。凉欲将诗，静还宜坐，此景
几人能见。情知似梦，纵破得工夫，也须裁
剪。头上浮云，乍舒还自卷。

叙图诗

（遗作集萃）

何　遂

　　作者生前曾将其旧体诗整理选编成《叙图诗》，悉心抄写，裱为长卷。卷首以陈毅亲笔信为序。该信盛赞作品富有爱国思想，并附一诗，诙谐而自谦地说，不过是"佛头着粪"而已。可惜，此卷毁于"文化大革命"。

　　这里刊出的，大多是从作者晚年画作上摘录，也有少量是从其信件或他人著述上抄下的。可谓挂一漏万，聊胜于无。

过瞿塘 *(1903 年)*

滩行最险处，涛声乱入耳；
仰视不可攀，返顾莫能止。
何安复何危，瞬息决生死；
远游良多艰，壮心未能已。

作者附语：此予 1903 年由蜀返闽，舟过瞿塘所作。今已历六十年矣，生平遭际一何近似乃尔。

抒 怀 *(1911 年春)*

宗国陆沉哭万民，
匣剑铮铮诉不平。
多难四方思猛士，
鲸鲵屠尽始销兵。

注：1911 年农历二月末，先生少时契友陈更新由闽经桂赴香港。在桂与先生同榻，共忆少年事，并同游洪王旧垒（太平军围攻桂林遗垒），陈作诗数首，先生亦留此诗。陈牺牲于同年 3 月 29 日黄花岗之役。

军歌铙吹饮黄龙 *(1911 年初冬)*

泱泱大国风，三晋中原雄，
龙蛇起陆开运动。
练我体力强，壮我神明种，
气吞满虏人人勇。
东下石家庄，北定顺天府，
胡儿出走还我中原土。
仇袍与子同，纠纠干城用，
军歌铙吹饮黄龙。

注：此为 1911 年初冬，作者在山西太原训练一团敢死军时，为士兵谱写的军歌歌词。

丛台怀古二首 *(1922 年)*

漳洺迁徙邯山空❶，剩有孤台一望中。
霸业千秋余片土，雄图盖世仰丰功。
曾闻选将临明主❷，转为书灾忆旧宫❸。
景物不殊人事改，依稀樵唱夕阳红。

世事由来似弈棋，纷纷成败渺难期❹。
武灵事业留荒址，乐毅功名剩废祠。
龙种乱秦谈大贾❺，虎符存赵赖如姬❻。
登临此日空怀古，雁影烟痕动客悲。

注：此二诗及注释录自《赵都诗词选注》（河北人民出版社1988 年版，陈光唐、谢立新、梁辰选注）。

❶ 漳洺迁徙：指漳水和洺水改道。
❷ 明主：指赵武灵王。丛台为其阅兵处。
❸ 书灾：秦始皇统一天下后，下令烧毁六国史书和私人所藏儒家著作。旧时称此举为"书灾"。
❹ 期：预测。
❺ 大贾：大商人，指吕不韦。所谓"龙种乱秦"故事，实属无稽之谈。
❻ 如姬：战国时魏安厘王宠姬。其父为人所杀，她寻找仇人，三年不得。信陵君派刺客替她报了仇。秦围赵，她应信陵君要求，偷来发兵虎符，使信陵君得以夺取晋鄙统兵权，解了赵围。

日本龟川 *(1925 年)*

十一月廿四日大雨载途，天已入暮，宿龟川之敷岛旅馆。

秋末丹枫春日樱，海山宜雨复宜晴。
温泉一脉清如镜，不负蓬莱三岛名。

与吕公望谈旧作口占（1927 年）

死无所憾方为鬼，事若因人未是才。
堪笑汗牛世上史，半从谀墓攫金来。

作者附语：1927 年 3 月，与吕公望泛富春江，途中谈旧作。
注：吕公望，字戴之，浙江人。老同盟会员。曾任浙江省长、督军。

东郭望春（1928 年）

永康城堕于元，今仅有门而已，东门曰望春，小东门曰迎曦。

春入望春燕燕飞，千山万郭尽春晖。
双柑桥上睦莺去，一犊村头逐母随。
夹道杏花新酿熟，满田麦秀嫩桑肥。
绿杨沾露鸠呼雨，古渡西津见酒旗。

旭山题刻（1928 年）

五色潭云里，苍松簇翠鬟。
水碓声浔浔，溪路响潺潺。
丹鼎依稀在，龙髯不可攀。
言寻倪翁洞，我欲注名山。

注：这是从旭山摩崖石刻上录下的。

题黄埔北伐纪念碑（1929 年）

平冈之石齿齿兮，黄埔之水淙淙；
屹丰碑以励世兮，将以垂人纪于无穷。

注：1929 年，作者任黄埔军校代校务，主持兴建了“国民革命军军官学校学生出身北伐阵亡纪念碑”。这是先生所撰碑文中的句子。此碑现存广州黄埔军校。

题《绘园藏瓦》（1931 年）

终南山色郁苍苍，汉殿秦宫衰草长。
磨石甘泉何处是，独留片瓦识林光。

款识中曰“一九三七年患狭心病”，实一九四七年之误

希古抗心兴欲狂，短衣匹马立斜阳。
樵夫牧竖休相笑，新淂奇文实锦囊。

注：此二诗录自《绘图藏瓦》。

无　题 （1933 年）

新亭涕泪终何补，注事难为挥麈谈。
无那长空归雁急，劳人风雨又江南。

作者附语：1933 年登高之作。是年春，张学良不合作，卸东北义军事归。
注："新亭涕泪"用"新亭对泣"典故。语本出南朝宋刘义庆《世说新语》："过江诸人，每至美日，辄相邀新亭，藉卉饮宴。周侯中坐而叹曰：风景不殊，正自有山河之异。皆相视流泪。唯王丞相愀然变色曰：'当共戮力王室，克服神州，何至作楚囚对泣。'"

洪春坪 （1941 年）

诗心梵响两无哗，想见诸天尽雨花。
着我差宜三亩竹，劳君烦饮上方茶。
横流何地容安枕，穷子多年总忆家。
为话洪椿坪上客，要留高会继龙华。

题　画 （1954 年）

同来不寂寞，正值牡丹时。
山色如佳丽，湖光似好词。
一楼共烟雨，再夕畅襟期。
写淂湖山景，催君纪胜诗。

作者附语：1954 年 4 月 24 日，同旭初（汪东先生）住大矶山之作。

题大矶山图 （1955 年）

大矶左右恣云壑，二亭突兀将悬空。
怪石草际如伏虎，老松岩畔若游龙。
太湖三万六千顷，中有七十二奇峰。
远帆沙鸟时过眼，冉冉天外逐云踪。
夫椒今古作砥柱，杲杲红日升于东。
湖光山色成黛海，群峰高下青芙蓉。
烟波杳杳望不竭，苍茫一气入空蒙。

作者附语：居大矶山三夏，1955 年 5 月 6 日始克步至好望角，放歌指画全景，敬赠华东干部疗养院。

题画昙花 （1955 年）

一霎昙华古到今，诗人题咏费沉吟。
而今写入丹青里，雪貌琼姿永赏心。

题画罂粟 （1958 年元旦）

鸦片战争百多年，此花开过见尧天。
东风压淂西风倒，英美由来不值钱。

题　画 （1959 年）

片舟一棹欲何之，柳绿枫丹日暮时。
钓淂鲈鱼思一醉，倚湖楼外见青旗。

题　画 (1959年)

江干老树郁苍苍，写得山香水亦香。
一棹片舟人一个，徘徊云影与溪光。

题画牡丹 (1960年)

红似丹砂白似霜，万株魏紫与姚黄。
洛阳十亩无双色，瑞室曾亲第一香。

作者附语：1925年5月，驻洛阳西土之东园，牡丹十亩，红紫缤纷。至今忆之，犹在心目。

题　画 (1960年)

下坡容易上坡难，前策后驱力未殚。
直上最高平处坐，停车弛驾劝加餐。

题　画 (1960年)

大矶楼下水如天，曾忆湖居近四年。
马迹横云山远近，双帆漾水柳如烟。

题画梅 (1960年)

斗雪冲寒独此花，东风从此闹韶华。
育成共产新风格，建设人民新国家。

题画桔 (1960年)

江南有丹桔，经冬犹绿林。
岂伊地气暖，自有岁寒心。

题　画 (1960年秋)

一天小雨树扶疏，茅屋深深入画图。
最是云来风景好，众山泛泛淡如无。

145

题浔阳秋色图 （1960 年）

青山红树爱清霜，江影澄鲜帆影长。

老屋几间泉几叠，销魂千古是浔阳。

作者附语：1926 年 10 月，同李书城、吕公望至汉，任河南前线反正事。吴（指吴佩孚）逐靳（指靳云鹗）降，直奉大战因成奉军出关之局云。时蒋（指蒋介石）为友也。

题画竹 （1960 年）

不知风雨暴，不受藓苔侵。

直节冲霄汉，凌云岂有心。

题 画 （1960 年）

青山红树爱初寒，十顷湖光一钓竿。

胸际不容尘芥住，璃琉世界共谁看。

题 画 （1960 年）

古藤挂壁影如梯，千山万山月向低。

老猿啼声彻空谷，独坐四更风凄凄。

题画菜 （1960 年）

辛勤谋一饱，口与心相商。

能见丰收乐，最须蔬菜香。

题画江南春 （1960 年）

莺莺燕燕处处，风风雨雨三三。

绿杨子树万树，平芜绿尽江南。

题画竹 （1961 年）

画竹不用怒，心平转自然。

任他风与雨，意态自翩翩。

题画龟 (1961年)

古以龟为神，今以龟为丑。
神丑自由人，于龟何所有。

作者附语：1960年12月19日，以第五次心脏病入阜外医院，至1961年1月30日出，偶检旧画口占。

题画楚墓木俑 (1961年)

入土二千载，尚能存其真。
嗟哉举世人，独忘生死因。

题画花 (1961年)

嗟波盛开华，含英扬光辉。
过时而不采，将随秋草萎。

题画花 (1961年)

一年一度一相见，今年见君过七十。
只解看花乐好春，尽忘几时鬓发白。

题画兰 (1961年)

嗟波蕙兰花，含英扬光辉。
画此欲赠君，所思在远道。

题画钱塘红日 (1961年)

英雄人物看今朝，红日中天万翳销。
势若怒涛亿万顷，高潮直上要冲霄。

题画夜宿青柯坪 (1962年)

恍若从天下玉龙，纷拿夭矫裂西峰。
倚栏相对浑忘睡，悦耳寺僧半夜钟。

作者附语：1925年夏，由洛阳乘飞机至华阴，登山夜宿青柯坪。时值三五，月明如昼，连日雨后，巨瀑从西峰循峭壁直下百丈，声如轰雷，水雾纷布如云，瀑以长而受风，左右摇曳不可方物，为平生所见景物之最奇者。

题蓝菊孙《诗经国风研究》 (1962年)

歌诗以言志，事在文字前。
言文以行远，其百不计年。
孔子定诗经，三百又五篇。
国风与二南，民歌数百年。
距今三千载，习俗久变迁。
名物亦自异，笺注几百篇。
或且争一字，万言如涌泉。
诗序尤乖谬，乃与相钩连。
遂使后之人，所见乃尔偏。
菊孙译国风，用力一何专。
古义迎新意，译辞信自然。
读遍古人书，审慎相周旋。

一诗经数译，不妥便弃捐。

据今以述古，廿载勤钻研。

见仁与见智，今古各自贤。

我读君自序，名论不为镌。

顾君述所学，与我同因缘。

我曾困古籍，时近七十年。

卅年友颉刚①，所学汇百川。

顾君之所述，如代我言宣。

愿君勿辞劳，雅颂译其全。

作者附语：菊孙以《诗经国风研究》属为一言，因述所见。1962 年 12 月。

注❶ 颉刚：顾颉刚先生，著名学者。

春节欢聚 （1963 年）

去春那大①欣佳节，今夕京都庆好年。

一座儿孙欢不尽，齐眉翁媪喜无边。

忽看后辈霜添鬓，行见耄龄雪满颠。

爱度太平康乐日，期颐同是地行仙。

作者附语：1963 年春节，全家团聚者，二十六人，丝乐诗歌，各尽其兴。

注❶ 那大即海南岛儋县那大镇。作者三子何康，时在那大任华南热带作物学院、华南热带作物研究院院长。

过夔门 （1963 年）

少小巴江几注还，一江乱石尽成滩。

一宵孤泊夔门下，翌早周游八阵间。

滟滪今平人鲊瓮，空岭久失鬼门关。

船窗高爽摊书坐，静对奇峰饱看山。

作者附语：一九六三年十一月乘江蓉东行至汉，计离渝已十八年，予二岁入蜀，溯江五次，以此行为最舒适，自思前后，因成此诗，并写为图以志盛代。何遂 七十六 世庸留为纪念。

题天安门前夫妻合影 （1966 年）

天安门前二老松，一生革命学愚公。

安康强健春长在，此是人民雨露功。

七律
颂毛主席万寿无疆 （1967 年）

七十三年畅泳游，闲庭信步大江流。

思想光辉昭日月，声若惊雷震蚍蜉。

冰崖险水梅花笑，注史今人莫与俦。

普天同祝万年寿，响彻环球六大洲。

八十述怀 （1967 年）

倏忽已耄期，流年逝如斯。

中庭绿满院，旧株发新枝。

我子已过艾，我孙傥生儿。

举国勤春耕，春水盈万陂。

行见亿万亩，新秧被野垂。

关河西北城，领海东南池。

人民近八亿，胜利倾酒卮。

文化大革命，文采光陆离。

行见剥削国，都随秋草萎。

伟哉毛主席，世界仰典仪。

耄年逢盛代，不乐复何为。

叙圃书画

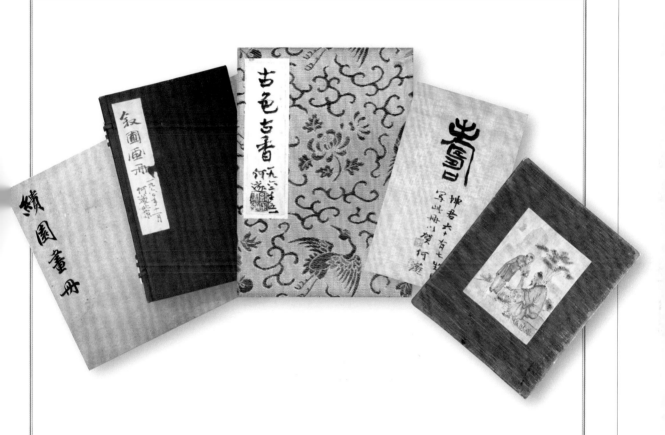

何遂20世纪20年代初潜心学画，师从叶乃奇。

虽因生性不羁，未下苦功；然秉承天赋，其画笔力沉厚，豪放挥洒，特色独具。

生平喜画松竹兰梅，又偏爱画虎。

因遍游名山大川，陶醉其间，山水之作甚多。

其手指画，堪称一绝。

何遂最喜作画赠人，随画随赠，流于世者累万，而家人存者无多。

本书所载，诚非精品集萃也。

此为 1922 年何遂初学绘画
时习作之工笔画

《无量寿佛图》，系 1930 年何遂为表舅孙葆璐（字彦科）、表舅母蔡淑容祝双寿之作

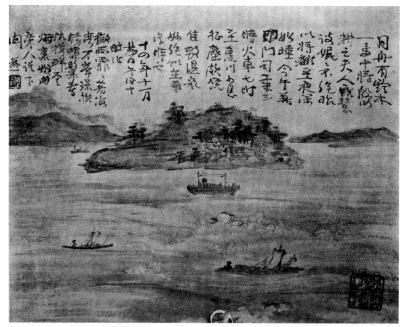

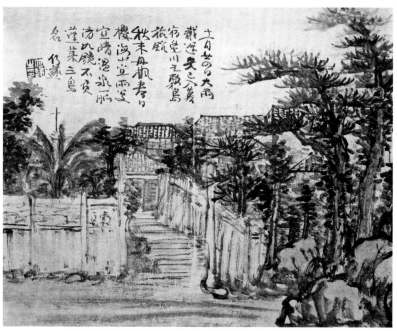

上图：1925 年 11 月，何遂赴日本考察，此写生为纪事之作

下图：写日本龟川，为何遂早期画作。笔墨虽显生涩，但已见特点：一为写生纪事，二为诗画合一。上下共四幅，选自《绘园画册》（现藏国家图书馆）

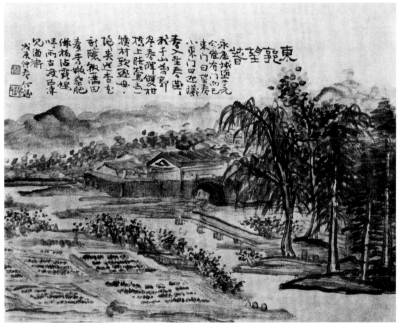

上图：1925 年 12 月，写日本大津湖

下图：《东郭望春》，1928 年仲春写永康东门

1934 年作《叙圃图》。时何遂筑屋南京栖霞山，画此示意图

何遂 1959 年画台湾阿里山赠何嘉

石田書法遒勁道勁奇
倔此卷蓋其精品子友叙
有為補作松庭對雪圖蒼古
秀挺亦為近代不可多得之作
璧合珠聯可稱雙絕可寶也

後德吾先侄家方頴
下趨侄亞

戊寅四月十二日
程潛潘培敏
龔浩　同觀

1963年何遂作《黄州寒食圖》，寫東坡詩意。
其右為仿董其昌書東坡先生自赞

此幅雪景山水《松庭对雪图》，系 1938 年何遂应收藏家唐俊德先生之请，专为沈周诗文墨迹所配作。唐复请赵恒惕在拖尾上题写了跋文。程潜、潘培敏、龚浩等同观时亦各留款识

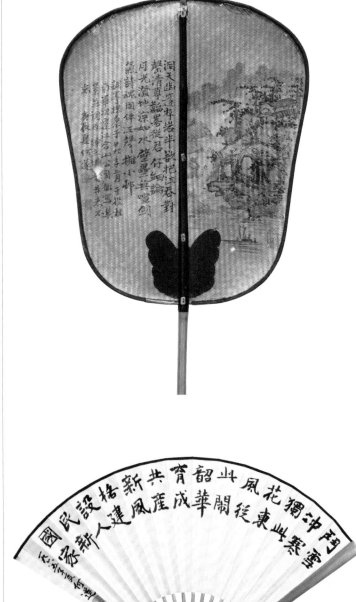

1940年夏，何遂偕妻往"桂南战役"前线指挥部广西迁江。何遂写其景贻夫人拂暑，左侧有《采桑子》二阕，词曰："洞天幽邃存岩半，欲把江吞。对罄清尊。韬略从君仔细论。月光泼地凉如水，壁垒无喧。剑气诗魂。同伴江声拥小邨"

此扇 1965 年夏书赠何敏

1943年何遂作于重庆。"擅壑专业之馆"
为战时国画界一同仁专业画室。何遂
1941年曾在此画室作长三十余米之《长
江万里图》

此四幅截自 1946 年作《长江万里图》

1946 年何遂画峨眉贺
长子世庸 33 岁初度

少旅先生正 丁亥春何遽

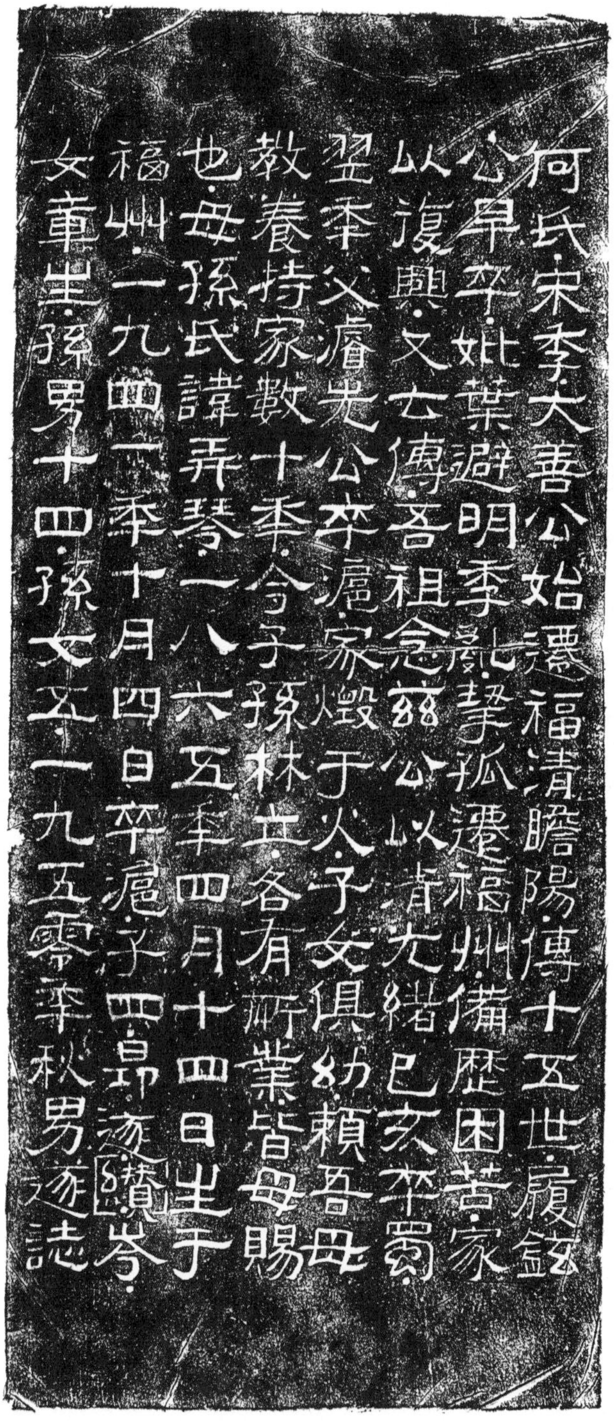

何氏宋季大善公始遷福清瞻陽傳十五世履銘
公早卒妣葉避明季亂挈孤遷福州備歷困苦家
以復興文右傳吾祖念兹公以清光緒己亥卒蜀
翌季父濬先公卒滬家燬于火子女俱幼賴吾母
教養持家數十季今子孫林立各有所業皆母賜
也母孫氏諱弄琴一八六五季四月十四日生于
福州一九四一季十月四日卒滬子四昂遂隨岑
女董生孫男十四孫女五一九五零季秋男遂誌

何遂为其母孙弄琴撰书之墓志铭

1951 年 12 月，先生表弟孙昌惕参加抗美援朝医疗队载誉归来。何遂作此画志喜并贻孙之夫人柳璇大夫

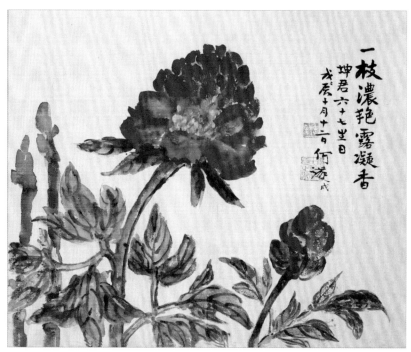

一枝濃艷露凝香
坤君六十七生日
戊辰十月十一日 何遂

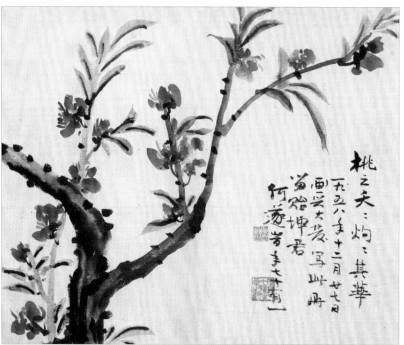

桃之夭夭灼灼其華
一九五八年十二月廿七日
雨窗大發寫此冊
命贈坤君
何遂芳年七十有一

此四幅选自 1958 年何遂贻爱妻祝寿之作

有人题赵子昂兰云
兰当九畹城五经不及
墨池三两丸今日国天
渝蓝枣王孙芳州
画天涯　叙圃画

叙圃戊戌
冬

何遂 1958 年赠邓裕民之山水画

何遂 1958 年赠何嘉之山水画

1959 年冬，何遂画梅、兰、竹、菊四条屏

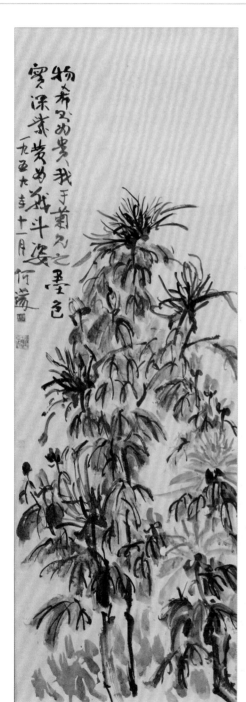

黄山写生共 90 幅，此其首页也

1959 年冬画松梅祝女何嘉 33 岁生辰

黄山写生：石门
(1959 年)

恍若從天下玉龍紛拏
天矯裂西峰修探相對
渾忘睡恍方寺伯半夜鐘
无五年夏由浴伍萊飛機
至華陰登山夜宿青柯坪
當值三五月明如晝連日
兩沿巨瀑徑西峰循崎墜
直下支瀑飛奔雷水霧
絲布似雲瀑以長而受風
左右搖戛不可方物为平生
所見景物之奇夸此
一九八二年冬月芒日何海霞記

《忆夜宿青柯坪所见》，有诗

《峨眉山》、《小鸟天堂》均为 1962 年贻世庸之作

1962 年画赠长子世庸长媳李智勤

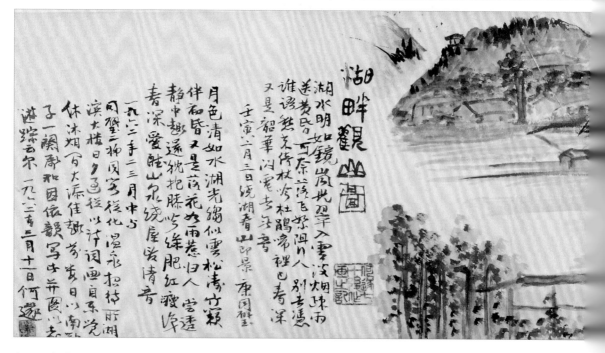

上：《温泉雅集图》，有七绝一首。诗后记曰：一九六二年二月二十日晚，康同璧、顾颉刚、戴爱（莲）、萧三集同志于从化温泉溪亭。皓月当空，湖影一碧。言慧珠同志歌昆曲，俞振飞师傅吹箫和之。极一时之盛。即景作图，赘以俚句以记胜游。（记后有康同璧女士《鹧鸪天》一首）

下：《湖畔观山图》，有康同璧女士《南歌子》一阕及作者依韵和词。记曰：一九六二年二三月间中，与同璧二姊同客从化温泉招待所湖滨大楼。日夕过从，以诗词画自乐。觉休沐期间大添佳趣。前数日，以《南歌子》一阕属和，因依韵写此并图，以志游踪云尔。一九六二年三月十一日　何遂

《湖楼雅集图》，此诗画合璧甚珍贵。何遂题《浣溪沙》后记曰：一九六二年三月五日，同人集从化温泉湖滨大楼一〇一室，即席写并题。随后有康同璧老人亲题《浣溪沙》二首，萧三亲录长诗《元宵流溪荡舟记》，顾颉刚手书五言律诗一首。诚名家荟萃之宝也

虫语鸟啾啾
耕耘乐
晚风牵
温达虹桥
桥上桥下
笑语欢声鸳鸯鹞
桥上华灯似锦树
桥下以千轮明月载龙泅
太白也今日
前他坐摇手
轻打水
楼钟亲
觉见银河倾倒挂民上棚
画廊及栋俱翻影
初是就雷
一百三年水殖楼
一黎玉笛
打破沉默
少女啸影唳：
"社会之花好!
努力争之游!"

1962 年年末，蓝菊孙先生携《诗经国风研究》书稿来访。何遂应请，作五言长诗代其书序

此诗画合璧记 1963 年农历除夕家宴之盛

1962年2月，何遂偕陈坤立至从化温泉休养。遵妻嘱作此图题《浣溪沙》一词并记游踪

1964 年 11 月 9 日，何遂由奉节舟行入夔门，写此图并诗二首赠世庸纪念

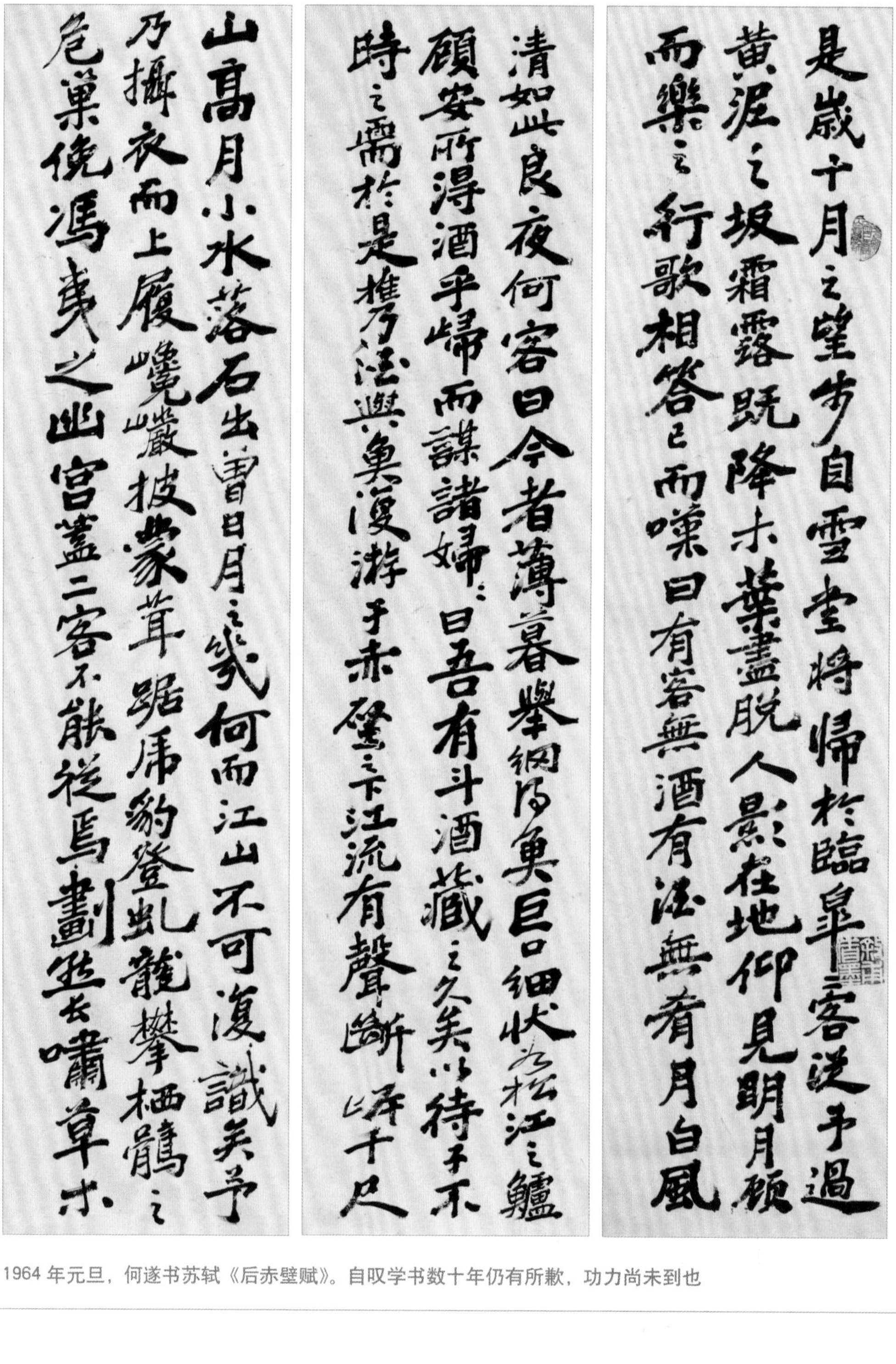

是歳十月之望步自雪堂将歸於臨皋二客従予過
黄泥之坂霜露既降木葉盡脱人影在地仰見明月顧
而樂之行歌相答已而嘆曰有客無酒有酒無肴月白風

清如此良夜何客曰今者薄暮舉網得魚巨口細鱗状如松江之鱸
顧安所得酒乎歸而謀諸婦婦曰吾有斗酒藏之久矣以待子不
時之需於是攜酒與魚復游於赤壁之下江流有聲斷岸千尺

山高月小水落石出曾日月之幾何而江山不可復識矣予
乃攝衣而上履巉巖披蒙茸踞虎豹登虯龍攀栖鶻之
危巢俯馮夷之幽宮蓋二客不能従焉劃然長嘯草木

1964年元旦，何遂书苏轼《后赤壁赋》。自叹学书数十年仍有所歉，功力尚未到也

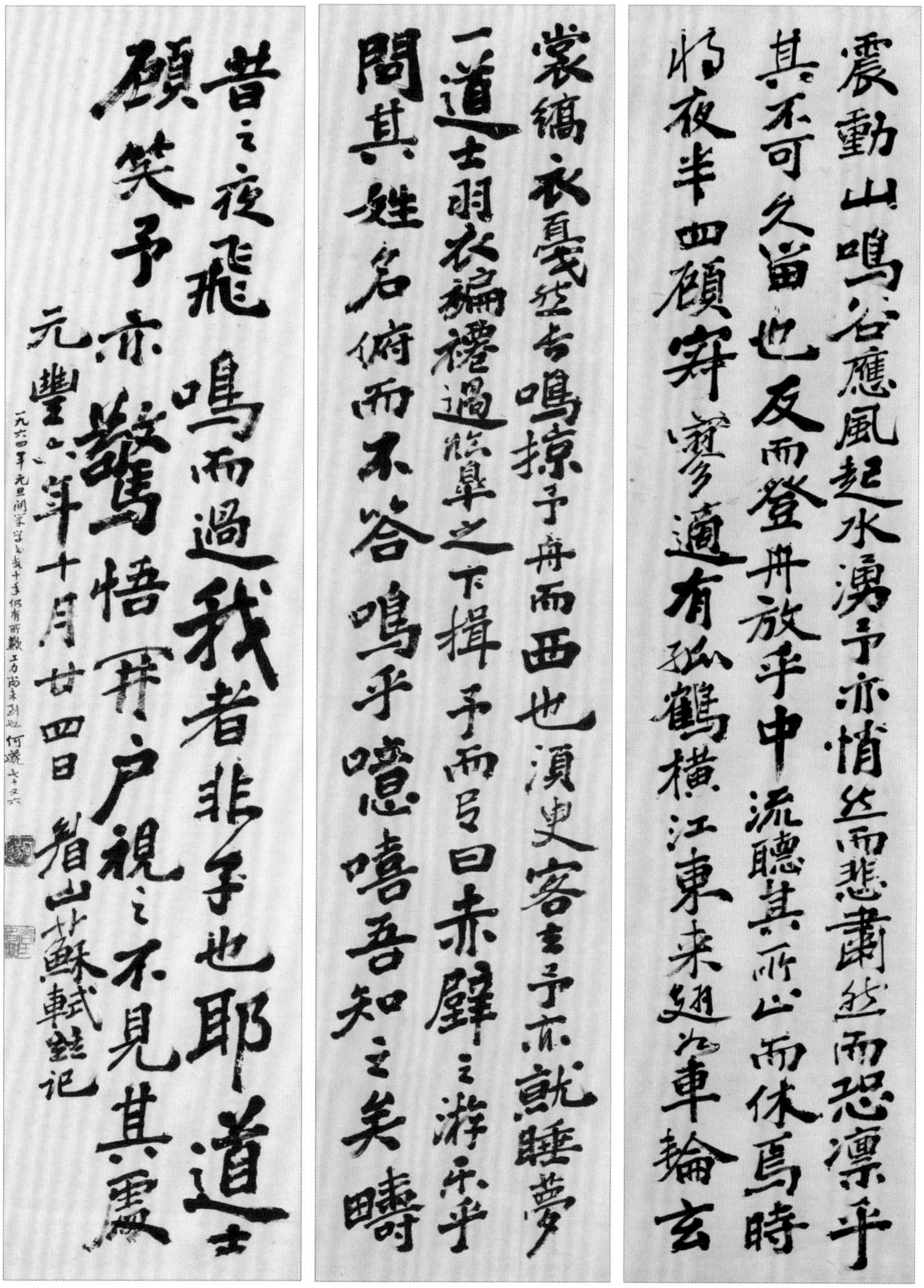

震動山鳴谷應風起水湧予亦悄然而悲肅然而恐凜乎其不可久留也反而登舟放乎中流聽其所止而休焉時夜半四顧寂寥適有孤鶴橫江東來翅如車輪玄

裳縞衣戛然長鳴掠予舟而西也須臾客去予亦就睡夢一道士羽衣翩躚過臨皋之下揖予而言曰赤壁之游樂乎問其姓名俯而不答鳴乎噫嘻吾知之矣疇昔

昔之夜飛鳴而過我者非子也耶道士顧笑予亦驚悟開戶視之不見其處

元豐六年十月廿四日眉山蘇軾題記

一九六四年元旦閤家守歲十二子侄有而數刀筒未到此何撰七十六

风雨送春归飞雪迎春到已是悬崖百丈冰犹有花枝俏 俏也
不争春只把春来报待到山花烂漫时她在丛中笑
敬书毛主席卜算子咏梅以贺
裕民嘉新禧萋祝春节快乐
一九六四季元旦何遂七十又六

1964 年元旦画梅
并题毛主席《卜算
子·咏梅》词赠
邓裕民、何嘉

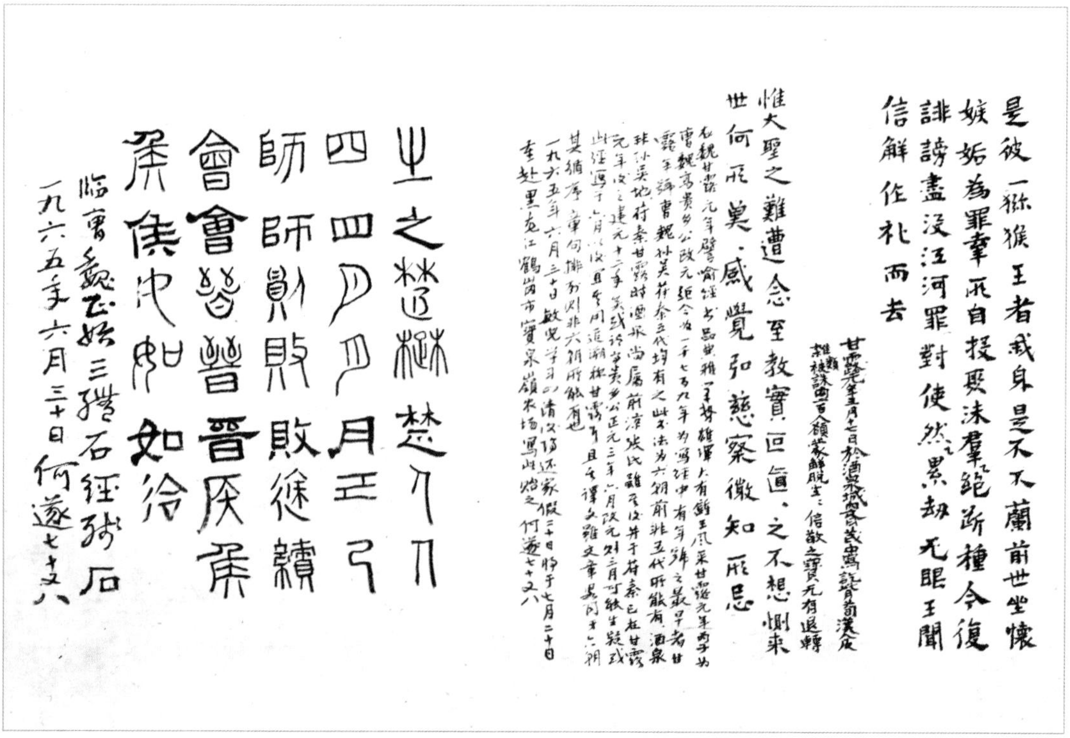

何遂 1965 年临习之各种字体

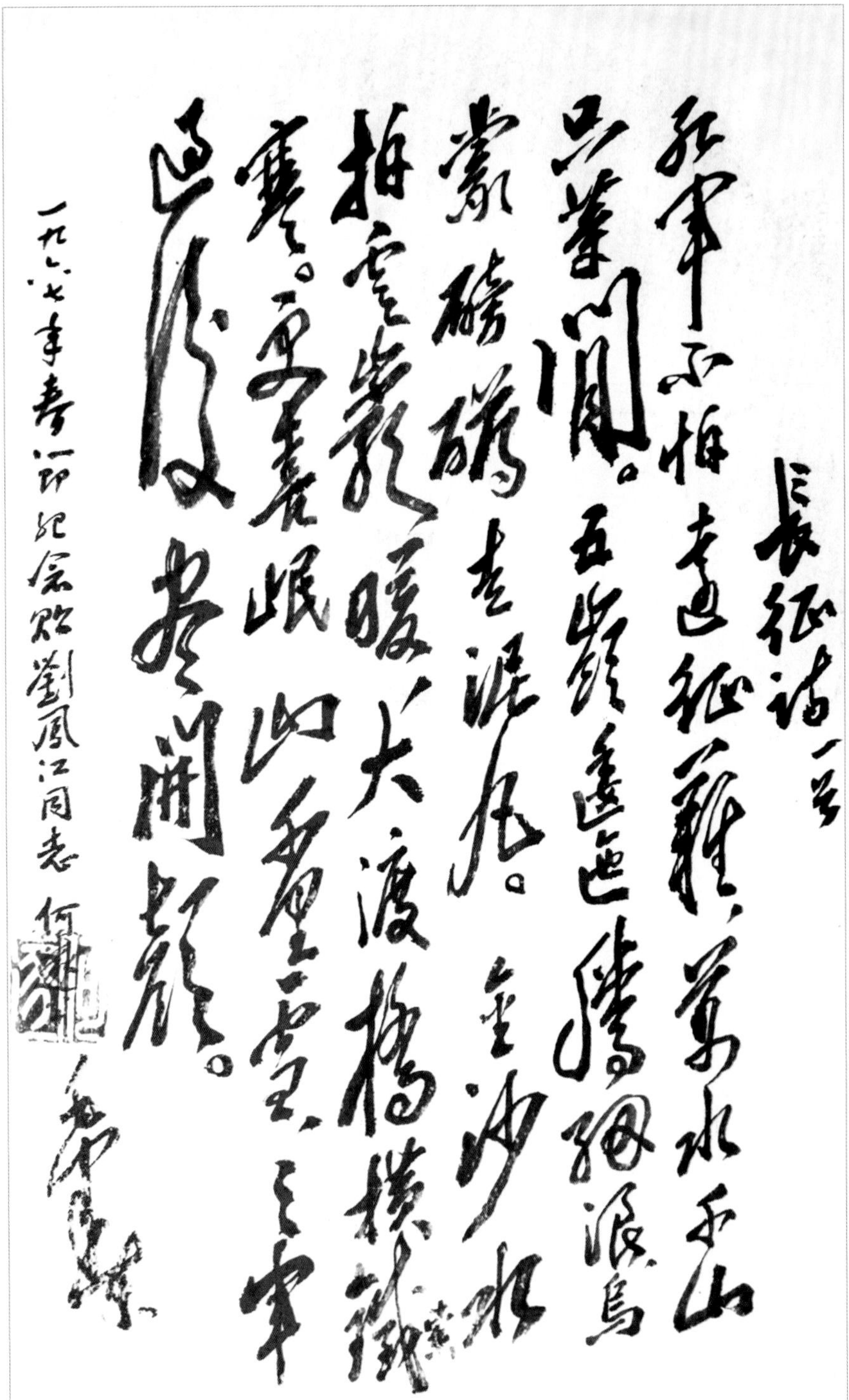

长征诗一首

红军不怕远征难，万水千山
只等闲。五岭逶迤腾细浪，
乌蒙磅礴走泥丸。金沙水
拍云崖暖，大渡桥横铁索
寒。更喜岷山千里雪，三军
过后尽开颜。

一九六七年春节纪念路刘凤江同志 何遂

何遂平日临习多种
字体。此幅为 1967
年春节学毛主席书
体赠刘凤江

七律　一九六七年元旦颂

毛主席万寿无疆

七十三年畅泳游。闲庭信步大江流。思想光辉
昭日月，声若龙雷震太空。冰霜险水梅花笑，往
史令人羡寿俦。普天同祝万年寿，响激
寰球六大洲。

达兄纪念　何遂八十

此诗作于1967年元旦，行书条幅写于同年仲秋，
应为何遂最后书法作品

寻踪文摭

何遂、陈坤立 1962 年摄于海南岛海滨沙滩

过瞿塘少年抒豪情

（寻踪文摭）

何　达

何遂的哥哥何昂，本已考上新开办的经纬学校。但因反对先生打人，被开除了。泸州还有两个书院，常出题目考"策论"，优秀文章有奖，名曰"膏火"，兄弟二人便常去应考，得了"膏火"就去买书。此时，对何遂影响最大的是他的同乡前辈严几道（严复）意译的《赫胥黎天演论》。这本书使他眼界大开，得知西方早有先哲斯宾塞尔、达尔文、哥白尼和柏拉图；他认为书中宣扬的"物竞天择"、"强者后亡"、"弱者先绝"的道理是符合社会实际的。何遂特别喜欢读梁启超的文章。有一次，他在梁启超《饮冰室诗话》中读到了石达开的四首诗，如获至宝，尤其是那首"扬鞭慷慨莅中原，不为仇雠不为恩"的七律，他非常喜爱。还有梁启超《意大利三杰复国传奇》中，有"倚啸东门，辍耕陇畔，国仇家恨压眉尖，侧目看朝党"等语，何遂拍案叫绝，十分欣赏。

1903年，孙弄琴见子女渐长，不宜再在外乡过寄居生活，决定回祖籍福建。

长江，从青藏高原奔流而下，至泸州与沱江汇合，江面渐阔，樯帆林立。那年乘初夏水涨，一家六口搭上一条运货出川的柏木船。这条坚固的柏木船足有六七丈长，满载着成坛的泸州老窖大曲，酒香四溢，还有泸州特产纹石和一袋袋精致的梳、篦。何遂一家蜷缩于船中篾篷的一角。船上有四对橹手，一位篙手，翘起的船尾坐着掌握全船命运的艄公（舵手），他是一位精壮的中年汉子。这条船顺流而下，过江津、重庆、涪陵、万县而至奉节。生性好动的何遂整天倚着船舷，被沿岸变幻的景色陶醉：原来世界是这样大，这样多彩。

当北岸掩映在堆绿叠翠中的白帝城进入何遂眼帘，杜甫笔下"赤甲白盐俱刺天"的夔门突兀而至。江北的赤甲山和江南的白盐山一红一白巍然耸立，两岸若窄门半掩，湍急的江流挟着船儿倏地闯入了

"锁全川之水，扼巴蜀咽喉"的瞿塘峡。何遂但见两岸险峰上悬下削，高不可攀又相逼甚近，河道宽不过百余米，窄处仅数十米，挤得江水如箭，涛声如雷。突然，远处江心露出一堆礁石，撞得急流汹涌咆哮，浪花飞溅，恶漩四起，吞噬过无数舟船的滟滪堆❶到了。早已停止摇橹的橹手们肃然凝望着船尾的艄公，篙手却勇敢地紧握两丈来长包着铁头的竹篙伫立船头。此时艄公喊出一声高亢的号子，整个身体将舵一摆，橹手们齐声应和，南侧的橹手奋力摇橹，一叶扁舟顺着礁侧的波峰翩然而过，瞬间已将滟滪堆抛在数十丈外。何遂慢慢松开紧攥的双拳，这个十五岁的少年，蓦然想到刚刚开始的人生——或许人生就应该这样，在急流险滩中奋进！一

首五言诗从他的脑际掠过，他低声吟道：

> 滩行最险处，涛声乱入耳；
> 仰视不可攀，返顾莫能止。
> 何安复何危，瞬息决生死；
> 远游良多艰，壮心未能已。

注 ❶ 滟滪堆已于 1958 年被炸掉，永沉江底了。

节选自《辛亥血》美国《侨报》2001 年连载

一张照片引起的回忆

（寻踪文撷）

何 康

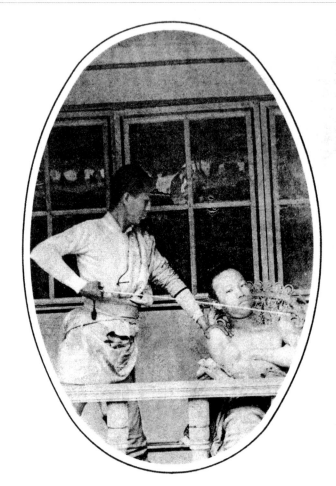

耿毅、何遂合照

持剑作刺杀状者为耿毅，坐椅作睥睨状者为何遂，示革命意志坚定，"威武不能屈"之意。摄影地点在桂林福堂街二号。

　　参加了隆重纪念辛亥革命八十周年的大会，心情久久不能平静。翻开案头一本广西政协编辑的《辛亥革命在广西》，扉页是一张耿毅先生与先父何遂的合影。照片上耿毅持利剑放在父亲的项前，作刺杀状，父亲叉手坐在藤椅上，侧目睥睨，显示出"威武不能屈"的气概。看着这张1910年摄于桂林福堂街二号的旧照，对逝世二十余年的父亲的思忆油然而生。

　　先父何遂从1904年进入福建武备学堂起，便积极参加了反清革命活动，当时他才16岁，表现得很活跃，很勇敢，结识了林觉民、方声洞、陈更新等后来很著名的革命志士，1907年由方声洞的哥哥方声涛主盟参加了中国同盟会。为什么父亲那么年轻就萌生了这样强烈的革命意识呢？因为那时中国的民族危机太严重了。父亲目睹了

此图采自《辛亥革命在广西》。广西壮族自治区政协文史委编辑，1962年出版

洋人横行、瘟疫猖獗、饿殍载道的黑暗情景。他写过两句诗："宗国陆沉哀万民，匣剑铮铮诉不平。"真实地表露了他当时的心迹。

父亲是广西同盟会创建人之一。那时的支部长是耿毅先生，父亲是参议。父亲当时担任广西训练新军的机构"督练公所"参谋处筹略科科长兼陆军干部学堂教官。有一次，他在干部学堂上课，把学生带到操场，向学生痛斥清王朝的丧权辱国，残民媚外，宣传孙中山先生的革命主张。讲完，他爬上一座一丈多高的天桥，奋身跳下，对大家说，敢做陈胜、吴广的就跳此桥。在场的七十多个学生都从天桥上跳下，有的还把腿摔坏了。当时他们租了桂林福堂街二号作为秘密机关出版《南报》宣传革命，经费由大家凑，父亲每月饷银120元，除寄30元给我的祖母，其余都交给耿毅。有一次，父亲指着露出脚趾的鞋向耿毅要钱买双鞋穿。耿毅说，不行，床底下有我的旧鞋，先拿去穿。耿毅脚大，父亲也就高高兴兴地趿拉着一双大鞋到处奔走。父亲和耿毅的那张合照就是这时期拍下的。

武昌起义爆发时，父亲是清军北洋第六镇统制吴禄贞的参谋，也是吴的心腹。吴禄贞在石家庄联系山西的革命党组成燕晋联军，扣压了清军运送辎重的列车，截断了北京通往武汉前线的铁路交通，而且和驻滦州的军队相约同时举义直取北京，对清廷和袁世凯构成极大威胁，父亲是直接参与其事的。吴禄贞在石家庄火车站被刺的那个晚上，父亲住在隔壁，听见枪声冲出去，吴已倒于血泊，人头不见了。父亲对我们说过，慌乱中他没有找到手枪，看到吴禄贞被害，悲愤到极点，曾用手中的短剑自刎，那把剑没有开口，很钝，把他的脖子割破了，鲜血

流了一身。父亲才醒悟过来，不能这样死，要继承吴统制的遗志，他率第六镇部分官兵起义，被推为燕军大都督。后来，张锡銮、曹锟的清兵打进山西，父亲跑到五台山庙里化装成和尚才潜回南京。

此后，他参加了护国、护法斗争，又从力主抗日走上和共产党合作的道路。他走了这条民主革命道路，就是因为爱国。许许多多辛亥时期的革命前辈都选择了这条道路。我想，今天祖国虽然站起来了，但还不够强大。我们纪念辛亥革命八十周年，正是应该发扬前辈们的爱国精神，为振兴中华，为完成祖国统一的千秋大业而努力奋斗。

原载1991年美国《侨报》、《人民政协报》

何遂主持黄埔军校校务前后

（寻踪文摭）

何 达

何遂于 1928 年 5 月正式就任广州黄埔陆军军官学校"代校务"。

代校务就是代理校长蒋介石、副校长李济深主持校务，

并不是"教育长"；当时的教育长是李扬敬。

为什么不称"代理校长"呢？也许和蒋介石喜欢部下称他为"校长"的心理有关。

何遂此前是个北方军人，怎么和蒋介石有了直接联系？

怎么会在这个时候出任这个角色？

参与北京政变

1924 年 10 月，第二次直奉战争期间，直系内部的爱国军人冯玉祥、胡景翼、孙岳发动了北京政变，囚禁了贿选总统曹锟，迫使在山海关督战的吴佩孚从海上逃离北方。政变后，成立了国民军，冯玉祥任国民军总司令兼第一军军长，胡景翼、孙岳任国民军副总司令，分别兼第二军、第三军军长。何遂任第三军参谋长兼第四师师长，同时任国民军空军司令，由北京政府委任为航空署长，授衔空军中将。国民军的臂章上印着"不扰民，真爱民，誓死救国"，政变后立即致电广州孙中山，邀请孙先生北上主政。孙中山于 11 月 7 日致包括何遂在内的二十多位具名者的复电中说："前闻诸兄驱逐元恶，为革命进行扫除障碍，已深庆幸。兹悉诸兄更努力建设，期贯彻十余年来未能实现之主义，使革命不

至徒劳无功，尤为欣慰。文决日内北上，与诸兄协力图之。"（见《孙中山全集》第十一卷）从复电内容，从孙中山先生抱病北上，从冯玉祥驱逐溥仪出宫，从孙岳应北方共产党领导人之请，全部释放被吴佩孚关押的"二七"罢工工人和工会干部等史实看，北京政变的性质，至少是爱国的，进步的。

何遂生前写了《关于国民军的几段回忆》，文中写到他和孙岳在陕西为西进的问题发生争执。父亲何遂曾告诉我，他对西进抱有强烈愿望，孙岳原本也是下了决心的，但各方干扰太多，孙岳变了卦。他们在西安吵得很凶，最终孙岳变了脸，怒斥道："叙甫，别再闹啦！你再闹，我军法从事！"何遂气极了，离开第三军到日本考察去了。

孙岳放弃了经甘肃西进新疆的计划回到北京，当了直隶军务督办兼省长，这时是国民军最兴旺的时候。但国民军控制北京政权，与国共合作的广东

政府南北呼应，成为全国军阀势力的心腹大患。这就促使直系军阀与奉系军阀联合起来对付国民军。由于军事节节失利，冯玉祥被迫通电下野，孙岳此时健康状况恶化，难以支撑（孙岳到上海治病，1928年5月病逝，享年50岁），让李烈钧把何遂找去，希望何遂替他"办理军队的后事"。何遂不忍推托，在败局已定的情势下，就任了第三军代理军长。

当时，北京古城已被直军、奉军包围。冯玉祥第一军驻北京的主力是鹿钟麟部，鹿请何遂出面与直军联系，让直军开一个口子，国民军自动撤出古城。何遂两次冒着生命危险进入直军防区，面见直军前敌总指挥田维勤，第二次居然说动了田维勤，和他一起进入北京。田与鹿钟麟当面商妥，1926年4月，国民军撤出北京，退守京郊以南口为中心的绵延阵地。国民军第三军全盛时号称十万之众，其实大多为无奈而依附的直系旧部，此时纷纷各寻出路。何遂对此不仅不予掣肘，反而尽力给予方便和协助。第三军核心部队是孙岳的嫡系徐永昌部，徐率第三军队伍参加了"南口大战"，失败后，徐投奔了山西阎锡山。至此，国民军第三军瓦解。在这个过程中，何遂倒博得了"义薄云天"的好名声。

和蒋介石有了直接联系

何遂在奉系军队进入北京后，经上海转往杭州。浙江督军夏超是何辛亥前在广西的战友，夏超送给何遂一幢小楼，地点在杭州涌金门外西湖边上（此楼至今尚在）。何遂在此沉醉于考古癖好中，他搜集了数以千计的瓦当，二百余枚铜鉴，一一拓印成册，单瓦

何遂担任黄埔军校"代校务"期间
之历史档案照片

当拓本就有三十余册。很幸运，中国国家图书馆至今保存着他的四册瓦当拓片本和两册铜鉴拓片本。

有一天，陈铭枢突然来访，对他说，蒋总司令（蒋介石）有事情找他，请他去一趟。何遂到南昌，在一辆火车的临时办公室里见到了蒋介石。蒋很客气，让他到河南去，利用与直系的旧关系，策动吴佩孚的部下，特别是吴的主力靳云鹗部倒戈响应北伐。蒋的意思是，只要不再听吴的指挥，部队不改编，由武汉北伐军政府委以新职。何遂答应遵命照办。

何遂先与李书城、吕公望同到武汉，取得合法身份，然后潜赴河南信阳、郑州。当时，吴佩孚的主力是靳云鹗部，其次是魏益三部，田维勤也有相当实

力。靳云鹗长期受吴佩孚压制，二人积怨甚深，曹锟曾把他们比做一对"活冤家"。靳与胡景翼交好，胡原属陕西靖国军，是通过孙岳、何遂牵线进入直系的；何与胡是契友，因这层关系，何遂与靳云鹗换过帖。魏益三原为奉系郭松龄的部将，郭松龄倒奉失败被杀害，他继续举"国民军第四军"的旗号反奉，被奉系通缉追杀，被迫归附直系，他和吴佩孚的关系不深。田维勤本是靳云鹗的部下，曾一度整建制为国民军第二军胡景翼收容。何遂在信阳秘密会见了靳云鹗、魏益三和田维勤。魏益三先生在他的遗稿《我由反奉到投冯投吴投蒋的经过》一文中，在"我怎样归附了北伐军"一节里，写到北伐军占领武汉后，蒋介石、唐生智派人到河南拉拢吴佩孚的部下，写明了"何遂等人到信阳来见靳云鹗和我，劝说我们归附北伐军"的情节（见全国政协文史委编《文史资料选集》第五十一辑）。魏先生生前在另一篇回忆他接受北伐军政府委任的文章中，也谈到了他和靳云鹗、田维勤与何遂会晤并共餐的情况。何遂作为北伐军的密使，确实把蒋介石的意思直接送进了三位旧友的耳朵里。后来，在大势所趋的背景下，也基于直系军阀固有的矛盾，靳云鹗和魏益三倒戈响应北伐；田维勤没有接受北伐军的委任；吴佩孚被迫率残部狼狈逃往四川，投奔了杨森。显赫一时的直系军

《浔阳秋色图》为20世纪50年代末忆旧之作。款曰：一九二六年十月，同李书城、吕公望至汉，任河南前线反正事。吴逐靳降，直奉大战因成奉军出关之局云。青山红树爱清霜，江影澄鲜帆影长；老屋几间泉几叠，销魂千古是浔阳。时蒋为友也

阀集团，至此便彻底垮台了。

这段经历有时会在何遂心底泛起，20世纪50年代末他画了一幅《浔阳秋色图》，在天头题道："一九二六年十月，同李书城、吕公望至汉，任河南前线反正事。吴逐靳降直奉大战因成奉军出关之局云。青山红树爱清霜，江影澄鲜帆影长；老屋几间泉几叠，销魂千古是浔阳。时蒋为友也"这段文字中的吴指吴佩孚，靳指靳云鹗，蒋指蒋介石。

何遂办完这件事情，蒋介石曾单独请他吃饭。我的长兄何世庸在他撰写的回忆录里，有一段有趣的记述：吃饭时，何滔滔不绝地讲述事情的经过，蒋一再客气地请他用餐、吃菜，何仍然不停地讲着，蒋过意不去，说何先生先吃饭，慢慢讲。何遂诚恳地说，总司令很忙，单独见你一次不容易，我要把事情的原委和关节都给你讲清楚，吃饭嘛是小事情。蒋为之动容。

事后，陈铭枢问何遂想要点什么。何历来推崇鲁仲连，为人排患难解纷争而无所取。对这种现场交易自然不喜欢，便谢绝了，仍回杭州涌金门外91号小楼去搞他的考古了。

1927年年末，他应好友李济深（1915年，他们同在陆军大学任教官，一同反对袁世凯称帝）之邀，到广州去当了第八路军的总参议。此时，坐落在广州珠江长洲岛上的黄埔陆军军官学校被冷落了，校长蒋介石正纵横捭阖盯住全国的权力争夺，副校长李济深也无暇顾及。在校主事的教育长李扬敬压不住阵脚，学生中屡屡发生骚动。李济深建议安排一位代理校长，一连推荐了三位人选，蒋介石都没有点头。虽然此时这只是一个没有实际军权，而且带有过渡性质的职位，但黄埔军校是蒋介石权力肇始

之地，在蒋的心中是看得很重的。李济深第四个推荐了何遂，蒋介石同意了。

何遂在黄埔军校大兴土木

何遂不爱权（这是他被一些权力人物容纳和利用的原因），不爱钱，但十分好名。年届不惑的他，对"名士"、"闻人"这类的称号心向往之。他对新的贵而不味的职务颇感兴趣，认为是蒋对他表示的信赖。他那时对蒋有好感，认为中国连年内战，民不聊生，老百姓企盼太平和统一，需要一个强有力的人物，他对蒋抱有希望。对蒋介石的"清党"，他是不赞成的。国民军控制北京的兴旺时期，有几十名苏俄顾问，和他多有交往；北方共产党领导人之一的陈独秀是他的老朋友，他们虽说只是探讨考古和文字学，但有交往。何遂一心要动员孙岳西进到新疆去，就是想要背靠苏联，取得苏联的援助，实行长期割据。何遂是拥护联俄联共的；但他认为蒋的"清党"，是权力之争，是排除异己，只是手段过于残忍。

何遂走马上任，时当黄埔第六期。何遂作风比较民主，待人热诚，受到学生欢迎（见黄埔六期生刘勉撰《黄埔第六期读书回忆》）。

何遂是个聪明人，他认为北伐胜利，太平纪功，恰当其时。他主持黄埔校务时间并不长，却大兴土木，在校园里兴建了多项大的建筑，至今留为胜景。

首先，1928年9月，何遂主持了"孙总理纪念碑筹建会议"，全校师生踊跃捐资。10月11日，何遂率领军校各部长官和学生代表在八卦山举行了孙

总理纪念碑奠基典礼，何亲自挥镐破土动工。

这座今天仍屹立于校园中央的宏伟的纪念碑，座高19米，碑高40米。正面"孙总理纪念碑"六个隶书字，是胡汉民书写。碑东侧所刻总理遗训"和平，奋斗，救中国"七个大字，是何遂手书。据当时何带在身边的三子何康回忆："父亲是用大面盆盛满墨汁，把纸铺在地上，用扫帚饱蘸浓墨书写的。"何遂崇敬孙中山，他在北京亲历了孙总理的追悼会，这位民主革命先行者弥留之际呼唤的七个字，给他的心灵很大震动，他是饱蘸着浓烈的感情写下这七个大字的。碑西侧刻着孙中山在军校开学典礼上对师生的训词："三民主义，吾党所宗；以建民国，以进大同；咨尔多士，为民前锋；夙夜匪懈，主义是从；矢勤矢勇，必信必忠；一心一德，贯彻始终。"

是戴季陶的手迹。碑后面刻有篆体总理像赞："先生之道，天下为公；先生之志，世界大同；三民建国，允执厥中；况在吾校，化被春风；江流不废，终古朝宗。"纪念碑顶部所立孙中山铜像，高2.6米，为日本友人梅屋庄吉所赠。这座纪念碑1930年5月完工，当时何遂已辞职离校。

在校园西南部的"平岗之阳"，1926年建有"东江阵亡烈士墓"，是为纪念1925年讨伐陈炯明东江之役阵亡烈士而修建的。烈士墓庄严肃穆，纪念塔式的碑体上方，建有白色厚重的石亭。1928年10月，在何遂主持下，紧挨烈士墓，又动工修建了"东江阵亡烈士纪念坊"，这是一座凯旋门式的平房建筑，里面立着两块巨型石碑，碑文为何遂撰写并以颜楷书丹。这篇碑文较长，概括地记述了自1924年5月孙中山创立黄埔军校以来，"秉主义，施训育，桓桓肃肃，兴也勃然"。以黄埔军校师生为基干，东讨鲤湖、棉湖，又回师挫败了杨希闵、刘震寰的叛乱。重点记叙了蒋介石指挥的第二次东征，对攻克陈炯明老巢天险惠城一役，描述尤为突出，歌颂了革命军人英勇肉搏，前仆后继，不畏牺牲的崇高精神。指明东征胜利，才有了后来的北伐。碑文对蒋介石多所颂赞，实为何遂当时内心思想感情的抒发。

1929年初，何遂又主持兴建了"黄埔军校学生北伐阵亡将士纪念碑"，是一座高10米的花岗岩石碑。碑身书"为民牺牲"是何遂的手迹。碑座东、西、北侧刻有北伐阵亡的独立一团一营营长曹渊等

屹立于黄埔军校旧址中的孙总理纪念碑。碑东侧孙总理遗训"和平，奋斗，救中国"七个大字，是何遂手书

何遂之孙何迪在"东江阵亡烈士纪念坊"中仰读祖父撰写并书丹的碑文

355位黄埔军校学生的姓名。碑座南侧是何遂撰写并书丹的碑文。这篇骈体碑文点出了北伐"庶天心之厌乱,慰中外之喁喁"的背景,热情讴歌了黄埔学生在北伐中展现的革命精神。颂扬烈士们"平岗之石齿齿兮,黄埔之水淙淙;屹丰碑以励世兮,将以垂人纪于无穷"。

1929年年初,何遂还在校园东部的蝴蝶岗修建了一座公园,名为"济深公园",显然是为彰显副校长李济深的。何遂写了一篇短文《济深公园记》,说希望这里成为学生"修学"、"观摩"、"相络相瓦"、"敬业乐群"的园地。

1996年春,时任广东省黄埔同学会会长的何世庸,以82岁高龄亲自带着何嘉(我的姐姐)、赵志勤(我的妻子)和我参观了黄埔军校旧址,逐一瞻仰了这些建筑。站在孙总理纪念碑"和平、奋斗、救中国"几个大字下,我不禁感想丛生:从大的方面说,伟大的孙中山这七字遗言,至今仍闪耀着鼓舞中华儿女为民族复兴而奋进的熠熠光辉。从小的方面说,虽然许多有关黄埔军校的纪念册、画册上很少提及何遂这位曾经的"代校务",但他自己却在这片土地上,为自己刻下了抹不掉的一笔。

辞职闲居终成国府要员

1929年2月24日,何遂主持了黄埔第六期的毕业典礼。一位毕业生在回忆录中这样写道:"当我们于二月二十六日离校时,何遂代校务和李扬敬教育长亲自到校门码头和同学们一一握手送行,语重心长,致以良好祝愿。船开后,仍站在码头上频频招手致意。"(刘勉《黄埔军校第六期读书回忆》)

1929年3月爆发了蒋介石和李宗仁、白崇禧之间的"蒋桂战争",蒋介石获胜。蒋因李济深支持桂系,耍手段诱李济深到南京,以"谋反党国"的罪名,将李软禁于汤山,并开除了李的国民党党籍。李济深与何遂交好,临去南京前预感不祥,告别时把一口袋钱塞在何遂手里,说你留着用,他知道何遂爱花钱而不善理财。此时,蒋介石在南京设立了国民党中央军

黄埔陆军军官学校正门。前立者为何遂之孙何迪（右）、何代宁。

后跑到英国去研究中国国学。袁世凯称帝，他才回国参加护国战争。袁世凯死了，陈皈依佛门，法号圆白，他是北平中国佛教协会的会长。陈认为"阎锡山有帝王之相"，他与旧友经常聚会，是拥阎派；何遂则是倾向蒋介石的。蒋也没有忘记他。正当双方剑拔弩张，战争一触即发之际，宋美龄的亲信邢契莘邀同何遂在欧洲观战时结交的好友徐祖善一同来访，邢契莘转达了蒋介石的意思，让何遂去见冯玉祥，劝说冯玉祥要冷静，不要和阎锡山搞在一起，在蒋阎对抗中保持中立，是为上策。何遂表示，自己和冯玉祥的关系不算好，可以去见冯，转达蒋的意思，但不能担负劝说之责。何遂为此到山西，在太原晋祠会见了冯玉祥，转达了蒋介石的意思。这年5月，蒋、阎、冯中原大战爆发，至10月，阎、冯战败。

校，继承黄埔军校的期别，与黄埔老校同时并存，黄埔军校的经费日渐紧缺。何遂失去李济深的就近支持，日子不好过了。至1929年年末，军校又发生了一件令何遂愤怒的事情：部分师生要求铲除"济深公园"，何遂反对。何遂认为这是对着他来的，于是打了一个辞呈，不等回复，带着家眷走了。

何遂先到南京，带着长子何旭（何世庸）用汽车装了一大箱线装书直闯汤山，警宪拦不住他，他见到了李济深，慰问一番，把旧书留给李解闷。何又到上海接了老母，才举家回到北平。他在北平察院胡同29号有一处老宅，前后两进，院内有假山，有能容数十人开会的厅堂，何遂便在此闲居。何遂的兴趣和主要精力都集中于考古，特别热衷于甲骨文的搜集和研究，他此时与北平图书馆有不少联系。

1930年春，蒋、阎、冯中原大战山雨欲来。何遂的内兄陈裕时住在他家。陈裕时是辛亥革命中革命党内主张向袁世凯妥协的实力派军人，二次革命

1931年年初，何遂应杨虎城之邀（国民军时期，何遂任第三军参谋长兼第四师师长，杨虎城是第三师师长，他们的关系很好），到陕西西安当了第十七路军的总参议。同年10月，也就是"九一八"事变爆发后一个月，经蒋介石提名，何遂当了国民政府立法委员；次年6月，南京国民政府又任命何遂为西京筹备委员会委员。但此时，何遂激于民族义愤正

全身心地投入北方抗日救亡活动，他与朱庆澜将军一起组建了"辽、吉、黑抗日义勇军民众后援会"，奔走呼号，宣传抗日，向前线输送弹药和慰问品，自己也把献给中央研究院古物获偿的4万大洋全部捐献了。他还主动请缨当了驻热河的第五十五军军长（该军以义勇军撤至关内的部队为主力）。但他的抗日行动，反为坚持"攘外必先安内"的蒋介石不满，受到多方掣肘；甚至北京的家在大白天遭到多名"黑衣大汉"的抢劫（这时期的情况，可参见本书《抗战初何遂与中共高层的交往》）。直至1933年热河失守后，他才辞去军职，卖掉北京的房子，于1934年举家迁往南京。当时国民政府立法院的院长

是孙科，对何遂相当倚重。何遂从此成为蒋介石领导的国民政府的一名高官。

2007年春，"寻踪之旅"全体成员摄于保定"陆军军官学校"旧址大门前。前排左起张北英、雷蓉、王苗、何迪、何康、郁隽民、何仲山、王果

抗战初何遂与中共高层的交往

何世庸　口述
何　达　整理

"九一八"事变当晚我正在沈阳。

当时我是日本在沈阳办的南满医科大学预科的学生。

我因此目睹了一场有预谋的侵略，也亲身体验了沦为亡国奴的痛苦。

当我辗转逃回北平家中，向父亲讲述了在沈阳的经历时，

父亲说："果不出我预料，日本人真的动手了。"

父亲是个抗战派

我父亲何遂是个民族意识很强的人。他早年参加辛亥革命，护国、护法斗争，1924年参与了冯玉祥、孙岳、胡景翼发动的北京政变，成为国民军第三军参谋长兼第四师师长（第三师师长是杨虎城）。1929年年末，他辞去黄埔军校"代校务"（代校长、副校长主持校务）后，闲居北平。1931年年初，应杨虎城邀请，当了十七路军总参议。那年夏天，他到日本考察，回到北平对家人和朋友说，中日难免一战，日本人首先想在东北挑起事端。

"九一八"事变激起父亲民族意识的大爆发，他四处奔走联络抗日。1932年年初，他与朱庆澜正式组建了"辽、吉、黑抗日义勇军民众后援会"，朱任会长，他任副会长兼主任干事。成立会议是在北平察院胡同我家住宅召开的，我家从此成为"后援会"活动的中心之一。经常往来的"后援会"要员，除我熟悉的朱庆澜伯伯，还有总务主管查良钊、财务主管杨慕时（斌甫）以及高仁绂、严宽、王化一、何绍南、刘竹波等。"后援会"向国内外发出抗战号召，募集捐款、物资。父亲还代表"后援会"到热河去，敦促汤玉麟整军抗日。

1931年10月，南京国民政府任命父亲为立法委员，1932年6月又任命他为西京筹备委员会委员。父亲没有放下在北方支持东北义勇军的活动，而是把这一活动带到南京、上海。他在上海《时事新报》上发表了毁家纾难的启事，称"国难日亟，抗日救国之士，喋血疆场，忠勇可佩。遂报国有心，输财无力，兹将家存古物及拙作字画等，悉数运沪粤等处，展览公卖，以助军实"。首批运至上海的文物2,350件，上海市长吴铁城，著名学者叶恭绰、傅斯年等亲往参观。叶恭绰认为公开标卖，恐流失国外。经叶与傅斯年撮合，由南京中央研究院收藏部分展品，酌付奖酬4万银元，父亲悉数捐给了"后援会"。

我是父亲的长子，他对我比较关注。我那时很积极地投入到风起云涌的学生抗日活动中去，常常带着两个弟弟去参加游行、集会。父亲笑我只会空喊口号，说他干的才是实事。我乘机要求参加"后援会"的工作。1932年隆冬，父亲终于让我随后援会骨干王兰田，陪同从南京来的以国民党中央委员纪亮为首的"中央慰问团"赴热河前线慰问抗日义勇军。代表团成员二十余人，另有一批新闻记者及学生代表随行，其中就有范希天（后改名范长江，时为北大学生）。这次慰问活动从承德出发后，沿路慰问了冯占海、宫可法部，在开鲁遭遇日机轰炸，许多和平居民被炸得血肉横飞，曝尸街头，我用携带的小电影机把所见情景拍成了短片。

1932年之全家福。
右起：何遂、何世平、何世庸、孙弄琴、何嘉、何康、陈坤立怀抱何达

父亲和我在热河期间，某日白天，突然有多名持长短枪的黑衣大汉闯入察院胡同我家，将全家老小和侍从驱赶到后院一间屋里，声言抢劫，逼我母亲交出钱财。这些人在翻箱倒柜后，仅取走苏俄代表团赠送的水晶烟盘等少量物品，人也没有受伤。父亲闻讯返平，心知此举绝非一般抢劫，可能是北平当局对自己的某种警示。但他除了在家里增加保镖外，并未退缩自保。

1933年年初，热河形势紧张。父亲代表孙科再次赴热河敦促汤玉麟奋起抗战。父亲还向蒋介石请缨杀敌，被任命为驻热河的五十五军军

1932年何遂与东北义勇军将领冯占海（左）合影

长。父亲刚到任即逢日军大举进攻，汤玉麟望风而逃，父亲率部仓促应战，在赤峰、围场遭遇重创后，率余部转移到察哈尔的沽源。五十五军的基干是原东北义勇军冯占海、宫可法的旧部，虽然装备、训练都较差，但由于有义勇军的渊源，颇受各方注目。父亲在沽源，一面受冯玉祥、方振武察哈尔抗日同盟军的影响，一面又受蒋介石的限令，军队内部又和副军长严武（何应钦的把兄弟）矛盾日深，所以这年秋天，他辞去了五十五军军职。

在他画的一幅画上，题了这样一首诗：

新亭涕泪终何补，往事难为挥麈谈。

无那长空归雁急，劳人风雨又江南。

诗后写道：一九三三年登高之作。是年春，张学良不合作，卸东北义军事归。

1934年，父亲卖掉北京的房产，举家迁往南京。当时国民政府立法院长是孙科，孙对老同盟会会员又交游广阔的父亲相当青睐，父亲一时成为南京政坛太子系的红人。

中共中央代表走进我家

1936年夏，我从南京中央军校第10期毕业，即到驻河北邢台的32军部通信大队当了准尉见习官。这年年底，国民党军事训练总监部主办的军官外国语文补习所招收学员，父亲请32军军长商震保送我去。商震开出的保送公函上把我从准尉提升为中尉，我在1937年1月回到南京家中。

父亲告诉我，不久前，西安事变刚发生时，宋美龄曾让林蔚（蒋介石侍从室主任，他是父亲的学生）来找过他，要求他到西安去，利用他与杨虎城的关系，设法营救蒋介石；宋表示，对方有什么条件都可以商量。父亲答应担负这个任务，并已确定由沈德燮安排专机，但他内心认为蒋是活不成的。后来事情急转直下，西安事变的和平解决，对父亲触动很大，为了团结抗日，共产党愿意拥护蒋介石的领导，父亲认为，这真是从民族大义出发，又富有政治远见了。

1937年上半年，在中日全面战争山雨欲来的背景下，国民党的政策有了重大调整。5月末6月初，以周恩来同志为首的中共中央代表团抵达南京，国民党方面负责接待的是父亲的好友张冲，在张的安排下，父亲会见了周恩来、博古等代表团成员。对于这次会见父亲非常兴奋，回家后对我说，周恩来称赞他和冯玉祥、孙岳等一起策划打倒曹锟，电迎孙中山先生北上议政的行动是"进步之举"；赞扬他支援东北义勇军和坚决抗日的主张，希望他利用自己广泛的社会关系，特别是与孙科的关系，为团结抗日救亡多做贡献。

"七七"事变爆发后，国共合作抗日的局面初步形成，南京的政治氛围也有了清新的改观。这时期，博古、叶剑英、李克农等曾多次到普陀路我家来访，并与父亲互有宴请。

当时，一个国民政府官员在家里接待共产党的代表，还是件不寻常的事情。对此，我与同在军官外语补习所学习的二弟何世平都十分关注。尽管我俩都参加过抗日救亡学生运动，也知道一些中国共产党的简况，但对真正的共产党人特别是他们的领导人，仍然怀着忐忑的敬仰又充满好奇心。我和二弟在他们每次来访时都尽量守在旁边，生怕漏掉什么事情。我们怎么也没想到叶剑英竟是那样一位学识渊博、谈笑风生、潇洒而平易的人。叶对我们两兄弟特别亲切，问长问短，他听说我们参加过学生抗日救亡运动十分高兴，鼓励我们投身到抗日民族解放事业中去。

有一天，叶剑英和李克农来到我家，坦率地对父亲说，中共代表团的警卫人员缺少武器，而环境是有危险的，希望父亲帮助解决。父亲当即答应把家中存枪全部相赠，因为这些枪支都存放在京郊栖霞山我家的别墅里，父亲对我和二弟说："这事就交给你们了。"于是，我和二弟调开家中司机，自己开车到霞栖山取回四支步枪，两把驳壳枪，连同子弹用麻袋捆好。叶派汽车来，直接倒进我家车房，顺利地取走了。

8月，国民政府军事委员会正式宣布红军改编为国民革命军第八路军。周恩来、叶剑英等亲到首都反省院看望了被捕的共产党员和革命人士后，政治犯开始成批放出。就在此时，孙科的亲信南京市长马超俊突然来访，我正好在家接待他。马见父亲劈头就说："共产党要在南京搞暴动。"父亲问其缘由，马说，据报有许多形迹可疑的人纷纷向傅厚岗集中，外面风传共产党要搞暴动。父亲立即打电话给叶剑英，叶很快就赶来了。叶听说后笑道："这完全是误会。最近有一批共产党员和抗日志士刚获释放，他们急着找中共代表团，找八路军办事处，他们衣着破旧，长期和外面隔绝，自然到处打听中共代表驻地，这本是情理中的事，想不到引起这么大的误会。"父亲为此向马超俊做了解释并请他将此事转告孙科。我当时非常惊讶，像马超俊这样的堂堂大员，平时嘴里也说"兄弟阋于墙，而外御其侮"，

碰到一点事情，竟然连分析事物的普通常识都没有了。

父亲性格豪放，酷爱诗词书画，他与叶剑英同志很谈得来，应叶之请他陆续把一些好友介绍给中共代表。有一次，父亲在"万花楼"请客，博古、叶剑英、李克农等都去了，父亲把他的好友吴石、张维翰、缪秋杰等介绍给他们，席间相谈甚欢。父亲很看重和共产党的交往，态度是真诚的，我记得有这么一些事情：父亲从北平回南京后，常到老虎桥监狱（江苏省第一监狱）去看望陈独秀（他与陈是在民初陈任安徽都督柏文蔚秘书长时相熟的），他们在文字学、音韵学和古典格律诗词方面有着浓厚的共同兴趣。1936年父亲与陈合作写了一本关于日本片假名源起的小册子，傅秉常把该文列入由他主编的三民主义文库中出版了。1937年年初，父亲根据他收集的甲骨文残片，写了一本《叙圃甲骨释略》，陈独秀亲自为他抄录搞件，并题了词（此书石印出版，得存其真）。在与中共代表的接触中，周恩来委婉地劝他不要和陈交往过密，父亲并不了解中共党内的事情，但他还是接受了。还有一件事情，在国民政府宣布成立第十八集团军时，父亲曾写了一份报告，要求派他担任国民党驻第十八集团军代表，通过孙科呈交蒋介石，蒋介石未予采纳。

父亲陪同周恩来去山西

1937年9月，父亲受程潜之托，陪周恩来去山西八路军总部。程潜、周恩来、李世璋、父亲等人先乘火车专列到彰德府，而后周恩来和他的秘书，

父亲和副官苏鸿恩一起，乘一辆小汽车，经石家庄由太和岭而雁门关，历大同、太原、忻口一线。在由太原赴五台县八路军总部途中，汽车陷进日寇炸出的弹坑，父亲让苏鸿恩去找人推车，苏没有找到。周恩来笑着对秘书说："你去，你去。"不久就找来一群乡亲，周恩来亲自和他们一起搬石填坑，有说有笑，使父亲大为惊讶。后来，父亲对我说及此事，赞叹说："共产党就是会做群众工作。"那次在五台县八路军总部，父亲见到朱德、彭德怀等，谈得很是投机。

第二战区司令长官是阎锡山，因为在辛亥革命时，父亲作为北洋第六镇统制吴禄贞的亲信参谋，曾设计阻止了三十一协吴鸿昌对山西的进攻，并随吴禄贞到娘子关与阎锡山相见，组成燕晋联军。吴禄贞在石家庄被刺后，父亲抱着吴的尸体到山西去，和阎共同抗击清军进攻，这段患难经历使阎和父亲的关系很好。当时忻口战役正激烈进行，国民党军队正面坚守，八路军集中在雁门关和平型关一带，以山地游击战为主堵截日军，破坏敌交通运输，国共两党团结抗战、同仇敌忾的气氛是很浓的。阎锡山也承认八路军对日作战发挥了重要作用，但阎为人城府很深，对共产党颇有疑忌，当时八路军的给养较差，父亲对阎锡山说，八路军是来帮你守山西的，既然是联合抗日，让别人在前面作战，不让吃饱穿暖怎么行呢？阎锡山把补给的责任推到大本营，父亲又通过时任军令部次长的林蔚去疏通，给八路军增加了一些军饷（由40万增至45万）。

1939年在太行山"抗大"一分校任教官之何世庸

1937年中国历史发生着巨大转折，青年一代的思想极为活跃。我家的客厅当年是一批青年人聚会的场所，经常来"指点江山"的有我六叔的女儿何慧（后去延安成为新华社著名记者）、二弟吴淞中学的同学吴博（后与叶剑英结婚）、我的堂姑金陵大学学生何堃曾和她的男友李庚（时为金大学生会会长）等。我们传递消息，议论时政，而战局的不利特别是长败将军刘峙的大溃败，使我们激愤又懊恼。蒋介石酝酿调整战区，任命参谋总长程潜兼第一战区司令长官，赶赴华北前线。程潜派他的亲信李世璋来催父亲到前线莅职（父亲任第一战区高级幕僚室主任），李到我家时恰巧叶剑英、李克农在座，李世璋非常高兴，他谈了他正协助程潜组织长官司令部，他将出任秘书长兼政训处处长。李对叶剑英说，希望得到叶的支持。叶剑英站了起来，把我拉到李世璋面前说："那好，就把这个青年交给你吧，让他跟着你上前线去。"叶剑英、李克农知道父亲极为好动，还劝他不要离开战区司令部，这样才能掌握全面情况，不为局部情况所左右。

南京沦陷前夕，我和二弟随外语补习所迁到湖南长沙岳麓山继续上课。1938年元旦刚过，三弟何康突然出现在我们面前，我大吃一惊，因为当时不满15岁的何康是福建马尾海军学校的学生。我问他怎么跑到这里来了？他说，我和赖鉴、谭毓枢几个同学决定要上前线打日本，又低声说，我们要到延安去！我看着三弟瘦小的身躯和用刷了绿油漆的床单裹着的背包，两眼顿时模糊了。我们兄弟三个一起到了汉口。1938 年 2 月，我随父亲到郑州，当了第一战区政训处处长李世璋的机要秘书。7 月，我加入了中国共产党，9 月经组织安排，我奔向了延安。

我的二弟何世平先我一步去了延安，三弟何康也在次年 5 月加入了共产党。我们当年在抗日烽火中走上革命道路，固然有严重民族危机的促迫，也确实烙上了家庭的特殊印记。

原载《百年潮》2007 年第 7 期

此画题诗曰："新亭涕泪终何补，往事难为挥麈谈。无那长空归雁急，劳人风雨又江南。"随后写道："一九三三年登高之作。是年春，张学良不合作，卸东北义军事归"

花园口决堤见闻与思考

（寻踪文摭）

何世庸　口述

何　达　整理

全国政协文史资料研究委员会编辑、中华书局出版的《文史资料选辑》第八辑，刊登了唐永良先生撰写的《商震历史概述》一文，文中有下面一段：

弃黄河以北，撤退到黄河南岸，沿河布防。5月，日寇土肥原部队由考城以北偷渡黄河向开封挺进。国民党中央军薛岳指挥四个军企图包围土肥原部，未能成功，不久开封失守。蒋介石畏惧日寇沿京汉线南下进逼武汉，纳何遂献策（何遂通过林蔚向蒋献策），指令商震挖掘黄河，使黄河流向东南，阻止日寇行动。商首先在赵口挖掘未成，不数日贵州新八师（师长蒋在珍）在花园口挖成。黄河水决口后，由缓而急，径奔东南，流入淮河。此一消极措施，对豫、皖和苏北人民造成不可估计之损害。

何遂是我的父亲，他当时是国民政府立法委员，应程潜之邀担任第一战区司令长官部高级幕僚室主任。我那年24岁，从中央军校（黄埔军校迁南京后称中央军校）毕业不久，担任第一战区政训处处长李世璋的机要秘书（侍从秘书），所以对当时情况有所了解。

1938年1月中旬，国民党军事委员会改组，下设六个战区。第一战区辖平汉铁路沿线，以程潜为司令长官；第五战区辖津浦沿线，以李宗仁为司令长官。我同父亲2月初来到第一战区长官部所在地郑州。开始几天同两位塔斯社记者住在一个院里，春节后我们便迁入原日本驻郑州的领事馆居住。那里距一战区政训处很近，房屋又较宽大，很自然地成为我和政训处一群青年同事（大多为民先队员）经常聚会的地方。

日寇在占领平、津和沪、宁后，便沿津浦线南北两端分向徐州推进，蒋介石从各地调集了几十万军队顽强阻击，战事进行得非常惨烈。4月初，我随李世璋来到第五战区长官部驻地徐州。此时日军被池峰城师遏阻于台儿庄，两翼又被中国军队包围，我们不分昼夜地赶印了日文传单，用飞机散发，劝告日寇投降。不久，台儿庄大捷，国民党军经八昼夜激战，歼灭日寇板垣、几谷两精锐师团主力三万余人。一时举国欢腾，集中在徐州的三十多个宣传队、演剧队、战地服务团也为此热闹了好几天，一些高级将领更是兴高采烈。我从徐州回到郑州后，向父亲讲述了在徐州的情况。父亲虽然为台儿庄大捷感到高兴，但对战局的发展却不那么乐观，他担心一旦徐州失守，中原一带一片平原，难以阻挡日寇。

父亲是一位颇有战略眼光的老军人，1924年至1925年，作为国民军第三军（军长孙岳）的参谋长，曾在河南指挥作战，所以对中原地理十分熟悉。他估计日寇一旦夺取徐州，必挟其机械化部队的优势，集重兵沿平汉线直取武汉。豫东无险可守，装备、训练相对劣势的中国军队将陷入困境。如日寇沿平汉线迅速攻占武汉，不仅将切断唯一由新疆至西安的国际补给线（当时主要国际援助来自苏联，美英补给尚不积极），而且聚集在徐州的数十万中国军队向西转移将受到严重威胁，这使抗战前途增加了阴影。父亲由此想到了以水代兵，利用黄河水造一条人为屏障的计划。恰在此时，父亲从我们居住的郑州原日本领事馆机要室的遗留档案中，找到了大量完整的黄河水文资料，包括历年水涨水落，历次黄河决口的时间、地点，河水泛滥的流向、淹没地区等记录，并附有地图。父亲据此向第一战区高层提出了利用黄河"桃花汛"决口冲击阻止日军的建议（桃花峪是郑州附近黄河边上的一个地名，相传，这里是黄河中游与下游分界处。"桃花汛"是否指黄河下游的初汛，不详）。父亲是一个很爱讲话的人，他曾把他的想法讲给我听，后来又告诉我，战区参谋长晏勋甫听了他的建议后对他说："何先生，你提出这个建议，难道不怕老百姓挖你的祖坟吗？"

父亲还带我一同到开封去找过商震（第二十集团军司令，河南省主席），述说了他的计划。并将他决河阻敌的意见写成一份题为《确保西北交通线，阻止日寇于平汉线以东》的建议，交给了他过去的学生林蔚，请林代呈蒋介石。

1938年5月17日，日军攻占徐州，打通了津浦铁路。紧接着就沿陇海线西犯。平原作战，中国军队装备的劣势尽显。兰封会战失败，5月23日兰封失陷，26日马牧集（今虞城）失守，29日归德被占，日军前锋直冲开封。开封的守将就是商震的嫡系三十二军一四一师师长唐永良。5月下旬，父亲因获悉胞弟何缵（我的四叔）在杭州投敌，当了伪杭州市长，感到很沮丧、丢脸。他与母亲回到武汉，住在长江海关关长徐祖善的家里。他看到战局危殆，在矛盾的心情下，又将写好的那份决河阻敌的建议，让我刚15岁的三弟何康亲手送交给宋美龄的亲信邢契莘（邢是中国早期赴美留学生，毕业于麻省理工学院，学飞机制造专业。邢说一口流利的美式英语，作风西化。是时宋美龄以航空委员会秘书长身份主持该会工作，邢是宋美龄的主要助手），邢契莘迅即交给宋美龄，自然此件又很快到了蒋介石手中。其实，当时蒋介石收到的此类建议不止两三份。

由于战局极其险恶，日军在平原行动迅速，前锋西犯开封（6月6日侵占开封），促使蒋介石下了最后决心。父亲后来告诉我，6月初，林蔚（蒋介石侍从室主任，时任军令部次长）把父亲找了去，说："委员长已经同意你的方案，请你直接和启予兄谈。"父亲说："我不在这个职位上，怎么好谈呢？"于是林蔚直接向商震下达了执行黄河决堤的命令。父亲说，当时他也就此和商震通过电话，商震表示从整个战局出发，他一定坚决执行委员长的命令。他所忧虑的是他的部队的出路。父亲反映给林蔚。林说，委员长指示二十集团军撤至江西沿江（长江）一线，拱卫武汉。

6月初我仍在郑州，李世璋私下对我说："你父亲的方案正在执行。我们政训处的任务主要是疏散老百姓，完成任务后转移集中到洛阳。你留在郑州，最后撤离。"李世璋把他的车留给我,我是政训处最后一个撤离郑州的,全城已基本撤空。我从郑州先到密县,把情况告诉了密县民运指导员吴熙吾(吴宪),再从密县撤到洛阳。其时,新八师蒋在珍部已于6月9日在花园口炸掘河堤成功,但并未遭遇"桃花汛"。黄河水从决口缓慢改道。11日上游大雨,黄河水暴涨,河水乃越陇海铁路,沿贾鲁河两岸,经中牟、尉氏、朱仙镇向东南泛滥,形成大片黄泛区,最终夺淮入海。我在洛阳,看到有关黄河决堤的报道。从新闻图片中,看到中原百姓扶老携幼在黄水中挣扎跋涉的惨景,深感苦难的民族在强敌入侵下付出的巨大牺牲,内心受到很大震动。据中外史料记载,入侵豫东的日寇突然陷入从天而降的黄水的重围,十分狼狈。狂妄的土肥原贤二变得一筹莫展;日军十六师团头目中岛今朝吾面对滔滔黄水一下子丧失了灭亡中国的信心。黄河成为日寇难以战胜的英雄,黄河水彻底粉碎了日寇妄图沿平汉线攻占武汉的计划。

我在保卫武汉的战役中,于1938年7月加入了中国共产党,经组织安排,奔赴延安,进入"抗大"第五期。后来,叶剑英调我到重庆从事党的地下工作。1941年,我为解决筹运陕甘宁边区花马池盐接济豫西、陕中的问题再去延安。叶剑英把我介绍给朱德总司令时说:"他的父亲何遂建议决黄河之水阻止日军,这是一项伟大的战略决策……"这句话给我的印象是极其深刻的。

新中国成立后相当长一个时期,花园口事件一直被作为国民党消极抗战的滔天罪行受到严厉批判。直到粉碎"四人帮"后,随着史学界清除极"左"思潮影响的深入,一些著作才以新的视角提出新的评议。譬如中国抗日战争纪实丛书中写武汉会战的《长河落日》一书,就从战略的高度,以翔实的史料展示了当时战争的背景,把花园口事件作为武汉会战的第一章来描述。长期在郑州黄河水利委员会做负责工作的王法星先生更是作了大量考证,提出了令人信服的见解。我作为一个曾经亲历过武汉会战并亲聆了叶帅对花园口事件评价的耄耋老人,认为客观评价花园口事件的地位,必须从战争的全局,从战略的高度来考虑。叶帅是个战略家,他的话不是随便说的。徐州会战时,日本

1938年6月9日,中国军方在郑州花园口炸决黄河大堤。黄水向东南泛滥,既阻止日军沿豫东平原西进,形成两军隔黄泛区对峙五年余之局面,也造成了豫、苏、皖广大民众的巨大灾难与牺牲

军阀做的是迅速攻占武汉，围歼中国军队主力，迅速结束对华战争的美梦，而黄河使他们难以逾越。花园口决堤后，日本军阀召开了发动侵华战争后第一次御前会议，决定改由溯长江进攻武汉。李宗仁先生在他的回忆录中写道："6月9日因黄河花园口的河堤被炸，黄河东南汛区顿成一片泽国，敌方辎重弹药损失甚大，敌军沿陇海线两侧西进的计划遂被我统帅部完全粉碎。于是，敌军改变进攻方向，将其主力南调，配合海军，溯长江西进。"这就给了中国以时间，把从徐州突围而出的数十万军队部署在武汉周边长江一线。此后，中国军队利用长江两岸的江河湖泊和大别山、幕阜山的崇山峻岭，节节抗击日军，麒麟峰、覆血山、万家岭、富金山、沙窝、新店，中国军队浴血奋战，仅万家岭下日寇就留下了六千多具尸体。经过四个多月的奋战，日寇付出伤亡近20万官兵的惨重代价，才获得了一座早已撤空的武汉城。日本军阀企图迅速结束中日战争的最后一次努力彻底失败了。从保卫西北交通线方面说，日寇1938年6月6日即占据了开封，而直到1944年4月才强渡黄河，攻陷郑州（开封距郑州只有80公里），1944年5月25日洛阳才沦于敌手，直到战争结束，日寇也未能踏上陕西的土地。

我想，时至今日，一些著作仍袭旧说，难于对此事件作出正面评价，主要是它确实对我国民众造成了巨大灾难。

据王法星考证，历来各书所举死亡89万人，"是源于抗战胜利后，为联合国善后救济总署的救济之需，对花园口堵口前后作的一个调查估算，这89万人，是从决河之后至调查统计时为止死亡的总数位，不是1938年当时淹死人数，其中包括水、旱、蝗、病及战乱死亡人数。因此，在肯定这89万死亡人数时，只能说是死亡，而不能说是淹死，尤其不能说是当年淹死人数。"事实上，在当时情况下，要对损失作出统计是不可能的，应该肯定损失是巨大的，不仅在河南，更在安徽和江苏，因为黄河改道夺淮入海，在淮河流域也造成泛滥。但是，战争是无情的。

愿客观地评价历史，更愿历史不再重演！

原载《百年潮》2002年第10期

黄河决堤后，农民流离失所

虎画轶事 （寻踪文摭）

何仲山

父亲善画，尤喜画虎。一生中画虎无数，最值得称道的有两幅。

一幅是赠送给卫立煌将军的虎画（见图）。

虎画大气磅礴，画面为一头猛虎迎着朝阳，立于山崖上、苍松下，傲视着东方。

这幅是1940年冬父亲在洛阳为卫立煌将军所作。卫立煌又名辉珊，字俊如。国民党军队中的著名虎将，曾任孙中山广州大本营警卫排长。北伐战争中屡立战功。抗日战争刚爆发，便率部参加南口战役，与日军激烈交锋，大挫日军锐气。1937年10月，卫立煌擢任第十四集团军总司令兼第二战区前敌总指挥，亲率十余万官兵在山西忻口抗击日军约十四万人的进攻。在忻口会战中，卫立煌指挥所部官兵奋勇作战，坚守近一个月，击毙、击伤日军两万多人，粉碎了日军突破晋西北防线的企图。1938年2月，卫立煌被任命为第二战区司令长官兼前敌总指挥，指挥山西境内的全部中央军阻击日军。1938年2月17日，他指挥所部在太行山一带进行了继忻口之后的第二次阻击战，与日军恶战十天，直到战略目的达到后才率主力部队向中条山转移。1939年1月，卫立煌调任第一战区司令长官，同年5月晋升陆军二级上将军衔，同年9月兼任河南省政府主席，1940年兼任冀察战区总司令，5月，与朱德将军在洛阳会谈团结抗战问题。此后，卫部与八路军友好相处，相互支持，携手抗日，在中条山等战役中均表现出一位抗日名将应有的民族大义与军事干才。卫立煌将军背黄河为阵，孤军守战区4年，寸土不失。时任八路军政治部主任的任弼时高度赞扬他对华北保卫战所做出的重要贡献——"黄河保卫华北，先生保卫黄河"。

据卫将军之子卫道然先生回忆，我的父亲何遂在洛阳时为战区长官部高参，很受卫将军尊重。当时一战区有一百余万部队，国民党右派势力很大，卫将军主张大敌当前必须国共通力合作，共同对敌。但他势孤力单，知音甚少，每与父亲谈话，深感融洽合意。父亲坚决支持卫将军的国共合作主张，并通过自己的关系，做了不少工作。父亲对卫将军的战绩和进步思想十分钦佩，因此，饱含激情作虎画赠予这位有名的虎将。虎画题为"虎视扶桑"，题字为"俊如学长之战绩冠世 特写赠"。扶桑即日本，赞喻卫将军如猛虎般雄视着日本侵略者，竭力守护自己的家园。

卫道然先生说，卫将军视此画为珍宝，一直带在身边。1949年遭蒋介石软禁，秘密去香港时带上此画。1955年在香港地下党安排下，又带上此画绕道澳门返回大陆。1960年将军去世后，此画一直由卫道然先生珍藏，"文化大革命"中免遭劫难。几十年来，卫先生一直在寻找父亲的后人。直到2007年，我和卫先生一起到昌平参加纪念南口战役七十周年座谈会，才得以相识，得知此画的下落。今年年初，我和何迪、王苗到卫先生家拜访，看到此画，并拍

卫道然先生与夫人周仪方（左三、左四）在家中接待何仲山（左二）、何迪与王苗（右一、左一）。墙上悬挂何遂《虎视扶桑》巨幅

下照片。

卫先生说，此画年深月久，曾重裱过一次，画上的太阳色彩已黯淡，有人建议请人着色，但为了保持此画的原貌，他没有听从。因此，现在看到的虎画，仍然保持着当年的原貌。我们对卫先生的做法，深表敬意。

另一幅虎画为马歇尔将军所购。亲历此事的苏渊雷先生对这一事情的经过有明确记载。苏渊雷先生在四川《龙门阵》杂志1985年3～5期上发表《巴山忆旧》一文，回忆抗战时期于重庆北碚创建文化团体"钵水斋"的旧事。

文中说，"钵水斋"的经营范围很广，"凡举文物交流，图籍出版，学术座谈，书画展览，无不一一重点举办"。当时迁到重庆、北碚的文化单位很多，有名的文化人也很多，他们经常到"钵水斋"聚会。除了中国的文人外，来"钵水斋"的还有外国驻华使馆的"中国通"，如时任中英文化情报社主任的李约瑟博士，荷兰驻华大使馆一秘高罗佩博士。父亲是"钵水斋"的常客，同苏渊雷先生有较多交往。苏文写道："异日，美特使马歇尔将军亲临，并选购何叙甫将军画虎巨幅以去，一时传为美谈。"

马歇尔将军乃第二次世界大战名将，对打败法西斯做出过杰出贡献。第二次世界大战结束后，他作为美国总统特使来到重庆"调处国共军事冲突"，参与国共和平谈判。工作之余，来到"钵水斋"参观。他为何选购父亲的虎画？文中未说。我联想起父亲为卫立煌将军所作的虎画，大胆做出以下猜测：父亲出身军旅，并非专业画家，但他所画的猛虎，带着一种特殊的军人气质，这种神韵只有身经百战的将军才能深切体会得到。马歇尔将军转遍"钵水斋"，独选购父亲的虎画，卫立煌将军将虎画一直珍藏在身边，可以用"心有灵犀一点通"来解释吧！

苏先生文章中说，马歇尔将军购买的是巨幅虎画，可惜我们至今没有见过这幅画。好在有父亲赠卫立煌将军的虎画作为参照，可以大体推测出那幅画的样子。父亲赠卫立煌将军的虎画，长三尺有余，宽约二尺，裱好后，约五尺长、三尺宽，可以算做"巨幅"。父亲创作两幅画的时间相距不长，更为重要的是两位将军珍爱的虎画，均虎虎生威，有一股凛然不可侵犯的神韵。因此，我认为马歇尔将军购买的虎画，应该和父亲赠卫立煌将军的虎画相似。如果马歇尔将军购买的虎画还有幸存世的话，希望被保存在马歇尔将军的后人处，或马歇尔将军的档案中，更希望今后有机会能得见此画。

筹运花马池盐的往事

（寻踪文摭）

何世庸　口述
何　达　整理

1940年，抗战在相持中日显艰苦。由于沿海盐区相继沦陷，芦（长芦）盐、淮（两淮）盐运道断绝，特别是晋南解池盐场被日军攻占后，陕中、豫西、川北的食盐供应大为紧张。战争是全方位的，日寇有目的地控制盐产区，是因为盐是人人必需又没有代用品的"政治商品"。时任国民政府盐务总局总办的缪秋杰是一位严谨干练的业务官员，缪有鲜明的爱国思想，他深知一旦闹起盐荒，对军事和民情将产生严重后果，认为除奖励陕豫土盐增产外，调运花马池盐（俗称"浪盐"）以救燃眉是最佳方案。大花马池位于宁夏、陕西交界处的盐池、定边县境，地处陕甘宁边区。要到共产党管辖的地区去调运食盐，缪慎重地先征得了孔祥熙的同意，又通过父亲与叶剑英同志商洽。我为此事特地去向叶剑英作了汇报。叶说，这件事关系稳定抗日局势，对巩固抗日统一战线有利，而且将花马池盐外销，可以换回边区所需的棉布等日用品，活跃边区经济，对国共双方都有利。我们应该努力去办好它，表明我们是真正愿意团结抗战的。叶要我直接参与这项工作。于是，缪秋杰在重庆海关总署宴请董必武、叶剑英、博古同志，父亲与我作陪，在座的还有西北盐务局长陈纪铨、陕西盐务办事处长费文尧。席间商定由我代表盐务总局到西北去协助陈、费办好此事。我随父亲去见了李济深，辞去了战地党政委员会的工作。

7月，缪秋杰委任我为西北盐务局视察员。我行前去见了董必武同志，董老说，林伯渠正在重庆办事，你先到红岩办事处见一见他。林伯渠同志是陕甘宁边区政府主席，他对我搞这项工作表示欢迎和支持，他说他会把有关情况通知西安和兰州的八路军办事处，需要的时候可以去找办事处的负责人。

我到西安后住在邓宝珊家，发现西北盐务局长陈纪铨对如何把花马池盐运出来毫无准备。而费文尧过去常吹嘘自己对边区"筑了一道经济封锁线"（不许边区的食盐外销）。所以，我决定自己沿运输线作一番考察。我到了甘、宁、青，骑马进入青海草原，一直到达都兰附近的茶卡盐池。我粗略计算了一下，这个盐池储有三亿多吨含氯化钠百分之九十五以上的青盐，但只能用牦牛运出，数量有限，以致陕豫几千万军民站在盐罐旁叫盐荒。此行使我勾画出了由宁夏经甘肃入陕豫的运输路线。回西安后，与费文尧商议，都认为必须在定边、池下设立盐务收运机构。此时（大约是11月），缪秋杰恰到陕西、宁夏、甘肃、豫南和鄂北考察，我在西安向他作了汇报。缪同意与边区交涉设立收运机构，并决定把西北运输处迁至平凉，费文尧任处长，派我到该处专门负责办理花马池盐外运事宜，在平凉、天水、中卫、汉中、咸阳、长武、老河口等处设置运输分支处。

为在定边设立机构一事，我到七贤庄八路军办事处找伍云甫处长。他不在，幸好董必武同志在隔壁听见我的声音出来见我，董老答应把这个要求向党中央汇报。我向董老反映，陕西盐务处有两个中统派来的盐务督察员，他们知道我是代表总局办理筹运花马池盐的，对我很感"兴趣"。董老说，现在华中的局势很紧张，我们要警惕，要在各方面加强坚持团结抗日的工作，要从"公开"两字着眼，越大方越好。我告诉董老，日前我同费文尧到胡宗南的军需处处长达观家里去，胡的参谋处长在那里打牌，那位参谋处长说，他就要请假回老家四川去了。董老笑道，这说明胡宗南这个期间不准备和我们打仗。你以后要注意从一般情况中发现重要问题。在西安，经我联系，董老又与缪秋杰就运盐事宜进行了一次商谈。十多天后，董老派人送来一封信，传达送至费文尧办公室，恰巧两位督察员在场，我就当他们面拆开信，并给他们看了。信是说设立机构一事，延安已有回音，约我去面谈。我又去见了董老。他说，党中央已批准国民党西北盐务运输处在定边设立收运机构，要我转告陈纪铨、费文尧，将来派去的人可以到兰州或西安八路军办事处拿介绍信。董老告诉我，叶剑英、博古同志就要调回延安工作，他本人是回延安还是仍回重庆工作在等候中央指示。

1939年12月在重庆江北团聚。左起：何嘉、何康、何世庸、何达（坐在肩上）、何世平

费文尧派任醒民负责到定边去建收运站了。12月，西北盐务运输处迁至甘肃平凉，我也从西北盐务局视察改调为西北盐务运输处视察。年末，费派我回重庆向缪秋杰汇报在定边设立机构的经过，我是到自流井（今自贡市）缪秋杰家过的新年，向他作了汇报。我1月回到重庆时，震惊中外的皖南事变发生了。当时重庆的政治气候阴霾重重，国共团结抗日的局面濒临破裂。是三弟何康先去见了董老，带信回来给父亲说，办事处经济很困难。我去见董老时，带去了父亲送给办事处的一笔现款。董老给我讲了皖南事变前后的情况。他说，国民党不让我们在《新华日报》上讲皖南事变，我们准备用另外的方式向外作一个报道，表明我们的态度（指散发传单《新四军皖南部队惨被围歼真相》）。董老要我找一个有前后门出入方便的地方和一位可靠的人担任转递工作。我提出了"云庄"这个点，并推荐从山西回来的剧宣三队队员我的表姐陈端担任这个工作。董老同意了，让我带陈端去一趟。我向董老汇报了近期的一些情况，说到前些时，李宗仁、白崇禧送给父亲5万元，父亲利用这笔钱，由母亲主持在城内石门坎开了一家盐店，那地方也不为人注意。董老说，可以利用这个店作周边通讯点，由办事处隔一个时期派人去取一次信，要我先征得母亲的同意。接着，董老讲了形势的严峻，谆谆嘱咐我要作长期埋伏的打算；当前要充分利用公开身份，做好运盐的事情；要利用长期潜伏的机会，勤学、勤业、勤交友，自己多学一些东

1950年缪秋杰由香港返抵上海后缪、何两家合影。后排右起为何遂、缪秋杰、缪夫人李碧生、陈坤立；前排右起为何康、何嘉、何迪、缪希霞

西，外国文也不要丢了。董老问我学什么外语，我说俄文，董老说，学俄文容易引起疑心，还是改学英文吧。那天，我是晚上去的曾家岩，谈完话夜色已浓，董老亲自送我下楼，又叫人到门外查看后，才让我离去。董老亲切关怀的长者风范，是我终生难忘的。

我带陈端去见了董老，董老把她介绍给张晓梅，由张和她联系工作。我告诉董老我的母亲同意把盐店作为通讯点。由于我把自己是共产党员的情况告诉了陈端，董老严厉地批评了我，他说，即使是亲人也不能暴露自己的身份，不准同地方党发生

关系。

春节后，我回到平凉。费文尧说，任醒民在定边工作推不开，让我亲自去看看。3月初，我到兰州八路军办事处开了去边区的证明，带着西北盐运处派赴定边工作的两个职员，经驿马关先到庆阳，见了王维舟同志，由他开了路条才骑驴来到定边。任醒民是有工作热情的，当时阻碍工作的关键是西北盐运处对"浪盐"的收购价格太低。任醒民说，他曾写信给毛主席，建议由西北运盐处派运输工具到定边来接运，运出边区，按二八或三七分成，边区占二或三成，由西北盐运处在驿马关附近设点收购，但未获回音。任醒民陪我到花马池，见了陕甘宁边区盐务局长张永励同志，参观了花马池盐场，了解了边区盐运的一般情况。我第二次去见张永励时，摆脱了任醒民，向张和前来检查工作的后勤部长叶季壮汇报了我的身份和我接受任务的前后过程。叶季壮要我随他到延安去解决问题。

这是我第二次到延安。我先去看望了叶剑英、吴博同志，叶剑英带我去见了朱德总司令。朱让我就住在后勤部，不要住招待所，因为那里人员复杂。我同叶季壮研究了任醒民的建议，都认为由国民党的机构派运输工具深入边区来运盐容易把事情搞复杂了，而且数量也有限。因此问题的中心还是在收购价格上，费文尧交给我带来的价格，按边区草料价格计算仍然偏低。朱德同志提出两点指示，一是要把发动群众运盐到驿马关的事交给边区政府去办，要我向边区政府主席林伯渠汇报以取得支持；二是要我向国民党盐政当局反映只有提高收购价格才能收购到大批的盐，因为最大的运输力量是老百姓的小毛驴。我在延安住了半个月，受到非常亲切热情的招待。总司令和林老分别在饭店里请我吃了饭，把我介绍给肖劲光、谭政、傅钟、莫文骅、李涛等同志，总司令还约我到他家里吃了一顿便饭，把党在国民党区域采取的长期隐蔽政策向我作了比较详细

1941年合影于桂林。前排左起：缪希霞（缪秋杰之长女，后与何康结婚）、陈坤立、何达、何遂。后排左起：何嘉、韩蕴、何世平、何康、何一健

的解释，并嘱咐说，虽然我是代表国民党来办事的，出边区后仍然要防备国民党检查站的搜查，不能疏忽大意。

由于日寇开始发动被称为中条山战役的新攻势，国民党陕西省政府主席熊斌特别批准西安八路军办事处把长久禁运的一批钢材运进了延安，叶剑英要我搭乘运钢材的车回西安去。叶送给父亲和缪秋杰一批延安生产的毛料和毛线，并表示对他们在经济上帮助重庆办事处的谢意。叶剑英要我转告父亲和他的朋友们，像边区这样穷苦的地方尚且能自力更生，坚持抗战，大后方人力和资源丰富，更应走自力更生，坚持抗战的道路。临行前，林老要我亲自带一封信给伍云甫，我想起总司令的嘱咐，把这封信藏在了汽车破旧的座垫下面。经过国民党检查站时，虽然我出示了护照，他们仍然对我进行了搜查。到西安后，我把这封信交给了伍云甫。

回到平凉，费文尧正苦于收购到的盐数量太少，边区老百姓宁可把盐存在庆阳，也不肯卖给驿马关收购站。我把收购价格和边区草料价格作了比较，向费说明不提高价格就收不到盐。此时，庆阳王维舟同志派人来建议将现定价格提高半倍。在严重缺盐的压力下，国民党盐政当局接受了这个建议。收购价格提高，加上边

区政府发动群众的工作，很快组织起了一支有数百匹牲畜的运盐队伍，从陕北定边经甘肃环县到庆阳再到驿马关。由于国民党辖区缺盐，胡宗南经营的军事封锁线也只能为运盐队伍敞开大门，这支队伍又带回了棉花、棉布和日用品，形成盐棉交流。仅1941年最初的三四个月，在驿马关一地就收购了一万多担食盐。这条运输线维持了一年多，到1942年下半年，由于边区内部"左"了一下，把任醒民和收运站赶了出来。但是，这件发生在皖南事变前后的事，仍不失为在抗日民族统一战线旗帜下，国共合作抗日的一次成功实践。

董必武（右）1962年视察
莺歌海盐田与何世庸合影

解放战争时期的何遂

（寻踪文摭）

何世庸　何　康
何　嘉　口述
何　达　整理

1946年下半年，蒋介石撕毁重庆"停战协议"和"政协决议"，悍然发动了对解放区的全面进攻。此时，刚从广西大学农学院毕业的何康回到南京家里。他感到局势骤然变化，害怕丢失党的关系，便冒险去了梅园新村。董老（董必武）看见他，用责备的口气问："你怎么跑到这里来啦？"何康讲了自己的心情。董老向他介绍了形势，说全面内战已经爆发，自己即将撤回延安；叮嘱何康注意隐蔽，在家里等着，会有人和他联系。不久，联系人带何康去见了钱瑛和钱之光。钱瑛告诉他，董老已将他们兄弟三人（何世庸、何世平、何康）党的关系交给她，随她一同转至中共中央上海局（钱瑛是上海局委员、组织部长）。

完成一个转变　做了一次桥梁

何遂当时认为，抗战八年，老百姓受苦受难，国家破败不堪，需要休养生息；蒋介石非要打内战，是逆天悖理，他已经把蒋介石看透了。何遂有个突出的长处，就是在政治上敏锐而清醒，从善如流，他此时已从不满蒋介石发展为反对蒋介石，从同情支持共产党发展到愿意为共产党工作。这个转变和

他的家庭是分不开的。何遂的家庭非常特殊，表露在外面的是温馨而团结。团结的政治基础是他所有的成年子女都是共产党员和坚决跟共产党走的激进分子（女儿和媳妇此时尚未入党），清一色，无一例外。如果别人找共产党要费点周折，他不用；如果从前他的爱国、正直、真诚影响过子女，现在却是一个个成熟的子女影响着他啦。何遂是个慈父，从来没有苛斥过子女，更别说是打骂了；他天性很爱孩子，加上还有什么"民主平等"、"个性发展"之类的理念；此时慈爱之余，又增加了"尊重"，他尊重的是子女身后的共产党。

这时期，吴石是何家的常客。吴石和何遂是闽侯小同乡，他俩碰到一起习惯用家乡方言交谈，叽里咕噜比外国话还难懂。吴石是颇有见地的军事家，在"国军"气势汹汹之际，他已预言国民党"必败"。但吴石顾虑较多。何遂对这位挚友极其透明，说起话来总是激情澎湃。吴石在政治上的确受了何遂的影响，迈出了关键的一步：他表示希望通过何遂和共产党的高层代表直接联系。何康把这个情况报告给了他的领导张执一。吴石抗战时期长期担任第四战区中将参谋长，时任国防部史政局局长，他是一个能够接触高级机密的军事行家。吴石的动作引起中共高层的关注，1947年4月，中共中央上海局

书记刘晓、副书记刘长胜，负责军运统战策反工作的领导张执一，在上海锦江饭店会见并宴请了吴石，何遂与何康作陪。这不是一般的会见和宴请，这意味着吴石与共产党正式建立了组织上的联系，也意味着吴石正式接受了共产党的领导。此后，吴石由张执一单线联系，何康是联络人；对从小看着长大的何康，吴石是放心的。何遂确实发挥了一次桥梁作用，所以，张执一写道："蒋军现役军人吴石，就是通过他（何遂）的关系为我方工作，后被蒋帮杀害，是革命烈士。"（见华文出版社出版《张执一文集》第145页）

何遂于1947年农历三月初十，在南京普陀路4号寓所庆祝了自己的六十华诞。国民党元老级人物于右任、邵力子等亲临致贺；侯宝林、郭启儒等著名艺人也给绿茵草坪上的客人们带来了阵阵欢笑。何遂回顾往事，展望前程，满心得意和快乐。可是，天有不测风云，这年8月，何遂心脏病发作，来势甚猛。病名为"心冠动脉血栓症"，就是心脏的两条冠状动脉堵住了一条，这种病彼时死亡率极高。幸喜病发后及时送往中央医院，由著名心脏科专家戚寿南医师为他主诊，用了大量进口特效药，加上他

1950年代初摄于上海愚园路尽头之"兆丰公园"（现名"中山公园"）。前卧地者为何世平，后排左起：韩慧（韩蕴之妹，曾任中共地下秘密机构瑞明企业公司会计）、何遂、何敏、何嘉、何仲山、陈坤立、何世庸、何达

2006年"寻踪之旅"一行重访上海愚园路俭德坊2号。右起何康、郁隽民、赵志勤、何达合影于旧楼大门口

身体素质好，总算保住了一条命。

因父亲病危，何遂的子女都集中到他身边。9月，刘晓、刘长胜、张执一在锦江饭店召集何家三兄弟布置工作，向他们讲述了形势的有利发展，要求他们运用父亲和缪秋杰的关系，开展上层统战工作，孤立蒋介石集团；决定以缪秋杰与何遂合资办企业的名义，由何康出面开展经济工作，一项重要任务是处理宋庆龄先生通过联合国善后救济总署为解放区争取到的一批物资。这批物资主要是西药，包括盘尼西林、链霉素、血浆、消炎片以及X光机等战地用品，有数百箱之多，因内战爆发，滞留上海，存于四行仓库；办一个公司，便于"消化"。领导要求进一步发挥何遂、缪秋杰的掩护作用，命三人立即切断与进步团体的一切联系。刘晓问，已经通知

住在南京何家的同志离开，是不是已经走了？何康回答："已经走了。"（此处指张登等同志，张即沙文汉）。他们让何世平仍回台湾工作。

当时兄弟三人议论，认为领导上是希望父亲和缪伯伯在"战略"位置上多发挥作用，因此要更注意隐蔽。此时，何遂的朋友，时任天津港务局局长的邢契莘想在南京设一个点，有意购买何遂在普陀路的房子，三人研究，卖掉南京的房子，父母举家迁居上海与何康同住，对掩护何康开展经济工作十分有利。商诸父母，何遂夫妇很高兴地同意了。

何遂一家迁居上海住在哪里呢？这就得益于缪

秋杰（何遂挚友、亲家）和他的长女缪希霞（何康之妻）了。愚园路俭德坊2号是一幢独门独院的三层西式小楼，业主是汉奸，抗战后被关在监狱里，房子作为"逆产"，成为盐务系统的高级招待所。缪希霞找了中统安插在盐务系统的要员杨隆沪，杨便做了顺水人情，把房子定为缪总办莅沪寓所，由缪的亲家和女儿住了。这幢楼房，建筑考究，四面围墙，院中一侧还有平房，地点远离闹市，十分幽静；它实际成为共产党的一处秘密机关，在上海白色恐怖最严重的时期，上海局的高层领导人都在此住过。

竞选"国府立委"的故事

根据1946年年末"国民大会"制定的"宪法"，1948年1月要进行立法委员的全民直接选举。立法委员相当于西方的议员，当选立法委员也就成为即将召开的"行宪国民大会"的"国大代表"。

与死亡擦肩而过的何遂思想有了变化。他感到自己已经当了17年立法委员，而且长期担任立法院军事委员会委员长，现在大病初愈，何苦为当这个"官"再去竞选？他萌生了退意。张执一和他作了长谈，希望他在两种国家命运的决战中，为新中国的诞生多作贡献；这次竞选，不是为了作国民党的高官，而是为了更好地替人民解放做事。何遂的积极性上来了，决定抱病竞选，他拿出三成卖房的钱作为经费。张执一指示何康，由瑞明企业公司（共产党的资产）拨出一笔经费支持何遂竞选，并让何世庸主持其事，叮嘱何世庸要"尽力选上"。何世庸此时在南京盐务总局任职，缪秋杰立即调他到广东专管莺歌海盐田的开发，何世庸利用调职之机，做了何遂的"竞选办公室主任"。

何遂是福建人，选区安排在福建。由于行动迟缓，国民党福建省党部主任赖琏（国民党中央执行委员）已经预作部署，所以比较被动。何遂在赴闽前专门去拜访了陈立夫，陈立夫当场为何遂写了一封亲笔信给国民党福建省党部，要求他们帮助何遂

何康（中立者）访问俭德坊2号住户之家，感触良多

竞选。

陈立夫的信，打乱了省党部赖琏预先的安排，也让愿意帮助何遂的福建省主席刘建绪（何遂辛亥时期在广西的战友刘建藩的胞弟）找到了借口，加上省议长丁超五为首的地方实力派全力支持，竞选的形势大变。何遂祖籍福清县，何氏宗族势力很大，港头镇一带大部分姓何，那里是何遂的票仓。可是，县里有位豪绅郑某，也参加竞选，他肯定选不上，但不仅分散选票，而且干扰进程。何世庸送给他4千元，请他退出，他不干。何正发愁，平潭岛一个姓林的黑社会头子（此人是个恶霸，当过土匪）找上门来说，你老爹对我有恩，有什么难处只管说。何世庸就说郑某不肯退出，我没那么多钱给他。姓林的立即对郑某提出了"土匪式"的警告，郑某乖乖地退出了竞选。刘建绪把这个县的县长和县党部书记找了去，亲自关照了一下，打通了关口。于是，何氏宗亲总动员，投票前已将每一个投票站的管理人，每一个投票箱的监督人，全部换成了姓何的。3月21日正式投票，白天有人组织投票；到了晚上，管理人就变成把大批填好的选票塞进票箱的"投票人"。选举结果：何遂在福清一县得票近18万张，福州得票也不少，总之，高票当选"首届民选立委员"，同时也成了当然的"行宪国大代表"。

支持李宗仁当选副总统

国民党统治集团的迅速崩溃是和它内在的深刻矛盾分不开的，蒋介石从来都没有实现过所谓的军政统一；在大大小小各式矛盾中，"蒋桂之争"贯彻始终，到后期，更成为主要矛盾。1948年3月至5月，蒋介石为给独裁统治抹上一层"民主"色彩，在南京召开了"行宪国大"。这次大会的主要议程是选举总统和副总统。总统归蒋没有悬念，只有居正作为配搭参加竞选；副总统蒋介石内定孙科，参加竞选的有于右任、程潜、莫德惠。桂系首脑李宗仁在美国人暗示下毅然竞选副总统，蒋介石当面劝李退出，被李拒绝，蒋大为恼火，也使这一幕变得分外热闹。

何遂与桂系的关系非同一般。何遂1909年从保定陆大二期毕业后，就和一批革命党人进入广西，担任广西督练公所参谋处筹略科科长兼陆军干部学堂和陆军小学的教官。他是同盟会广西支部的创建人之一，广西同盟会下设一个"军事指针社"，以陆军小学为工作重点，何遂为负责人，李宗仁、白崇禧、黄绍竑等当时都是该社的常客。李宗仁是1910年加入同盟会的，李、白、黄与何遂的友谊从那时开始。抗战时期，何遂长期兼任军委会桂林行营总顾问、军委会桂林办公厅总顾问，奔走于重庆与广西之间。不仅如此，何遂与桂系的关系还有更深的"经济因素"。1939年12月，国民党元老谢持状告川康盐务局局长缪秋杰滥用职权、滥用公款，缪被免职。何遂即向李、白力荐缪为干才；李宗仁、白崇禧联名电蒋介石保荐缪秋杰出任粤、桂、湘、浙、赣、闽六省盐务特派员，蒋以这六省在桂林行营辖区（白崇禧是桂林行营主任），事关军务，便同意了。缪上任前，化名商人黄楚卿，冒险潜入上海，利用租界和他曾任两淮盐运使的身份，居然把存放于淮南东台、上海、淮北各地以及松江盐区的大批尚未被日寇控制的存盐，抢运回了大后方。食盐和粮食一样是每个人不可或缺的，它是一个政治商品，一旦发生盐荒，必定军心动乱，社会不稳。所以，食盐厉行专卖。此时，宋子文建议，与其"楚才晋用"，不如中央自用。1940年4月，国民政府罢免了盐务总局总办朱庭祺的职务，任命江南六省盐务特派员缪秋杰接任总办。这个戏剧性的变化，从缪被免职到升任总办不足4个月。缪上任后，投桃报李，在食盐专卖配额等方面着力关照桂系防区（食盐专卖价格与市场实际价格相去甚远），这成为桂系的重要财源。1940年年末，李宗仁、白崇禧一次送给何遂五万元现款，这应该不仅是"补贴老师家用之困"这样温馨的理由。

何遂参加了1948年3月末在南京举行的"行宪国民大会"，重头戏是4月19日开始的总统和副总统竞选。副总统的竞选过程可谓跌宕起伏，矛盾丛生，精彩毕现。前后共进行了四次投票，其间还出现了程潜、李宗仁联手放弃竞选，孙科也被迫放弃竞选的局面。蒋介石无奈，只得表面妥协，劝回三位主角，把戏唱下去。最终，4月29日第四次投票，结果李宗仁得1438票，孙科得1295票，李宗仁战胜了孙科当选国民政府第一届副总统。何遂是极力支持李宗仁的，他和黄绍竑等推波助澜，卖了不少力气。

据李宗仁从蒋介石扈从卫士那里听说的情况，蒋介石在官邸听副总统选举唱名选票的广播，"当广播员报告我（李宗仁自称）的票数已超过半数依法当选时，蒋先生盛怒之下，竟一脚把收音机踢翻，气喘如牛，拿起手杖和披风，立刻命令侍从备车。……"（转引自2010年8月《南方人物周刊》《桂系浮沉》）可见，此事加剧了蒋桂矛盾，对蒋介石是个打击。

赴"华中剿总"三访白崇禧

1948年夏，张执一让何康找妹妹何嘉谈话，说党组织有意派她到台湾去工作，征求她本人意见。何嘉当时不满22岁，是复旦大学社会系的学生；虽然尚未入党，却是一个纯真的一心憧憬为共产主义献身的青年，她当即表示同意。不久，经组织安排，何嘉以患肺病为由，办理了休学手续，先到香港青山达德学院学习；对她的要求是，不得与任何人联系。直到这年年末的圣诞节，内心焦灼的何嘉，才等来嫂嫂缪希霞。缪向她讲了形势，告诉她台湾方面已另外派人去了，她将另有任务；次日，缪带何嘉到香港摩利臣山道见了张执一。"胖公"（张执一较胖，身边同志有此尊称）亲切地问了她的近况，何表示了要求投入战斗的急切心情。不久，由邓裕民作介绍人，何嘉入党了。她接受的第一个工作任务，就是陪父亲到武汉去见"华中剿匪总司令"白崇禧。

何遂是党组织特地从上海请到香港来的，具体任务是刘晓和张执一当面向他交代的。随行者何嘉的任务是刘晓、张执一让邓裕民布置的，写在一张纸上，让何嘉反复记诵，背下来之后，把纸烧掉了。留在何嘉记忆里的只有两点：一是劝白崇禧不要为蒋介石卖命，不要上蒋介石的当，为老蒋拼光了"家底"；二是劝白不要在长江以北与共军作战，应收缩主力，必要时向湘桂转移，给部队留条后路。

1948年下半年，人民解放战争的局势发生了决定性的变化。经过辽沈、淮海、平津三大战役，蒋介石嫡系精锐丧失殆尽，傅作义集团放弃抵抗，桂系军事集团被推上第一线。1948年12月24日，白崇禧在武汉发出"亥电"，打出"和谈"旗号，要求蒋介石"下野"。蒋介石被迫于1949年元旦发表"求和"声明，并于21日宣告"引退"，李宗仁成为"代总统"。此时，长江以北还有部分城市仍控制在国民党手里，比如战略要地安庆易守难攻，守军即为桂系大将夏威（时任安徽省主席）麾下的46军174师吴中坚部。了解了这样一些背景，就可以看出，1949年1月末何遂赴武汉见白崇禧，是具有明显的战略性、针对性目的的。

上面交代的基本任务，何遂能明白无误地向白表达并进行劝说吗？回答是可以。何遂不仅和桂系关系很深，而且和白崇禧私交甚好。何遂欣赏白的才干，1939年末日寇占领了昆仑关，桂南战役前期是由白崇禧指挥的，总顾问何遂、参谋处处长吴石都住在迁江前线指挥部。昆仑关大捷是抗战史上第一次攻坚战胜利，第五军军长杜聿明一战成名，白崇禧是有功的。但蒋介石抓住日寇增兵再次占领昆仑关，把白崇禧免职（让张发奎顶

替），何遂大为不平。何遂20世纪40年代初画了一张巨幅老虎图送给白崇禧，并附词一首，谨录于下：

《望海潮》画虎题赠白健生将军

昂头风起，传声谷应，山君一怒凭临。家国播迁，乾坤板荡，寇氛可叹凌侵。城郭正秋深。看孔明台峻，虎旅如

1946 年 2 月，刘晓抵达上海负责主持上海地下党的工作，先后担任中共上海中央分局、中共上海中央局书记。图为刘晓（右）与张执一1954 年在北京北海公园合影

林。人倚长城，龙今不卧虎成擒。年来
墨突难黔。抚萧疏短鬓，花好羞簪。西
走赵并（指古并州），南临楚越，算公是
我知音。神剑肯空吟。况欢同鱼水，谊
比苔岑。并力澄清天下，大斗为公斟。

词中以"知音"、"欢同鱼水，谊比苔岑"来表
述他们的友谊。

这里不妨说个小笑话。有一次桂林行营主要官
员赴渝开会，出发时所有人都到了，飞机起飞的时
间也到了，就缺何遂。有人等得不耐烦，提议走吧。
白崇禧笑着用桂林腔说，莫急，莫急。叙甫先生已
经画完最后一条老虎腿了，这就到，这就到。在一
片笑声中，何遂也赶到了。

何遂与白崇禧是可以关起门来作老朋友间推心
置腹的谈话的。

何遂与何嘉1月底从香港启程，经广州到汉口，
住在湖北省盐务局局长杨隆沪的家里。他们在将近
一个月的时间里，三次到"华中剿匪总司令部"拜
会了总司令白崇禧。第一次去，白正卧病在床，何
介绍了女儿，白很客气，请何嘉坐在卧室外面的客
厅里休息，他与何遂就在自己的卧室里谈话。令何
嘉惊异的是，前后三次，只有她一个人待在室外的
客厅里，没有白的任何一个警卫、文秘人员或侍者
出现过。他们两人长谈的内容谁也不知道。

何遂每次回到住处，都要向女儿"汇报"一番。
何嘉感到，他们的关系变了，不仅是父女，而且是
为同一个目标共生死的战友。岁月悠悠，何嘉的记
忆模糊了，只有当年印象最深的还有一点痕迹：何
遂毫不留情地揭露蒋介石假"和谈"，假"引退"的
面目，说老蒋把你们推到前台和共产党血拼，他最

想看到的，不是你们打败共产党，而是共产党怎么
把你们吃掉，劝白要"保存实力"，不要上蒋介石的
当；何遂说，"划江而治"是做梦，换一个位置你们
肯住手吗？何遂甚至为桂系军队最后的出路作了设
想，他说，老蒋不会让你们往四川撤的，还是回老
家吧；实在无路可走，还可以到越南，保大和法国鬼
子不一定是你们的对手；即便队伍散了，小弟兄在家
乡讨口饭吃，也比在外乡容易啊。

何遂完成任务，又与何嘉同到南京，参加"国
大"的会议。这期间，他还主动地（不是共产党
布置的任务）觐见"代总统"李宗仁，劝李不要存
"划江而治"的幻想，把和谈的底线降低，采取更灵
活的姿态，和共产党真诚和谈息兵，避免继续生灵
涂炭，给国家留点元气。何遂父女回到上海已是三
月天了。张执一特地在锦江饭店设宴款待，何康、
何嘉作陪，"胖公"对"何老伯"（张执一一直尊称
何遂为何老伯）大加称赞。

最后的赴台与离台

1949年4月，何嘉奉命到杭州请父亲，这一次
他们的任务，是先赴广州后转台湾工作。4月下旬，
何遂父女与吴石、吴石的副官聂曦同机飞往广州。
当时国民政府已从南京迁至广州，一切都混乱不堪。
不多日，吴石到福州去了（他已任福建绥靖公署副
主任），临行前，将一包绝密军事情报交给何遂，这
组情报包括国民党在江南地区的兵力部署图，国民
党在江南地区军队的编制、人数、装备情况以及国
民党总兵力统计和总后勤方面的统计资料等，都是

铅印的，数量较大。何遂立即交给何世庸与何嘉，让他们设法送出。国民党的行政机构虽然半瘫痪，特务却很猖獗，尤其是通往香港的交通线，鹰鸷如云。何世庸便借口送妻子回九龙娘家分娩，与何嘉一起，带着一儿一女和两个保姆，夹带着这批情报，安全到达香港。通过余秉熹交给了华南党组织在港负责人饶彰枫。

5月，余秉熹到广州来，说中央军委有位负责同志来到香港，要看华南地区五万分之一军用地图，主要是湖南、广东、广西交界地区的地图和华南几个大城市的市内交通图。何遂与何世庸想了很多办法，终于从国防部一个叫李孔琼的参谋那里弄到这些地图。何世庸让何嘉送到香港去。何嘉用牛皮纸把地图卷成一个卷，正为难地考虑如何躲过沿路鹰

鸷的眼睛，听说吴石的副官聂曦上校尚在广州，而且正要前往香港公干，便找到这位精干的中年军官，托他把牛皮纸卷送到何世庸的岳父家，纸卷上写明了地址与何遂亲启。聂曦（他去台湾后还到香港送过两次情报，他牺牲得很英勇，至今没有一个烈士的名分）痛快地答应了。当何嘉乘火车赶往九龙李朗如家时，牛皮纸卷已经送到了，何嘉迅即交给了余秉熹。

6月，何遂、何嘉去了台湾。他们先到台北，见到了何遂的胞妹何璋生。何遂积极地做了争取妹夫马德建和乃兄马伯良（原上海江南造船厂厂长）的工作。马德建20世纪30年代初是电通影业公司的老板，投资拍摄了《桃李劫》、《风云儿女》等早期进步电影，在电影史上留下了一页。在台他是一个兵工厂的厂长，少将军衔，他接受了内兄的一些影响（20世纪70年代初，马德建夫妇回大陆定居，受到政府欢迎并给予安置，马不幸死于唐山大地震）。

何遂带着女儿到高雄去看望了妻子陈坤立和何世平一家。何世平遵照组织指示已经在台湾工作三年了，陈坤立来与次子同住也有一年多了。何世平一直在台中、台南盐务系统"潜伏"，1947年、1948年，张执一同志曾两次到台南来听取何世平的汇报并布置工作。何世平是根据张执一的指示，设法调到高雄一家盐场当厂长的。他经考察得出一个结论：沿海凡建有盐田和盐场的地方，都是适宜军队登陆的地方。何世平讲了一个新情况：6月香港报纸

1950 年 6 月 10 日，吴石将军的亲信聂曦上校在台湾英勇就义

吴石1941年在何遂《长江万里图》上题诗四首，此其一也

登出的接管上海军管会干部的名单中有何康的名字，何康是军管会农林处处长。这个信息已经传到台湾，何世平的同事们私下已有议论，有人甚至散布"何家弟兄都是共产党"。何世平还获知，何世庸已撤至香港，准备参加接管广州的工作。因此，何家人要在台湾工作是越来越危险了。

8月，何遂、何嘉再次到台北。吴石将军已于福州解放前夕飞来台北，就任了台湾国防部参谋次长的职务。这期间，何遂与吴石以携带家人游山玩水为名进行密商。在明知环境十分险恶的情况下，吴石毅然决定甘冒斧钺，以更秘密的方式为共产党工作，并亲自去接上关系；他催何遂一家快走。9月1日，何嘉陪同陈坤立与何世平全家在基隆乘秋瑾号轮驶往即将解放的广州，再转香港；何遂则于9月初，由吴石买好从台北直飞香港的飞机票，并亲自送他上了飞机。关于何遂离开台湾的情形，吴石的长子吴韶成在《五十年代在台湾殉难的吴石将

军——挥泪忆和父亲走过的岁月》一文中，有如下叙述："1965年'文化大革命'前夕，我走访在北京白塔寺寓所的何遂伯伯。老人谈起1949年逃离台北情景时声泪俱下。当时台湾风声已经很紧，情况很不好，父亲一再催促他赶快离开虎口，以防不测。父亲对他说：'我不要紧，有国防部参谋次长这块牌子掩护，你快走！'就这样，父亲替他买了去香港的飞机票，第二天亲自开车把他送到飞机场，直至上了飞机才离开。老人说：'你父亲和我40年之交，情同骨肉，非同一般。他关心我胜过关心自己，不意从此竟成永别！'"（见《百年潮》2011年第3期第32页）

吴石于9月和10月初两次到香港，在何嘉协助下，与中共华东局对台工作委员会驻港领导人万景光接上了关系（详情见本书《从大陆战斗到台湾——缅怀吴石伯伯》一文）。

1949年12月末，经党组织安排，何嘉陪同父母乘一艘英国轮船从香港抵青岛，转陆路经济南回到上海。当天，刘晓带着多位领导同志到家里来看望了何遂夫妇。

从大陆战斗到台湾
——缅怀吴石伯伯

何　康　口述
何　达　整理

1950年6月10日，吴石将军在台湾遇害。

同时被台湾蒋介石当局杀害的还有：女共产党员朱枫烈士，吴石的好友陈宝仓中将，吴石的亲信聂曦上校。此案震动台岛，美欧媒体多有报道。

6月12日香港《星岛日报》头版消息的标题是："轰动台湾间谍案四要角同被处死"，加框副题是："吴石临刑前从容吟诗"。

在中国大陆，由于多方面的原因，长时期来知道此事的人很少。

直到20世纪80年代中期以后，随着境外信息的涌入，坊间有关传闻渐多，报刊上介绍吴石的文章也偶有所见。由于信息不畅，难免有些猜测，舛误。岁月倏忽，我也已耄耋之年，作为与吴石有两代深交的当事人，谨述所知，既是对吴伯伯深切的缅怀，也是对两岸坚冰雪化的期盼。

难得的军事人才

张执一（原中共中央统战部副部长）在他撰写的《在敌人心脏里——我所知道的中共中央上海局》一文（载《革命史资料》第五期，全国政协编，1981年版）中，写到我的父亲何遂，照录下面一段："何遂，福建人，出身保定军校，曾任西北军系统孙岳部参谋长。在蒋政府长

期任立法委员，抗战初即与我党发生关系，他的三子一女一媳（三个儿子是何世庸、何世平、何康，女儿何嘉，媳缪希霞），均为我党地下党员。他在旧军政界的关系很多，我经常与他接触，运用他的关系开展工作。蒋军现役军人吴石，就是通过他的

吴石将军肖像

关系，为我方工作，后被蒋帮杀害，是革命烈士。"近年，不少文章称吴石受"共产党员何遂单线领导"，这是不确切的，何遂不是共产党员，也没有领导过吴石。吴石与父亲是几十年的生死之交，他也把我家兄妹视若子侄。吴石确实是受父亲影响并通过父亲和共产党建立直接关系，在党的领导下，积极投身人民解放和国家统一大业，最终壮烈牺牲的。这期间，吴石表现了很高的自觉性、主动性，他强烈的爱国思想、民族意识，疾恶如仇的正义感和待人的侠义真诚，至今活在我们心中。

吴石字虞薰，1894年阴历八月十五日出生于福建闽侯县螺洲乡一个"累世寒儒"的家庭。少年就读于富有维新色彩的福州开智学堂、榕城格致书院时，接触到中国近代屈辱的历史，从老师那里知道了孙中山反清起义的壮举。辛亥革命爆发，17岁的吴石毅然投笔从戎，参加了福建北伐学生军。1913年春转入武昌第二预备军官学校。1915年进入保定陆军军官学校第三期，与白崇禧、黄绍竑、张治中等是同期同学。吴石记忆力极强，又十分刻苦，1916年年末，他在同届八百学子中以第一名毕业。但陆军部按省籍分发，福建省没有地方部队，当时福建被皖系军阀李厚基残暴统治。吴石不愿为军阀效力，在家闲居数月，十分苦恼，适逢孙中山在广州发动"护法运动"，吴石乃投身福建以方声涛（早期中国同盟会会员，黄花岗烈士方声洞之胞兄）、张贞为领导的地方民军"驱李"斗争。他在自传中写到此时与"归自欧洲的何叙甫"结识。我父亲字叙甫，是北京政府派赴欧洲参加第一次世界大战的上校武官。1918年回国后，由广州护法军政府任命为"靖闽军司令"。所谓"靖闽军"实无军队，主要依

靠地方民军及反李势力，一面策动李厚基主力师长潘国纲"瘫痪"（不受李之指挥），一面密谋暗杀李厚基。吴石与父亲在这一斗争中熟识。但暗杀行动失败，牺牲了十多人。吴石与父亲被迫离开福建，经武汉北上。吴石因喉疾在北平休养，1922年至1924年，他拜闽籍大儒何振岱为师，学习诗词国学。从此，古典格律诗词的创作成为吴石一生的癖好。父亲则于1920年经孙岳引荐进入直系，参与了1924年冯玉祥、孙岳、胡景翼发动的"北京政变"，成为国民军第三军孙岳部参谋长兼第四师师长。父亲请吴石出任该师军械处处长并统领炮兵，兼任南苑干部学校上校教官。但国民军仅一年多便在直奉两军夹击下瓦解了。这时，蒋介石正在南方誓师北伐，朱绍良任总部参谋长，委吴石为作战科长。1927年，方声涛回福建主持政务，吴石又回福建任军事所参谋处处长，致力于整理本省民军。

1929年，吴石做出了一个异乎寻常的决定，他决心到日本陆军大学去继续求学。那年他虚龄36岁，而且正为地方长官倚重。这个决定，可以说突出显示了吴石不凡的抱负和远见卓识，也表现了他性格的刚毅。他决心成为一个深入了解日本军队的真正的军事家，以报效国家民族，吴石的决心得到福建民主革命前辈方声涛的支持，由福建省政府出资，保送吴石东渡留学。吴石先入日本炮兵学校，继而考入日本陆军大学。他在日本6年，一家人过着清贫淡泊的生活，却把节省的钱全部用来购置日本各种军事著作和有关资料。吴石是个才子，精通日语，而且英语也很好，他埋头苦读，1934年以第一名的成绩毕业于日本陆军大学。1935年，吴石回国，在南京任职参谋本部，兼任陆军大学教官。同时开始

军事理论著述，陆续出版了《兵学辞典》、《孙子兵法简编》、《克罗则维兹兵法研究》等著作。这时期，他和父亲来往十分频密，已成莫逆之交。

抗日战争中的高参

1937 年 5、6 月间，以周恩来为首的中共中央代表团抵达南京，父亲与代表团成员多有接触。"七七"事变爆发后，国共合作抗日的局面初步形成，叶剑

英希望父亲多介绍一些朋友给他们，以扩大抗日民族统一战线的影响。父亲便把吴石、张维翰、缪秋杰（张时任立法委员，后曾为台湾监察院院长；缪时任两淮盐运使，后为国民政府盐务总局局长。此二人均为吴石好友）等介绍给了周恩来、叶剑英、李克农、博古等中共中央代表。吴石对日军入侵深恶痛绝，对共产党提出的"枪口对外"、"团结抗日"的主张是明确赞同的。当时蒋介石组织军事委员会大本营，吴石作为军界公认的日本通进入大本营第二组担任副组长、代组长（组长徐祖贻未到任）兼第一处处长，负责对日作战的情报工作。他在参谋部时即凭借多年积累的资料和研究心得，编撰了有关日本军队"作战之判断"、"海空军总动员"、"兵力番号编制"以及主要将领介绍的《蓝皮书》，此时再充实翻印，弥补了国民党对日军事情报储备的不足。"八一三"上海抗战的事实证明，日本侵略军的兵力组合、攻击指向，大多如《蓝皮书》所判断。吴石基于强烈的民族意识，较早洞察日本军阀亡我之野心，其未雨绸缪、苦心孤诣的准备，至此方显功效。

上海、南京沦陷后，大本营移武汉，第二组改为军令部第二厅，吴石任副厅长兼第一处处长。武汉战役期间，蒋介石每周都召见他，咨询日军动态。1938 年 8 月，第二厅在珞珈山举办了"战地情报参谋训练班"，

1949 年吴石将军摄于台北

吴石主持其事，特地邀请周恩来和叶剑英去讲课。我的长兄何世庸当时就以第20集团军上尉联络参谋的身份参加了这个训练班，亲聆了周恩来作的形势报告和叶剑英讲的游击战争大课。吴石在对学员的讲话中指出，作战中的中国军队缺乏情报和保密素养，所用四字头密码早已被日军破译，这是造成战场被动的一个原因。

1938年11月下旬，在国民政府军事委员会召开的南岳军事会议上，决定设桂林、天水两行营，分别统一指挥南北两战场作战。桂林行营主任是白崇禧，参谋长是林蔚，吴石担任了桂林行营参谋处处长。桂林行营辖二、四、六、九战区，吴石以一腔抗日热忱，夙夜匪懈，承担了大量运筹协调辟划的幕僚任务。1939年11月末至12月初，日寇攻占南宁和地扼桂越交通线的要隘昆仑关，揭开了长达一年的桂南会战。初期，由白崇禧指挥，以第五军为主力，四个集团军配合作战，于当年12月31日收复昆仑关，取得了抗战以来攻坚战的首次胜利（击毙日军第五师团第21旅团长中村正雄，击毙日军4000余人）。这次战役的紧张阶段，吴石白天不离地图，夜晚不离电话，连续几昼夜未曾合眼。昆仑关大捷，吴石是有贡献的。随后由于日寇增兵，昆仑关再度失守。从1940年2月起，桂南作战改由第四战区司令长官张发奎指挥，吴石仍然肩负参谋重责。经过艰苦作战，1940年10月末，中国军队终于收复南宁，取得了桂南会战的胜利。吴石敏锐地判断了日军撤退的动向，及时组织了活跃的追击，日寇仓皇逃遁出海，使南宁及沿途地方未遭破坏，而且缴获了日军大批辎重。南宁作战后，吴石继蒋光鼐担任了第四战区中将参谋长。

吴石担任第四战区参谋长的职务长达5年。他为人正直，淡泊名利，埋头苦干，在艰苦的战争环

吴石与夫人王碧奎、幼子吴健成1949年仲秋摄于台北

境中，和战区司令长官张发奎建立了深厚的友谊，成为他得力的助手，分担了军务重担，也博得了同僚广泛的赞誉与拥戴。吴石参与了从长沙会战到桂柳会战许多重大战事的筹划，大多实负起草计划的全责。由于他注重实地考察，又对日军有较深了解，他草拟的作战计划，多为各方首肯。吴石还非常重视发动民众协力抗日，他在桂林时，首倡日本人民反战同盟会，把大批日俘组织起来，为抗日服务。他还利用同乡纽带，创建福建旅桂同乡会作桥梁，吸引了大批南洋华侨和福建青年到广西入学参军就业。他还在自己家里热情地接待过闽籍爱国侨领陈嘉庚，和他共议抗日救亡，建设乡梓，培养后人的大事。应该特别指出的是：在国民党反动派一再破坏抗日民族统一战线，挑起反共摩擦的抗日相持阶段，在特务密布的十二个战区中，第四战区始终保持了国共团结抗日的局面。这是和战区司令长官张发奎、参谋长吴石、中将副参谋长陈宝仓（1950 年与吴石将军同时被杀害）等一批高级爱国将领坚持鲜明的正义立场紧密关联的。

第四战区司令长官部驻柳州，当时我父亲先任桂林行营总顾问，桂林行营撤销后，又任军委会桂林办公厅总顾问，他常到广西；我则在广西大学农学院读书，校址在柳州沙塘，所以常常得到吴伯伯的关照。1944 年日寇攻陷桂柳前，我和弟妹还有我的几位同学都是由吴伯伯帮助安排撤离的。我大哥何世庸是地下党员，利用父亲与盐务总局局长缪秋杰的关系，隐蔽在广西盐务系统工作，桂林失陷前，接到董必武同志"向桂东转移"的指示，特地去向吴伯伯咨询，吴为他分析了当时敌我双方局势，指出桂东三角地带日军兵力暂难顾及，是相对安全稳定的地区。这个分析帮助了新任桂东盐务办事处处长的何世庸利用控制的五万多担存盐（战乱中每担盐市价一两黄金），放手支持桂东自卫抗战保护民主力量。后来事实证明，吴石的判断是准确的。

情报工作建奇功

吴石与父亲投缘，不仅因为思想性格相近，还因为他们都酷爱中国古典的诗词书画，而且都有较高的造诣，诗词唱和是他们交流的一种方式。在吴石出版的《东游乙稿》中有一首《喜叙甫至》的七律 ❶，记述了他们 1931 年夏相聚于日本的情景："羽音夕至客朝临，鸡黍微情一往深。相慰百书输此面，论交几辈得齐心。"当时吴石是日本陆军大学的留学生，父亲是到日本考察的。异国相聚，欣喜之情跃然纸上。父亲回国后，曾在家中说："日本人要在东北挑起事端。"看来他们那时对中日局势是有议论的。在父亲画的《长江万里图》上，吴石题了四首诗。题在三峡段的七律 ❷，首联是"远览方知天地宽，心安蜀道未为难"。平平淡淡的两句，凸显出深刻的哲理：人只有眼光远大才能知道天地的宽阔；只要意志坚定，心态平稳，面对蜀道也不以为难。题在武汉段的七律 ❸，则回顾了他与父亲 1919 年过武汉的游踪，"孤心郁勃凭双剑，共济安危托一舟"，道出了他们之间"共济安危"的非同寻常的关系。父亲在吴石 50 岁生日（1943 年中秋）时，写了一首"百字令"的长词 ❹ 送给他，首句"恰中秋"点明吴石生日，"收拾乾坤归腕底，吾辈固应如是"，口气很大，但确实是他们共同的抱负。下面说了对历史上英雄人物的看法。下半阕描述了他们"高唱分题","清谈据坐",聚饮等待前线捷报的细节，而后"荡涤倭氛，廓清禹域，方快平生意"，表明打败日本侵略者，建一个太平盛世，是他们最殷切的意愿。最后透露了功成隐退，与"老松仙鹤"为伴的梦想。吴石与父亲都深受中国传统道德、文化的熏陶，认为以国家兴亡为己任是天经地义的事情，即"固应如是"。

抗战胜利后，吴石回到南京，任国防部史政局局长。他和父亲交往更加密切。吴石在抗日期间就对蒋介石消极抗战，积极反共的做法不满，第四战区国共合作，团结抗日的气氛比较和谐，这与战区参谋长吴石的态度是分不开的。桂柳战役失利，身处第一线的吴石对"前方吃紧，后方紧吃"的局面痛心疾首。吴石受过系统的高等军事教育，对蒋介石偏爱嫡系，重用刘峙之流无能败将，深为不平。他自视颇高，却始终无缘军队的实权，这是吴石难解的心结。抗战胜利后，他目睹"五子登科"式的"劫收"，物价飞涨，民不聊生的情景，特别是蒋介石违背广大民众和平建国的意愿，悍然发动内战，使他感到非常失望苦恼，多次发出"国民党不亡是无天理"的喟叹。我的父亲在爱国、抗日、反蒋这条心路上，与吴石十分一致。他比吴石

年长6岁，辛亥革命时期，已是一个活跃分子。父亲虽然胸无城府，政治上却敏感而清醒。西安事变后，他明确拥护共产党建立抗日民族统一战线的主张，热情真诚地和我党一些领导人建立了联系。抗战胜利，内战爆发，他对蒋介石政权完全绝望。他认识到，要救中国，只有把希望寄托于共产党。他和吴石之间的交流，没有什么隐晦，这种鲜明的态度对吴石的影响是很直接的。吴石也表示，希望通过父亲和共产党方面的代表建立直接接触。

我1938年在抗日烽火中于武汉参加党领导的抗敌宣传队，次年5月在重庆南开中学加入中国共产党。由于形势、环境和工作的需要，我和两个哥哥（大哥何世庸是延安"抗大"第五期的，二哥何世平是"抗大"第四期的）党的关系都转至中共中央南方局，由叶剑英直接领导（不与地方党发生联系）。叶调回延安后，由董必武直接领导，直到1946年年末，才一起转到中共中央上海局。上海局的书记是刘晓，副书记是刘长胜，负责统战、军运工作的领

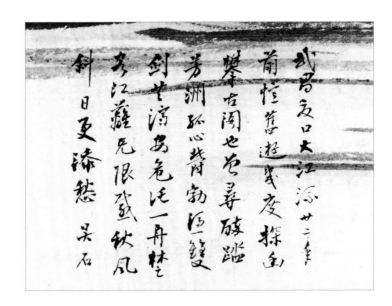

吴石在何遂《长江万里图》（武汉段）的题诗。诗画作于辛巳年（1941年）

导是张执一。我当时的公开身份是瑞明企业公司总经理，瑞明公司公开业务是做西药、货运等生意，实际上是中共上海局一个核心的经济机构。1947年4月，刘晓、刘长胜、张执一等在上海锦江饭店（老板是董竹君）会见并宴请了吴石，父亲和我在座。这是吴石接受中国共产党领导的开始。

此后，在上海愚园路俭德坊二号我家寓所，张执一与吴石有过多次单独会面。俭德坊二号是一幢有围墙院落的三层西式小楼，我父母与我一家住在一起，父亲当时是国民政府立法院军事委员会委员长，素以交游广阔知名，起到了很好的掩护作用。在上海解放前，主要以此为联络点，由张执一和我与吴石联系。1948年年底，吴石调任福建绥靖公署副主任，组织上派谢筱迺（原中共中央党史资料征集委员会副主任）赴闽配合他工作。吴石是个职业军人，有很高的军事素养，又深恶蒋介石政府的腐败，很努力，他那时经常往返于沪宁之间，不断送来重要情报，大多由他自己送来，有时则包扎好，写明由我父亲收，派他的亲信副官聂曦送来。给我印象最深的，是1949年3月，吴石亲自到俭德坊来把一组绝密情报亲手交给我，其中有一张图比较大，是国民党军队的长江江防兵力部署图。我当时很注意地看了，使我吃惊的是，图上标明的部队番号竟细致到团。我知道这组情报分量之重，迅即交给了张执一同志。关于这组情报，渡江战役时任第三野战军参谋长的张震将军曾两次向我提及：一次是在上海解放不久军地干部集会见面时，他知道我是上海地下党的同志，高兴地对我说："渡江战役前，我们收到了上海地下党送来的情报，了解了国民党长江江防兵力部署的情况，这对渡江作战很有帮助。"另

一次是我担任国家农业部部长以后见面时，他再次讲了类似的话，并提到准确的情报对确定渡江的主攻方位是有参考作用的。

1949年4月下旬，吴石和我父亲、妹妹何嘉（中共上海局地下党员，时为复旦大学社会系二年级学生）同机从上海飞往广州。临行前夜，我与爱人缪希霞（中共上海局地下党员，瑞明企业公司财务主任）等在霞飞路卡弗卡斯咖啡馆为吴伯伯饯别。那个店是白俄开的，有一个不大的舞池，留声机不停地播放《何日君再来》之类的歌舞曲。吴伯伯告诉我们，他接到了催他赴榕莅职的电报，他到广州短暂停留（国民党政府已迁至广州）后，即赶赴福州。当时解放大军已首先从安徽胜利渡江，我们会心地交换了对局势的看法。吴伯伯知道我将留待上海解放，今后他很难再与我们直接联系，不胜依依惜别之情。吴伯伯是一个豪爽侠义的人，平时讷于言，当晚却心情激越，他兴奋地跳舞，还用福州乡音吟唱出那首古老的悲歌："风萧萧兮，易水寒；壮士一去兮，不复还。"此情此景，至今历历在目。当时只感到吴伯伯心潮奔涌，此去福州，必有所为。没有想到这竟是我与吴伯伯的永别。

吴石在广州短暂停留即赴福州莅职，临行前将一包重要情报留给父亲，父亲让何世庸与何嘉送出。这组情报包括国民党在江南地区的兵力部署图，国民党在江南地区军队的编制、人数及装备情况以及国民党总兵力统计和总后勤方面的统计资料等，都是铅印的。何世庸借口送其妻回娘家分娩，与何嘉带同保姆，夹带着这组有相当数量的情报，安全到达香港。

吴石于5月初返回福州，6月参加了蒋介石召开

的有汤恩伯、朱绍良、李以劻等出席的福州军事会议。蒋很想固守福州，以屏蔽台湾。吴石违反蒋的意愿，极力阻止修建福州半永久性城防工事，使大批市民免遭荼毒之苦。他通过谢筱迺送出许多重要情报，谢筱迺曾深情地回忆："吴石将军为人忠厚，亲切热诚而且学识渊博。对我这当年只有二十来岁的年轻人十分体贴，每星期我都到温泉路吴家一次，有时还在那儿吃饭。吴夫人也很和气，办完事，吴将军每次都亲自送我到巷口，还一再关照，万一出事要及时设法通知，好营救。在周密安排下，福州没打什么仗就解放了。吴石将军于福州解放前夕飞往台湾。我们曾相约在台湾相会，后因我另有任务，未能履约。"

不仅如此，吴石还极富远见地冒着风险将一批原定直运台湾的绝密军事档案留给了新的人民政权。这批档案原由国防部史政局保存，共五百多箱。1948 年年末国民党当局决定运至台湾。时任史政局局长的吴石已知道自己即将调任福州绥靖公署副主

1946 年 1 月，吴石、何遂、陈孝威冒雨登上重庆北碚缙云山，留此诗画合璧于缙云寺汉藏教理院

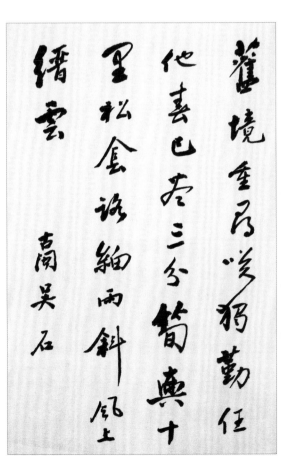

任，便提出先运至福州。"进则返京方便，退则转台近捷"。获准后，于1949年年初运至福州。吴石又以部分次要档案运台搪塞，将核心部分滞留福州，秘存于仓前山福建省研究院书库。吴石在8月16日飞赴台湾前，亲自安排亲信将这批包括前日本末次研究所情报资料❺在内的298箱绝密档案，留交给了进入福州的人民解放军。吴石爱国为民的拳拳丹心可鉴，这样的贡献也是常人难以企及的。

一片丹心存青史

吴石于福州解放前夕飞往台北，就任台湾国防部参谋次长。这时，我的父亲和妹妹何嘉按照组织意图也在台北执行任务，他们原本是准备留在台湾工作的。我二哥何世平则已经在台湾台南、高雄等地盐务机构工作三年多了，母亲与他们一家同住。张执一这年春天还到台湾检查并安排过他的工作。但此时却出现了一个新的情况：上海是个国际性的大都市，西方对共产党能否成功接管上海十分关注，外电包括港澳媒体的报道中出现了我的名字（我是接管上海的军管会农林处处长），这消息传得很快，我二哥的同事已经公开散布："何家弟兄都是共产党。"这就使何家人失去了在台湾继续工作的基础，组织上急令他们撤出。这段时间，吴石与父亲在台北接触密切，他们还以携带家人游山玩水为名进行密商。当时中国大陆的战局已经明朗，蒋介石集团企图凭借160多海里（300多公里）的台湾海峡来固守这最后的据点，而海空力量薄弱的人民解放军要跨海作战，来自内部的准确情报就成为具有特

殊意义的一环了。在当时的政治氛围中，无论吴石还是我的父亲和兄妹，都相信共产党将不惜代价通过军事手段解放台湾，不会容忍国家的分裂。这样，吴石确实面临了人生重大的抉择。他虽然已经对人民解放事业做出过重大贡献，但到了台湾，海峡阻隔，基本上和共产党断了联系，他可以完全切断这种联系，安稳地在台做他的高官。如果选择继续为共产党工作，就必须在组织上建立更紧密的秘密联系，那无疑是非常危险的。吴石恰恰做出了甘冒斧钺的选择，他同意继续为共产党工作，并决定主动去接上关系，完全接受共产党的领导，为解放台湾，实现祖国的统一效命。吴石的抉择是他一贯爱国思想的延续，也和我父亲的影响分不开。

此时，蒋介石的残余力量已基本集中于台湾，这个突然拥挤的岛屿变得十分敏感而危险。吴石关心朋友的安危胜于自己，他一再催促父亲赶紧离开虎口。经过他们商量，我的母亲、二哥一家和妹妹于8月末9月初由基隆乘船到广州，然后转往香港。随后，由吴石买好从台北直飞香港的机票，并亲自送我父亲到机场，看他走进了飞机。紧接着，吴石也悄然来到香港，经何嘉联系并陪同到港岛牛奶公司与余秉熹见面，他们单独做了长谈。事后，何嘉陪吴石渡海过九龙，吴石笑着对何嘉说："小妹，我该给你买双鞋了，为我的事情，你的鞋都跑坏了。"吴石对我们兄妹，一向是很亲切随和的。这次，吴石很快就回台北了。10月初，吴石再次来到香港。何嘉再去找余秉熹。余说："万景光已来香港，这个事情今后由万景光负责。"（万时为中共华东局对台工作委员会驻港的领导人）第二天，万景光就到九龙塘沙福道李朗如（香港陈李济的老板，解放后曾

罗青长为吴石烈士纪念册书写之题词

任广州市副市长，他是我大哥的岳父）家来看望了我的父亲，随即由我两位哥哥和妹妹陪同去见吴石，谈完话，告辞出来，万景光又命何嘉回去送吴石。当天下午，吴石飞回台北，何嘉送他到启德机场，目送他离去。

吴石回台后，曾三次派人送情报到香港。其中两次是由他的亲信聂曦上校送来，一次是托我姑父的弟弟送来。都是由吴亲自封好，写明由我父亲亲启，送到九龙塘沙福道李宅。这些情报都原封不动地由何嘉及时转交万景光了。1949年12月，我父母和妹妹由香港回到上海。仅仅隔了几个月，便传来了吴石伯伯在台湾遇害的消息。我父亲闻此噩耗，痛不欲生，致心脏病发作。父亲生前多次说，"吴石

是为人民解放和祖国的统一牺牲的"。对这位生死知己的死，父亲怀着复杂难言的隐痛，这伴随了他整个晚年。

吴石有一子一女留在大陆，长子吴韶成，毕业于南京大学经济系，高级经济师，是河南省冶金建材厅总经济师，河南省第六、七届省人大代表。长女吴兰成毕业于上海第一医学院，是中国中医科学院研究员，享受政府特殊津贴的专家，北京市第六、七、八届政协委员，还是北京市"五一"劳动奖章获得者。他们长期承受外界的误解甚至迫害。"文化大革命"中的1972年，吴韶成写信向中央申诉。在周恩来、叶剑英的直接干预下，1973年吴石将军被追认为革命烈士。吴石夫人王碧奎女士当年也牵连入狱，吴石牺牲后，经故旧多方营救才被释放，她独自含辛茹苦抚养了年纪尚幼的一子一女，直到1980年5月才得以移居美国洛杉矶。翌年冬，在有关部门的安排下，吴韶成、吴兰成赴美探亲，分离近40年后，骨肉终获团聚。韶成兄妹带回其父在狱中秘密书写于画册背面的绝笔书，这是吴石留下的最后的笔墨。他概述了生平抱负，想到了凝聚多年心血的众多军事著作和诗词作品，"均愿知我诸友好，设若予有不幸，为我辑印之也"。他想到了尚存于家乡的藏书，"亦望将来儿辈善为我整理保存，如能请诸友好协助为我设小规模图书馆，以作纪念，俾我爱书与好读之美习，传诸后人，则何幸如之"。他怀念在战乱中失去的四个孩子，表达了对妻子的歉意和深深的眷恋，还表示不忘故人对自己的恩惠。想到他在大陆读书和台北身边的两男两女，这位炎黄赤子写道："余素不事资产，生活亦俭朴，手边有钱，均以购书与援助戚友……所望儿辈体会余一生清廉，

应知自立，为善人，谨守吾家清廉节俭家风，则吾意足矣。"这是何等的凛然正气！末尾，吴石满怀壮志未酬竟被叛徒出卖的悲愤留下一首绝笔诗："天意茫茫未可窥，悠悠世事更难知；平生弹力唯忠善，如此收场亦太悲。五十七年一梦中，声名志业总成空；凭将一掬丹心在，泉下差堪对我翁。"吴石，人如其名，他像一块巨石，坚硬、厚重、洁净、朴实无华，最终挺立在历史的湍流里。

1991 年 12 月 10 日，长期在周恩来总理身边负责国家安全工作的罗青长（原国务院副秘书长），在北京西郊燕山饭店亲切接见韶成、兰成兄妹时说："我们对你们父亲的事一直念念不忘，我当时是当事人之一。1972 年接到你（指韶成）在'文化大革命'期间蒙受不白之冤的申诉报告，周总理、叶帅都亲自过目并做了批示，派人去河南专门处理此案，落实政策。确实是很不容易的。总理弥留之际，还不忘这些旧友，专门找我做过交代。你们父亲为了人民解放事业和祖国统一，做过很大贡献，这有利于加速军事进程，避免重大伤亡。最终他献出生命，我们是不会忘记的。"接见时，我和谢筱迺在座。罗青长为吴石烈士纪念册的题词是："要知松高洁，待到雪化时"。

1993 年 2 月，王碧奎女士在美国洛杉矶逝世。1994 年，吴石小女吴学成从台湾捧回了父亲的遗骨，吴石幼子吴健成从美国捧回了母亲的遗骨，国家有关部门遵照二位故人的遗愿，把他们合葬于北京福田公墓，并由我主持举行了小范围的追悼仪式。

近年，台湾政局已发生重大变化，和平发展已经成为两岸同胞共同奋斗的目标。在这样新的历史时期，缅怀这位为人民解放，祖国统一流尽热血的爱国者，更有其特殊意义。历史终归是属于人民，属于伟大的中华民族的。

吴石丹心永照！吴石忠魂不朽！

1991 年 12 月 10 日罗青长于北京西郊接见吴韶成、吴兰成时合影。右起何康、吴兰成、罗青长、吴韶成、谢筱迺、任霓、宋晓鹤

从大陆战斗到台湾——缅怀吴石伯伯

注❶ 喜叙甫至

羽音夕至客朝临，鸡黍微情一往深。
相慰百书输此面，论交几辈得齐心。
伤时广武真同叹，寻胜东山且朗吟。
生怕君归吾尚滞，西窗听雨旅愁浸。
见吴石《东游乙稿》1931 年夏作于日本东京

❷ 题何遂《长江万里图·三峡》

远览方知天地宽，心安蜀道未为难。
香溪初望昭君里，险水又经峥岭滩。
艛艓顺流飞鸟过，峰峦当路怒犹蟠。
欲探何处闻猿峡，一为停舟着意看。
吴石 辛巳年（1941 年）作

❸ 题何遂《长江万里图·武汉》

武昌夏口大江流，廿二年前忆旧游。
几度探幽攀古阁，也曾寻醉踏芳洲。
孤心郁勃凭双剑，共济安危托一舟。
楚客江蓠无限感，秋风斜日更添愁。
吴石 辛巳年（1941 年）作

❹ 百字令

癸未中秋，虞薰五十初度，尔汝交期，能无对酒当歌，一洗胸中块垒。
前身渭汝，恰中秋，明月人间能几。收拾乾坤归腕底，吾辈固应如是。多少英雄，古今人物，去去长江水。蓬莱清浅，望中澄澈无际。 相与高唱分题，清谈据坐，莫问今何世。且尽平原旬日饮，侧耳羽书闻喜。荡涤倭氛，廓清禹域，方快平生意。老松仙鹤，一声横笛吹起。
见《叙圃词》1947 年刊印，何遂癸未（1943 年）作

❺ 1912 年日本末次研究所在北平东城栖凤楼七号成立，负责人叫末次政太郎。"末次资料"的主要来源是 1912 年至 1940 年 7 月间公开发行的五十余种中文、英文及日文报纸。其选材相当严格，有很强的连续性和系统性，且不同观点的报道尽收，许多篇目还附有收集者的评语，并按专题整理成辑，共 775 辑，2.2 亿字。解放后这批资料先存福建省社科院，后由厦门大学图书馆收藏。1984 年"末次资料"被专家鉴定为孤本珍贵文献。1995 年中文部分影印出版；其外文部分尚在编译中。有关报道见 2006.3.14《厦门日报》。

原载《百年潮》2007 年第 1 期
本书略有增补

吴韶成（左）、何康（中）、吴兰成凭吊于北京福田公墓吴石烈士陵前（1994 年）

245

父亲与文物考古

（寻踪文摭）

何仲山

> 父亲的一生与文物考古有着不解之缘。
>
> 他虽是戎马出身，以后又长期从政，然而他对文物考古却情有独钟，涉猎范围颇广。
>
> 姐姐何嘉说："父亲的文才远胜于他的从政之资。"
>
> 的确，如果父亲毕生从事文物考古，定会成为一代名家。

致力于文物古迹保护

基于对文物古迹的热爱，父亲终生致力于对文物古迹的保护，突出的有三件事。

（一）集资修缮丛台并撰写《丛台集序》

1922 年父亲任陆军第十五混成旅参谋长，驻军邯郸。丛台是邯郸的著名古迹，父亲熟知赵国及丛台的历史。驻军邯郸期间，他倡导并支持对邯郸丛台修缮并撰写《丛台集序》，是对文物古迹保护的一次义举。

当时的丛台，在邯郸城东北角，历史悠久。《名胜志》说它始建于赵武灵王时期（公元前 325 ~ 前 299 年），已有两千多年的历史，故称武灵丛台。

赵武灵王是中国历史上著名的改革家。他即位时赵国很弱。为了强兵，他受北方游牧民族身着轻巧衣物作战的启示，发起了要求赵国人尤其是军队改穿胡服的改革，即著名的"胡服骑射"，此后赵国日渐强大。当时操练的场所，便在丛台。据传当时的丛台以规模宏大、结构奇特、装饰精雅而名扬列国。"明嘉靖间兵备副使杨彝重加修缮，建有据胜亭。"[1] 清高宗乾隆皇帝南巡路过邯郸登丛台时亲笔题诗，诗碑立在第一层北门的高阶上。丛台上一次重修于清同治年间，是一个方圆 1100 多平方米，高 28 米的三层青砖高台。

父亲驻军在此时，经常与军中的同事登临丛台，欣赏燕赵大地美景，只见"气爽天高，云蒸霞起。紫山西峙，滏河北回。树色黏天，薄云遍野。牛羊归牧，樵歌互答"。他们谈古论今，"感人事之不常，喜斯台之宛在"[2]，可惜丛台建筑年久失修，油漆剥落，杂草丛生。便与好友孙岳[3]、胡景翼[4] 及岳维峻集资，请当地士绅主持重修丛台。

丛台是著名的古迹，留下不少诗篇，例如唐代大诗人李白、杜甫、白居易等都曾登台挥毫题诗，抒怀言志。修缮丛台竣工后，父亲集历代诗文、掌故编为《丛台集》，亲自作序。《丛台集》1922 年石印出版，现藏国家图书馆。

父亲的《丛台集序》经邯郸名人、书法家王琴堂书丹❺，立碑在丛台第二层的西南方。"文化大革命"被推倒，今修复。《丛台集序》碑由两块巨石相拼而成，青砖砌碑楼，碑高1.9米，合宽1.5米，正文分镌碑正、背两面，共36行，满行24字，共864字。碑文字迹苍劲、流畅，为书法珍品。碑阳面的碑头纹饰为三幅式，额篆书，右为"丛台"，左为"古迹"。碑阴面的碑头纹饰同前，额篆书，右为"灵武"，左为"旧迹"。碑文后附有父亲撰写的丛台怀古诗二首。

父亲所写碑文讲述了丛台的历史。碑文说丛台历史悠久，"可与孔子故居并峙"。碑文讲述了丛台的来历："台之名，始见于《汉书》颜师古释文：'以其连聚非一，故名。'"即它是由许多亭台建筑连接垒列而成的。

碑文对整修丛台的情况做了详细记述："就台次旧神祠改建武灵旧馆，于其侧新筑三楹，名曰如意轩。"可知当时丛台次层的北屋原为如意轩，1922年改建为武灵旧馆，同时在武灵旧馆的西侧"新筑"房三间，取名"如意轩"。整修时，尽量使台上的景物同古籍记载相符。也就是今天讲的，修缮古建筑要"整旧如旧"。在"轩之上为台，以小桥通于丛台上，台四周与城堞间有尺径，曲折通内外，因就其上为棚，遍植藤葡瓜豆之属。复就台旁积石为洞，建屋其次，而古籍相传台有天桥、雪洞、妆台、翠被诸胜，依稀近之"。

碑文又载："其地有湖，备水道通城壕，……今俱为修凿如故。""爰建望诸榭于其上。"说明当时护城河与内湖不通，1922年修复丛台时把内湖与护城河连通，恢复原貌。同时在原址上，恢复了为纪念战国名将乐毅而建的"望诸君祠"，并改名为"望诸

武灵丛台上之《丛台集序》碑

榭"。乐毅祖籍赵国，据地方志载，乐毅的故乡在邯郸市东南30里的乐家堡。他在燕国"黄金台招贤"中被选为大将，后燕、赵、韩、魏、楚五国伐齐时，担任统帅，一气攻下齐国七十余座城池，几乎亡齐。燕国封乐毅为昌国君。燕昭王死后，燕惠王中了齐国田单的反间计，召乐毅回燕都，阴谋杀害他。乐毅识破燕惠王的图谋，直回赵国，被赵王封为"望诸君"。望诸榭就是当年重修丛台时，为纪念这位政治家、军事家而修建的。

丛台原来建的"三忠祠"、"四贤祠"，当时已废。这两个祠是纪念赵国的韩厥、程婴、公孙杵臼、蔺相如、廉颇、李牧和赵奢的建筑。他们的事迹，在《史记》等史书里均有记载，大体上依据史书编写而

成的《东周列国志》在"围下宫程婴匿孤"等章节里，就记述了"三忠"（程婴、公孙杵臼、韩厥）为救赵世孤儿舍身忘命的动人事迹。丛台改建时在湖的西北角一空地上重建，把两祠"合建为七贤祠"。

同时，在"湖之四周筑路，筑堤二，从西北向又东向，南转通望诸树，于其交会之处设宛在亭"。

碑文中提到的各景点，除七贤祠1970年被废，1983年重建并迁址到丛台北面外，其他所修建筑现在都保存在原址上。

碑文更有价值的是，父亲提出了对保护文物古迹的精辟见解。碑文开头便回忆自己过去游历欧美的见闻❻：在罗马看到两千多年前的古城遗址，"一砖一石，灿然备列，社会个人所以爱惜者，无不至"。美国是个新建的国家，"亦盛饰历史遗物，以为国光，他国称是"。欧洲人对古迹的保护使他深受启发，认为这样做可以"资凭吊，助美育，俾目击者如游心于历史中，与往古社会相触接，意至美也"。

联系到自己国家的情况，父亲认为，中华民族有将近四千年的历史（这是当时的看法，现在的研究认为中华民族有五千年的文明史——作者注），"古物之存在者，钟鼎彝器、金石文字外，建筑之物率为古圣贤帝王陵墓宫室之伦，则以代有兵燹（战争造成的焚烧破坏等灾害——引者注），存者寥寥"。因此，对幸存的文物古迹应当很好爱惜，精心保护。

碑文最后还讲到，修复丛台时，"并拟刻古贤今人诗词赋于其上……与斯台同其不朽。则所以存古物，扬国光，助美育"。再次强调了保护文物古迹对国家、对民族的重大作用。

现在的丛台，经过修缮和改建，仍然保存着古代亭榭的独特风格，气势雄伟，建筑精美，犹如一个昂首挺胸，坐北向南，拔地而起的"英雄武士"，耸立在邯郸市中心，为中原地区一处游览胜地。1999年被推荐为百家全国名园之一。2002年10月12日，我国国家邮政局与斯洛伐克联合发行《亭台与城堡》特种邮票一套二枚，其中一枚为中国"邯郸丛台"。这套邮票的发行，大大提升了邯郸和丛台在世界的知名度。而《丛台集序》碑则成为丛台不可分割的有机组成部分——它是丛台的著名景点。石碑与东半部高大的据胜亭相映成趣，古色古香，引人注目，观瞻阅视之人络绎不绝。碑文记述了丛台的历史、名称的由来、重修的概况，极富研究、考据价值；而其所表达的对保护文物古迹的见解，对今人更有重要启迪。

据邯郸市有关负责人介绍，邯郸市准备根据父亲《丛台集序》中描述的景物，进一步恢复当年大丛台的景观，使丛台更加秀美、壮观。父亲当年支持修缮丛台的义举和他撰写的一篇碑文能惠泽于今，使我们后辈感到无上光荣。

（二）考察大足石刻

父亲对文物古迹保护做的另一件很有意义的工作是积极参与考察大足石刻。

大足石刻位于中国西南部重庆市的大足等县境内。大足石刻最初开凿于初唐永徽年间（649年），历经晚唐、五代（907～959年），盛于两宋（960～1278年），明清时期（14～19世纪）亦有所增刻，最终形成了一处规模宏大，集中国石刻艺术精华之大成的石刻群，堪称中国晚期石窟艺术的代表，与云冈石窟、龙门石窟和莫高窟齐名。

大足石刻群共包括石刻造像七十多处，总计十万余尊，其中以北山、宝顶山、南山、石篆山、石门山五处最为著名和集中。

现今的大足石刻闻名于世，无数的海内外游客、学者纷至沓来，流连忘返于鸿篇巨制的宝顶山、精雕细琢的北山、道教胜地的南山、三教合一的石篆山、鬼斧神工的石门山……在石刻之乡的土地上，每一天都有充满仰慕的眼神，每一天都有发自内心的赞叹！1999年12月1日，联合国教科文组织批准大足石刻列为世界文化遗产。世界遗产委员会对它的评价是："大足地区的险峻山崖上保存着绝无仅有的系列石刻，时间跨度从公元9世纪到13世纪。这些石刻以其艺术品质极高、题材丰富多变而闻名遐迩，从世俗到宗教，鲜明地反映了中国这一时期的日常社会生活，并充分证明了这一时期佛教、道教和儒家思想的和谐相处局面。"

现在从重庆到大足交通十分便利，走高速公路一个多小时便可到达大足的宝顶山。参观者摩肩接踵，络绎不绝。可是六十多年前，大足因地势僻远，交通极不便利，大足石刻鲜为人知，考察者难以前往。

当年考察大足石刻的起因是：时任中国辞典馆长的杨家骆，从在重庆北碚付印的《民国重修大足县志·山脉》中发现记述摩崖石刻甚多，查史籍又没有记载，于是邀请历史学家马衡（著名的金石学家、长期任故宫博物院院长）、顾颉刚（著名历史学家、民俗学家）、傅振伦（文史学家）和父亲等组团赴大足进行实地考察。父亲当时有较高的社会地位，任国民政府立法院军事委员会委员长，由于共同的爱好，使他同只有34岁的学者杨家骆成为忘年之交。他对杨家骆发起的大足石刻考察全力支持。现大足北山第134号碑为"大足石刻考察团游碑"。碑文对大足石刻考察团的成员和分工做了详细记载：发起人：杨家

1945年大足石刻考察团留影。后排左三为何遂

2007年何康、郁隽民一行踏访大足县宝顶山石刻群。左四为重庆市委党校副校长周芳，左三何仲山，左二刘友于，左一潘国平博士，右一何达，右三何康，右四郁隽民

重庆地方志中也记载了父亲参与考察大足石刻这件事。重庆图书馆编纂的《陪都大事记》中说：1945年4月27日，大足唐代石刻考查团杨家骆、马衡、何遂、顾颉刚、朱锦江等一行十余人抵达大足县，开始石刻考察。5月10日，大足唐代石刻考查团返渝。

考察团在大足辛勤工作，他们为石刻编制窟号，测量龛位，摹绘像饰、椎石图文，考论价值，认为大足石刻"可与云冈、龙门鼎足而三"，得出结论是：大足石刻"实与发现敦煌相伯仲"。

大足石刻考察团"主要对大足北山、宝顶山石窟进行鉴定、命名、记录、摩拓、绘制、摄影、测量、统计、登记编号等工作。其后又编刊了《大足石刻图征》文集，并编纂了石刻目录两种。他们考察成果虽只有一部分辑在《民国重修大足县志·卷首卷》中，但其成果为后来学者考察研究大足石窟奠定了基础。只是受时间和交通条件的限制，他们未能考察石篆山、石门山、妙高山石窟造像"。❽

在《民国重修大足县志》中载有在考察团中担任编辑工作的吴显齐先生的《大足石刻考察团日记》，真实地记载了考察团在大足期间的活动。考

骆；鉴定时代命定窟名者：马衡、何遂、杨家骆；搜集碑记文字材料者：顾颉刚、庄尚严、朱锦江；拍摄影片照片者：冯四知；绘部位置者：程椿蔚；摩绘像饰者：朱锦江、梅健鹰、雷震；拓片者：傅振伦、苏鸿恩；编定窟号丈量尺寸登记碑像者：何康、吴显齐；总干事：程椿蔚；编辑：吴显齐；文书：张静秋。

从考察团成员可知，除父亲自己参加外，他还把刚从广西大学毕业的儿子何康、自己的副官苏鸿恩都带去帮助工作。父亲写过一首《满江红》记述这次考察，在序言中讲了原约定要参加考察，但因事未能成行的人中还有他的大哥何昂。可见，父亲把家里能远行的人都动员去参加考察。父亲在《满江红》序言中还说："乙酉（1945年）余同江宁杨家骆、鄞县马衡，应陈习删❼先生约，考大足石刻。以四月二十七日陟龙岗，访永昌故址。遍历碑像塔庙。分任编拓测绳摄影记载诸事，经旬将以所得勒为图志。"

察团员们为众多精美的造像所震惊，给予极高的评价。山清水秀的大足，在《日记》中也有生动鲜活的描述。

有一篇记述大足石刻考察团的文章专门谈到父亲在此次考察中的贡献，文中说："在大足考察期间，何遂与马衡一道担任'鉴定时代、命名窟名'，无疑，今天我们非常熟悉的一些造像的龛名，就有他的一份贡献。由其从事此项工作，可见他对文物古迹的熟悉程度，考察团还曾让其撰写有关北山军事设施的《永昌寨考》一文，似未遂；他还与马衡、顾颉刚等先生一起在大足各机关学校发表演讲，显露出对这份珍贵历史文化遗产的重视。60年前与何遂

一道来大足的著名的文史专家傅振伦先生，在晚年时回忆说：'何遂是文物专家，搜集了许多陶瓷、瓦当、金石。'这其中，何遂对古瓦甚有研究，收集有古瓦拓片三十余册，还在1931年发起古瓦研究会。正因如此，在60年前的考察团中，他能不畏路途遥

记述1945年大足石刻考察团活动碑刻原貌。文曰："中华民国卅有四年四月，江宁杨家骆应大足县郭县长鸿厚、县参议会陈议长习删之邀，组织大足石刻考查团，参观北山、宝顶山等处唐宋造像。参加者鄞马衡、侯官何遂、吴顾颉刚、铜山张静秋、江宁朱锦江、庐江冯四知、北平庄尚严、新河傅振伦、台山梅健鹰、临川雷震、侯官何康、民权苏鸿恩、江津程椿蔚、潮安吴显齐。以是月廿七日至县，凡历七日，遍游诸山……"

远而来到具有丰厚历史文化底蕴的海棠香国之中，领略石刻之乡那股浓郁的'石'香！"

父亲善绘画书法，在大足期间，有不少人闻讯赶来向他求字画，他则挥毫泼墨，慷慨赠予，成为当地流传的佳话。

1945年5月10日，大足石刻考察团返渝，由吴显齐先生执笔，写了总结考察工作的《介绍大足石刻及其文化评价》一文，对大足石刻做了高度评价，称"其价值堪称无匹"、"可称仅有，弥足珍贵"、"尤为奇伟"、"莫之与比也"、"诚古今所未有也"、"叹观止矣"、"尤伟观也"、"稀世之珍也"……这是包括父亲在内的著名专家学者在考察大足石刻后发自肺腑的赞叹，不仅可以想象大足石刻带给他们的激动和欣喜，更可见大足石刻的无穷魅力！中国辞典馆馆长、考察团成员杨家骆及朱锦江在重庆报告北山、宝顶山石刻考察的丰硕成果。此后，杨家骆又撰写了大量论文论述大足石刻的价值。考察团的其他成员以图片、图集、书报、杂志、展览等方式，将大足石刻介绍给大众。这样，大足石刻的历史、文化、艺术价值才开始为世人所知晓。在其后的岁月中，后继者们正是踏着他们的足迹，逐渐将大足石刻推向世界，使之成为著名的世界文化遗产，而受到精心保护。因此，六十多年前的乙酉大足石刻考察团的功绩是不可磨灭的，它是大足石刻走向世界历程里的一座丰碑，父亲则是树起这座丰碑中的重要一员！

（三）建议保护和利用北京城墙

1955年，父亲从上海调北京工作后，十分关注当时基本保存完好的北京城墙的保护和利用。始建于明永乐十七年（1419年）的明清城墙，全长二十多公里，周围有护城河环绕，是北京建城史上修筑得最宏伟、最完整、最坚固的建筑物，堪称北京城的标志。

1949年新中国成立不久，对北京城墙便有拆除和保护利用两种意见的争论。梁思成是反对拆除的代表，他认为：明城墙通过五六百年的积淀，要拆除非用炸药不可，而拆下来的几百万吨废物，处置也成问题。可以把城墙改作公园、栽花池，城楼可作展览馆、民众教育馆、茶馆等，城下可作绿地，改善附近居民环境。

在这场争论中，父亲经过调研，向有关部门写了一份报告，提出应围绕城墙建立公园，疏浚护城河，河岸边种植花草树木，河中行船，岸边游览。冬天河水结冰，可以开展冰上娱乐项目。对坍塌的城墙进行修补，对为便利交通已开成的豁口架成桥梁，这样城墙上可建环城公交线，便利交通。最终把北京城墙建成集交通、旅游、绿化、休闲为一体的世界最大的城墙公园。他的建议是对梁思成方案的很好补充。

可惜梁思成的意见没有被采纳，1958年9月，北京市做出《关于拆除城墙的决定》，除正阳门城楼、箭楼和鼓楼之外，其余城墙、城楼统统拆掉。1965年7月，北京地铁工程开工，环线地铁围绕北京内城墙修建，致使北京城墙全部被拆除。我永远不能忘记当父亲得知北京城墙将被拆除时的焦急、痛苦、无奈和沮丧。北京城墙永远消失了，但历史证明父亲关于保护北京城墙的建议是正确的，它闪烁着父亲的智慧之光，也表达着父亲对历史遗存的深切热爱和景仰。相信父亲当年的所作所为是不会被历史湮没的。

在考古学方面的建树

过去只知道父亲喜欢文物，爱读古籍，同不少史学大家如顾颉刚先生等交往密切，但对他在考古学方面的建树却毫不知晓。在编写父亲纪念集过程中，哥哥何达从国家图书馆的馆藏中搜集到几篇父亲有关考古学的文章，决定由我撰写《父亲与文物考古》。我对考古学毫无研究，只能硬着头皮钻研，到图书馆查阅资料，向专家请教，如请长期从事辽金元史研究的著名历史学家蔡美彪先生帮我初步读懂了这几篇文章；还到实地学习、考察，如为了解甲骨文方面的知识，曾到安阳殷墟博物馆参观。在写作过程中，我学到了一些考古学方面的知识，进一步感受到中华文化的博大精深，对父亲的认识也有了进一步的加深。从搜集到的资料看，父亲在考古学方面的建树主要有以下几个方面。

（一）对瓦当的收集和研究

瓦当是指屋顶筒瓦最下面一块垂下来的部分，有圆形和半圆形。它对建筑起到防护作用，同时又是一种装饰物。瓦当既有欣赏价值又有文物考古价值，对于社会历史、建筑学、文字学和考古学的研究都有重要参考价值。

就纹饰区分，瓦当可分为图案纹瓦当、图像纹瓦当和文字瓦当三大类。两汉时期盛行文字瓦当。瓦当文字数从一字至十二字不等，但目前尚未发现十一字瓦当。文字瓦当以四字者为最常见。东汉以后，文字瓦当日趋衰落；隋唐以后，文字瓦当已很罕见。

文字瓦当装饰和美化建筑物是通过生动美妙的文字来实现的。美妙生动的文字不仅是一种艺术品，而且由于自身所包含的社会意识形态方面的内容，对于研究当时的政治思想、社会风俗以及文字学均有重要的作用。因此，收集、整理并研究文字瓦当是一件十分有意义的工作。约在1926年至1927年，父亲搜集到一批秦汉文字瓦当，据他自述，有一千几百只，拓印成绘园古瓦当文字集，共三十余册。1928年1月，父亲携其手拓古瓦当文一册及所绘《春辉图》到上海拜见他在福建武备学堂读书时的老校长、国府元老徐绍桢[9]，徐当即题诗勉励："何君示我古瓦当，延二千年犹光芒。

上海博物馆藏何遂捐赠之古钱币

北京图书馆藏何遂捐赠之汉代瓦当

此瓦自是神呵护，留待君家为表扬。物投所好亦有感，聚千百瓦岂寻常。古人著录所未见，惟君得之乐未央。吾闻世人皆为珠玉与钻石，敢问尔瓦何以从君忙。"对父亲在战乱时期能收集到这么多有价值的瓦当，予以表扬。这更激励了父亲对秦汉瓦当的收集、整理和研究。

但是，在当时动荡的年代，保存这么多瓦当谈何容易！父亲收集的一千几百只瓦当很快大量散失。1931年他将所余瓦当制成拓片，共四大册，名为《绘园藏瓦》。在瓦当拓片前，写了一篇对文字瓦当研究的文章。

《绘园藏瓦》文章不长，文字简练，但清楚地说明了文字瓦当出土和研究的情况，成为研究文字瓦当的力作。文章说："宋王辟之撰《渑水燕谈录》❿载，宋元祐间（1068年为宋元祐元年——引者注），宝鸡县民掘地得秦羽阳千岁瓦⓫，为瓦当文字见于载籍之始。自元迄明代，有记录特寥寥数语而已。清康熙间，侯官林侗游淳化得长生未央瓦，一时题咏，几遍海内，时镇洋毕沅抚陕，幕中多好古之士，闻风兴起，旧集颇多。于是朱枫有《秦汉瓦图记》之作，说瓦当文字者乃有专书。⓬申兆定之涵清阁秦汉瓦图说。程敦之《秦汉瓦当文字》继作所得益富，

洋洋乎大观矣⓭。王昶《金石萃编》⓮、毕沅《关中金石记》⓯、翁方纲《两汉金石记》⓰，均采列瓦当文字与金石相益，海内收藏者，如陈簠斋、吴清卿辈，数逾千百。其出土之地，初仅关中，次则齐鲁，近人于河南之新安得古函谷关之关子瓦，山西汾阳得汉后土祠之宫宜子孙瓦及千秋万岁瓦，广州东山亦出万岁瓦，为海内金石文字，开一新纪元。日本于平壤汉乐浪郡城得乐浪礼官等瓦，朝鲜各郡时有高句丽时代之瓦当出土，其数亦逾兼百，则秦汉瓦当之出迨遍海内外矣。"文章最后说："余有绘园古瓦当文字之集，全为三十余册，兹特其一斑。"这些珍贵的拓片，为研究瓦当学、古文字学，提供了宝贵的资料。

查阅了一些介绍文字瓦当出土和研究情况的文章，和父亲所述大同小异。不过父亲的文章还讲到海外瓦当的出土情况，而现在的文章则没有提到。经过几十年的检验，父亲的文章并没有过时，说明父亲的文章是在收集大量资料，进行缜密研究后写成的。父亲对考古学研究的科学态度值得敬佩。

文章的后面附有狄膺⓱的一首诗，称赞父亲"守瓦如守玉，永日摩挲意不足"。狄膺对父亲的赞扬，同徐绍桢对父亲的称赞意思是一样的。常言说：乱世藏金银，盛世搞收藏。父亲却反其道而行之，在20世纪二三十年代，军阀混战、日本帝国主义虎视眈眈，妄图亡我中华的动乱岁月，父亲却对别人

不屑一顾的秦砖汉瓦情有独钟，尽力收藏，深入钻研。没有对中华民族和中国传统文化深入骨髓的热爱，是不可能有这种行动的。

（二）对甲骨文的收藏与研究

甲骨文是三千多年前商朝遗留下来的我国最早有系统的文字，是商朝历史和文化的百科全书，从而使中华文明得以跻身人类四大文明古国的行列。

司马迁在《史记》中有一篇《殷本纪》，详细记载了商王朝的世系和历史。过去史学界许多人对这些记载将信将疑，因为没有当时的文字记载和留存的实物资料可作印证。甲骨中的发现和研究，把中国有据可考的历史提早了一千年。

专家们通过对殷商甲骨上文字的研究认定，商王朝是一个距今三千多年、长达六百多年的朝代。这样就把20世纪20年代一些学者认为中国的可信历史始于西周的"疑古"思潮，予以彻底否定。这是多么了不起的考古成就！

父亲高度关注甲骨文的收藏和研究，支持专家们的研究工作。20世纪30年代初，父亲把自己收藏的甲骨文拓片寄给在日本的友人郭沫若，供他作研究用。郭沫若在《出土文物二三事》中曾提及此事。他说："1933年初，我纂述《卜辞通纂》，得见何叙甫所藏甲骨文拓片中有'习一卜''习二卜'二辞。"（见《通纂》别录一，何十二片）⑱

1935年，父亲将收藏的甲骨文拓片整理成《何叙甫藏甲骨文》，由中央研究院历史语言研究所制成黏装拓本。拓本前有郭沫若用毛笔写的序。哥哥何

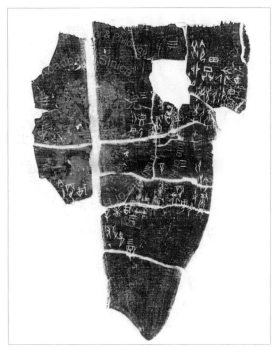

台北中央研究院历史语言研究所傅斯年图书馆藏
何遂之甲骨文拓片

达说，50年代他在家里见过这本书，但后来不知书到哪里去了。现在此拓本在网上有介绍，但没有找到原书。

父亲在收藏、整理和支持专家研究甲骨文的同时，也对自己收藏的甲骨文残片进行了研究，1937年3月石印出版了《叙圃甲骨释略》。这本书前有三幅题词：一是著名金石学家、中山大学教授商承祚题的"殷墟甲骨文字"；二是著名甲骨学家董作宾的题词，董当时是南京中央研究院历史语言研究所的研究员，后来在台湾曾任该研究所所长；三是陈独秀题的"抱残守缺"。"抱残守缺"本是贬义词，但在这里，则表示对父亲尽力收集、整理、研究甲骨文精神的赞赏。陈独秀不仅为该书题词，而且誊写全书。甲骨文是很难辨认、很难书写的文字，只有陈独秀

这样的专家，才有可能帮助誊清。陈独秀是个傲骨铮铮的人，他能为父亲题词并誊清，是因为他与父亲有着深厚的友谊。

父亲同陈独秀认识很早。1913 年二次革命期间，陈独秀在安徽任柏文蔚的秘书长。父亲到安徽找安徽都督柏文蔚了解二次革命的准备情况，在那里与陈独秀相识，以后虽然各自走的人生道路不同，但对文字学、音韵学和古典格律诗词的共同爱好，使他们成为莫逆之交。陈独秀被国民党当局关在南京老虎桥监狱时，父亲经常去看望他，共同进行文字学方面的研究。1936 年他们共同撰写了《日本片假名的起源》一书，稿费全部送交给陈独秀。父亲还送给陈独秀 5 个古瓷碗，其中一个是后周显德年造四佛彩碗。《叙圃甲骨释略》便是陈独秀在南京老虎桥监狱中为父亲誊清的。

《叙圃甲骨释略》是父亲对自己收藏的甲骨 22 片中的 70 多个字做了辨认和详细考证，是一部完整的甲骨文著作。经过多年研究，到目前为止，发现甲骨文大约有 4500 个单字，现在可以认识大约 1500 个字。父亲的著作对人们认识甲骨文起到推动作用。

（三）为古鉴研究提供资料

在国图古籍阅览室还藏有父亲的一部著作《绘图古鉴》，共两大册，是一部研究古鉴的资料书。书的前言中说："拙藏秦汉唐宋古鉴二百余只，丙寅乱后（指 1926 年国民军在直、奉、阎夹击下军事失利，父亲在奉军入京后，匆忙离开北京的家，潜赴上海——引者注），散失过半，偶捡得百只，拓为二册。"

古鉴即铜镜。铜镜的正面平滑光泽，背面一般都铸有各种题材的花纹或字铭，是研究古代装饰图案的重要资料。不同时期的铜镜有不同的艺术特点。《绘图古鉴》中的古鉴拓片为研究古鉴在中国历史上几个比较兴盛的时期——战国、汉代、唐代和宋代的发展情况提供了宝贵的资料。

（四）敦煌学研究

1943 年父亲在贵阳遇到敦煌学研究学者许国霖，许将所著的《敦煌石室写经题记汇编》和《敦煌杂录》送给父亲。父亲看后，深有所感，于是写了《校经图序》。该文发表在 1945 年《说文月刊》第 5 卷第 3、4 期合刊上。

许国霖是一位并不知名但是对敦煌学进行过扎

上海博物馆藏何遂捐赠之古代铜镜

扎实实研究的学者。光绪二十六年（1900年，一说二十五年）农历五月二十六日，王道士所雇的人在清除敦煌莫高窟第16窟甬道的积沙时，偶然发现了藏经洞（今编号为第17窟）。但敦煌当地的富绅无人认识洞内这批文物的价值，腐败的清政府也未能对其进行应有的保护，致使藏经洞中的大批敦煌遗书和文物先后被外国"探险队"捆载而去，分散于世界各地。劫余部分被清政府运至北京入藏京师图书馆（北图前身）。1929年国立北平图书馆成立写经组，主要任务是考订并重新编写敦煌遗书目录。许国霖在写经组筹建之初即1929年10月应聘入馆，任馆员，对上述目录的编成出力尤多。自任职写经组至日军占领北平之前的近8年时间里，许国霖利用充分接触馆藏敦煌写本的机会，撰写了《敦煌石室写经题记》、《敦煌杂录》、《敦煌石室写经题记汇编》三部重要著作。

因许国霖没上过大学，在北图的职务也不高，

加之他的著作主要是资料汇编性质的，因此没有多少名气，但是他在敦煌学学术史上的贡献是杰出的。接触过敦煌写本的人都知道，要从成千上万件写本中挑选出富有学术研究价值的材料，是对一个学者学识的考验。时至今日，国家图书馆收藏的敦煌经卷仍未能全部刊布，有些材料还是不得不依赖于许国霖的《敦煌石室写经题记》与《敦煌杂录》，更可知此书的学术价值。此外，他通过自序、编目体例以及论文索引，表达了有独到见解的学术观点。这些都是值得肯定的。过去对他的研究很少，直到近年来，才有肯定他的文章问世。例如2004年1月中华书局版《敦煌吐鲁番研究》第七卷，刊登了《许国霖与敦煌学》。而父亲在六十多年前看了许国霖的《敦煌石室写经题记汇编》和《敦煌杂录》，便对他的研究充分肯定，并写了《校经图序》。

《校经图序》首先对许国霖的治学精神表示赞赏，赞扬他"治学之笃，不以乱离转徙而有小异，

此敦煌唐人菩萨坐像残片，设色，纵5.5cm，横22.5cm，乃1955年何遂捐赠故宫博物院者。画面为一菩萨坐像之下半部。菩萨结跏趺坐，朱红色袈裟，身佩璎珞。何遂在画之上方写有题跋："敦煌千佛洞发现唐人残画佛像，李木斋氏麟嘉馆旧藏。敦煌唐画，世所希（稀）见。此为佛像一小段，可窥见用笔设色，至可宝也。己丑中秋何遂识。"下钤朱文"何遂"、白文"叙甫书画"印两方

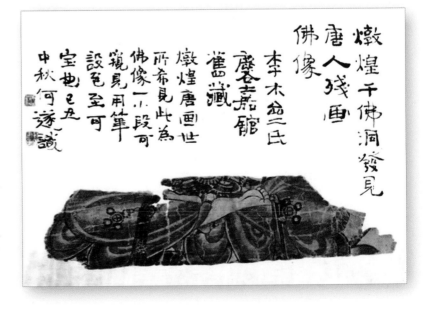

意极可感"。

《校经图序》的正文可分四部分。第一部分，根据记忆（因战乱后"图书尽失，文献无征"，只能"就记忆所及……书之"）概述了斯坦因⑳在《西域考古记》中所述的盗取敦煌文物的种类和件数，还讲到1909年清政府下令将藏经洞中的经卷全部运到北京，在途中和敦煌县署中被偷的情况，以及1929年后北平图书馆整理敦煌藏经的情况，主要介绍了许国霖在整理过程中的功绩及代表作。

文章的第二部分，指出敦煌文献被发现后，国人的两种状态。一是文物被外国人大量"搜劫而去，而国人如在五里雾中醉生梦死的丝毫不作理会"，"外人如在无人之境举动一样"。

二是"尤其可恨的是国人一看到外人注意到的文物不惜千方百计，彻底地盗窃损坏，以求售于外人，以致洛阳西安各地各古都古墓被坏被掘了，云冈龙门天龙山等处石窟内佛头都被打了，各地古庙的佛像壁画经籍只要能拿得动坏的了（估计排版有误——引者注）无所不用其极，几千年来的文物不幸而有这黑暗无比的遭际，真可算是中国民族史上万分不名誉的一页了。"父亲六十多年前写的这段文字，今天读来仍然掷地有声。历史与现实竟然如此惊人相似！

文章的第三部分，对千佛洞已发现的文献提出两件事同许国霖商榷。

文章的第四部分，概述了千佛洞"创设及发达"的历史，认为应当还有大量的窟藏经卷没有被发现，"吾人若加以审慎的发掘，则将来之发见，必有十百倍于今日者"。父亲是个乐观主义者，但愿他的假设能成为现实。

上海博物馆藏何遂捐赠之清代书画家伊秉绶书法作品

从上面对《校经图序》内容作的简要介绍可知，该文对研究敦煌学学术史具有一定的学术价值，因此被收入敦煌研究院资料中心编辑的《中国敦煌学百年文库》"文献卷"中。

（五）《唐故米国大首领米公墓志铭考》

此文也属于敦煌学研究。它本是写给历史学家方壮猷的一封信。方壮猷1929年赴日留学，在东京大学从白鸟库吉研究东方民族史。次年归国，在北平各著名大学讲课，并连续发表《契丹民族考》、《匈奴语言考》等多篇有关我国北方少数民族研究的论文。当时父亲住在西安，发现"唐故米国大首领米公墓志铭"后，做了考证，寄给方壮猷，"乞方君详考后，有以见教也"。

方壮猷收到信后，认为有发表价值，便将信交给历史学家向达。向达对碑文"细为辨识"并写了编者按，同信件一起发表在《国立北平图书馆馆刊》1932年第六卷第二号上，成为一篇有价值的考证文章。

文章首先考证了米国的地理位置和国土范围。父亲的考证同现在的研究结论是一致的：隋唐时，西域有一个米国（在现在乌兹别克共和国萨马尔汗的西南），是农牧业国家。

文章接着考证了米国同唐朝的关系及大首领的生平，认为："葱岭㉑以西诸国，唐代与中原往还事迹甚少，此砖可补史书之缺，殊可宝也。"

文章最有价值的是考证了大首领同火祆教㉒的关系以及火祆教在中国流行的情况。向达在编者按

中说："此志虽甚简略……顾就火祆教流行中国之史迹而言，亦至足珍异也矣。"

这篇文章成为研究中亚民族史、宗教史、中外文化交流史的重要资料。据查，发表在《中山大学学报（社会科学版）》2005年第3期上的张小贵论文《唐宋祆祠庙祝的汉化——以史世爽家族为中心的考察》，就引用了父亲的这篇文章作为论据。

由于父亲的文稿和藏书在"文化大革命"中损失殆尽，因此，我写本文所凭借的资料全靠现在的搜集和调研得到，很可能父亲在考古学方面的贡献还不止这些。但仅就上面所述，也能看出父亲对考古学研究是有很深功底的。史学界认为，中国考古学在19世纪末到20世纪初有三大发现：甲骨文、敦煌石窟和周口店猿人遗迹。在这三大发现中，父亲的研究涉猎了其中的两项：甲骨文研究和敦煌学。此外，对文字瓦当的研究也有很深造诣。因此，他在中国考古学方面的建树是显而易见的。

父亲晚年患心脏病，处于半休养状态，但仍钟情于阅读古籍、写字作画，还准备作些有关考古学方面的研究。为此，他做了专题性文物收藏。一是购买了有关钱币史的书籍，收藏了一些古老的贝币、刀币、历代的铜币以及民国的纸币，准备作中国钱币史研究。二是收集了若干纸张残片，有些还是隋纸和唐纸。他把残片仔细地贴在宣纸上，夏天天气好时经常拿出来晾晒，准备作中国造纸术发展研究。当然这些收藏很不完整，离进行学术研究还有相当距离，因此，到他去世也未能写出研究性文字，没有实现晚年的心愿。

提出并实践重要文物由国家收藏的理念

鉴于敦煌文物的流失，父亲在《校经图序》一文中提出了保护文物的几点希望。这几点希望，对今天的文物保护工作仍有价值。文章说："第一，现在所谓的不平等条约虽已取消了（指1943年1月，中美、中英废除旧约，签订新约——引者注），但是将来要彻底防止外人的文化及经济侵略，对外贸易是必须加以限制，痛快地说，就是贸易要作为政府的特权。第二，古文化物品的买卖及私人间让赠要加以禁止，就是说古物国有，但古物的界限要以专家的见地确定出条例来。第三，以前为外人无理骗劫去的古文物，如此次倭寇所掠及千佛洞所劫的东西，都要用交涉方式收回之。第四，国家应特设关于文化古迹的专管保存及研究机构，而将现在有名古迹加以有系统的整理发掘研究……第五，古物应专属中央，地方士绅及人民绝不许容喙，且绝不许人民私有。"

父亲不仅提出了重要文物由国家收藏、保管的意见，而且身体力行，将自己多年来收藏的文物全部捐赠给了国家。

捐赠给北平图书馆（今国家图书馆）的文物。据《北图馆史资料》记载，父亲于20世纪30年代捐赠给北图二百余只瓦当。现在文津街7号国家图书馆分馆贵宾阅览室中用瓦当作为装饰的屏风，据说就是用父亲当年捐赠的瓦当制成的。在《唐故米国大首领米公墓志铭考》中说，"方君壮猷回北平，以此帧及嘉平四年朱书陶瓮寄赠北平图书馆，与前寄赠之丹书卫字瓦，均可为文献之一助。"可知，当时在西安的父亲搜集到《唐故米国大首领米公墓志铭考》后，将此帧及嘉平四年朱书陶瓮寄赠北图，在此前还寄赠过丹书卫字瓦，请北图作为文献收藏，供历史学家使用。

捐赠给青岛博物馆的文物。父亲在《校经图序》中说，赠予青岛博物馆8箱文物，内有"金石彝器及拓本刻版千余种"。

捐赠给上海市历史博物馆的文物。这是父亲最主要的一次捐赠。上海解放不久，1950年3月，他给陈毅市长和潘汉年、盛丕华二位副市长写信说，他在从事各种公务之余，多年来钟情于艺术考古之学，收藏了大批古物。1936年春天，他曾将私人收藏的文物7330件寄存在国民党上海市政府所设立的上海市博物馆。现在该馆已为上海市人民政府所接收，他愿意将这批学术公器献诸社会，希望陈、潘、盛三位市长允予接受，以作为上海人民的公共文化财产。经过上海市历史博物馆专家的认真查寻和鉴定，父亲原寄存的7330件文物，因几经迁徙，已有435件无法确定。正式确定寄存的尚有6895件。这些文物中有许多是属于国宝级的。

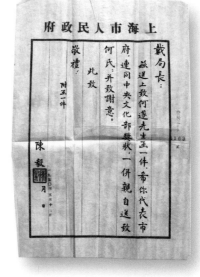

陈毅市长嘱戴伯韬局长亲送致谢函及奖状的信

上海市政府领导对父亲的捐赠很重视，除报请中央文化部颁发奖状外，还由陈毅、潘汉年、盛丕华三位正、副市长署名复函致谢，由上海市教育局具体办理。4月27日，中央文化部褒奖状下达，陈毅市长指示市教育局长戴伯韬亲往我家，将褒奖状和陈、潘、盛三人署名的致谢函面交父亲。

在将这批文物捐赠给上海市历史博物馆后，父亲又将收藏在他创立的南京栖霞山中国艺典馆中的碑帖等文物捐献给上海，成为向新上海捐献文物的第一人。他的举动在上海收藏界产生了很大反响，不久，上海的许多收藏家也都相继向新上海捐献了大批珍贵古籍、文物。

捐赠给故宫博物院的文物。1955年，父亲调北京工作。到北京不久，他将剩余的文物，记得约有二三十个宋代的瓷枕和一批字画捐赠给了故宫博物院，其中最珍贵的是一幅敦煌千佛洞菩萨坐像残片。

此外，南京博物馆、天津图书馆均有父亲的捐赠。

父亲将有价值的文物捐赠给国家后，家里只剩下一些近代仿品。如家里客厅挂的三幅画，算是最值钱的文物。一是《唐后行从图》（仿盛唐时著名画家张萱的作品）；一是唐代《马球图》（此《马球图》不是1971年出土于陕西省干县章怀太子李贤墓壁画中的《马球图》，可能是仿明代的《马球图》）；还有一幅是仿宋代佚名所画的《朱云折槛图》。这些仿品年代均较晚，很可能是民国时期的作品，故价值不高。

晚年的父亲仍然喜欢文物，经常去琉璃厂寻找一些买得起的书籍、文物以及宣纸、画笔。去琉璃厂，必去荣宝斋，不过多是欣赏，极少购买。也有一些熟悉的文物贩子到家里来，兜售一些低档文物。记得父亲出手最"阔绰"的一次是花40元买了一本

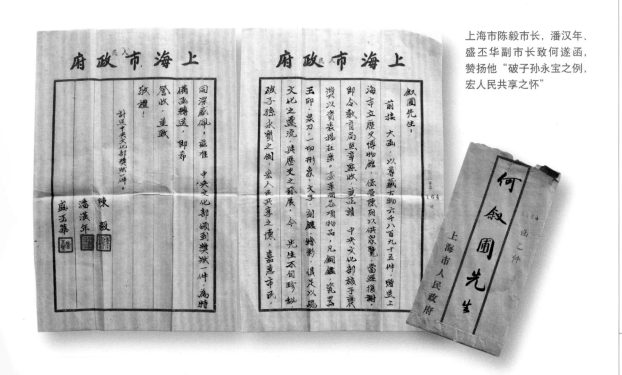

上海市陈毅市长，潘汉年、盛丕华副市长致何遂函，赞扬他"破子孙永宝之例，宏人民共享之怀"

旧书。

家里价值连城的文物都捐献了，自己再没钱进行收藏，欣赏文物便成了父亲的最大爱好。1959年，中国历史博物馆建成后举办展览，他兴致勃勃地多次带我去参观，并讲解有些文物的来历。他对国家收藏了这么多珍贵的文物，兴奋之情溢于言表。

"文化大革命"前，故宫博物院经常举办专题性展览，如青铜器展，历代名家书画展，瓷器、玉器展等，他都带我去参观，仔细鉴赏，在有些展品前，久久不忍离去。

1966年"文化大革命"爆发。在"破四旧"中，一个毕生倡导并实践文物保护的古稀老人，看到、

听到大批珍贵文物被毁灭时，其内心的痛楚是一般人难以想象的。"文化大革命"中，父亲虽然没有受到严重冲击，但是目睹国家民族遭到的劫难，原本豁达开朗的他，变得郁郁寡欢，沉默不语。1968年1月，父亲终因心脏病复发又未能及时抢救不幸去世。父亲去世后，家中仅存的书籍、字画、书稿等全部散失。

父亲早已远去，但他留给我们的精神财富却是极其丰富、极其宝贵的。仅就文物考古而言，父亲在文物古迹保护和研究方面的实践和理论是值得称颂和发扬的。第一，他在文物古迹保护方面做了实实在在的工作，这些工作有些还在惠及今人；第二，他提出的保护文物古迹的思想对于我们今天的城市建设，对群众进行历史传统教育仍然有指导意义；第三，他收集整理了大量有价值的资料，为考古研究提供了方便条件；第四，他撰写了一些至今还经得住检验的考古文章，为考古学的发展做出了贡献；第五，他认为重要文物应由国家收藏，并身体力行，将自己的收藏都捐献给了国家。这于国于家都有利：他将几代人收藏的珍贵文物早早就捐献给了国家，使这些文物得以妥善保存。如果将这些文物留在身边，到"文化大革命"时，这些东西是文物，还是"废物"，谁又说得准？他没有挑几件值钱的东西留给子女，使他们根本没有靠父辈遗产生活的念头。他的子女中，虽然杰出人物不多，但都勤奋努力，起码是自食其力的劳动者，没有一个纨绔子弟。

上海博物馆藏何遂捐赠之文物

通过对父亲在文物考古方面的情况进行较为全面的研究后，感到对父亲的认识更加深入、全面了。父亲不仅是一个有胆有识的爱国将领和敏锐、清醒的政治人物，而且是一个才思敏捷、学识渊博、多才多艺、有远见卓识、大公无私的杰出文人。我敬佩父亲！

注①② 何遂：《丛台集序》。

❸ 孙岳（1878～1928年），字禹行，河北省高阳县人。早年加入同盟会，参加辛亥革命。曾任苏、淞、宁、扬、镇五路革命军总司令。1913年，参加讨伐袁世凯的"二次革命"，任北伐军第一军司令。讨袁失败后被通缉，旋偕王法勤去上海追随孙中山。1918年，应直隶总督曹锟邀至保定，创办军官教导团，任团长。1920年直皖战争时，兼任直隶义勇军总司令。战后，改任十五混成旅旅长。1922年第一次直奉战争时，任直系西路司令，后兼任冀南镇守使。1923年曹锟贿选总统，孙岳深为不满。1924年赴南苑与冯玉祥密议倒曹锟、吴佩孚的计划。同年9月，第二次直奉战争爆发。孙留北京，任京师警备副司令兼北京戒严司令。10月，孙为内应，与冯玉祥、胡景翼发动"北京政变"，推翻曹锟、吴佩孚政权，与冯玉祥等组建国民军，孙任副司令兼第三军军长。1925年5月授陆军上将衔。8月任陕西督办。同年12月，调任直隶督办兼省长。1928年任国民政府军事委员会委员。同年5月27日病逝于上海。

❹ 胡景翼（1892～1925年），字笠僧，陕西省富平县人。1910年加入中国同盟会，1911年武昌起义时，在陕西举兵响应，任第一标统带。民国成立后赴日本留学。1914年回国。1917年参加组织陕西靖国军，任第四路司令兼第七路总指挥。1922年任陕军第一师师长。第一次直奉战争后，驻河北正定、邯郸一带，归附直系。1924年10月第二次直奉战争期间，暗与冯玉祥、孙岳联合倒直，发动"北京政变"。后与冯、孙组织国民军，任副司令兼第二军军长，11月，任河南军务督办。1925年4月病逝于开封。

❺ 碑刻术语，指用朱砂直接将文字书写在碑石上。

❻ 第一次世界大战时，父亲代表中国军方赴欧洲观战，驻节法国巴黎，曾到比利时、意大利、英国、美国考察。

❼ 陈习删：时任四川大足县参议会议长。

❽ 胡文和：《中华佛学学会》第十四期（2001.9）。

❾ 徐绍桢（1861～1936年），字固卿，广东番禺人。光绪举人。曾历任福建武备学堂总办、江西常备军统领等职。1905年任新军第9镇统制。1911年11月率部响应武昌起义，随后被推举为江浙联军总司令，12月2日攻下南京。1912年1月中华民国临时政府成立，任南京卫戍总督，3月即辞职。后来曾参与孙中山领导的护法运动，历任广州卫戍司令兼练兵督办、参军长等职。

❿ 《渑水燕谈录》十卷，宋王辟之撰，书中所记大半是当时士大夫的谈议，而这些谈议涉及绍圣二年以前的许多政事，是一部有史料参考价值的书。

⓫ 羽阳千岁瓦，为秦武公羽阳宫之瓦。直径16.8厘米，篆书，中心圆突，外双栏四格界，每格一字，笔画较粗，显得厚重古拙。此类瓦当的出现，反映了秦始皇兼并天下后，踌躇满志的心理。

⓬ 清乾隆年间，朱枫把西安的瓦当编纂成书，叫做《秦汉瓦图记》，当是研究瓦当文字的最早专著。

⓭ 阳曲申中大令兆定正候补长安，亦深好古篆籀之文，见诸君所得有异文奇字者，皆为双钩，用旧砖模仿，较之原本毫发无遗，故特寄于诸君。而歙县程葺斋敬为作《秦汉瓦当文字》一卷（上、下），《续秦汉瓦当文字》一卷。是书正集于乾隆五十二年刻，续集于乾隆五十九年刻，为关于瓦当的重要文献之一。

⓮ 王昶，字德甫，一字兰泉，松江青浦（今属上海市）人。《金石萃编》，中国清代金石学著作，为一部石刻文字和铜器铭文的汇编，成于嘉庆十年（1805年）。该书共160卷，所收资料以历代碑刻为主，共达一千五百余种，铜器和其他铭刻仅有十余则。年代从秦到宋、辽、金。所收碑刻文字之多，在其前或以后，都还不曾有过。书的体例是，题目下注明碑刻、器物的尺寸和存处，汉以前的按原来的篆文或隶书摹写，汉以后的用楷书，碑文之后附有见于各金石书或文集中的有关题跋，最后为编者的考释或按语。参与全书编纂工作的有朱文藻、钱侗二人。

⑮ 毕沅（1730～1797年），清代著名学者。曾任陕西巡抚。著有220卷的《续资治通鉴》等著作。在金石学上，他广加收集铜铭碑刻，编辑成《关中金石记》，采瓦当文字十余种入记中。

⑯《两汉金石记》二十二卷，作者为清代翁方纲，乾隆五十四年（1789年）刻印出版。

⑰ 狄膺（1895～1964年），江苏省太仓县娄东乡人。国民党中央重要智囊人物，幼年参加南社，诗文造诣均深，书法佳妙，雅好制联，挽联尤工。

⑱ 郭沫若:《出土文物二三事》，人民文学出版社1972年版，第20页。

⑲ 斯坦因（Marc Aurel Stein，1862～1943年），英国人。原籍匈牙利。早年在维也纳、莱比锡等大学学习，后游学牛津大学和伦敦大学。曾在英属印度任拉合尔东方学院院长、加尔各答大学校长等职。在英国和印度政府的支持下，先后进行三次中亚探险。第一次中亚探险（1900～1901年）主要发掘和田地区和尼雅的古代遗址。第二次探险（1901～1908年）除重访和田和尼雅遗址外，还发掘古楼兰遗址，并深入河西走廊，在敦煌附近长城沿线掘得大量汉简，又走访莫高窟，拍摄洞窟壁画，并利用王道士的无知，廉价骗购藏经洞出土敦煌写本24箱，绢画和丝织品等5箱。其旅行记为《沙漠契丹度址记》（1912年），其中有敦煌骗宝经过的详细记录；其正式考古报告为《西域考古记》（1921年），全五卷。第三次探险（1913～1915年）又重访和田、尼雅、楼兰遗址，并再次到敦煌，从王道士手中获得五百七十余件敦煌写本，还发掘黑城子和吐鲁番等地遗址。其正式考古报告为《亚洲腹地考古记》（1928年），全四卷。还著有《在中亚的古道上》（1933年），对第二次探险做了简要的记述。1930年，拟进行第四次中亚探险，被南京政府拒绝，其所获少量文物，下落不明。三次中亚探险所获敦煌等地出土文物和文献，主要入藏伦敦的英国博物馆、英国图书馆和印度事务部图书馆，以及印度德里中亚古物专物馆（今新德里的印度国立博物馆）。藏品由各科专家编目、研究，发表大量的研究成果。斯坦因本人除上述考古报告和旅行记外，还编著有《千佛洞：中国西部边境敦煌石窟寺所获之古代佛教绘画》（1921年）一书。

⑳ 葱岭，古代对今帕米尔高原及昆仑山、喀喇昆仑山西部诸山的统称，为古代东方和西方陆路交通的要道。

㉑ 火祆教即拜火教，是依其主要宗教仪礼特征而名。又称琐罗亚斯德教，以其创始人古波斯先知之名名之。3世纪中叶，东传入中国。4世纪中叶，传入中原，其神被名之为"胡天"。至唐代，被名之为"祆（xiān）"，其音属于外来音，是唐人据其音而造的新字，以其俗事天神故。陈垣先生曾考证："不称外国天神而称祆，明其为外国大神也。"其意指"祆"是中国文化对拜火教文化内涵的高度概括。

我心中的爷爷

（寻踪文摭）

何 迪

在何家孙儿辈中，我和爷爷一起生活得最久。他1968年去世时，我21岁，算下来有超过一半的岁月是在他老人家的庇护下度过的：我童年在上海，随父母与爷爷奶奶同住；迁居北京上小学，周末放假大部分时间都是回爷爷家；只有初中时期，才随爸爸举家迁往天然橡胶研究的第一线——海南岛儋县。但那里没有高中，从1962年起，我又回北京升学，从此住在爷爷家，整整六年多，我伴随老人走完了他人生最后的旅程。随着阅历的增多和对世事认识的加深，特别在编辑出版《何遂遗踪》的过程中，我对爷爷所处的时代和他晚年的境遇有了更深刻的理解。在我心中，爷爷是最疼我的人，疼爱得都有点偏心眼。

爷爷的爱

在家里，小姑姑何敏和小叔叔仲山大不了我两三岁。我最小，自然大家都让着我，但毕竟都是孩子，也会为些小事偶起争端。记得有一次，为争一块爷爷的鸡血石，我和敏姑动了手，敏姑不慎将我的眼睛抓伤了，我借此大哭大闹，爷爷听到了，过

1950年年初合影于上海愚园路俭德坊二号院中。左起，前排：何敏、何仲山、何迪；中排：缪希霞、陈坤立、何遂、何嘉；后排：何康、何世庸、何达

来拉了偏架，不但把鸡血石图章判给了我，还批评敏姑不知让着我点。看着敏姑委屈流泪的样子，我还自鸣得意，满心想着爷爷向着我，我是爷爷在家中的最爱。

爷爷对我们的爱是无条件无保留的，特别是在困难的年月里。我仍记得20世纪60年代初三年困难时期，吃不饱的日子，才十二三岁的孩子，在海南岛，我们都要为自己种出一年中三个月的口粮，

吃红薯、木薯，把胃都弄坏了，老泛酸水。到了北京爷爷家，感到一下子进了天堂。因为爷爷是高级民主人士，政府在生活上给予了适当的照顾，爷爷带我们上政协礼堂文化俱乐部享用凭本供应的包子、烧麦成了我们每月盼望的大事。每次每个孩子能分一个包子两个烧麦，几块巧克力，爷爷自己则不舍得吃，但看着我们小心翼翼地慢慢品尝，不舍得一口吃掉的样子，他常常露出欣慰的微笑。有时，爷爷会带我去逛公园，在北海"仿膳"和中山公园"来今雨轩"吃点心，最常要的是肉末烧饼。真香呀！至今，只要去北京小吃店，我总要要一份肉末烧饼，想找回当年的滋味，可惜再也没有那时的感觉了。更高级一点的享受则是每年人代会期间，会务给代表发餐券，爷爷都攒起来，攒够数量就请全家人去开开斋，光顾当时的高级饭店，如新侨、前门和民族饭店，一年能有一二次的机会，对我们这些孩子就像过节一样。现在为了应酬、公务经常光顾各类高档酒店，好酒好菜，但很难找到当年那种全家围绕着爷

何遂伉俪1965年摄于天安门前。1966年元旦何遂在照片背面写了一首诗："天安门前二老松，一生革命学愚公。安康强健春长在，此是人民雨露功。"

爷一起享用用餐券换来的简单但却温暖的聚餐，因为爷爷不在了。现在只要有机会出差回北京，我们总要陪爸爸去吃餐饭，寻找的就是当年留下的亲情，这是爷爷给我留下的记忆，也是爷爷给我留下的传统。

爷爷对我的爱不仅是物质上的，更重要的是文化和精神上的。爷爷虽然是军人出身，但他却精于吟诗作赋，书法绘画，使我从小就浸润在这种文化气氛中。我上高二时，因患肝炎，不得不辍学一年。为了便于照顾，我搬到北屋客厅东侧爷爷的书房住，房中四壁布满陈旧不堪重负的书架，架上摞着大量线装书与旧书，西墙和北墙的对角处，书籍堆放直触屋顶。天天生活在书堆里，翻阅着唐诗宋词、史纪通鉴、笔记小说，很多字不认得，句子断不开，我都跑去问爷爷，他总是有问必答，丝毫没有因为我的幼稚无知而不耐烦。爷爷的记忆力是惊人的，他给我

1964年何敏自愿赴北大荒务农，何迪正随爷爷习画，持此习作相赠。诗画皆经爷爷润改

讲解这些古典精品时，都是随口背诵出来的，他甚至可以整篇整篇地背诵《左传》、《战国策》和诸如庄子《逍遥游》之类的篇章。在家休学实际上学到了远比学校还多或学校里学不到的知识。除了诗词歌赋之外，爷爷还精于书法绘画，他手把手地教我画画。先教画竹，竹干如何从下往上运笔，如何勾

勒竹节，竹叶是一簇一簇的，既有规律又有变化。爷爷还教我画兰、画松、画金鱼、画虾，一部《芥子园画谱》作为教材。爷爷说："画虾很难，特别是画虾须。齐白石画虾，寥寥几笔，是写意画的极品，无人能及。"敏姑至今还保留着一幅当年我送给她的画。那是1964年她高中毕业，坚决不考大学，要向邢燕子、侯隽、董加耕学习，到北大荒去务农。尽管爷爷深爱小女儿，舍不得，但还是尊重她的选择，就像抗日初期支持两位伯伯奔向延安一样。我当时极力支持并敬佩敏姑的决定，在爷爷的指导下画了一幅苍鹰图，凑了四句打油诗送给她。经爷爷润色的诗是这样的："旭日喷薄群峰红，苍鹰翱翔舞东风；祖国江山天地阔，壮志豪迈贯长虹。"敏姑一去就在北大荒待了12年，后来才随姑父转到河北省法院工作，曾被评为全国法院系统的模范。我想，这与当年爷爷对她的影响和她后来成长的环境不无关系。

我还记得和爷爷聊天的日子，我们常常躺在小书屋的床上，听爷爷讲他的经历，给我留下印象最深的是他在第一次世界大战期间前往欧洲观战的故事。1963年至1964年正值反帝反修高涨，爷爷的讲述却给我打开了世界的另一扇窗。譬如在法国凡尔

登战场参观，深入地下宽敞的掩蔽部，听指挥凡尔登战役的法国将军介绍法军士兵如何前仆后继，以血肉之躯硬是阻挡住了德军的疯狂进攻。我心里暗想："资本主义的法国人也很爱国啊！"爷爷的谈话极为坦率，无遮无拦，他毫不隐讳在罗马曾受意大利女人的诱惑，他赞叹说："意大利的女人真美啊！"爷爷根本不在意他面对的是一个十四五岁的孙儿。我感到爷爷完全把我当成一个倾诉对象，平等、直率。许多年后，我才悟出：当年老人家内心里该有多么寂寞啊！而短短两年欧洲观战的西方生活经历给他一辈子留下了多么深刻的影响。

爷爷对新中国工人阶级的代表是很尊重的。记得有一年爷爷到鞍钢视察，结识了两位全国著名劳动模范，一位是研制万能工具胎、被誉为走在时间前面的人的王崇伦；另一位是孟泰仓库的创立者老英雄孟泰。爷爷被他们的事迹感动，也想让我们受到教育。他买了印有鞍山附近著名风景区千山图片的笔记本，请两位劳模签字，还要了他们的照片，回京后送给我们这些孩子，嘱咐我们要好好向为祖国做出重大贡献的劳模学习。开人代会期间，两位劳模（都是人大代表）来到北京，爷爷安排时间，带我们到代表驻地看望他们。笔记本和劳模的照片成为我珍贵的收藏，因为它们代表了我心中楷模——工人阶级的形象。

爷爷对我的爱是宠爱，但绝非溺爱。至今我仍记得他对我的一次批评，这次批评使我终身受益。那是1961年夏天，我从海南回京到爷爷家度暑假，一天，仲山叔、敏姑，还有堂兄仲苏等几个孩子一起去游颐和园，我身上带了妈妈给我来京的零花钱5元，几个孩子中我年岁最小，但却充起大头，划船、

吃冰激凌、买零食全由我买单，一下子花出三块多。回家后还向妈妈夸耀我怎么大方，十分得意。没想妈妈批评我，这么小的年纪就乱花钱，大手大脚。我不服气就跟妈妈吵，爷爷听到后过来，本想劝架，但听完原委后就严肃地批评我说："你是一个正在读书的孩子，自己不挣钱，怎么可以拿父母的钱去摆阔气、充大方呢？这种好虚荣的思想很不好，要不得。"一贯宠爱我的爷爷突然这样严肃地批评我，又句句讲到我的痛处，我禁不住大哭起来，把自己关在小屋里哭了整整半天，从此爷爷的教诲就铭刻在心上。现在六十多岁了，不管赚了多少钱，对自己的开销仍扣得很紧，没有挥霍的习惯，更重要的是不慕虚荣，这种品质养成的最重要一课就是爷爷给我上的。

尽管很少听到爷爷的批评，但他的身教远远重于言教。爷爷对人慷慨，而自奉甚俭。爷爷曾做过大官，不仅有洋房、汽车、别墅，而且拥有大量古董文物。单只新中国成立后，就捐给上海历史博物馆古文物6895件，捐给天津图书馆图书5000余册，南京栖霞山的别墅捐给当地办小学；迁居北京后，又将仅剩的敦煌千佛洞唐人彩绘佛像残片和若干宋代瓷枕等捐赠给了故宫博物院。至此，爷爷变成了真正的"无产阶级"，完全靠国家发的工资生活了。爷爷是行政七级，20世纪50年代起工资300多元，还有50元代书费，应该过得比较宽裕。但每月要寄40元给失明的弟弟，要寄30元给失业的长兄，要寄20元给老友丁春膏的遗孀，还要经常招待来访的亲友，实在过得紧紧巴巴。

爷爷不抽烟，不喝酒，很少见他穿过新衣服。在家永远是一身长袍，夏天是单的，春秋是夹的，

冬天是棉的，出门则穿一套黑色毛毕叽的中山装。这些衣服，从新中国成立初期一直穿到他去世。

爷爷唯一的营养品是每天一瓶牛奶；唯一的特殊待遇是每晚一个苹果或梨，削了皮，切成小块，夜里口渴吃。孩子们都争着给爷爷削水果，因为可以享受核上附着的那点果肉。

爷爷晚年很少出门，常以书画自娱。他临摹各家碑帖，用纸甚多。宣纸太贵，爷爷改用毛边纸或者就用糊窗户的绵纸。爷爷一生没有给儿孙留下任何物质财富，但他留下的用薄如蝉翼的棉纸所作的书画，对我们来说，却是重逾千钧的精神遗产。

爷爷的共产党朋友

1963年盛夏某日，爷爷带我们几个孩子到政协礼堂参加消夏晚会。节目很精彩，有侯宝林、郭启儒的相声，高元钧的山东快书等。更使我难忘的是晚会结束后在礼堂的走道上，爷爷碰见了大名鼎鼎的陈毅元帅和爸爸在上海做地下工作时的老上级张执一（时任中央统战部副部长），他们正张罗着要去下围棋。陈老总见到爷爷很高兴，一边握手一边大着嗓门问："何叙老，你还是那么大脾气吗？"

我当时大吃一惊，感到非常突兀。因为我从未见爷爷发过脾气，不用说对我们这些孩子，就是对跟随何家一辈子的老保姆高奶奶也从未说过一句责难的重话，为什么我景仰的陈毅元帅劈头就说爷爷脾气大呢？这个"谜"，直到"文化大革命"结束后，才由达叔帮我解开。

原来上海解放初期，爷爷和爸爸都是陈老总的直属部下。爷爷是华东军政委员会委员、政法委员会副主任兼司法部部长，爸爸是农林部副部长。父子同朝本是家中一件喜事，但爷爷对新的政府机制很不适应。司法部长是一个实职，他发现自己批的文件极少采用，而且桌上待批之件越来越少，重要大事都由部党组决定，他贸然闯进部党组会场，弄得相当尴尬。于是感到他这个部长不过是"聋子的耳朵"，心中愤愤，脾气见长。此时，又发生了两件对他打击更大的事情。

一件是他的挚友吴石将军在台湾因"通匪"罪被蒋介石当局杀害。吴石与爷爷是同乡，是几十年的生死之交。抗战时期吴任第四战区中将参谋长，他坚决维护国共合作抗日的局面，后由反对内战发展到反蒋。1947年春，吴石通过爷爷与中共上海局建立了直接的工作关系。1949年他任台湾政府国防部参谋次长，本可以断绝与大陆共产党的联系，在台湾做他的高官，但他与当时也在台湾的爷爷都不愿坐视国家的分裂；而形势急剧发展，使爷爷、二伯、姑姑均已失去继续留在台湾的基础。1949年9月初吴石在送爷爷由台北飞赴香港后，毅然甘冒斧钺，承担起为解放台湾而秘密工作的危险重任。吴石的牺牲使爷爷痛不欲生。他内疚、自责，深感对不起朋友。同时认为不应该把吴石这样高层的关系交给台湾地方党，结果是中共台湾省工委书记蔡孝乾叛变，出卖了吴石。

第二件是我外公缪秋杰因泄露国家经济机密而被捕入狱。外公曾任国民政府盐务总局局长，他有鲜明的爱国思想，拥护国共合作抗日，在共产党尚处困难时期，主动地伸出过援手，就连我爸爸和两个伯伯长期在国统区从事地下工作，也得到他的直

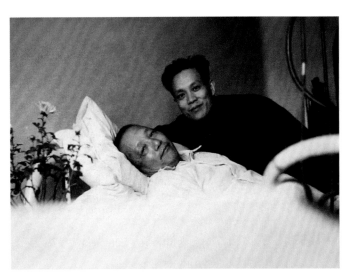

1951年年末病危之何遂与长子何世庸摄于华东医院病房

1952年年初何遂病中与陈坤立摄于上海华东医院

接支援与帮助。新中国成立初，他本在香港做寓公，听了爷爷和子女们的劝告，1950年返回北京担任了财政部参事的职务。但他一时摆不脱旧关系、旧意

识，不慎向一个旧友泄露了国家将调整盐税的机密，被不法分子利用，造成国家损失，他也认了错。爷爷认为自己的劝归害了老友亲家，同时又觉得共产党不念旧情，过河拆桥。他写信给董必武求援，董老亲自写了回信，说明共产党功过分明，不能因过去之功，免现行之罪。但念缪年事已高，可以监外执行。

矛盾太集中了，爷爷1947年就已堵塞了一根冠状动脉的心脏终于承受不住，1951年年末他因心脏病复发住进了华东医院，病情危殆。他自忖必死，特地把中共华东局统战部部长陈同生请至病房，对共产党的统战工作、干部作风以及吴石的牺牲、缪秋杰的入狱等提出了一堆尖锐的批评意见，措辞十分激烈。事后，又觉得有些话说过了头，也对不住共产党，于是真的不想活了。他拒绝配合治疗，不肯好好静卧，在床上来回折腾。医院给家属下了病危通知，在外地的子女们纷纷集中于上海。

就在此时，华东区的高层领导、上海市市长陈毅带着他豪爽的笑声走进了爷爷的病房。据爷爷后来对家人说，陈老总依然谈笑风生，对他极为坦诚。使他意外的是，陈老总居然指着他枕边摆着的毛泽东著作说："叙老，你就不用读这些书啦，你喜欢读线装书，照旧读你的线装书，你喜欢搞诗词歌赋，照旧搞你的诗词歌赋嘛。"爷爷说，最使他动心的是陈老总郑重地对他说："叙老，

你虽然不是共产党员，但你是我们党的老朋友啰。我们把你当做老同志、老干部一样看待。共产党刚刚坐江山，工作上难免有毛病，有哈子意见你只管提，火气不要这么大嘛。新中国的未来光明得很，你也为此做了贡献，还是要把身体搞好，多看上几年嘛。"

陈老总的一席话救了爷爷一命。爷爷的心结解开了，怀着"多看上几年"的求生欲望，在华东医院医护人员的精心治疗护理下渡过了危险期。在上海数年，爷爷和陈老总是诗友，常有诗文酬答。1954年爷爷在大矶山华东干部疗养院疗养时，陈老总把他七首《莫干好》词的初稿亲笔抄赠爷爷，写了七张十行纸。爷爷曾将他手抄的《叙圃诗》手稿送请陈毅指正，陈老总返还时附了亲笔信和一首诗，盛赞爷爷的作品富有爱国思想。爷爷非常珍惜，把陈老总的信和诗裱在《叙圃诗》长卷的卷首，我也曾看见过。可惜，这部手抄长卷在"文化大革命"中被烧毁了。

1960年4月20日，周恩来总理视察海南儋县华南热作"两院"时，在实验大楼前合影
中排坐者右二为周总理，右三为何康，右四为张文杰（儋县县委书记），右一为曾江（工人研究员）；立于后排左二为缪希霞，坐于何康前左一为何迪

除了陈老总，爷爷还有许多共产党的老朋友和新朋友，这里面有他敬佩的周总理、董老、叶剑英元帅，也有爸爸和伯伯、姑父们的领导和同事。1960年，周总理到热作两院视察，看到爸爸妈妈与大批科教人员到生产第一线艰苦奋斗，从草棚大学开始，短短两三年就建起具有国际先进水平的研究院和培养热作人才的大学。总理知道爸爸妈妈是何遂与缪秋杰的儿女，便说：他们都是我的老朋友，代我向他们问好。总理又说：你们俩和我一样都是出身于剥削阶级家庭，但都背叛了自己的阶级，为国家的事业做出了成绩，我真的很高兴。他还亲自将爸爸写在家门口的一副春联"儋州创业，宝岛扎根"，改为"儋州立业，宝岛生根"，作为给两院的题词。两字的改动，使对联的含义更为深远。当爸爸向爷爷转达总理的问候时，爷爷感到特别的开心。在三年困难时期，每年春节，爸爸的老上级——农垦部长王震将军都来两院看望大家，非但如此，返京后王震还专程去看望爷爷。记得王震一进门就和爷爷拥抱在一起，并一起欣赏爷爷的字画。爸爸的另一位领导也是好友，国家科委副主任范长江也来看望爷爷。范曾是名记者，爷爷在新中国成立前就看过他写的许多报道，深受感染，范又和大伯伯是30年代起的朋友，他的来访，爷爷更有谈不完的话，他还画了一幅墨竹送给范长江。不幸的是范长江在"文化大革命"中被迫害致死。几十年后，他的儿子范小健做了爸爸的秘书，他将家中躲过多次抄家而被保存下来的那幅画完璧归赵，这幅记载了我们两家几代人友情的墨竹，至今仍挂在爸爸家的客厅里。

爷爷的热诚与仗义

爷爷曾告诉我，他少年时最钦佩的人是鲁仲连，为人排患难、解纷争而无所取。爷爷出身贫寒，16岁从军反清，深知"出外靠朋友"的道理。他一生极重情义，他待人的热忱也换来了"义薄云天"的美誉。

我贴近的已是晚年的爷爷。1954年他当选第一届全国人大代表，并任人大法案委员会委员。因此，1955年由沪迁居北京。他来得很急，有关方面尚未确定合适的住房，爷爷便借住在老友孙岳的遗孀崔雪琴家。那年，爷爷和二伯伯带我们几个孩子特地到小汤山孙岳墓去祭扫。孙岳与爷爷是1907年保定陆大第二期的同学，结拜兄弟，爷爷是在孙的住所宣誓加入中国同盟会的。孙岳为人正直、仗义、爱国，1926年孙任直隶督军兼省长时，应李大钊的请求，全部释放了被吴佩孚关押的"二七"罢工工人和工会干部。当年3月12日，日本军舰炮轰大沽口，他任前敌总指挥，亲临前线，下令还击。新中国成立后，他的墓葬受到保护和修葺。我记得他的墓是个很大的黄土堆坟，四周苍松翠柏，建有半椭圆形的月台，墓南有碑亭，墓东有纪念堂。爷爷亲自摆放祭品，在墓碑前默默伫立良久，我看见了老人眼里闪动着泪光。

爷爷到北京后，有关部门安置他住在西四帅府胡同（今西四北二条），为他配备了一辆波兰"华沙"牌轿车，并将他过去的副官苏鸿恩调来做他的司机，可谓优礼有加。爷爷喜欢带孩子出门访友，这些年中，爷爷带我和仲山等去拜访过的老友有：民革中央主席李济深，全国政协委员李根源、康同

何遂伉俪与老保姆高爱合影

省主席"王耀武和"中将"周振强各住南房一室，"上将"杜聿明和"少将"杨伯涛各住西厢房一室并共享一间客厅。这五位新邻居都是黄埔军校的毕业生。爷爷本隶军籍，又当过黄埔军校的"代校务"（代校长），虽然并不是同时在校，但也算有师生之谊。他们对爷爷很敬重，而爷爷一向待人热诚，所以共处得相当和谐。这些前国民党高级将领的到来，给这座宁静的小院添加了热闹和生气。老保姆高奶奶成了院里的大主管，每天指挥这些将领们轮流打扫庭院，给院内的两棵大丁香树修枝，给花草灌溉。杜聿明说自己是学装甲兵的，会修坦克，院子里涉及机械故障的活全归了他。

我过去只在书上读到过这些人的名字，而现在他们却生活在我身边，而且完全没有"将军"的架子。记得杜聿明和宋希濂曾绘声绘色地给我讲过中国远征军如何在缅甸的深山老林里克服水土不服，战胜毒虫猛兽，抱定抗日救国的决心，与日寇殊死作战的。周振强告诉我，他早在1925年就参加了共产党，是叶挺独立团的营长，参加北伐，攻占武昌，可惜后来国共分手，对于脱离共产党，他颇感后悔。杨伯涛是蒋介石嫡系第十八军军长，浓浓的眉毛，双目炯炯，不苟言笑。王耀武则并不讳言他被俘的经过，说他在济南破城后，化妆潜逃，已经从解放军眼皮子底下逃出了济南，只是经过一个村子，解手时用了进口的卫生纸，被村民发现，报告解放军，才被俘房的。爷爷听了我的转述发表评论说："共产党把老百姓发动

璧（她是康有为的女儿），著名学者顾颉刚，还有住在近邻的京剧表演艺术家程砚秋等。我感到这些人个个气度不凡，谈吐儒雅，而且对爷爷都十分热情。李根源夫妇口口声声叫爷爷"小老弟"。

西四帅府胡同戌21号是一个宽敞的四合院，爷爷家人口少，只占了北房和东厢房。南房和西厢房长期空置。1959年中华人民共和国成立10周年前夕，毛泽东决定大赦在押高级战犯。其中有些原国民党高级将领，他们出狱后，首先面临的是住房问题。爷爷听说这批人放出来要找地方住，便主动向有关部门表示，欢迎住到他的院子里来。1959年年底，爷爷家的四合院内一下子住进了五位前国民党高级将领："上将"宋希濂住进了两室一套的南房，"山东

到这种程度，国民党焉能不败。"

这几位过去的大人物出狱，中外瞩目，当然时有访客，有的还是国际访客。他们每次会客都要借用爷爷北房高大明亮的客厅，爷爷总是热情相让。那段时间，这座四合院里最重要的一次活动是杜聿明的夫人从美国回来与他团聚，他们的女婿是诺贝尔奖获得者杨振宁，在周总理亲自关怀下，使杜聿明夫妇得以团聚。不久，他便搬出了这座小院。另一件大事是宋希濂的再婚。宋获特赦，定居国外的

妻子不愿回来，只能办理离婚手续。后宋与储安平的前妻严阿姨相恋、结婚，就住在小院。严阿姨是位大美人，不仅长得漂亮，而且穿着艳丽大方，在当时倡导朴素的风气下，她的到来确实让我们眼睛一亮。宋希濂带着新婚妻子来拜访爷爷时，爷爷称赞他红光满面，神采奕奕。宋高兴地指着夫人连连说："这是阴阳调和之功，阴阳调和之功啊。"逗得满堂欢笑。

或许，爷爷的平易近人受到芳邻们的赞许和传扬，"末代皇帝"溥仪也来看望过爷爷，还在春节时来拜过年。溥仪与李淑贤结婚后，俩人一起来看望爷爷，爷爷非常高兴，当场作画，送给这对新婚燕尔的夫妇。爷爷是反清的"辛亥老人"，又是1924年驱逐溥仪出紫禁城的国民军核心分子之一，他们的欢聚实在太富有特殊的时代色彩了。

另一件令我难忘的事是爷爷与李宗仁的巧遇。1965年秋后，爷爷带我到绒线胡同名医施今墨家去看病，没想到在施今墨家正巧碰上了也来

1950年，两位亲家与孩子们合影于上海。后排何遂（左）、缪秋杰；前排何敏（左）、何仲山（中）、何迪

看病的李宗仁夫妇。故人相见，喜形于色，他们把施老的诊室当成了会客厅，谈兴甚浓，施老也为他们的巧遇高兴。李宗仁1908年考入广西陆军小学，1910年加入中国同盟会；当时爷爷是广西新军督练公所参谋处筹略科科长兼陆军干部学堂、陆军小学的教官，又是广西同盟会支部的创建人之一，他们的交谊从那时开始。李宗仁一直对爷爷很敬重，1949年年初李宗仁当上了国民政府的"代总统"，爷爷还到南京去晋见"代总统"，劝李与共产党和谈息兵，避免继续生灵涂炭。所以，他们的巧遇也颇具戏剧性。李问起爷爷的亲家缪秋杰，爷爷告诉他，缪秋杰就住在施老的隔壁，但因中风已瘫痪在床。李很念旧，执意要去看望。诊完病后，老少一行又走进了隔壁的四合院。李宗仁看到瘫痪在床上的外公，握住外公的手，连呼剑霜、剑霜（外公的号），但外公只能点头，已说不出话来。李宗仁很动情，要给外公留钱，并说瑞士有种特效药，可以治脑中风。过了不久，李宗仁夫妇来看望了爷爷，还专门带来了他们推荐的从瑞士进口的药品。后来我们才知道，郭德洁女士当时已罹癌症晚期，正在施大夫处治疗。

爷爷待人的热诚，突出表现在对后辈、对处于困境、对需要帮助的人身上。1962年年末，尚处中年的蓝菊孙先生带着他《诗经国风研究》的手稿风尘仆仆来访爷爷，请爷爷为他的书作序并予推介。爷爷读了他的作品，很兴奋，认为是传承中国传统文化的好方式，即兴为他写了五言长诗代序，并画山水图持赠，还带蓝去拜访了同乡作家谢冰心。达叔在育才学校读初一时的一位同学叫周文彬，因多年常到何家，与爷爷奶奶也熟了。有一次，这位穷

书生把他唯一值钱的表丢了，正在沮丧之时，爷爷把自己的表送给了他。周文彬和我们家族保持了六十多年的友谊，至今还絮叨着60年前爷爷赠表的故事。

爷爷的政治生活

我常想，像爷爷这样一个心直口快、胸无城府的性情中人，怎么能历经新中国成立初期18年的多次政治运动而基本上平稳安静地过完了他的天年？回头看看，他对新的政治体制不适应的爆发，是在20世纪50年代初的上海。那时，共产党尚无暇顾及此一个案；而他的顶头上司陈毅又以政治家的宽广胸怀和远见，包容并保护了他。不幸中之万幸是他因患心脏病，从1952年后就基本处于休养状态，远离了实际工作和政治斗争的旋涡。加上他本人无党无派，子女们大多是共产党员，组成了强有力的"救火队"，才使他一次次化险为夷。

从1954年一届人大到1968年去世，爷爷连续担任三届全国人大代表和全国人大常委会法案委员会委员。虽然这是带有荣誉性的安排，平常不用上班，只是开会时去一下。但他很看重这一职务，在他力所能及的范围内履行代表职能。

1956年毛泽东提出"百花齐放，百家争鸣"的方针，爷爷很兴奋，认为中国学术研究的春天到了。经过调查研究，他以《对中国现代史研究的几点建议》为题，在1957年7月11日全国人大一届四次会议上做了发言。发言稿刊登在《新华月报》1957年第17号上。

他写道："我感到近年来，现代史的园地似乎嫌寂寞了点，因为现代史涉及许多革命的基本问题，'争鸣'的顾虑可能大一些。"他认为，对于北洋军阀及国民党统治区的历史研究未能得到足够的重视，"向来，这些方面，只是作为讲革命史的背景而提出探讨的。所以除了一个概括的结论外，很少有人真正下工夫去搜集、摸索这方面的具体史料。""甚至在相当长的一个时期中，谁要多讲了些国民党方面的史料，便被认为思想上有问题，这样片面的看法影响着现代史研究更全面和更迅速的发展。"他质疑，"如果对北洋军阀及国民党统治的历史并不清楚，又怎能真正了解现代中国社会发展的全貌？怎能真正弄清革命史中的一些基本道理呢？"他建议，史学界应号召史学家们努力做这方面的钻研，积极收集史料，进而编写一部更完整的"中国现代史"。他"热切地希望在党中央和毛主席这一正确方针的照耀下，中国现代史的园地也能做到'百花齐放、百家争鸣'"。

我所以不吝篇幅大段引用，是认为爷爷50年前的建议，不仅正确，而且很有远见。但是，这番言论发表在反右斗争已经开始的1957年夏天，就实在有点不合时宜了。据说有人对文中"寂寞了点"，"顾

诗曰："画竹不用怒，心平转自然；任它风与雨，意态自翩翩。"
心声流淌，诗意隽永，颇耐寻味

虑可能大一些"等提出过质疑，但至多只能说是打了一个"擦边球"。

爷爷对从倡导"大鸣大放"，"帮助党整风"，突然转入"反右斗争"难以适应，他深感困惑。有一天，仲山叔看见爷爷手持一张《人民日报》坐在客厅沙发上发呆。过去一看，原来头版刊登着批判台盟中央主席谢雪红是大"右派"的报道。20世纪50年代初在上海，爷爷和谢雪红是同住华东医院的病友，私交颇好。爷爷曾对家人盛赞谢领导了台湾"二二八"起义，是反蒋的女英雄。这样一位女英雄，怎么成了反党、反人民的"右派"？

又一天，他作为无党派民主人士、人大法案委员会委员，到政协礼堂参加批判同为人大法案委员会委员的"右派分子"黄绍竑的集会。当时的批判还是围席而坐的，但"火力"十分猛烈。正在群情激愤之时，爷爷突然独自离席，走到小卖部买了一盒冰激凌，在众目睽睽之下，送到正被批得满头大汗的黄绍竑面前。黄绍竑报以感激的目光，放下记录罪行的笔吃光了。爷爷还拿出手帕，让黄擦汗。他这一举动，当场引起一片哗然。

此举实在太出人意料，也太富有戏剧性了。爷

爷是辛亥革命时期广西同盟会的创始人之一，他曾任广西陆军小学教官，很多桂系将领是他的门生故旧，如李宗仁、白崇禧和在台上被批的黄绍竑，都与他有过师生或同事之谊，对这些人参加孙中山领导的革命有很大影响，爷爷一直和这些桂系将领们保持着良好的关系。这在黄著《五十回忆》中都有提及。黄在1949年春作为国民党政府派至北平出席和平谈判的五名代表之一，新中国成立后担任民革常委和人大常委。如果按爷爷在人大发言的思路，黄应该是现代史中代表进步力量的一员，怎么忽然变成了资产阶级右派？加上这种农民斗地主的批判方式，使黄绍竑这样的人物有口难辩，斯文扫地，失去了做人的尊严。出于对朋友的同情，也可能出于对个人尊严的敬重，爷爷便有了以上的惊人之举。

爷爷此举引起一些与会者的反感，马上有人打电话向我在人大常委会办公厅工作的二伯何世平传递信息。以二伯伯为首的"救火队"三天两头到帅府胡同的四合院做爷爷的思想工作。二伯伯、邓伯伯（姑父）当时是在统战部门工作，对党内政治气候比爷爷有更深的理解，对于反右斗争的进程有更多的信息，他们担心爷爷的天真、率直、讲义气的个性，将招致像黄绍竑同样的命运。这种担忧不无道理，幸亏爷爷只有同情右派的行动，没有同情右派的言论，但仍被内定为政治上幼稚、同情右派的动摇分子。

紧接着，令爷爷和全家人愕然的是，在天津师范学院历史系读书的达叔，被打成了"较严重的右派分子"。达叔从小和哥哥姐姐一起生活，深受革命影响，高中未毕业便投身革命队伍，进入中央公安干部学校，后经组织同意，考入大学。达叔待人

诚恳，为人正直，有理想，有才气。我认为达叔是爷爷众多子女中最全面继承他才气的人，写得一手好文章，这么优秀的一个年轻人怎么会反党、反社会主义？何家第二代痛感"按住了老的，漏掉了小的"。爷爷一向很喜欢这个善良而性近文史的孩子，他在无奈地叹息"唉，小右派"的同时，真切地感受到危险的政治斗争距离自己并不遥远。他的言行从此渐趋谨慎。

然则，爷爷终归是个爱国者，他的民族意识极强，他的喜怒哀乐完全随国家民族的休戚而浮沉。1958年吹起的"大跃进"号角，使爷爷兴奋起来，各地粮食亩产争放"卫星"的消息令他惊喜，"超英"、"赶美"的口号让他自豪。他也要建言献策，于是草拟了一份报告，反对拆除北京城墙，提出应围绕城墙建立公园，疏浚护城河，岸边植树种花，河上行船，河边游览，城墙上则可建环城公交线，最终把北京城墙建成集交通、旅游、绿化、休闲为一体的城墙大公园。爷爷还翻箱倒柜，查阅了大量诸如《天工开物》之类的古籍，起草了一份有关吸收中国古代劳动人民智慧搞好国家建设的建议。譬如，他认为中国山多，可以用弓箭把包着树种和肥料的泥制矢镞射到山上甚至峭崖上，这样在人迹罕至的地方也可植树造林，让绿树满山。这些报告、建议，爷爷都先用毛笔写在红竖行的毛边纸上，再让仲山的同学杜清泉（后与敏姑结婚）誊清，经二伯交给人大常委有关部门了。

1961年，中央统战部提出在民主人士中以开"神仙会"的形式，和风细雨地进行沟通。此后几年，爷爷的心情比较放松、舒畅。他每年都随人大组织的考察团到各地去考察。他画了大量国画描绘

祖国壮丽河山，写了大量诗篇歌颂祖国欣欣向荣。

1962年年初他踏访海南岛，我陪他走了一路。爸爸带领热带作物研究所和热作学院的大批科教人员在橡胶生产的第一线从事研究、教学和生产实验的工作，打破了西方专家判定的天然橡胶树只能在北纬15°之内生长的结论。我国海南岛最南端的三亚已是北纬18°，海口北纬20°，云南、广西部分亚热带地区已是北纬24°。爸爸他们就是要在北纬18°～24°之间大面积种植橡胶树，而且要获得高产。当时已经取得初步成功。爷爷知道天然橡胶是无可替代的战略物资，他亲自深入到胶林中去考察，写了一个"促进我国天然橡胶事业发展"的议案，呈交全国人大常委会。

爷爷还在大伯伯何世庸陪同下考察了莺歌海盐田。莺歌海是世界上仅次于死海和红海的最咸的海区之一，被称为"苦海"，大伯伯时任广东省化工厅厅长，是建设莺歌海盐田的总指挥。爷爷既赞赏那里的美景，也感叹盐场工人顶着烈日晒盐的辛苦。他向人大常委会写了一个开发莺歌海盐业及多种产业的报告，还引用了郭沫若咏莺歌海的诗："盐田万顷莺歌海，四季常春极乐园。驱遣阳光充炭火，烧干海水变银山。"

爷爷关心着中国的每一方面的进步，对体育缺少兴趣的爷爷在1961年也成了"球迷"。那年第26届世界乒乓球锦标赛在北京举行，大家都非常关注。那时家里有一台苏联产的记录牌电子管黑白电视机，爷爷和我们这些孩子们一样，每天都守在电视机前观看比赛，为中国队的出色表现欢呼。日本队是中国的劲敌，最激烈的比赛发生在中日运动员之间。印象最深的是徐寅生大战星野的最后一球，徐寅生猛扣，星野则顽强地一板一板地放高球，一直扣到第十二大板，星野没接住，比赛才以中国队胜利而告终。赛场上的观众跟着徐寅生的猛扣在欢呼，电视机前的我们，包括爷爷也在欢呼。这个场景至今还历历在目。

关心国内外大事是爷爷生活的主要内容。他每天必读《人民日报》、《参考资料》、《参考消息》，每月都将报纸装订成册直到去世，装订成册的报纸整齐地码放在书橱顶上，直达顶棚。如果有喜谈国事的朋友到来，他会滔滔不绝地讲述国内外形势，从古巴革命到赫鲁晓夫修正主义，从开发大庆油田，甩掉贫油帽子，到战胜自然灾害，中国实现既无外债，又无内债。特别是1964年原子弹爆炸成功，赫鲁晓夫的下台，更使爷爷兴奋不已，他当即和毛泽东的《满江红》韵也写下一首词。爷爷像所有怀着国富民强思想的人们一样，由衷地信服共产党，崇敬毛主席。那几年，爷爷在家练字，抄写得最多的是毛主席诗词，他最喜欢的两首词，一是《满江红·小小环球》，一是《卜算子·咏梅》。送家人和朋友的画中许多都是梅花，并喜欢抄录上毛主席咏梅词中的句子。

1964年，爷爷再次当选福建省出席第三届全国人大的代表，爸爸也当选了广东省代表。父子再次同朝，一起聆听了周总理的《政府工作报告》，报告中第一次提出要把我国建成四个现代化强国的目标。晚上，在京的所有家人都聚在客厅里，收看电视里有关周总理报告的报道。爷爷和一家人都沉浸在温馨幸福的憧憬之中，祈盼一个伟大时代的到来。这时，谁都没有意识到一场民族的巨大灾难正在逼近。

缪秋杰与外孙何迪。何遂 1950 年拍摄于上海

1966 年的春天，政治领域的火药味越来越重。批《海瑞罢官》，批"三家村"，党内揪出彭、罗、陆、杨，接受了几年阶级斗争观念教育的我也感到一种莫名的亢奋，脑子里阶级斗争的弦绷得紧紧的。6 月，史无前例的"文化大革命"终于爆发了。毛主席支持中学红卫兵，"造反有理，革命无罪"。在学校里，我投身于大批判的洪流中，成为

第四十一中学"革命小将"的头头。因为爷爷家的四合院就在学校对面，一时间，小院便成了我校红卫兵聚集地之一。时值盛夏，院子里和客厅里，都成了我和战友们高谈阔论"指点江山"的场所。每到吃饭时间，高奶奶总是给我们多蒸些大馒头。爷爷平静地以他开朗乐观的心态来面对这场运动。他有时走出来，和我们这些红卫兵聊上几句。我的好友张北英就常常和爷爷聊天。有一次，张北英写大字报缺笔墨，爷爷还主动把自己的书画笔和砚台拿出来给他们用。

但是，"浩劫"并非天真的学生们想象中的"革命"，它如狂飙骤起，黑云压城。不久，爸爸成了海南岛热作两院最大的走资派，大伯不仅成了走资派而且"失踪"了（被软禁于某小岛），在北京的姑父也成了走资派，二伯和姑姑则"靠边站"。最不幸的是我外公一家，瘫痪在床的外公竟被红卫兵用开水浇烫，最后绝食而死。

"文化大革命"中（1967 年 7 月）
何遂寄何达之邮件

爷爷的小院则平静如常。或许爷爷"反右"后的谨言慎行收到了功效，或许这里是红卫兵常常聚会的一个据点，爷爷的家没有受到社会上扫"四旧"的冲击。虽然，一切沉重的消息对爷爷都严密封锁，爷爷又不出门，但他却通过报纸、广播、电视和一切可能的渠道接收信息。他的头脑是清醒的，或许内心早做好准备，他的心态平和而淡定。他关心着自己的亲人，特别是远在海南的爸爸和近在天津的达叔。他给这两个儿子写了许多信，宽慰和鼓励他们，做了真正的思想工作。为了让信件能够平安到达收信人的手里，爷爷常在信笺上贴上一两张伟大领袖毛主席的照片。老人家善良的狡黠是多么可爱啊！

可没想到"革命"却来自家庭内部。在"破四旧"高潮的七八月的一天，我弟弟，一个五年级幼稚的小学生和一个上初中的堂弟来到帅府胡同"扫清"爷爷家的"四旧"。爷爷有一个立柜，里面放着许多立轴，既有轮流在客厅北墙上挂的一些仿古画轴，又有若干轴爷爷的祖辈们穿着清朝官服的画像。他们认为这是封建主义的代表，所以当着爷爷的面把这些祖宗的画轴搜了出来，在院里点把火烧了。虽然我并未参与，但也没有出来反对。这些已有上百年历史，爷爷带着它们躲过了无数兵灾战乱，珍藏在身边几十年的祖宗画像，瞬间便化成灰烬。爷爷是有名的孝子，眼睁睁看着祖宗像被焚烧，而点火者竟然是他的爱孙！爷爷坐在客厅里，面无表情，一言不发，仿佛一座凝重的雕像。此后，随着时间的推移，我越来越深切地感到爷爷当时那种心尖滴血的痛楚。

当时住在北京的二伯和姑姑，内心是很紧张的，他们最担心的是爷爷，因为他们知道，以爷爷的性格，只要被群众运动扫上，绝无生存的可能。为了保护爷爷的安全，他们对家中可能成为导火索引发爆炸的东西，进行了果断地清洗和销毁。其中最为珍贵的是多年来爷爷向达叔讲述的个人历史，由达叔记录的三册八开大各两寸多厚的红笔记本。爷爷无言地承受着"文化革命"对文化的摧残。

还有件至今深感内疚的事。帅府胡同小院被抄，非因爷爷而是由我引起。1967年1月17日夜晚，我在人民大会堂参加了周总理等中央领导接见北京中学红卫兵代表的会议，会上就中学的"联动"等问题进行了探讨。我代表老红卫兵上台发了言，表示要与"联动"划清界限，走毛主席的革命路线。没想到深夜回到家中一看，我住的东厢房一片狼藉，家被抄了。我一了解，是清华井冈山派在校内4.13派的带领下干的。我并不知道，41中红卫兵将抄家抄来的贵重物品装在一个保险箱里藏在我房间的床下，五屉柜的抽屉里也放了一些抄家抄来的物品，早被校内对立面盯上了，借着中央号召清除联动分子采取了这一行动。庆幸的是他们只抄了我的屋，没有上北房惊动爷爷。第二天，爷爷没有说我半句，可二伯伯和姑姑担心我给家里带来新的麻烦，让我出去避避风头，我便串联到大庆，与那里的工人同吃同住同劳动近两个月，思想也开始发生了变化。现在想起来，"文化大革命"初期的亢奋使我昏了头，幼稚无知却又踌躇满志，俨然把帅府胡同爷爷的家当成了自己活动的中心，完全没有顾及到院子的真正主人是爷爷。这也从另一方面，看出爷爷对我们这些孩子的容忍，不仅仅是出于对我们的疼爱，更反映了他对下一代政治选择上的民主态度。

"文化大革命"对爷爷的致命打击，是保健医疗体系被冲垮了，中央保健局取消了。爷爷迁北京后，医疗关系在北京医院。他得心脏病20年，光心梗就先后发作过7次，每次都因治疗及时而转危为安。1968年1月初，他的心脏病又发作了，已不能再进北京医院，耽误了治疗时机。据守在爷爷身边的敏姑说，爷爷是带着微笑离开这个世界的。

追寻爷爷遗踪

在外地串联了一个多月，1968年年初我回到北京，高奶奶劈头一句说："迪儿，你爷爷没啦！"我愣住了，高奶奶重复了一句，我明白了，随即热泪夺眶而出。

很快，在经历鲁迅说的由小康堕入困顿饱尝了世态炎凉的同时，我才真正体味到爷爷对我有多么重要。爷爷走了，我失去了在北京的家，失去了宁静的院落，宽敞的客厅，温馨的书房，开始了漂泊的生活。先在三姨家住了两个月，随后带着弟弟返回海南岛父母家。当时爸妈和我们兄弟俩被迁到一间十几平米的小屋，看着爸爸挨批斗，在两派武斗时还有一派要拉爸爸去祭他们死难的战友。平日也没人理我们这对走资派的狗崽子，待了半年，实在熬不下去了，又回到北京。这时三姨也被迫害致死，三姨夫被关进了牛棚，我只好住到了同学家。1968年10月，毛泽东号召青年学生下乡接受贫下中农再教育，我因肝病，转氨酶800多，本不在下乡之列，但在北京无家可归，走投无路，于是在当

年底到山西临汾插队，当了农民，开始了人生另一段旅途。

爷爷离开我们整整40年了，我历经上山下乡两年，工厂劳动7年，1977年考进大学，成为"文化大革命"恢复高考后的第一批大学生，进校时已28岁。随着中国改革开放的历史变迁，我个人的境遇也大大改观，学业有成，事业有成，而今已年逾花甲，正是我出生来到爷爷身边时爷爷的年纪。随着人生历练的积厚，感悟的加深，我对爷爷的思念历久弥深。

2006年春，达叔到香港旅游，见面时他说，想为爷爷编一本纪念文集。当然这也是我多年想做的事。我知道达叔为此长期孤军奋战，便与王苗极力支持此事。一方面组成编委会，发动全家亲人共同努力；另一方面为配合出书，传承前辈精神遗产，两年来我们组织了多次寻踪之旅。

我们踏访了保定军校旧址，瞻仰了石家庄吴禄贞、张世膺、周维桢三烈士墓葬，登上了邯郸武灵丛台，流连于爷爷撰写的《丛台集序》碑前，参与这次寻踪之旅的何家亲友多达三十余人。我们访问了广州长岛黄埔陆军军官学校旧址。在军校校园孙中山纪念碑上刻有爷爷用扫帚书写的"和平奋斗救中国"七个大字。校园里现存的三座纪念碑坊，都是爷爷担任"代校务"时主持兴建的，碑上的文字也大多是他撰写的。我们远赴重庆，探访了北碚缙云山，此处汉藏教理院留有爷爷和吴石的诗画合璧；此行还专程赴大足县，观赏了现在已是世界文化遗产的大足石刻群。1945年爷爷和爸爸都是首次"大足石刻考察团"的成员。我们还到上海，在静安区那条长长的愚园路上，寻找到了1293弄，走进了昔

2006年初夏，"寻踪之旅"踏访上海愚园路1293弄，在昔日俭德坊2号门前合影

日俭德坊2号的大门。

这是一幢已经老旧的三层西式洋房，独门独院，靠墙的法国梧桐已干老枝粗。一楼原来的客厅和饭厅已被隔开，由两户人家居住；登上二楼，爸爸指点着介绍：这是爷爷奶奶的卧室，那是他和妈妈的房间，通阳台的一间是姑姑的香闺，靠楼梯的一间是大管家高奶奶的本部；三楼除达叔的卧室外，就是一间存放贵重药品的仓库了。睹物思人，爸爸激动起来，为我们讲了当年的故事。

1946年年末，他和两位伯伯党的关系从董必武处转到了中共上海局。爸爸的公开身份是瑞明企业公司总经理，这所房子表面上是爷爷和他的寓所，实际上是中共上海局的一个秘密机关。1947年春，吴石将军和中共上海局建立联系后，当时负责统战军运工作的领导张执一曾多次在此与吴石接触。

1949年3月渡江战役前夕，吴石冒着极大风险风尘仆仆亲自赶到这里，把包括国民党军队长江江防兵力部署图在内的一组绝密情报面交给爸爸，这组情报迅速送达了"三野"的指挥部。

爸爸还讲了一段发生在这幢楼房的往事：1948年8月，突然有几个经济警察闯进家来，说是接到举报，此处有货物进出，要搜查。幸好爷爷与外公正在客厅接待好友张维翰。爷爷时任立法院军事委员会委员长，外公是盐务总局局长，而张维翰做过内政部次长，时任监察委员，是分管警宪监察的。爸爸镇定地介绍了客厅里的几位人物，又解释说，生意难做，买了一批冷门药品，卖不出去，仓库太贵，只能暂存家中。警察头目见来头不小，打电话请示后，在爸爸带领下草草地看了看院子里几间小库房的存货，让爸爸第二天早上带着账本到警局接受讯问，便悻悻而去。我妈妈是学财会的，她用棉被挡住窗户，熬了一个通宵，赶出全部账目。第二天一早，爸爸带着账本去了警察局，妈妈又赶去面见中统安插在盐务系统的一个要员，请他打电话疏通。当晚，爸爸以"查无实据"

被放了出来。爸爸说，其实他们的卧床下就放着 X 光机，三楼那间库房里存放着进口的盘尼西林、消炎片等战地急救药品。如被查获，有口难辩。当年在上海，没有爷爷和外公的掩护，活动是很困难的。

爸爸的故事不但吸引了我们，也使在场的几位主人兴趣盎然，又甚感诧异，因为他们在这里住了近 30 年，全然不知这楼房里还发生过如此的故事。

我们还在北京图书馆看到了陈独秀 1936 年在狱中亲笔抄录的爷爷关于甲骨文考古的手稿，爷爷当年考察华北、东北地形后写的兵备纪要；在重庆图书馆找寻到的爷爷在 1921 年出版的《参观欧洲大战记》，从各家亲朋好友处收集来的照片、书画。追寻爷爷的遗踪，体会着他的人生，使我把孙儿对爷爷的思念升华到对他所处时代的认识，他既是疼爱我的好爷爷，也是中国现代史上有代表性的人物。

去年清明，以爸爸为首的何家老少三代人在福田公墓为爷爷奶奶举行了骨灰迁葬仪式。2006 年我们去给妈妈扫墓，看到在外公缪秋杰家族和吴石将军夫妇两座墓旁还有一块空地，我和王苗商量并征得全家人的同意，决定为爷爷及何家建座家族墓，让爷爷能与他的生死至交相邻为伴，正如达叔撰写的墓志铭所言"岂天意乎"。在迁葬仪式上，我代表何家的第三代发言，我说："爷爷虽然不是一个伟人，但他是一位正直、爱国、有民族与时代责任感的人。他无愧于国家，无愧于民族，无愧于后代，无愧于人生，我们为有这样的爷爷而感到自豪和骄傲。

我希望将来我们这辈人故去，来此与爷爷相聚的时候，我们的后代也能像今天的我们一样，也能为他们的父辈感到自豪与骄傲。爷爷与我们血脉相通，爷爷留给我们的精神财富要代代相传。"

2007 年 4 月 20 日，何遂、陈坤立迁葬北京福田公墓。主持此事之何迪手捧祖父母遗骨，安置墓碑前，待亲友敬礼后入土

印证历史的踪迹
——缅怀敬爱的爷爷

何代宁

在我的记忆里，爷爷既是一个充满浪漫情怀的诗人、画家、书法家，又是一位身心硬朗，毕生为祖国的解放和进步奋斗的老军人。作为革命者，爷爷积极参与了推翻清政府，建立民国，推翻国民党反动政权，建立新中国这两次改朝换代。爷爷的腰板，永远是挺直的。作为诗词书画家，爷爷给后人留下了众多作品，印证了与他同时代壮阔的历史。爷爷爱国忧民，至死不渝。

我父亲何世庸是长子，追随爷爷的时间最长，与爷爷的关系最密切。也许正因为如此，我们家中藏有爷爷送的不少书画作品，可惜大部分在"文化大革命"抄家时被毁。尽管如此，从我懂事的时候起，我们家的墙上一直都挂有爷爷的书画作品。可以说，我们这一代，都是在爷爷翰墨丹青的熏陶中长大的。

爷爷的水墨画，随心所欲，寓意长深，具有东方情趣的写意风格。而爷爷的书法，则浑厚方正，苍劲有力，庄谐多姿。书画一体，相映成趣。

爷爷的诗词与书法成名较早。其中被永久留存的典型，有位于浙江省缙云县仙都初阳山作为著名旅游景点的摩崖石刻，爷爷写道："五色潭云里，苍松簇翠鬟。水碓声得得，溪路响潺潺。丹鼎依稀在，龙髯不可攀。言

1947年，何遂、陈坤立在广州与何世庸、李智勤合影。陈坤立怀抱何梦妮

寻倪翁洞，我欲往名山。"落款为民国十七年（1928年）。

另一处可被后人称为历史丰碑的，是爷爷主持兴建的广州黄埔军校旧址纪念碑群。

1926年，爷爷受当时的国民革命军总司令蒋介石之托，运用当年自己在旧军队中的上层关系，策反了直系军阀阵营的几个重要将领，有助于北伐战争的胜利推进。蒋介石欣赏爷爷的资历与才华，有意拉拢其进入自己的嫡系阵营，遂于1927年年底，委爷爷代表他担任黄埔陆军军官学校代校务（即同时代理校长、副校长之职），继续为北伐革命军中的黄埔系培养人才。

爷爷主持黄埔军校期间，除大力整顿校务，完成黄埔第六至第九期学生的教育外，至今最为人称颂的业绩，是亲自主持兴建了黄埔军校旧址中的标志性建筑——孙中山总理纪念碑，并在军校旁为第一次国内革命战争捐躯的将士们建立了东征将士烈士墓及北伐将士烈士墓园，并亲自撰写碑文。

1928年9月，爷爷主持了筹建孙总理纪念碑事宜。同年10月11日上午，黄埔军校师生在校内八卦山举行孙总理纪念碑奠基典礼，爷爷率领军校各部长官破土奠基。

1930年5月，日本友人梅屋庄吉赠送的孙中山铜像由日本"大洋丸"运抵上海，5月28日再由"凉州"号运至广州，安放在黄埔军校八卦山总理纪念碑顶上。

孙总理纪念碑座高19米，正面刻六个隶书字"孙总理纪念碑"，由胡汉民书写，碑左侧刻有总理遗训，是戴季陶的手迹。

爷爷用扫帚代笔，蘸满浓墨，题写了孙总理遗训"和平，奋斗，救中国"七个气势雄浑的大字，后按字体原大刻在了纪念碑的右侧。爷爷并撰写了黄埔军校中山纪念碑文。

在东征将士烈士墓园里，矗立两块巨碑，记述东江之役始末，为牺牲的将士们立传。这是爷爷撰文并以苍劲的颜楷书丹。这样标准方正而又挥洒自如的颜体楷书，在爷爷留下的作品中是少见的。

在北伐将士烈士纪念碑上，爷爷题道："平冈之石齿齿兮，黄埔之水凉凉；屹立丰碑以厉世兮，将以垂人纪于无穷。"碑的正面刻"国民革命军军官学校学生出身北伐阵亡纪念碑"。碑身篆书"为民牺牲"乃爷爷手书。碑座的东、西、北面刻有北伐阵亡的独立团第一营营长曹渊等355位黄埔军校学生的名字。碑座南侧，为爷爷撰写并书丹的碑文。

八十多年后的今天，我们去参观黄埔军校旧址，细品爷爷留下的碑文，在欣赏他深沉的文采，雄浑工整的书法功底的同时，更多的，是从中感受到爷爷希望通过赞颂先烈，号召后人要为中华民族的自由解放不怕牺牲，前赴后继的革命激情。

爷爷在黄埔军校期间为先烈们的丰功伟业建立了永恒的纪念碑，而喜欢照相的他，却没给我们留下什么相片。现在我们从广东省档案馆黄埔军校史料中找到爷爷当时的一张注明为"何代校务遂"的戎装标准像，便成为现存的唯一留影。

爷爷早期著有诗词集。民国诗词大家林葆恒《词综补遗》收爷爷词三首，传云："(何遂) 字叙甫，福建闽县人。福建武备学堂学生，立法院军事委员会委员长。有《叙圃词》。叙甫少习军备，长统军队，而不废咏歌。儒将风流，畅衷自喜，亦近时不多得之将才也。"

爷爷的画亦颇具名气。1935 年 11 月 15 日，爷爷和另一位福建名画家李云仙（李霞）怀着共同的目的卖画赈灾救国，在南京联合举办了一场"李云仙何叙甫两先生国画展览会"。会上展出了爷爷《眈眈》、《黄山雨后瀑》等佳作，得到了许多人的支援。国民党元老林森、于右任分别题词，极力赞赏李、何二人的义举。

1939 年爷爷在香港办个人画展为抗战筹款，港澳知名人士纷纷解囊。当时移居香港的上海大亨杜月笙曾以 5 万美元的超高价买下爷爷的一幅画，支援祖国抗战，成为一时美谈。

爷爷在进行抗日救亡活动的同时，还热心于提携后进。这其中不乏后来的一些名家，譬如著名金石篆刻大师周哲文（1916～1981 年）。周哲文回忆说：抗战时期他结识了福州同乡、革命前辈何遂。当时何遂任国民政府立法院军事委员会委员长，由于何遂的引见，他又认识了徐悲鸿、马万里和高心甜等书画界著名人物。周哲文尊爷爷为师亦友，他们的友谊，直至 1968 年爷爷去世。在爷爷留下的印章中，不乏周哲文的作品。

爷爷第一次见到我，是在香港我的外祖父家。1949 年，父亲受党组织的派遣，在 4 月初携全家从广州赴香港，住在九龙塘家中。

我的外祖父李朗如（1889～1963 年）是著名的民族资本家，又是国民党的高级将领，早期与爷爷有几乎相同的革命经历。两位前辈一个是北方军人，一个主要在南方跟随孙中山革命，1945 年结成亲家以前并不相识。

据广东省档案馆记载，李朗如为广东陆军小学、湖北陆军中学、保定军官学校毕业，后进日本士官

1924 年 11 月摄于广州。
端坐前排正中者为孙中山先生，后排六位随从人员，右起第一人为大本营参军李朗如

学校学习。在日本结识孙中山，1906 年加入同盟会，参与了宣统三年（1911 年）3 月 29 日的广州起义。1912 年 1 月任总统府中将参军兼侍卫长。民国三年（1914 年）任中华革命军参谋长，参与讨伐军阀龙济光。1920 年与朱执信等驱逐桂系军阀，收复广东，使孙中山再度组织政府。1921 年任非常大总统孙中山的侍从秘书。1924 年任广州市公安局长。1924 年 10 月，随孙中山北上，至 1925 年 3 月 12 日孙中山逝世为止，他一直随侍左右。因拒绝参加"西山会议派"的活动，南返广州，任建国粤军参谋长兼政治部主任，后又任国民革命军前敌总指挥部政务处长，国民革命军第五军党代表。1928 年，赴北平迎

接孙中山灵榇至南京紫金山安葬。1932年移居香港，任广九铁路局局长，同时作为陈李济的第七世传人，大力经营陈李济制药厂，继续资助爱国民主运动。

在中华民族历史的长卷中，1949年标志着一个地覆天翻的变革时刻，国共两党正在进行政权更替前最后的残酷博弈。我外祖父以其特殊的身份，自然成了博弈双方极力争取的人物。而我父亲这个具有共产党员身份的女婿的到来，顿时把外祖父在九龙塘的几座白色石面大宅，染上了红色。中共华南分局的联络员及各路"左"派人士纷至沓来，当年的香港九龙塘沙福道10号，成了共产党联络在港"左"派爱国人士的据点。

父亲在他写的《回忆一九四九年》中说："在岳父家见到了刚从台湾回来的父亲。他正要转机到广州去，是被我的亲戚根据我们从广州事先打来的电话通知拦住的，跟他们一起回来的。"而刚满1岁的我，就是在这种兵荒马乱的形势下与爷爷见面的。

母亲回忆说，那时外祖父母对我十分疼爱，整天过问呵护。奶奶第一次见到我时竟客气得都不敢去抱，而爷爷则不管三七二十一，把我抱起来就亲，总喜欢用胡子茬扎我。那次爷爷奶奶在香港家里住了约两三个月的时间，后期二叔一家也来了。

据父亲说，当时中共华东局本打算委托爷爷以他的灰色身份作掩护，与父亲和二叔一起赴台湾从事地下工作，为解放台湾作准备。考虑到爷爷平时言行早已倾向共产党，而我父亲几兄妹的共产党员身份事实上已被国民党特务机关掌握，所以在收到其驻港代表的汇报，中共中央华东局通盘考虑有关安全形势后，决定另行委派由爷爷推荐的好友，时任国民党国防部副部长的吴石将军（1894～1950年）担任此一任务。

吴石将军在往后近一年的时间里，为共产党稳定新政权，进而解放台湾提供了大量宝贵情报。尽管如此，这一由爷爷费尽苦心帮共产党建立的极高层情报渠道，却由于当时中共华东局某些负责人违反党内一贯谨慎的秘密工作原则，轻率地将如此值得珍惜的秘密关系交给台湾当地的党组织管理，终因中共台湾省委书记蔡孝乾被捕叛变，导致四百多位地下党员被国民党情报机关一网打尽，涉案的吴石将军、陈宝仓将军、聂曦上校等高级军官由蒋介石亲批，于1950年6月10日被处决。这就是当时震惊中外的"马场町事件"。

1948年，陈坤立（左二）与韩蕴（左三）在台湾阿里山

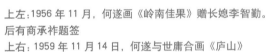

上左:1956 年 11 月，何遂画《岭南佳果》赠长媳李智勤。后有商承祚题签

上右:1959 年 11 月 14 日，何遂与世庸合画《庐山》

吴石将军的遇害，对爷爷的打击极大，形成爷爷心中难以消除的痛楚。他总是认为吴石是因他而死，代他去牺牲的，从此郁郁寡欢，以至在 1951 年爆发严重的心脏病，被医生诊断为不宜工作。此后，爷爷被组织安排担任全国人大代表，全国人大法案委员会委员。1955 年，爷爷移居北京，潜心研究国学，以诗词书画怡养天年。

1949 年 10 月 15 日，我外祖父李朗如从香港回到广州，任广东省人民政治协商委员会委员，以后当选为全国人民代表大会代表、广东省政协副主席、中华全国工商联筹委会委员、广东省工商联副主任委员、广州市副市长、广州市工商联主任委员等职。而父亲则于 1949 年 10 月 25 日以副军代表的身份接管两广盐务局，随后出任两广盐务局局长。我们一家从此定居广州。

我再一次见到爷爷，是在 1956 年。那一年爷爷来广州，住在国学大师、中山大学教授容庚（1894～1983 年）家中。爷爷与容庚在解放前就是多年的老朋友。容庚在解放后一直住在中山大学西南区 54 号二楼，另一位国学大师商承祚（1902～1991 年）家住一楼。在他们之前，陈寅恪（1890～1969 年）也曾住过这幢小楼，可谓名家学者聚集之地。

容庚家给我印象最深的，是四面以书为墙，有一架人字形的梯子，用以爬到天花板的高度取书。爷爷的精神很好，力气也不小，居然能把我举起来，照例用胡子亲一顿后，放到书梯上去玩。

在容庚家里，爷爷开始教我画画。记得爷爷有一幅画新摘绿叶红荔名为《岭南佳果》的作品，就是在那里创作的。若干年后商承祚重见该画，还专门在画上以他特有的篆书题字："岭南佳果，陶醉东坡"，以纪念当年与爷爷的友谊。

爷爷是一个真正的爱国者。当年为了号召抗日，即有变卖文物收藏以捐助抗日的"毁家纾难"之举。在新中国成立后，更将自己多年收藏在京沪的大批古董，包括历朝珍稀之古铜钱等全数捐献给国家的博物馆，支援新中国建设，成为一时之楷模。

爷爷虽然赋闲，但关心时政之心不减。在经历了"反右"、"大跃进"的风浪后，1959年又看到敢于为人民直言的彭德怀元帅被扣上"右倾反党集团"的帽子，被无情地打翻在地。1959年11月14日，爷爷与爸爸合画了一张水墨山水《庐山》，然后，爷爷提笔画了《梅兰菊竹四条屏》，并在画上题诗，送给父亲：

梅：老民尽至道，不为天下先。唯梅临冬发，百卉莫敢前。

兰：何愿发奇声，幽兰在空谷。坐久我意归，一写洗尘俗。

菊：物稀然为贵，我于菊见之。墨色实深紫，黄为战斗姿。

竹：竹本虚心是我师，每因写竹日临池。睡醒一览东墙影，满目天机尽化之。

这《四条屏》以爷爷罕用的熟宣纸写成，笔墨洒脱，不拘一格，可见诗画均为有感而发之作。在当年流行无限联想、上纲上线的政治环境中，这样好的诗画无疑极易被以言入罪，绝不能公开宣示。谨慎的父亲有鉴于此，多年来一直将这四幅画深藏，直到今年辞世前才交代我好生继续保存。

在经历过一段政治寒冬后，1960年年底，中共中央吸取了因冒进而造成经济困难局面的教训，提出了"调整、巩固、充实、提高"的经济工作八字方针。1961年6月，全国文联在北京新侨饭店召开了全国文艺工作座谈会和故事征集创作会议。这就是有名的"新侨会议"，要将八字方针进一步落实到文化和意识形态领域。1962年3月2日，国务院、文化部和全国剧协在广州召开了全国话剧、歌剧、儿童剧创作座谈会，简称"广州会议"。会上，周恩来总理和陈毅同志都做了重要讲话，周总理着重讲了正确对待知识分子的问题。

新侨会议和广州会议的召开，给在1949年后不断被极"左"政策无情打压的文化界与知识界吹进了一缕暖风，营造了一个稍微宽松的环境。这股微弱的风，在爷爷这辈老人们中掀起了孩童般的欢乐。

1962年2月，全国人大、全国政协组织在京著名民主人士赴广州从化温泉过冬。爷爷在一幅画中对此段经历有一题记："与坤立于一九六二年二月二十日重来从化温泉休养在湖滨大楼一零一室，湖光山色，日在几案间，殊可乐也。人民代表大会将开，三月二十日报到，将于十四日离开至广州，于十六日集体乘车北上，途中将见春光明媚，不亚于粤"。

抵达从化当天，正赶上由俞振飞（1902～1993年）、言慧珠（1919～1966年）领班的上海京剧团赴香港演出归来，亦下榻温泉宾馆。俞振飞为当代著名京昆艺术大师，他将京昆表演艺术融为一体，形成了儒雅俊逸、富有书卷气的表演风格，为世人所称道。言慧珠则为京剧梅派最为出色的传人，她的旦角艺术炉火纯青，蜚声海内外。

1962年2月20日晚，众多老朋友相聚于温泉溪亭赏月，爷爷豪兴大发，即席挥毫作画题诗纪事（《温泉雅集图》）。诗曰："喜听言歌俞傅箫，腾欢万众庆元宵；天边无际溶溶月，休沐温泉乐舜尧。一九六二年二月二十日晚，康同璧、顾颉刚、戴爱莲、肖三，集同志于从化温泉溪亭。皓月当空，湖影一碧。言慧珠同志歌昆曲，俞振飞师傅吹箫和之，极一时之盛。即景此图，赘以俚句，以记胜游。何遂"。康同璧老人即席填《鹧鸪天》一首："月逢三五正团圆，节度元宵又上元；山里愁无灯市闹，楼前喜有笛声传。招胜侣，踏芳园，春光明媚亚桃园。夜来绕径寻泉瀑，鸟语花阴又一村。调寄鹧鸪天 南海 康同璧 八十又三"。

和爷爷诗的康同璧（1883～1969年），是戊戌变法带头人康有为的次女，广东南海人。早年赴美国留学，先后入哈佛大学及加林甫大学，毕业后回国。

历任万国妇女会副会长、山东道德会长、中国妇女会会长。1951年7月被聘任为中央文史馆馆员，是北京市人民代表，第二、三、四届全国政协委员。

新中国成立后，毛主席和康同璧第一次见面，曾引用康19岁只身游印度时作的诗句，夸她是"我是支那第一人"。

1962年3月5日为元宵节，康同璧、肖三、顾颉刚到爷爷下榻的101室聚会，谈到高兴时，爷爷即兴挥笔写画《湖楼雅集图》，词曰："八扇玻窗面水开，广栋静室绝纤埃，青山如绣入帘来。最喜时光添潋滟，更欣红紫点苍苔，松声泉韵尽诗材。浣溪纱 一九六二年三月五日 同人集从化温泉湖滨大楼一零一室 即席写并题 何遂"。

康同璧见后诗兴大发，随笔题《浣溪沙》两首曰："山色空蒙接翠微，鸟声入韵极阴曦，隔江灯火尚迷离。夹岸落花红溅径，绕湖烟霭绿侵几，春光卷浪去如飞。《浣溪沙》从化温泉早起看山寄意"，又："四面山围又如围，画船来去载斜晖，闲中邀侣醉楼西。满座高朋倾妙语，一时俊杰尽诙谐，落花流水纵奇怀。前调，一九六二年三月五日夕在从化

上:《温泉雅集图》，有七绝一首

下:《湖畔观山图》，有康同璧女士《南歌子》一阕及作者依韵和词

《湖楼雅集图》，此诗画合璧甚珍贵

与叙甫伉俪等在湖滨宾馆雅集，写此以寄意。南海康同璧　时八十有三"。

1922年就加入中国共产党，时任中国文联负责人的革命诗人肖三（1896～1983年）即席录下他创作的《元宵流溪荡舟记》一首："流溪水　日夜流　水平如镜荡轻舟　两岸层林参差　月上东山头　水面刹时掀起金银绉　波光湖影移霄汉　元宵错认作中秋　休划桨　略停留　任自漂浮　堤岸幽深处　虫语鸣啾啾　轻打桨　暖风柔　荡过虹桥　桥上桥下　笑语成喧惊宿鸥　桥上华灯似锦树　桥下几十轮明月戏竞泅　太白生今日　看他怎措手　轻打水　橹声柔　但见银河倒挂星点稠　画檐飞栋俱翻影　知是龙宫　还是玉宇与琼楼　一声玉笛　打破沉默　少女转歌喉："社会主义好！""努力争上游！""六亿舜尧干劲足，红旗三面卷神州"　遄回启碇处　踏上石阶　奔向餐厅　灯红茶绿　同舞歌一曲　窗幔启处光皓皓　花好月圆人寿更风流　流溪之水日夜流　春风习习思悠悠　元宵流溪荡舟记　录请诗家画家何老教正　肖三　一九六二年三月　从化温泉"。

在画上题收卷诗的顾颉刚（1893～1980年）教授，是早已驰名中外的史学家、民俗学家。也许是当年被鲁迅在文章中以其特有的刻薄风格多次猛烈抨击，因此在新中国成立后的历次政治运动中都被

划为另类。比起肖三来，顾的言行显得内敛得多，写诗的字也显得小而谨慎，但意境却最耐人寻味。

顾颉刚在爷爷的画上题道："漫说神山远，蓬莱在我旁。琼楼波上下，翠岭态阴阳。初日萦荔树，斜晖照竹庄。酒径香固好，春昼一何长。叙老指正　颉刚"。

被爷爷称为二姐的康同璧其时与爷爷奶奶都住在温泉湖滨大楼。两位以姐弟相称的老人因而得以日夜相见，意兴相投，终日以诗画怡情。

1962年3月11日，爷爷如常与康同璧相聚。康同璧看到爷爷的新作《湖畔观山图》，有感而在画上题《南歌子》一首："湖水明如镜，岚光翠入云，淡烟疏雨送黄昏。可奈落飞絮，阻行人。别去凭谁语，愁来倚杖吟，杜鹃啼里已春深。又是韶华，闪电去无音。壬寅二月三日绕湖春山即景　康同璧"。

爷爷是个豁达乐观的人，与康同璧晚年的愁怀不同。爷爷和康同璧词曰："月色清如水，湖光绉似云，松涛竹籁伴初昏。又是落花如雨惹归人。尝透静中趣，还枕抱膝吟，绿肥红瘦凉春深。爱听山泉绕屋发清音。"随后写道："一九六二年二三月中与同璧二姐同客从化温泉招待所湖滨大楼，日夕过从，以诗画自乐，觉休沐期内，大添佳趣。前数日以《南歌子》一阕属和，因依韵写得并图，以志游踪云尔。一九六二年三月十一日　何遂"。

爷爷入住的湖滨宾馆101室，是个两进的大套间，书房外是大阳台，阳台下是清澈见底的流溪河，河对岸是一望无边的荔枝林，风景极为秀丽。爷爷的画桌，摆在靠右的窗台下，紧挨暖气，十分舒适。这里，也是爷爷教我画画的地方。

在那段时间里，爸爸常带我跟妹妹美妮去从化温泉陪爷爷奶奶。我跟爷爷学画画，美妮跟当时中国最出名的舞蹈家戴爱莲（1916～2006年）学跳舞。戴爱莲认为美妮的身材匀称，台型好，十分喜爱，跟爷爷说打算带美妮到北京去深造。爷爷为此事很兴奋，积极要促成此事。

我们广州家的几个孩子自小在外祖父母身边长大，对这关系到外孙儿女前途的大问题，妈妈当然要去征求外祖父的意见。外公的态度很明确：要让孩子们今后从事文（文学）、理（理工）、法（法律）、商（商业），不能以图（画画）、工（手工艺）、体（体育）、乐（娱乐）为职业。

从这件事情上，可以看出我外公与爷爷在性格上有趣的区别：爷爷的性格豪放，不拘一格，不为后辈设限。而外公生性严谨，不苟言笑，坐言起行，注重实务。可能预见到有些孩子将来会有出息，外公在几个外孙中最喜欢我和姐姐梦妮，常常向我母亲过问对我们的教育，但从不溺爱。母亲回忆说，有一次，外公在车里看到我一个人边走边哭，回家就赶紧问妈妈："阿弟（我的小名）为什么哭？"妈妈说是被几个同学欺负。外公很生气，说："那也不要哭，打他们嘛！"可见外公希望我们为人要强势。还有一次，正在念小学五年级的梦妮兴奋地把她自己创作的画和在广州少年宫绘画比赛中获奖的奖品拿给外公看，外公却说："图、工、体、乐只能作为

业余爱好，只有学好数理化才能自立。"这番话，作为严格的家教，指导了我们家几个孩子的一生。学文理法商，可从事强势的职业；图工体乐，则相对弱势，为外公所不容。因此，美妮学舞的提议被否决。

由于外公和爷爷都是革命老人，我和姐姐小时候曾私下里将两位老人的革命经历作对比，结果发现爷爷的作品多，事迹记载少；而外公的著作少，事迹记载多。

从1961年拜读爷爷的《辛亥革命亲历纪实》开始，我发现爷爷的一生简直就是中国民族的进步力量在近代史中不断革命的真实写照：奋起推翻清朝封建帝制，起兵反对袁世凯复辟，积极参与北伐战争统一祖国；积极反抗日本侵略者，反对蒋介石的不抵抗政策，反对张学良放弃祖国东三省；自1937年起，以亲自将自己年轻的子女托付给周恩来、董必武、叶剑英等中共领导赴延安参加革命的方式，表明了自己下半生跟随共产党，反对国民党腐败统治的心迹。他认定只有毛主席，才是中华民族复兴的希望。爷爷的一生，有喜有悲，却生动地印证了我们整个民族在近代通过不断革命走向胜利的踪迹。这样的革命事迹，值得我们做后辈的据实记载，流传子孙。爷爷众多的文章与诗词书画作品，往往能对后辈的有关回忆进行印证和充实，因此有了今天这本图文并茂、厚达四百多页的《何遂遗踪》的诞生。

外祖父的革命事迹，当时基本全靠第三者来叙述。由于外公生平不喜书画文章，很多史实未能及时得到书面印证。因此，我们今天即使想编辑《李朗如遗踪》，难度要比《何遂遗踪》大得多。

外祖父是孙中山最信任的人。记得1963年外公

逝世时，在宋庆龄从北京发来的唁电中，特别提及一段往事：1922年6月陈炯明发动反革命叛变，炮轰广州观音山总统府时，是侍卫长李朗如事先得知密报，立即冒险上山强行将当时还对陈炯明抱有幻想而不愿离开的孙中山背上身离开总统府，送往停靠在珠江边的"永丰舰"，继续指挥革命。据后来的史料记载，外公把孙中山安顿在永丰舰后，立即返回总统府，组织剩下的侍卫撤退，在叛军发炮摧毁总统府前的千钧一发中，亲自把宋庆龄背下山。

而在此前的一些"回忆录"中，对于这样一位于危难之中冒死抢救初生共和国总统的组织者，要么改成另有其人，要么干脆不提。究其原因，是公开赞扬身为大资本家的李朗如奋不顾身干革命，不符合当时只有贫苦大众才是革命主力的宣传主调。

提到我外公和爷爷身后事的对比，也可以反映出那个变幻无常的时代共产党对曾有过功劳的民主人士统战政策的差异。

外公在1963年去世时，正值中共中央落实各项统战政策。外公葬礼的规格，当时在广州是空前的，可谓极尽哀荣。中共广东省广州市委，省市政府的主要领导全数出动，亲自为外公执绋扶灵，外公的灵车从东川路殡仪馆到银河火葬场，一路上两旁有数不清的群众送行。外公的骨灰，以很高的礼遇安葬在广州银河革命公墓山顶最高处，至今派有专人管理，供民众瞻仰。

爷爷晚年则不幸赶上了"文化大革命"开始后最黑暗的时期。那几年我们是停课闹革命，有很多机会到北京去，住在西四帅府胡同爷爷家里。常到爷爷家的，还有姐姐何梦妮。梦妮1965年从广州考上北京农机学院，节假日常到爷爷家中团聚并请益学画画。

记得我在北京画的最后一幅画，是与爷爷合作

1953年，广州何世庸之全家福。
左起：何梦妮、李智勤、何美妮、何世庸、何代宁

的一张墨梅长卷，画有两米长，爷爷还在上面精心抄录了毛主席的名词《卜算子·咏梅》。我发现，爷爷在最后几年很少像在广州那样兴致勃勃地提笔作画了。1967年我去北京的时候，爷爷已经变得异常的沉默，但身板依然硬朗。

1968年，爷爷含憾与世长辞。记得那是1月11日的下午，天气阴冷，刚刚在广东省化工厂参加完群众批斗会的父亲拿着奶奶发来的一封电报回家，语调沉重地对我说："代宁呀，爷爷去世了。"父子俩相对无言，良久。当时外头造反派要打倒父亲的风声很紧，而父亲的主要罪名之一，便是"出身国民党反动军阀家庭"。在这种形势下，任何大的举动，都可能引起不可思议的麻烦。爸爸沉默地提笔写了一封简单的唁电："惊悉父亲去世，致深哀悼，望节哀顺变。世庸，智勤及儿女"，让我赶紧给奶奶发回去。广大路邮电局，其实就在离我们家几百米的地方。而我为了防范已经因为找不到父亲"反革命走资派"证据而失去理智的造反派的跟踪，舍近求远，冒着寒风，骑自行车近10公里，到位于东校场的广州邮政总局去发报，很有点地下工作的味道。

后来听说，当时把持中央统战工作的康生批示：文化革命，一切从简。因此爷爷的骨灰盒便以当时最简单的方式安葬在八宝山革命公墓。

2007年，由当年曾长期伴随爷爷的孙儿何迪、王苗伉俪牵头并出资，在北京福田公墓为爷爷奶奶建立了墓地。在福田公墓里，还葬有爷爷生前的一些知交和亲友，如吴石将军伉俪、亲家缪秋杰伉俪、好友康同璧母女等。

记得当年爷爷在从化温泉和爸爸赏画闲聊时说过（大意）："（与别的画家不同），我画画，喜欢一蹴而就，感觉很痛快。"爷爷每件随心所欲、一气呵成的成品背后，其实就是胸有成竹——动笔前心中已有全画，这样每一笔下去才能追求妙笔生花的效果。

在后来画画的实践中我体会到，爷爷所说的胸有成竹，一蹴而就，不出败笔的功力，是不容易做到的。爷爷的胸怀和功力，是从亲历世界近代史上几次波澜壮阔、改朝换代的革命大斗争中磨炼出来的，至今仍令人难以望其项背。

1969年，代宁为海南农场作毛主席壁画

从爷爷身上，我很早就观察到，创作一幅好的中国书画作品，其实就是一项随心所欲、耗费内力的运动。画家在情绪不稳定的时候，是出不了好作品的。因而爷爷的画作不像写日记那样天天都有。爷爷兴致到的时候，日作数画，且图文俱佳。然而，爷爷的创作也出现过长达数月的空窗期，特别是"文化大革命"那几年，不可能再有好作品了，虽然老人家还一如既往，继续练字，教我们画画。

爷爷晚年少做户外健身运动，但身板始终挺直，双手有力，这与他长期坚持站着吊腕，运用内功写字作画有很大关系。如果不是心脏出了问题，我常想，以爷爷豁达而与世无争的宽大胸怀，说不定还能挺过 10 年"文革"动乱，活到百岁亦未可知。

尽管遵从外公定下的家规，姐姐和我都是先学文理法，后从商，但在爷爷的熏陶下，书画终于成了我们业余的第一大专长。我在"文化大革命"停课的头几年，已将国画小品练出了相当水平。1968年知识青年上山下乡，我和妹妹美妮一起，被分配到海南琼海、定安、文昌三县交界山区的农场。为了宣传毛泽东思想，我当时在所在连队宿舍石砌山墙上费了将近一周时间，用油漆画了一张高 5 米、宽 6 米的毛主席像，上书："要继续地保持艰苦奋斗的作风"。这张油漆壁画，至今还被有关农场保留，作为一个时代的纪念。

此后，我在国内外经商，业余创作的油画，在20 世纪 90 年代已为不少外国人收藏。而梦妮在美国创作的油粉画和油画，也在前几年被选送到全美巡回画展展出。当年在爷爷身边蹦蹦跳跳的"小画家"们，如今也算是小有成绩，这主要是爷爷当年恩泽

2008 年，梦妮在美国纽约画室与新作合影

所赐。

谨以梦妮画的一幅油画鲜花，借此文发表的机会，献给我们敬爱的爷爷 120 岁寿辰，以告慰爷爷的在天之灵。

最后的微笑

（寻踪文摭）

何　敏

转眼间父亲离开我们整整40年了。父亲临终前那最后的微笑仍深深地铭刻在我心中，成为挥之不去的永久记忆。

1968年1月11日早上8点多钟，我和我的同学樊沈英赶到北大医院去看护因大面积心梗、头天已入院的父亲。入院当晚是我爱人杜清泉和三哥的小儿子何巍在那里陪护，他们说父亲整晚情况还可以，早上还喝了些稀饭。接班后，我拿出带来的一堆毛主席像章让父亲看，父亲看后轻轻地说你们好好玩儿吧。一会儿父亲又昏昏沉沉地睡去，看着父亲安详的面容，我心中暗暗祈祷上天保佑父亲早日康复。

画扇赠何敏拂暑

父亲这次发病是在10天前，那时我从黑龙江生产建设兵团回家探亲才两天，正在看书的父亲突然哈哈大笑，笑得连眼泪都流了出来，他告诉我说看到了一段特别有趣的情节，具体什么内容我已记不清了，但正是这次大笑诱发了他的心肌梗死。父亲的心脏病已得了20年，光心梗先后就发作过7次，由于治疗及时，每次都从鬼门关里逃了出来。但这次发病正处在"文化大革命"这么个特殊时期，中央保健局已取消，他的医疗关系从北京医院转到了北大医院。当时社会上正"轰轰烈烈"地闹着派性斗争，谁还顾得上好好工作，医院当然也不例外。因此父亲不愿意去住院，说那里太乱，实际父亲内心深处觉得外面的局势动荡不安，让他感到很不安全，还是待在家里心里踏实。这样，只好请在医院工作的名医七表叔孙昌惕、七表婶柳璇每天到家里为父亲诊治和静脉注射。就这样维持了几天，一天父亲吐了些咖啡色的东西，七表叔说情况不太好，应尽快住院。看到父亲的病情一天天加重，我们心中都非常焦急。二哥反复地做父亲的思想工作，劝他住院，当时中国科学院院长吴有训也在北大医院住院，二哥就以他为例劝父亲，说吴有训能在那里住，你为什么就不能呢？经过家人苦口婆心的劝说，父亲最后终于同意了。到医院后，做了心电图等检查，医生说你们怎么现在才把病人送来，病人大面积心肌梗死，两个星期后才能渡过危险期，这期间病人也许翻个身、咳嗽一声都有可能出现危险，你们要做好思想准备。听了医生的话后，我心中又悔又恨，真后悔没有及时把父亲送到医院治疗，又恨自己在父亲生病期间只顾自己到处去玩儿，没有很好地照顾父亲，反而给老人家增添了很多麻烦。

父亲生性豪爽、豁达、平易近人，非常爱笑，并且十分疼爱和关心我们这些孩子。在我的记忆里，父亲从来没和我们发过脾气，对我们的要求几乎是有求必应。1964年我高中毕业，当时正值国家号召学习知识青年邢燕子、侯隽、董加耕上山下乡，做社会主义新农民之际，又加上侄子何迪多次鼓动，我终于下决心不考大学，下乡务农。对于这一决定，父亲当时很不理解，经劝说无用后，他还是尊重了我的选择。我走的那天，他老人家去医院匆匆看了病，又急忙赶到车站送行。看到来接知青的杨勇伟科长后，父亲对他说："她是温室里的花朵，没经过风吹雨打。到那里后，不要对她搞特殊化，要让她到最艰苦的地方去锻炼。"临上火车前，父亲慈爱地轻轻地吻了我的前额，叮嘱我一定要注意身体，到那里要好好干。带着父亲的关怀和希望，我踏踏实实地在北大荒这块黑土地上干了12年。到建设兵团后，我在连队订了一份报纸，可

是这报纸不是晚几天到，就是干脆丢了。有一次我在给父亲的信中提及此事，哪知从此以后，父亲每天把他看完的报纸都给我寄来，并把他看报的感想，随时想到的事情都写在报纸的天头或白边上。我每天下班后的第一件事就是到连部去拿父亲寄的报纸，看看父亲写的只言片语，就好像和父亲聊天一样，心中感到十分温暖。每次回家探亲，家里就成了我

上图：骑石马之何敏（前）与仲山。何遂1951年拍摄于上海兆丰公园

下图：照片背面，何遂致何敏函，叙述此照片拍摄及放大过程及家人近况等，亲情斐然

们团战友的集合地，经常聚集了一帮年轻人谈天说地。到了吃饭的时候，父亲就热情地邀请大家一起吃饭，真是热闹极了。我的哥哥仲山、侄子何迪也常带同学来家，家里经常是高朋满座，吃饭时能坐12个人的大餐桌常常是挤得满满的。父亲总是带着慈祥的笑容迎接这些孩子。有时把他看书的地方都占了，可他一句话也不说，悄悄地躲到另外的房间。父亲对下面的工作人员同样是和蔼可亲，没有一点架子。每次司机到家中来接他，他都让我们招呼司机进屋喝水，还为他们画画。正好我有个同学的父亲经常接送父亲，这个同学曾对我说："我爸爸回家常提到你父亲，说你父亲真是个好人。"

1968年1月11日的上午是我难以忘怀的。我在静悄悄的病房里默默地守护着父亲，时间一分一秒都仿佛很长。11点钟左右，一位大夫来量血压后，把我叫出去向我交代说，父亲的情况不太好，血压一直下降，他们中午将多留两个人值班，有情况及时叫他们。一会儿护士把一辆装满急救药品的小车推进病房。我看后心中直敲小鼓，但看到父亲仍是那样安静地睡着，呼吸非常均匀，心里就踏实一些。到12点多，有一个年轻的医生

来给父亲量血压，他说："老伯，我给你量下血压。"父亲睁开眼睛，他慈祥的脸上又绽露出常见的微笑。突然，父亲的脸色变紫，樊沈英赶紧去托父亲的头，我马上跑出叫大夫，病房里立即开始紧张的抢救。我赶紧给二哥打了电话，等到二哥、二嫂赶来，抢救工作已经结束。父亲就这样带着最后的微笑，静静地离开了我们。

何遂画"纸老虎"赠何敏

何三叔逸事

（寻踪文撷）

朱德君　口述
朱　权　整理

何三叔夸我是"小将军"

何遂，字叙甫，福建人，早年从戎，与我父亲朱庆澜是老同事、老朋友，我们姐弟都尊称他为何三叔。

我第一次见到他是在1932年，我刚满18岁。当时，我父亲在北京成立"辽吉黑热抗日义勇军后援会"，组织各方面力量募款购买兵器粮秣药品等，支援东北义勇军和华北冯玉祥、吉鸿昌、方振武等抗日救国军，声势浩大。何三叔也是领导人之一。何三叔为了鼓励我的抗日热情，还将一幅他的画赠给我。

1939年冬到1940年，我随父亲从西安到重庆，大半年的时间是为了申请办理陕甘一带难民赈粮赈

朱庆澜将军（前坐者）与朱德君（后左）、朱桐合影

款及为陕西黄龙山垦区申请生产贷款事，还有就是商请盐务总局局长缪秋杰捐款修建陕西扶风教养院等。何三叔与缪秋杰是好朋友，以后又是儿女亲家，自然帮助我们疏通。当时，我们常到盐务总局的防空洞躲避日机轰炸，时常与何三叔见面。

那时国民党很多要人都集中在陪都重庆。重庆时兴一种星期聚餐的交友方式，要人们轮流做东。如缪秋杰就是在星期五作东聚餐。何三叔做东聚餐，我是乐意参加的，因为在座的多为文人雅士或立法院委员（何三叔也是立法院委员），又携带家属女眷，所以很热闹，无拘无束。我也常侃侃而谈，朗声大笑。何三叔看我谈笑风生，很是高兴，认为与一般妇女不

同，常称我为"小将军"。在聚餐时，常饮酒赋诗作画，写感慨抒怀的小品文，还请来宾在画上签名题字以作纪念。如四川名流赵熙、李维瀚、李培基以及黄炎培等均在画上题过字。

神秘的宁夏之旅

1940年10月，我和父亲乘缪秋杰局长的汽车，从重庆北碚经成都、广元入汉中、宝鸡。父亲因身体不适，由二哥等陪同折返西安；我则随何三叔、缪局长驱车到兰州。缪是视察西北各省盐务，何是去找朱绍良研究问题，我则代表父亲去拜访回族马振武、王月波二先生。那天到了兰州，先由何三叔带我们去见国民党第八战区司令长官朱绍良。晚上，何三叔告诉我，明天上午有朱绍良派来的飞往宁夏的军用专机，问我是否愿意去旅行。我自然愿意。他说，可以带你去，但到了那里要注意，不要随便讲话，也不要听那里的人讲话。我问，是见什么人物，这样紧张？他说，现在不告诉你，上了飞机你就知道了。

第二天上午，我同缪先生先上飞机，坐在前面。一会儿，何三叔陪着两个人也上了飞机。一个穿军服的矮个，浓眉大眼，动作敏捷，经介绍才知道是胡宗南；另一个是高个、肤色较白、举止文静的白崇禧，他也身穿军服。他们的随员上了飞机都坐在后面。当时，只有何三叔与白崇禧两人在轻声交谈。飞机起飞了，我倚着窗口往外看，飞机先是在高山峻岭中穿行，只见前面是山，后面也是山，一眼望不到边，山顶上都是积雪，有如海洋层层白浪，甚是壮观。

两小时后，到了宁夏银川，很多人来机场迎接。为首的是一个胖军人，宁夏军政长官马鸿逵。他还有一个哥哥马鸿宾，因带兵在外，故未来迎接。到了马鸿逵的官邸后，我被带到后庭院，由马鸿逵的夫人们招待。

下午，我应邀参加了他们的军事检阅。先是步兵操练，然后是精锐骑兵操练。骑兵在马背上表演

朱权老人（右）在上海寓所
与到访之何迪交谈

了奔跑中开枪打靶和镫里藏身等骑术。

这次神秘的宁夏之行的任务，事后我才知道。原来，蒋介石为了笼络宁夏地方势力，欲由朱绍良、胡宗南去控制马氏兄弟。于是，先由白崇禧以回族的关系与马氏兄弟联系。但白崇禧原与马氏兄弟不认识，就需要马、白的好友何遂（立法院军事组负责人）牵线了。所以，此次宁夏秘密之旅的完成，全赖何三叔的筹划。

李宗仁为我题写"鹏程万里"

原载《上海滩》2000 年第 12 期

1940 年秋冬之际，我们离开宁夏，乘坐缪先生的小汽车，以视察河南盐务为名，由西安直奔洛阳，再南下经南阳进入湖北老河口地界。沿途，我们游览了龙门石窟、少林寺、关羽陵墓等。

老河口属湖北省，是汉水和长江汇流之地，也是国民党第五战区司令长官部所在地。司令长官是李宗仁。李宗仁是何三叔的好朋友，言谈笑语之中显现出他们之间的诚挚友谊。何三叔还将送我的手卷请李宗仁观赏，并请李题写卷头，以壮行色。李宗仁欣然写了"鹏程万里"，上款写"德君侄女"，下款写"李宗仁题"。何三叔把它裁好贴在手卷的最前面，一打开手卷首先就看到李宗仁写的字。我当即表示感谢李宗仁的教诲与鼓励。可惜在"文化大革命"初期，造反派在抄家时，把李宗仁写的题字撕掉烧毁了，实在可惜。

至于他们谈什么我是不知道的，我也不便打听。

次日，李宗仁派人领着我们三个去游览附近有名的武当山。武当山是道教圣地，道观很多。我们

爬到最高的山顶上，那里有一座铜制的小庙，山风虽大，小庙却纹丝不动，令我们惊讶不已。

1941 年父亲病逝后，何三叔又帮助我进入重庆缪先生的盐务总局工作，直到全国解放之后。我永远不能忘记何三叔对我的教诲和帮助。何三叔不仅自己颇有建树，而且还为新中国培养了三个有作为的人才。他的长子何世庸曾任广东省化工厅厅长，次子在全国人大任职，三子何康曾任农业部部长。

最早向新上海捐献
文物的何遂将军

（寻踪文摭）

陈正卿

1950年3月的一天，身兼华东军政要职的陈毅市长刚从南京回到上海，秘书武汉就送来一封亟需他批示的要函。这封信是华东军政委员、司法部长何遂先生写给他和潘汉年、盛丕华二位副市长的。信中说，他在从事各种公务之余，多年来钟情于艺术考古之学，收藏了大批古物。1936年春天，他曾将私人收藏的文物7330件寄存在国民党上海市政府所设立的上海市博物馆。现在该馆已为上海市人民政府所接收，他愿意将这批学术公器献诸社会，希望陈、潘、盛三位市长允予接受，以作为上海人民的公共文化财产。陈老总看罢，当即发出爽朗的笑声，连连说："好啊！好啊！何叙老的这番心意，正是对新上海的一份献礼！"接着，他就批示给市府秘书长徐平羽，命他指定专人迅速去了解有关情况，并初步拟定一个办理接收捐献褒奖的方案。

徐平羽接到指示后，便于第二天派秘书处长吕镇中、秘书高晓兰具体负责办理。高晓兰到当时位于原跑马厅钟楼的上海历史博物馆，找馆长杨宽了解详情。据杨宽介绍，何遂确实于抗战之前将一批文物寄存在馆内，虽经多年动乱，但大部分仍在。现在何遂先生要正式捐给国家，这自然是再好不过

1950年5月26日何遂致函上海市领导，表示愿将南京栖霞山原"中国艺典馆"所存文物捐献上海市历史博物馆

302

的事情。高晓兰请他们加紧对这批文物的清理，以便查明确切情况，汇报给市领导。

戎马一将军　平生爱集藏

说到这批寄存文物，不得不从何遂不寻常的经历谈起。

何遂，字叙甫，福建闽侯人。青年时曾先后入福建武备学堂和保定陆军大学学军事，为北方同盟会健儿之一。辛亥革命时，他曾任山西起义军敢死队参谋长。民国建立，他又追随孙中山，为护法闽军总司令。北伐期间，他曾任黄埔军校教育长和陆军暂编第四师师长。蒋介石在南京建立国民党政权，他因看不惯其专制独裁作风，便从军界隐退，改任立法委员等闲职。

何遂在戎马生涯之余有一嗜好，就是收集珍藏祖国的文物艺术品。1928年1月，他刚卸去军职，就前往上海拜见福建武备学堂读书时的老校长、国府元老徐绍桢，出示他手拓的古瓦当文一册。徐当即题诗相勉："何君示我古瓦当，延二千年犹光芒。此瓦自是神呵护，留待君家为表扬。物投所好亦有感，聚千百瓦岂寻常。古人著录所未见，惟君得之乐未央。吾闻世人

皆为珠玉与钻石，敢问尔瓦何以从君忙。"不久，何遂又持自作的《春晖图》去求题词，徐绍桢又为题曰："年未五十，已总三军。自解兵柄，于以养亲。五十而慕，世有几人。春晖一图，万古长新。"次年，他在南京栖霞山自购土地建造一幢古色古香的红砖小楼，命名为中国艺典馆。这是一家民间文化艺术收藏机构，除展示他父祖几代收藏的艺术品外，还订购国外有关图书，邀请艺界人士座谈交流。于右任、陈树人、高其峰、徐悲鸿等都曾亲往观摩。1937年3月，南京到昆明的京滇公路全线贯通，这在当年的中国被视为一桩盛事。南京政府和各界人士组织了观光考察团，何遂和张葱玉、张西曼、汪松年等文化界名人随团同行。他将自己历年所画的

1950年何遂在华东军政委员会会议上发言

山水、花鸟作品携往沿途各城市展出，在南昌、长沙、贵阳、昆明等城受到当地书画界人士好评。

变卖助军饷　古珍留上海

"九一八"事变之后，作为军界元老的何遂再不能在博古架和画案边袖手旁观了。他和朱庆澜将军前往华北前线，发动组织了"辽、吉、黑三省义勇军后援会"，分任正副会长。当时各处义军号称48万，弹械粮饷全靠他们筹措。他们为此废寝忘食，朝夕操劳。这时，张学良退入关内后坐镇北平任军分会委员长，他约见朱、何二人协商，表示可承担起为义军筹饷的责任。不料，张接手后转向蒋介石要求支付这笔款项时，蒋却一再借故推诿。义军粮饷无着，自然成一盘散沙，日军便长驱直入榆关。何遂痛心疾首，径赴南京直接求见蒋介石，要求归队抗日。蒋介石便任命他为驻守热河的汤玉麟55军副军长。日军进攻热河，汤玉麟弃城望风而逃。何遂率余部两万余人突出重围，转移到察哈尔山里。蒋复任他为军长，但每军六万余元的最低军饷，却还只能由"压他一级"的孙殿英半数下发。何遂目睹数万健儿"裹腹从戎，困苦达于极点"，便不顾朱庆澜等好友劝说，决定

毁家纾难，将自曾祖秀严公、祖砚劬公、父汉渠公以来几代人珍藏的文物古籍，以及北平、杭州等处住宅、花园变卖，以充抗日军费。

何遂在《时事新报》上发表了毁家纾难宣言、启事。启事曰："国难日亟，抗日救国之士，喋血疆场，忠勇可佩。遂报国有心，输财无力，兹将家存古物及拙作字画等，悉数运沪粤等处，展览公卖，以助军实。"何遂的这一义举，震动朝野，为抗日救亡运动推波助澜。

何遂运到上海拍卖的首批文物陶瓷、瓦器即有2350件。其中，唐三彩怪兽、舞人、马、骆驼等60余件，北魏瓦当、青釉瓶、炉、神兽、明器等100余件，宋定州、磁州、吉州等窑盆、瓶、罐、壶、

上海博物馆藏何遂捐赠之佛像

寻踪文撰

佛像等300余件，元青花海碗、对碗、梅瓶等17件。不久，又有铜、玉、古印、书画等件运抵上海，引起了社会轰动。他发表谈话，历数这些文物之由来："遂弱冠从戎，以先人手泽，散佚可惜，军书余暇，辄有裒集。而驻军之地，为冀豫关陇，皆古文物萃聚之区，如巨鹿之宋瓷、晋洛之佛像、长安之瓦当，以及古金石陶玉等类，皆择当地出土之至精者存之。"在上海公展期间，上海市长吴铁城，著名学者叶恭绰、傅斯年等亲往参观，叹赏不已。叶恭绰等表示，如果公开标卖，难免将流往国外，殊非保存国粹之初衷。于是便由他介绍，经傅斯年撮合，捐赠中央研究院，由该院酌请经费酬谢以充军饷。后来，中央研究院、河北省博物馆等从中选了部分藏品。

1936年春，日本发动全面侵华战争的阴谋日亟，上海的环境安全也颇令人忧虑。何遂又忙于为国事奔走。他经与吴铁城秘书李大超商量，将滞留上海的文物共7330件暂寄存在位于江湾的上海市立博物馆，且订立合约5条：

1. 何氏寄存馆方文物暂以一年为限。

2. 双方各备存一详细目录，重要物品由馆方拍照留存备查。

3. 寄存期内，何氏可随时拓印或照相。

4. 除遇不可抗力灾害外，馆方应负安全保护之责。

5. 如遇展出等情况须支付运输费等时，由馆方承担。何氏收回寄存物品，费用则由何自理。

何遂运抵上海标卖筹饷的文物，在各方劝说下滞留当地，暂时有了一个安身之所。

结识周恩来　统战多辛劳

事隔一年，正当何遂与馆方商量如何续存时，日军挑起了"八一三"淞沪大战。他火速请缨赴难。中共代表周恩来到南京时，他前去相见。他向周吐露了对蒋介石妥协政策的不满以及对战争前途的忧虑。与周一席恳谈，使他顿觉拨开了眼前迷雾。事后他说，这是他人生中的新起点。随即，他便在9月间陪周恩来等赶赴华北山西前线。山西是他早年为民主共和浴血奋战的地方，地方军政首脑阎锡山、程潜、傅作义、徐永昌等都和他是故交。他陪周恩来一行由太和岭而雁门关，跋山涉水，历大同、太原、忻口一线，前后达一个多月。沿途，周恩来和他坦诚相待，他深为共产党人的胸怀和精神所感动。他主动表示愿在周的指教下尽些微力。这一变化，对何的子女也产生了重要影响。之后，他的长子何世庸、次子何世平、三子何康、女儿何嘉等都先后加入了共产党。

周恩来离开山西后，何遂受程潜相邀出任他主持的第一战区司令长官部高参室主任。第一战区所辖晋冀鲁豫数省，自八路军开赴前线后，便成了国民党顽固派屡屡滋事之地。何遂本着一个爱国军人的天职，为团结抗日做了许多工作。1941年，他回到重庆当立法院军事委员会主任，与周恩来再次相见。周对他的友好相助表示谢意。以后，他继续为中共在国民党高级将领中做统战工作。解放战争时期，何家几兄弟都在上海、南京做地下工作。何康开了一家瑞明公司，任总经理，专为解放区采购医药用品等重要物资。特务发现后到何家搜查，何遂出面阻挡，特务悻悻而去。伪国大代表竞选，何遂本无意参加，是中共党组织指示他去竞选，并供给经费。在这期间，他为党做了一件大事，就是策反了国民党军参谋次长吴石。吴石也是福建闽侯人，曾任黄埔教官，与何遂同乡兼同事。在何遂的启发下，吴石同地下党和民联建立了联系，提供情报，掩护同志。1949年春天，何遂和吴石还一同赴台湾执行任务。后何遂返回上海，吴石则留在台湾。1950年夏初，吴石为掩护中共地下组织不幸被捕牺牲。1973年，吴石经中央有关部门批准为革命烈士。

由于何遂这样忠心耿耿地为革命奔走，所以近年有老同志在回忆录中称他为"中共特别党员"。但据其幼子、中央党校教授何仲山先生致笔者函中说："家父不是中共特别党员。他曾向周恩来提出要求入党，周经考虑后认为，还是留在党外便于工作。他也不是民革成员，因他只参加了同盟会，没有参加国民党。解放后一直是无党派民主人士。"上海解放后，何遂和三子何康都在华东军政委员会工作，一任司法部长，一任农林部副部长。因此，这样

一位为新中国诞生竭尽全力的老人，在大上海回到人民手中之后，满怀热忱地第一个捐献文物，便是顺理成章的事情了。

慨然捐文物　大小六千余

经过上海市历史博物馆杨宽、蒋大沂两位专家的认真查寻和鉴定，原何遂寄存的7330件文物，因几经迁徙，已有435件无法确定了。它们或许已散佚，或许混在了其他来源的文物之中。正式确定为何遂寄存的尚有6895件。清理鉴定目录将其分门别类，详细报告给了市政府：

1. 各类铜镜。有战国蟠螭纹镜、素纹镜，汉代四乳四虺镜、七乳禽兽纹镜、八乳规矩纹镜、四神四兽镜，隋唐安乐四年飞鸾莲

上海市历史博物馆开列之何遂先生寄存文物清单

上海博物馆藏何遂捐赠之古钱币

花镜、海兽人物虫马葡萄镜、海马百雀葡萄镜，宋代吴牛喘月纹镜、达摩渡海纹镜、官府督造盘龙纹镜、双鱼龙门镜、湖州孙家照子、薛晋侯造方镜、陈小山造款镜，金代承安四年铭文镜、海澜双鱼镜、十二生辰镜等，共计84面。

2. 象牙雕刻品计10余件，有极珍罕之商朝象牙饰品。

3. 陶瓷品。有五代梁太宗上用碗、后周显德年造四佛彩碗、枢府瓷碗、碟、盘、柴窑影青小碟、宋崇宁雕花海碗、明成化五彩花瓶等，共计30余件。其中紫窑影青小碟、成化五彩花瓶等均为世之所珍。

4. 其他铜器。有商、周、战国、汉代等各类铜饰、铜马镫、铜带钩、铜洗、铜马、铜鹿等40件。其中商代铜辂轴、汉代上谷太守铜虎符、汉代铜鐎斗等均为重要文物。

5. 佛像。有鎏金小铜佛、铜佛像、陶佛像、陶符录造像、泥造像等10余尊，唐开元铭文铜佛像、唐佛像陶范等均有相当考古价值。

6. 玉器。有历代玉斧、玉刀、玉柱、玉琮、玉蚕、玉翁仲等13件，其中有数件为商、周时代古物。

7. 古币。有明刀、契刀、汉半两、常平五铢、长乐未央钱等6687件。这是寄存文物中比重最大的部分。其中不乏珍稀古币，如天册万岁铭文钱、汉无文钱、西域回文钱、南宋皇宋通宝等。

8. 古印章。计有11枚，均为汉玉印。其铭文有"东藩首亲王之宝"、"友竹主人"、"文苑翰墨"、"子然"、"静宁斋"、"平章风月"、"示论"等。

9. 殷墟甲骨共有12片。

接到这份捐献文物清单后，市政府领导很重视，除报请中央文化部颁发奖状外，还由陈毅、潘汉年、盛丕华三位正、副市长亲笔署名复函致谢，由上海市教育局具体办理。4月4日，市教育局长戴白韬、副局长舒文报告市府，该局已于3月28日奉命派专员将何遂先生所捐献文物清点移交完毕，交市历史博物馆保管陈列。4月27日，中央文化部褒奖状下达，陈毅市长指示戴白韬，让他亲往何家，将褒奖状和陈、潘、盛三人亲笔签名致谢函面交何遂先生。

叙圃先生：

前接大函，以尊藏古物六千八百九十五件，赠送上海市立历史博物馆，保管陈列以供众览，当俟后谢。即令市教育局照单点收，并函请中央文化部核予褒奖以资表扬在案。查单开各项物品，凡铜鉴、瓷器、玉印、泉刀，一切形象、文字、刻镂、绘彩，俱足以觇文化之迁流，与历史之发展。今先生不自珍秘，破子孙家宝之例，宏人民共享之怀，嘉惠市民，同怀感佩。兹准中央文化部颁到奖状一件，为特备函转送，即希察收，并致敬礼。

陈毅、潘汉年、盛丕华签章
五月十六日

对上海市政府如此慎重周到的捐献接收形式，何遂和家人十分感谢。

前辈遗风在　旧闻似新闻

上海寄存文物捐献完毕之后，何遂仍沉浸在兴奋之中。他想到自己在南京的中国艺典馆还有一些

文物和研究资料，也很有价值，便又给陈、潘、盛三位市长连续写来两函。信中说："遂还曾在南京栖霞山创立的中国艺典馆置有房屋，并搜集有许多文物，工作也久已停顿，仍然希望能同样地贡献给人民，并交上海市历史博物馆陈列。"信中还告知，原中国艺典馆因房屋已被江宁县人民政府封闭，文物图书据说也被南京栖霞区和江宁县两政府分别移去。所以他希望上海市政府先派人去实地调查一下，再作进一步的接收处理。

于是，上海市政府正式发文给江宁县政府，希望对方能负责保护好何遂先生的文物图书，以便上海来人处理。市教育局戴白韬、舒文两位局长也指定了前往整理接收的人员。

6月12日，江宁县政府的复函来了。据该县宋波县长告知，该馆在当地颇引人注目，有"红房子"俗称。在解放军渡江前夕，南京地面秩序十分混乱，不法之徒就跑进馆内，以致馆内文物、图书散佚不少。解放军进城后，县政府因不明白该馆属何人、系何性质，就暂作封闭处理以求保护财产，但夜间撬窃仍不时发生，于

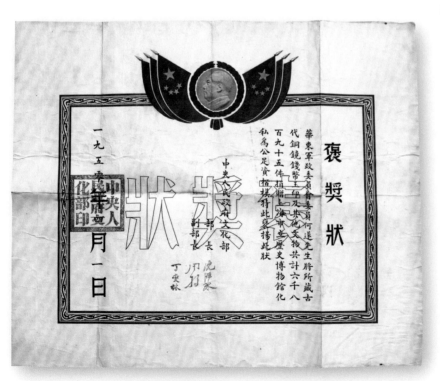

1950 年 4 月 1 日中央人民政府文化部授予何遂之褒奖状

是不得不在当年春天由江宁县政府、栖霞区政府分别将部分藏品搬往两机关办公处保管。而据报告，剩下的藏品多数系旧版书法碑帖和中日文书籍，铜、瓷器已经不多了。6月16日，上海市历史博物馆便将当地政府移交的碑帖图书装运回沪。经鉴定，碑帖中部分确属文物。这样，何遂便将在上海、南京两地珍藏的文物，于新中国成立初期捐献给了上海人民。这在上海收藏界产生了很大反响。继之，刘晦之先生、顾公雄和沈同樾伉俪、潘达于女士等，也都相继向新上海捐献了大批珍贵古籍、文物。从时间上讲，何遂是最早向新上海捐献大批文物的。

进入20世纪80年代以来，国家的文博事业在改革开放的政策指引下，取得了巨大的发展。上海的博物馆、图书馆、档案馆以一批国家级藏品，在国际收藏界占有一席之地。何遂先生在调北京任全国人大法律委员会委员后，于1968年以80高龄逝世。他的儿女何世庸、何世平、何康、何嘉、何达等近年也在各个岗位上退了下来，他们对于凝聚着父祖几辈心血的大批文物现捐藏于何处，也总想有所了解。何仲山先生在外出查阅资料时，也曾到南京博物馆等处询问，惜无下落；而上海等地的《文物志》上，亦不见记载。因此，这便成了何氏后人心中的一个疑团。

前年笔者到四川广元出席一个学术会议，与何仲山先生相识。他听说我从上海市档案馆来，又曾同在黑龙江宝泉岭务过农，便谈起少年时在上海的读书生活，顿添一种"阿拉上海人"的亲切感。他

托我了解一下当年其父何遂捐献文物的佐证。也真巧，回馆后我在查阅有关材料时，竟一下子找到了那些案卷。而今文博界同志多不知晓这一史实，一则因当年经办的杨宽、蒋大沂两位老先生，或出国或离世，再无其他知情者；二则因当时市文管会刚成立，市历史博物馆的上级主管部门为市教育局，市府就将这项工作批交给该局办理，档案也就留在了教育类档案目录中，以致长期湮埋不彰。我将查证情况告诉何家兄弟后，他们都很高兴，认为父辈的这种爱国奉献精神对子孙也是永久激励。

原载《上海滩》2001年第4期

上海博物馆藏何遂捐赠之古瓷器

撷影留真

其影亦真

上左图：何遂之父何潆先。何遂祖父何念兹是清末进士，在四川灌县、泸州做知县、知州，1899年死于任上。何潆先是举人，由"大挑"任江西候补知县，闻父丧极其悲痛，1900年病死在奔丧途中，享年39岁

上右图：何遂之母孙弄琴，闽侯孙翼文之女，孙家是国医世家。何遂在为母亲撰写的墓志铭中写道："吾祖念兹公以清光绪巳亥卒蜀，翌年父潆先公卒沪，家毁于火，子女俱幼，赖吾母教养持家数十年，今子孙林立，各有所业，皆母赐也。"

左　图：何遂先父何潆先遗照背面简记其生卒时日及墓葬位置

上左图：何母孙弄琴，1865 年生于福州，35 岁丧夫，独力抚养四子一女成人。1941 年病故于上海

上右图：1930 年 2 月，何遂夫妇与母亲孙弄琴（坐者）摄于北平察院胡同 29 号

日本友人矢原谦吉在《谦庐随笔》一书中，有四篇专文写到何遂，其中一篇的题目是"何遂事母至孝"，文中谈到何遂为"寿其老母"而修建慈恩塔。这张照片就是1930年3月19日慈恩塔落成，孙葆璐（孙弄琴之弟）于北平察院胡同何宅慈恩塔前摄下的合影。后排左十为孙弄琴，孙之膝下为何静宜（何嘉），其右男孩为孙华岱（孙岳将军长孙），后排左五为蔡淑容（孙葆璐之妻）。右一陈坤立手拉何康，其前为何旭（何世庸），右四为何遂。右八为孙娴婑，右九为孙江婑，右十为孙昌惕（孙葆璐之子，后为著名医师，北大医学院泌尿系主任）。前排左四为何鹏（何世平），左五为孙昌钰

1930 年摄于北平察院胡同 29 号后院。
左起：何康、何鹏（世平）、孙弄琴、何静宜（何嘉）、陈坤立、何旭（世庸）、何遂

1930 年摄于北平察院胡同本宅前院假山上。
左起：孙弄琴、何旭（世庸）、何鹏（世平）、何康、何遂、陈坤立、何静宜（何嘉）

20 世纪 30 年代初孙弄琴及其子女内亲摄于北平。右起：何遂、何昂、何缵、孙弄琴、何章生、孙葆蓉（孙弄琴之弟）。何缵字系甫，何遂之胞弟，曾任中国驻温哥华领事。1938 年叛国投敌，当了日伪杭州市市长。何遂时任第一战区高参室主任，即在武汉各大报刊登声明，与何缵断绝关系，痛斥其叛国行径。翌年，何缵被蓝衣社（军统前身）派员炸成重伤，死于日本人医院

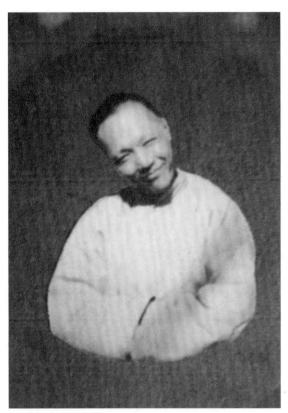

上左图：20 世纪 30 年代初之何遂
上右图：1932 年何遂抱何达摄于北平

上左图：何遂与其弟何岑摄于 20 世纪 30 年代。何岑是何遂的小弟弟，1918 年末，由何遂资助赴美留学，毕业于美国麻省理工学院。回国后曾任北平度量衡所所长。1937 年因肺结核菌入眼，双目失明。何岑为人正直平和，记忆力极强，惜未展其才

上右图：20 世纪 30 年代中之何遂和陈坤立

1935 年在上海，子女为病中之孙弄琴（中坐者）庆祝七十寿诞。

右起：何岑、何缵、何遂、何昂。左二为何章生

抗战八年，历尽劫波，这是1945年秋家人团聚于重庆欢庆抗战胜利的合影。前排右起：何嘉、陈坤立、何孟嘉（何世平长子）、何遂、何达；后排右起：何世平、韩蕴、何世庸、李智勤、何康、缪希霞。何世庸1938年7月加入中国共产党，9月奔赴延安，是"抗大"第五期学员；何世平1938年5月入党赴延安，是"抗大"第四期学员；何康1939年5月入党，是南渝中学（即南开中学）党支部书记。兄弟三人党的关系都在中共南方局，由叶剑英直接领导；叶回延安后，由董必武直接领导。这次欢聚的实际目的，是兄弟三人要到红岩村向党组织汇报工作并听候对今后工作的安排

添丁进口。1947年何遂六十初度喜获三只"狗"（何梦妮、何仲苏、何迪都诞生于1946年丙戌狗年）。
前左起：缪希霞怀抱何迪、李智勤怀抱何梦妮、韩蕴怀抱何仲苏、何孟嘉；后左起：何嘉、何康、何世庸、
何世平、何达。这张照片摄于抗战胜利后的南京

1947 年农历三月初十，何遂在南京普陀路 4 号庆祝了自己的六十华诞。普陀路住宅的院子较大，中央一株雪松郁郁苍苍。那天春风和煦，于右任、邵力子、张维翰等众多老友亲临致贺，侯宝林、郭启儒等知名艺人也给绿茵草坪上的客人带来阵阵欢笑。何遂十分高兴，与家人拍下了这张合影。前排左起：何嘉、陈坤立、何孟嘉、何遂、何达。后排左起：何康、何世庸、缪希霞抱何迪、李智勤抱何梦妮、韩蕴抱何仲苏、何世平

上左图：20世纪40年代何遂、陈坤立合影

上右图：1947年，何遂夫妇（前坐者）到广州岭南大学拜访老友容庚教授（后立者）。容庚是著名古文字学家，岭大中文系主任。他殷殷送客到校园，拍下了这张合影。旁立者为岭大附中学生何达

1948 年摄于北京。这是何遂夫妇与表亲的一张合影。

右起：孙昌僖、孙葆璐、何遂、陈坤立、周时珍抱孙玉琪

上左图：20 世纪 50 年代之陈坤立。陈生于 1892 年，秉性仁慈恬静，
不理财。于家无为而治，于子女扶而不悖，与其夫实珠联璧
合之佳偶。1980 年病逝于北京

上右图：20 世纪 50 年代之何遂

上图：1950年摄于上海中山公园。左起：何康、何嘉、何遂、陈坤立、何敏、何达、何仲山、何
世庸、何世平。这是新中国成立后全家人第一次大聚合。何遂时任华东军政委员会司法
部部长，何康任华东农业部副部长，世庸、世平亦任要职，何嘉正在专攻俄语。只要看
一看每一张脸笑得多么自然，多么灿烂，就可以想见此时他们对未来的憧憬有多么美好

下图：1950年摄于上海中山公园。前左起：何嘉、何康、何达；后左起：何世平、何世庸

上图：1958 年之合影。前左起：缪希霞、何嘉、韩蕴；后左起：何康、
　　　何世平、何世庸、邓裕民抱邓海南

下图：何遂 20 世纪 50 年代摄于江南

右图：20 世纪 50 年代初，何遂夫妇在母亲孙弄琴墓前吊唁

中華人民共和國第一屆全國人民代表大會法案委員會成立紀念 一九五四年九月三十日

1954 年 9 月，第一届全国人大法案委员会成立。前排右二为何遂，右三为雷洁琼，右四为谢雪红，左三为邵力子，左四为史良，左六为张苏。在这个委员会中，与何遂相识最早的是黄绍竑（三排左一），黄在《五十回忆》一书中讲述了一段辛亥前他就学于广西陆军小学时，何遂在陆军学堂学生中宣传反清革命的故事，甚为生动。新中国成立后在上海与何遂交往较密的是台盟中央主席谢雪红，何曾对家人称赞谢是领导台湾"二·二八"起义的女英雄。1957 年谢被打成"右派"，何大为惊讶

20 世纪 50 年代何遂、陈坤立伉俪合影

上左图：20 世纪 50 年代末之合影。左起：何世平、陈坤立、何世庸、何遂
上右图：20 世纪 50 年代末之何遂伉俪

上图：20 世纪 60 年代初之合影。左起：何世平、缪希霞、何遂、陈坤立、何世庸

下图：何遂、陈坤立 20 世纪 60 年代初合影

1961 年陈坤立七十寿诞合影

1961 年陈坤立七十寿诞合影于北京。这是何家三代人最齐的一张全家福。前排左起：何晓彤、高爱、陈坤立、何遂、邓海南、何群；中排左起：何敏、缪希霞、何嘉、韩蕴、何仲苏；后排左起：何孟嘉、何康、邓裕民、何世庸、何世平、何达、何仲山

1961 年 10 月 7 日，董必武在辛亥革命五十周年纪念座谈会上与众辛亥老人合影。何遂参加了座谈会期间由周恩来、董必武主持的多项纪念活动，并在由全国政协文史委主编，中华书局 1961 年 10 月出版的《辛亥革命回忆录》第一集上发表了《辛亥革命亲历纪实》一文，迄今已为众多史论家直接引用

1965 年合影于广州。左起：李智勤、何美妮、何卫宁、何遂、陈坤立、何代宁、何世庸。李智勤的父亲李朗如是广东南海人，早年加入中国同盟会，是孙中山的亲信，曾任孙的警卫队队长，总统府参军长。1922 年陈炯明叛变，炮轰总统府，是李朗如将孙中山救出，送往永丰舰。李后弃政从商，是粤港陈李济的老板。何遂 1949 年在香港就住在九龙塘沙福道李家，那里成为给中共传递情报的秘密中转站。新中国成立后，李曾任广州市副市长

20 世纪 60 年代中合影于北京。
前左起：邓可、邓海南；后左起：陈坤立、何遂、何嘉

1972年11月，吴博（抗战初与叶剑英结婚，是叶向真的母亲）到北京西便门国务院宿舍来看望陈坤立，她与何世平是吴淞中学的同学，在南京、重庆与何家多有交往。那一天，王苗和她的父亲王唐文、邓裕民、何嘉夫妇都在，老朋友们相聚甚欢，便在阳台上拍下了这张照片。前排左起：邓裕民、陈坤立、王苗、王唐文；中排左起：何敏、吴博、韩蕴、何嘉；后排左起：何达、何仲山抱何晓川、何世平抱何丹、邓可

右上图：陈坤立（前坐），环立者左起：何世平、何达、何嘉、何世庸

右中图：1969年陈坤立（中）、何世平（左）与赵志勤合影于北京

右下图：同志加兄弟，"浩劫"中相聚。1973年，刚获"解放"的"走资派"何世庸（左二）、何康（左三）回北京探母，
与同样遭遇的何世平（左一）、邓裕民（左四）合影于潭柘寺银杏树下。邓裕民是何嘉的丈夫，也是何康与何
嘉的入党介绍人，长期在中国科学院工作。1979年邓小平访美时，邓裕民是随行的科技顾问

上图：北京福田公墓内，何遂、陈坤立、吴石、
王碧奎、缪秋杰、李碧生，三家生前好友
之墓室紧邻

右图：2007年4月20日，何遂、陈坤立迁葬于北
京福田公墓。此为迁葬时亲友合影于墓前

附 录

1967 年最后一张连理合影

何遂年谱简编 (1888~1968年)

1888 年（清光绪十四年，戊子）

先生出世。

农历三月十日，先生出生于福建省福州市灵响路祖宅。

先生名遂，字叙甫（叙父、叙圃）。据其母墓志铭称："何氏，宋季大善公始迁福清瞻阳。傅十五世，履铉公早卒，姚叶避明季乱，挈孤迁福州。"

父何澄先（1862~1900 年）。清末由举人大挑之试用知县，在江西候补。

母孙弄琴（1865~1941 年），侯官孙翼文之女。

1894 年（清光绪二十年，甲午）

先生 6 岁，受教于私塾。

中日甲午战争爆发。福建沦为日本势力范围。

1898 年（清光绪二十四年，戊戌）

先生 10 岁。

随父住江西南昌。父解饷至四川，带回祖父何念兹所撰《余蛮子事略》，先生读后以为余栋臣是英雄。

清光绪帝实施变法，史称"戊戌变法"。

1899 年（清光绪二十五年，己亥）

先生 11 岁。

岁末，祖父何念兹殁。何念兹为清末进士，在四川灌县、泸州任知县。猝死于审案之公堂上。

1900 年（清光绪二十六年，庚子）

先生 12 岁。

年初，父何澄先携家小奔丧，行至上海，哀毁而死。所寓上海福建会馆突遭回禄，行囊俱毁于火。母孙弄琴乃携四子（昂、遂、缵、岑）一女（章生）远赴四川泸州，投靠二叔。

义和团运动遭残酷镇压。

1901 年（清光绪二十七年，辛丑）

先生 13 岁。

寄居二叔家。长兄何昂友人余切有"汉流"（四川反清会党）之风，带来《盛世危言》、《新民丛报》等书刊，先生始读严复译赫胥黎之《天演论》。

《辛丑条约》签订，民族危机日深。

1903 年（清光绪二十九年，癸卯）

先生 15 岁。

孙弄琴携子女由四川返回福州。

1904 年（清光绪三十年，甲辰）

先生 16 岁。

进入福建武备学堂第二期预科。开始从事反清革命活动。结识省立高等学堂之林觉民、方声洞、林之渊；侯官小学之陈与燊、陈更新等青年志士。

日俄战争爆发。

1905 年（清光绪三十一年，乙巳）

先生 17 岁。

初夏，福州青年志士数十人集会于仓前山之望北台。林觉民等讲演，先生与会。

岁末，先生因鼓动革命，被福建武备学堂开除。

1906 年（清光绪三十二年，丙午）

先生 18 岁。

农历二月，离乡赴沪。经上海福建学生会会长林森介绍，到南京见第九镇三十三标第三营管带林述庆，留该营左队任排长。三十三标统带为赵声，第二营管带为柏文蔚，第三营右队队官为冷遹。

同年秋，调第九镇司令部任三等参谋。

1907 年（清光绪三十三年，丁未）

先生 19 岁。

农历七月，光复会徐锡麟起事于安徽。先生在第九镇司令部得见徐锡麟、秋瑾被害电文，悲愤中悟及革命必先掌握军队。

农历九月，带三等参谋衔，考入河北保定

陆军随营军官学堂第二期（第三期后改称陆军大学）。与河北高阳孙岳（禹行）同班，遂成挚友。

是年秋，在孙岳寓所，由陆军速成学堂革命党人方声涛主盟加入中国同盟会。此时经常来往的革命党人还有王法勤、刘汝贤、耿毅、刘建藩、刘廷森、倪德勋、钱鼎、陈树藩、童保暄、吕公望、林知渊等。

1909 年（清宣统元年，己酉）

先生 21 岁。

秋，陆大毕业。王孝缜（勇公）受广西巡抚张鸣歧委托，来北京邀集训练新军人才，先生应邀。

年末，先生与耿毅、刘建藩、吕公望、贺斌、杨明远以及日本士官学校毕业生孔庚、雷寿荣、田稼轩、覃鎏钦、赵恒惕、杨曾蔚、尹昌衡等，在王孝缜率领下，由上海至香港，在九龙见赵声。赵声回顾燕塘兵变失败教训，要求各地同志加强联络。

1910 年（清宣统二年，庚戌）

先生 22 岁。

年初，先生任广西督练公所参谋处筹略科科长兼陆军干部学堂教官。

农历三月，张鸣歧委先生为"边防调查长"，耿毅为副，奉命调查中越边防，冷遹同往。此行在龙州会见湖北革命党人陈裕时，又绕道昆明与云南革命党人李根源、方声涛、罗佩金、唐继尧、叶荃等人联络。返程经海防到香港，在香港同盟会总部亲聆了黄兴、赵声指示，带回一封黄兴致蔡锷之密函。

农历八月，广西同盟会支部成立。耿毅为支部长，先生为参议，赵正平为秘书长。刘建藩为学兵营分部长，杨明远为干部学堂分部长，梁史为陆军小学分部长，蒙经为谘议局分部长。以福棠街2号为秘密机关，出版《南报》。设立"军事指针社"，以陆军小学为工作重点。先生始与李宗仁、白崇禧、黄绍竑、廖磊、夏威等交往。

是年秋，因身兼兵备处总办和干部学堂监督之蔡锷不肯与同盟会支部沟通，发生误会，广西同盟会支部发动了"驱蔡运动"。蔡锷被迫离桂赴滇，临行前荐方声涛继任。方来桂任学兵营营长后，同盟会控制了广西新军。

1911年（清宣统三年，辛亥）

先生23岁。

年初，广西同盟会支部在风洞山开会，决议响应广州起义。先生与会，力主响应。

正月底二月初，陈更新、阎汉民、冯超骧、刘元栋、王印芗等陆续经桂林赴香港。陈更新在桂与先生同榻，共忆少年时望北台等旧事；陈新婚，方得一子。

农历三月三十日，接暗语电报，知广州起义事败。在剑拔弩张、风声鹤唳中广西响

应之举被压下。此次广州起义，先生同乡友人林觉民、方声洞、陈更新、陈与燊等英勇牺牲，是为黄花岗之役。

农历八月，广西巡抚沈秉堃派先生与程子楷赴北京参加永平秋操。

八月十九日（10月10日），武昌起义爆发。

九月九日（10月30日），北洋第六镇统制吴禄贞派副官长王孝缜约见先生。命先生以第六镇参谋身份赶赴保定，随第六镇十二协吴鸿昌部开赴石家庄，"控制队伍，不要和山西革命党打起来"。

九月十二日（11月2日），先生随吴鸿昌兵发石家庄。

九月十三日（11月3日），先生以缓兵计阻止了吴部对山西娘子关的进攻。当晚吴禄贞抵达石家庄。

九月十四日（11月4日），吴禄贞命先生扣押了由北京开往武汉前线的军用列车。

九月十五日（11月5日），先生衔吴禄贞命赴娘子关，经姚以价与阎锡山联系，商定次日吴、阎在娘子关会面。

九月十六日（11月6日），先生随吴禄贞赴娘子关会见阎锡山，议定成立燕晋联军，吴为都督，阎与张绍曾副之，并议定三路直取北京之计划。

九月十七日（11月7日）凌晨，吴禄贞被叛徒马步周等杀害。先生率第六镇部分官兵起义，被推为燕军大都督。

先生怀抱吴禄贞尸体赴山西，浅厝于娘

子关。阎锡山对先生说："燕晋联军尚在，我年长，就任都督，你屈任副都督吧。"不久，张锡銮率曹锟第三镇攻入山西。先生在五台山化装成僧人逃至保定，偕同孙岳潜赴南京。

1912 年（民国元年，壬子）

先生 24 岁。

1 月，南京临时政府陆军部任命先生为扬州军总参谋，赴扬州会徐宝山。继而任淮扬联军总参谋兼江北兵站分局长（孙岳被举为淮扬联军总司令）。

2 月 12 日（辛亥年十二月二十五日），清帝溥仪退位。

2 月末 3 月初，北京、天津、保定相继兵变。黄兴命先生与孙岳为"调查京、津、保兵变特派员"，由海路赴天津，转北京、保定。曾密电南京，建议乘乱北伐，未被采纳。

3 月末，袁世凯任命黄兴为南京留守，统辖南方各军。黄兴陆续遣散各省驻宁军队，同时以广西人马为基干建立留守府中心队伍第八师。师长陈之骥无实权，旅长陈裕时、赵恒惕；先生任第 32 团团长。

7 月，先生与陈坤立结为夫妇。陈坤立（1892～1980 年），湖北宜昌人，陈裕时之妹。

8 月，中国同盟会、统一共和党、国民公党等宣布合并为国民党。先生拒绝登记加入国民党。

是年，先生与刘建藩奉黄兴密令赴湖南招兵，又在宁招纳各部裁撤之兵员充实第八师，引起多方不满，先生因被免职。不久，改任第八师代理参谋长。

1913 年（民国二年，癸丑）

先生 25 岁。

年初，先生辞去第八师职务，赴上海，拟东渡日本求学。

3 月 20 日，国民党代理理事长宋教仁在上海火车站遇刺。事涉袁世凯国务总理赵秉钧，举国哗然。先生在上海曾多次参与党人集会，但或主法律解决，或主武力解决，议而难决。

6 月，黄兴命先生沿长江各要地了解讨袁准备情况。先生至安庆见柏文蔚，结识其秘书长陈独秀；至九江见代理九江镇守使耿毅；至徐州见冷遹。随即返沪向黄兴复命。

7 月 12 日，李烈钧湖口发难，二次革命爆发。先生赴南京，此时第八师下层官兵因不满上峰反袁态度犹豫，军事指挥失当，酝酿兵变。先生应两位当职旅长王孝缜、黄恺元之请，招集下级军官作过安抚劝导，随后乘船返沪。但第八师仍然哗变。后该师基干官兵曾在南京城下与袁军做过殊死战斗。

8 月末，二次革命失败，先生与王孝缜、黄恺元、刘建藩等同船赴日本。先生入早稻田大学学习政治经济；妻陈坤立入青山女子实践学校。

1914 年（民国三年，甲寅）

先生 26 岁。

先生在日本学习。某日，其妻陈坤立发现先生所学日本《民法》中有贬侮妇女之词，怒而将课本撕毁，先生顿悟学此无用。适逢陕西陈树藩来电相邀，乃决定回国。

初夏，先生至陕西同州，为陈树藩办教导营，任营长，张瑞生为营附。陈办教导营，主要为笼络辛亥后崛起的一些地方实力人物，特别是"渭北豪杰"。胡景翼、岳维峻、弓富魁等皆为教导营军官连学员。先生始与胡景翼结交。

某日，孙岳到访，谓被袁氏爪牙追杀，先生倾力助其隐居于华山脚下。

6 月，先生长子出生，名旭，后更名世庸。

是年，袁世凯封其心腹陆建章为"威武将军"，派至陕西。陆命陈树藩为陕南镇守使。张云山为陕北镇守使。先生托孙岳将家眷送回湖北，独自随陈树藩至西安，相机脱身。

是年 6 月末之"萨拉热窝事件"引发第一次世界大战。

1915 年（民国四年，乙卯）

先生 27 岁。

年初，奉副总统黎元洪电召，先生至北京任陆军大学战术教官。教官同事中有李济深、张文、林立等。时为第四期，学生中有刘汝贤、周亚卫、林蔚、徐永昌、姚琮、周敬孚、林知渊等。

是年，袁世凯帝制丑剧日益表面化。年末将大典筹备处公开，宣布改次年为洪宪元年。

12 月 25 日，云南护国军起义，护国战争爆发。

1916 年（民国五年，丙辰）

先生 28 岁。

年初，北方形势陡然紧张。陕西陈树藩派张瑞生来京见先生。先生约集刘汝贤、徐永昌、林知渊等与张共同商议，咸认为如黄河以北陕西、山西同时发难，影响必大。先生与孙葆瑢等潜赴山西大同，见晋北镇守使孔庚。孔召集部属赵守钰等商议后决定行动，请先生草拟了讨袁通电。通电发出后，阎锡山立即派兵占领大同，扣押孔庚。先生则由山西宪兵司令胡谦礼送出晋。先生知浙江已独立，混迹于三等客车中，潜至杭州，见浙江都督吕公望。

6 月 6 日，袁世凯死。黎元洪"继任"大总统，段祺瑞任国务总理。吕公望以先生北方人熟，请先生为浙江代表，先生又匆匆回北京，参加了对总统府的接收。不久，浙江又派沈钧儒、葛敬恩为代表到北京，先生便仍回陆大教书。

是年 12 月，总统黎元洪派先生与沈鸿烈、徐祖善、郑桓等以上校武官军衔代表中国军方赴欧洲观战（第一次世界大战）。

12 月 31 日，参观青岛日、德作战战场。

1917 年（民国六年，丁巳）

先生 29 岁。

年初，在美国参观学校、军队、要塞后赴法国。驻节巴黎，曾赴凡尔登等重要战场参观。

2 月以及 4 月至 6 月上旬，赴意大利参观。

10 月下旬至 11 月在英国参观。

是年 8 月，先生次子出生，名鹏，后改名世平。

1918 年（民国七年，戊午）

先生 30 岁。

3 月，先生参观比利时战场。

4 月，先生再赴意大利考察。参观意军战场，夜宿军部，紫藤盈壁，赋诗记之。

是年，先生曾赴瑞士考察。

7 月，先生再赴美国，在美考察后，起程归国。

先生回国，至北京述职后，即赴广州，由广州护法军政府任命为"靖闽军司令"。

是年 11 月末，德国投降，第一次世界大战结束。

1919 年（民国八年，己未）

先生 31 岁。

是年，先生回家乡，反对盘据闽省之皖系军阀李厚基。靖闽军并无实力，一则与广州护法军政府派出的援闽浙军代表吕公望、沈钧儒协作，促使李厚基主力浙军潘

国纲部"瘫痪"（即不受李之指挥）；另则依靠方声涛、张贞领导之地方民军，组织敢死队，密谋暗杀李厚基。但事泄失败，牺牲十余人。先生被迫偕友人吴石离闽北上。

1920 年（民国九年，庚申）

先生 32 岁。

年初，先生闲居北京。

7 月，直皖战争爆发。皖系战败，段祺瑞下台。直系和奉系军阀控制了北京政府。孙岳担任曹锟第十五混成旅（即"直鲁豫巡阅使署卫队旅"）旅长。经孙岳向曹引荐，先生至保定任军官教导团教育长，替曹锟训练中下级军官。

1921 年（民国十年，辛酉）

先生 33 岁。

3 月，北京政府免去陈树藩陕西督军职务，陈拒不受命交权。

5 月，直系派第二十师阎相文部和第十六混成旅冯玉祥部入陕。冯玉祥派团长张之江到保定，请孙岳与先生致信胡景翼，约其夹攻陈树藩。

7 月，阎相文、冯玉祥占领西安。阎任陕西督军。

8 月，阎相文自杀身亡；冯玉祥继任陕西督军。是年秋，先生至陕西西安与三原，调解冯玉祥与胡景翼之矛盾。胡采纳先生建议，利用曹锟与吴佩孚之裂隙，直接通

过孙岳向曹锟输诚。曹召见先生，详询胡之情况。不久，发表胡景翼为暂编陕军第一师师长，进入直系。

1922年（民国十一年，壬戌）

先生34岁。

4月，第一次直奉战争爆发。先生随孙岳部沿京汉线作战；后吴佩孚又命孙部到郑州协助冯玉祥攻打赵倜。赵败走，5月，冯玉祥继任河南督军。

6月，孙岳以第十五混成旅旅长兼任冀南镇守使（通称大名镇守使），辖四十二县。先生任孙岳部参谋长。先生与徐永昌团驻邯郸。此时，胡景翼部驻顺德（邢台）至安阳（彰德）一线。胡军与孙岳部防区相连。胡景翼请先生为其训练军官（胡部多渭北刀客绿林豪杰）。先生在邯郸设陕军第一师教练所，与邓宝珊共任其事。

是年，先生支持地方重修武灵丛台（邯郸为春秋战国时之赵都，丛台为赵武灵王所建），竣工后，先生主持搜集历代有关丛台之诗文，汇为《丛台集》，先生自撰《丛台集序》，经王琴堂书丹，立碑于丛台上，至今仍为胜景。

1923年（民国十二年，癸亥）

先生35岁。

2月，先生三子出生，名康。

是年，先生驻大名，在县长丁春膏协助下成立大名县水利会，任会长。聘胞弟何岑（毕业于美国麻省理工学院）为工程师，组织测量队。经测量，由卫河至马神庙二十余里，地势高出一丈八尺。不宜开渠引水，遂改由蒲潭营村（现属魏县）漳河北堤开渠，引漳河水灌溉，泽及二十余村，当地百姓称为"何公渠"，立碑纪念。

是年10月，曹锟贿选任"总统"。

1924年（民国十三年，甲子）

先生36岁。

是年以来，在直系中均处受排挤地位，而政治倾向接近的冯玉祥、孙岳、胡景翼日渐靠拢。先生亦为其"以军阀制军阀"之主张奔忙。9月10日，孙岳专程赴北京南苑访冯玉祥，密议结盟，从内部倒直。

9月18日，第二次直奉战争爆发。冯玉祥为第三路军司令，胡景翼为第二路军司令，孙岳为北京卫戍副司令、首都戒严司令。出发前，冯、胡、孙相约举事。

10月22日，午夜，冯军鹿钟麟部抵北京安定门，孙岳令守军开城迎入，至凌晨二时，冯军占领全城。冯、孙军皆佩"不扰民，真爱民，誓死救国"臂章，贿选总统曹锟成阶下囚。是役，史称"北京政变"。

10月25日，冯玉祥、胡景翼、孙岳在北苑召开军事会议。出席者有王承斌、王芝祥、张之江、孙连仲、贾德耀、刘骥、黄郛、薛笃弼等，先生与会。会议决定电迎孙中山先生北上主持大计。决定成立国民军，冯玉祥为总司令兼第一军军长；胡景翼、孙岳为副司令，分别兼第二、第三军军长。决定由黄郛组织临时内阁。先生获任国民军空军司令、第三军参谋长职。

11月，北京政府任命先生为航空署署长，授衔空军中将。

第三军攻占保定。先生代表孙岳赴天津见段祺瑞。

是年，先生又得一子，名健，因长兄何昂无子，即过继给长兄，改名一健。

1925年（民国十四年，乙丑）

先生37岁。

年初，孙岳命先生为大名镇守使（即冀南镇守使），第三军前敌总指挥。第三军攻占了河北大部，进军开封。

段祺瑞执政后，定国民军第三军编制为四师、三旅，由陆军部加委。先生任第四师师长（第一师师长孙岳兼，第二师师长叶荃，第三师师长杨虎城）。

是年，第三军协助胡景翼攻占洛阳，陕西刘镇华主力憨玉琨兵败退出洛阳，第三军乘势攻入陕西，孙岳任陕西督军。入陕前，先生与孙岳有向西北发展之约。二人一致认为，河北、河南自古为四战之地，第三军基础差，实难长久立足，而甘省以西则并无一支新式军队。以此，计划先据陕西，后入甘肃，再向新疆发展。但此计划遭冯玉祥反对，北京一些朋友也多方掣肘。

是年冬，陇东护军使张兆钾派人来称，粮饷冬衣齐备，催孙军入甘。孙岳最终决定"回师东进"，先生与孙闹翻，离开第三军，赴日本游历考察。

1926年（民国十五年，丙寅）

先生38岁。

年初，游日归来。在日写生画作收入《缋（绘）园画册》。

4月，国民军在直、奉、阎（阎锡山）夹击下军事失利，冯玉祥宣布下野。孙岳健康状况恶化，托李烈钧将先生找去，嘱先生为第三军"办理后事"。在败局已定形势下，先生就任国民军第三军代军长。

先生两次冒险进入直军防区，促成直军前敌总指挥田维勤与鹿钟麟面商，国民军主动撤出了古城北京。第三军徐永昌部在南口大战失败后去了山西，原直系旧人亦各寻出路，第三军瓦解；国民军第一军后转化为西北军。先生于奉军入京后潜赴上海，旋转杭州闲居。其旧友夏超（时任浙江省长，后因起兵响应北伐，兵败为孙传芳杀害）在杭州涌金门外西湖边赠予先生小楼一幢，故先生寓此。

是年秋，蒋介石通过陈铭枢约先生赴南昌见面，让先生赴河南策动吴佩孚主力倒戈响应北伐。先生因此至河南信阳、郑州，以北伐军密使身份与靳云鹗、魏益三、田维勤等联络，后靳云鄂与魏益三倒戈响应北伐。

12月，先生长女出生，名静宜，后改名嘉。

1927年（民国十六年，丁卯）

先生39岁。

是年初，先生在完成河南使命向蒋介石回报后，仍回杭州闲居。

是年，先生与西泠印社、王云、王个簃等书画家交往，研习国画；同时，以大量精力整理其所集文物，将所集之秦汉瓦当与历代古鉴拓印成三十余册。

1928年（民国十七年，戊辰）

先生40岁。

1月，先生携其手拓古瓦当拓片一册及所绘《春晖图》前往上海拜见辛亥前老上级徐绍桢，徐题二诗相勉。

年初，先生应李济深邀，赴广州任国民革命军第八路军总参议。

5月，蒋介石任命先生为黄埔陆军军官学校"代校务"（代理校长、副校长主持校务）。教育长为李扬敬。

9月，主持筹划兴建孙总理纪念碑。

10月11日，先生率军校各部长官在八卦山为孙总理纪念碑破土奠基。纪念碑正面隶书字为胡汉民书写，碑东侧所刻总理遗训"和平、奋斗、救中国"乃先生铺纸于地，执扫帚蘸墨书写而成。（此项工程，1930年5月完工，先生已离军校。碑顶铜像为日本友人梅屋庄吉所赠）。

1929年（民国十八年，己巳）

先生41岁。

2月，先生主持黄埔军校第六期学生毕业典礼。

是年，先生主持兴建了"国民革命军军官学校学生出身北伐阵亡纪念碑"，撰写碑文："平冈之石齿齿兮，黄埔之水淙淙；屹立丰碑以励世兮，将以垂人纪于无穷。"碑座刻有北伐阵亡独立团一营营长曹渊等355位黄埔军校学生的名字。

是年，先生又主持兴建了东江阵亡烈士纪念坊。纪念坊内立有巨碑，记述东江之役始末，为先生撰文并书丹。

是年秋，先生携长子世庸并带旧书一批，赴南京汤山看望被囚之李济深。

年末，先生辞去黄埔军校代校务职，先至上海接母亲，随即全家迁居北平察院胡同29号旧宅。

1930年（民国十九年，庚午）

先生42岁。

是年先生闲居北平，致力于绘画考古，尤着力于甲骨文之搜集。先生在寓所前院假山上建慈恩塔，内藏其母青丝；又为内兄建莲花塔，藏贡喀佛经。内兄陈裕时同住。辛亥时，陈力主向袁世凯妥协，遭党人忌。袁死后，陈皈依佛门为居士，改名圆白，时为北平中国佛教协会会长，其老友李书城、赵恒惕时来相访，他们是拥阎（阎锡山）派。

是年春，邢契莘、徐祖善来访，他们转达了蒋介石请先生劝说冯玉祥要冷静，不要和阎锡山联合，在蒋阎对抗中保持中立。先生表示，不便承担劝说之责，但可以向冯转达蒋之心意。先生为此赴山西，见冯玉祥，转达了蒋的意思。

5月，蒋、阎、冯中原大战爆发，至10月，阎、冯战败。

1931年（民国二十年，辛末）

先生43岁。

年初，先生应杨虎城邀，至西安任十七路军总参议。

春末夏初，先生赴日本考察，游踪颇广。先生见民初任陆军大学教官时多名日本同僚已成日本国军界要人，气焰甚炽。先生在东京看望了同乡好友吴石，纵谈国是，一致认为中日难免一战。先生回国后曾对家人说："日本人要在东北挑起事端"。

9月，日本军阀发动"九一八"事变，先生长子世庸，恰为沈阳日本南满医科大学学生，事变后逃回北平，痛述亲历"亡国"感受，先生动容。

10月，南京国民政府任命先生为立法委员。先生四子出生，名达。

"九一八"事变后，先生奔走呼吁抗日活动频繁。年末，先生与朱庆澜共同发起组建了"辽吉黑抗日义勇军民众后援会"。朱庆澜任会长，先生任副会长兼主任干事，积极支援东北义勇军奋起抗战。

1932年（民国二十一年，壬申）

先生44岁。

年初，"辽、吉、黑抗日义勇军民众后援会"在北平察院胡同先生住宅开会，由朱庆澜主持，与会者有先生、严宽、富占魁、高仁绂、王化一、何绍南、查良钊、杨斌甫、李端浩、刘竹波、姚凌九等。决议：（一）后援会进驻热河，支援抗战部队，北平仅留办事处；（二）向国内外发出抗战号召，募集捐款、物资；（三）联络十九路军蔡廷锴、翁照垣诸人；（四）设置电台，添购、募集交通工具、摄像录像器材等。先生赴热河，代表"后援会"敦促汤玉麟整军抗日。

4月16日，先生于西安菊花园寓所撰《唐故米国大首领米公墓志铭考》。

是年，先生在《时事新报》上发表毁家纾难宣言、启事，曰："国难日亟，抗日救国之士，喋血疆场，忠勇可佩。遂报国有心，输财无力，兹将家存古物及拙作字画等，悉数运沪粤等处，展览公卖，以助军实。"先生首批运至上海的文物2350件，包括北魏、隋唐、宋元诸多精品，引起社会轰动。上海市长吴铁城，著名学者叶恭绰、傅斯年等亲往参观。叶恭绰表示公开标卖，恐流失国外。经他与傅斯年撮合，由南京中央研究院收藏部分展品，酌付奖励四万银元，先生尽捐"后援会"。

是年6月，南京国民政府任命先生为"西京筹备委员会委员"。

是年隆冬，先生与长子世庸，陪同南京以国民党中央执行委员纪亮为首的"中央慰问团"赴热河慰问抗日义勇军。代表团成员二十余人，另有一批新闻记者及学生代表随行，范希天（后更名范长江，时为北大学生）与焉。慰问团行至开鲁，遇日机轰炸，和平居民死伤甚众，何世庸以小型摄影机拍成短片。

先生在热河期间，某日，北平察院胡同寓所突然闯入黑衣持枪大汉多人，将全家老小驱赶密闭于一室，声言抢劫。翻箱倒柜后，仅取走苏俄代表团所赠水晶烟盘等少量财物。先生闻讯返平，心知此举绝非一般抢劫，然国难当头，实难退缩自保，从此家中多见保镖。

是年，先生将所集甲骨文拓印成书。

1933 年（民国二十二年，癸酉）

先生45岁。

年初，热河形势紧张。先生代表孙科，再次赴热河敦促汤玉麟奋起抗战。先生请缨杀敌，被任命为五十五军军长，副军长为严武。五十五军主力为原东北义勇军冯占海、宫可法旧部，先生甫到任即逢日军大举进攻，汤玉麟望风而逃，先生率部仓促应战，在赤峰、围场遭遇重创后，率余部转移至察哈尔沽原。

年中，先生与五十五军副军长严武（何应钦把兄弟）矛盾加剧。同时，先生一面受冯玉祥、方振武察哈尔抗日同盟军影响，

一面受蒋介石限令，颇感处境尴尬，乃于是年秋辞去五十五军军职。

年末，杨虎城派专列迎先生全家至西安，仍任十七路军总参议。

1934 年（民国二十三年，甲戌）

先生46岁。

上半年，先生一家住西安菊花园。总参议为闲差，先生主要精力集中于诗词书画创作和旅游考古，曾携三子康游终南山。先生在西安结识了南汉宸、刘贯一等新朋友。

年中，先生卖掉北平察院胡同住房，在南京普陀路购置西式小洋楼一幢，院落颇宽，先生举家迁至南京。

10月，先生在栖霞山购入山地百亩，于半山以红砖筑屋，命名"民间艺典馆"，集中一批书画文物，当地人称"红房子"。此后，先生曾陆续邀请于右任、陈树人、高其峰、徐悲鸿等名家来此相聚观摩。

1935 年（民国二十四年，乙亥）

先生47岁。

是年，先生努力建设南京新家和栖霞山别墅。在普陀路住宅建一玻璃房，作为画室。

是年，先生常去老虎桥监狱（江苏第一监狱）看望旧友陈独秀。他们对切磋文字学、音韵学方面的问题有共同兴趣。

是年，西北各省、河北、四川等地发生严

重自然灾害。11月，先生与同乡莆田大画家李霞（字云仙）共同举办赈灾救国义卖画展。林森、于右任等题词襄赞，抗日将领苏炳文题"李云仙何叙甫两先生国画展览会特刊"，以辅宣传。

是年，先生妹夫马德建与司徒慧敏等发明三友式录音机，并创办电通电影制片公司，先生竭力相助，并携家人前往上海参观。

是年11月，先生参加苏联驻华使馆庆祝"十月革命"招待会。苏驻华大使鲍格莫洛夫对先生说："欢迎何先生送子女到苏联留学。"先生未作咨询，即电招在日本求学之次子世平返宁，让他赴苏留学。孰知鲍氏仅为表示亲善姿态，留学仍需自费，且价格不菲，先生时已囊中羞涩，无力支付，一时家中陡然出现尴尬局面。

1936 年（民国二十五年，丙子）

先生48岁。

是年，先生与陈独秀合作写成一本有关日本片假名源起的小册子。先生将书稿交傅秉常，傅在其主编之"三民主义文库"中刊出（用二人号首字合为笔名），付稿酬千元，先生即送交陈，并以五只古瓷碗相赠。

12月，"西安事变"发生后，宋美龄曾派林蔚来见先生，要先生赶赴西安见杨虎城，保护蒋介石的安全，"什么条件都可以谈"。先生答应尽力，已决定由沈德

燮安排专机前往，因事态急转直下作罢。"西安事变"的和平解决，对先生触动甚大。

1937 年（民国二十六年，丁丑）

先生49岁。

年初，先生所撰《叙圃甲骨释略》完稿，商承祚、董作宾题词；陈独秀不仅题词并誊写了全稿。此书印石印出版，得存其真。

4月，京滇公路（南京至昆明）全线贯通。南京各界人士组织观光考察团，先生与张西曼、张葱玉、汪松年等文化名人同行。先生在沿途多个城市展出其画作，颇获好评。

5、6月间，以周恩来为首的中共中央代表团抵达南京。经张冲安排，先生会见了代表团成员。周恩来对先生参与"北京政变"，电迎孙中山北上主政及支持东北义勇军抗日之举多所赞扬，希望先生对国共合作团结抗日多作贡献。此后，博古、叶剑英、李克农等曾多次到普陀路来访问先生，并互有宴请。

7月，"七七"事变爆发，全面抗战开始。

8月13日，日军大举进攻上海。先生与张维翰、彭醇士代表立法院、监察院前往上海劳军，先生带世庸、世平同行，在上海慰问了冯玉祥、张治中、张发奎等将领，并至火线慰问了官兵。

8月，叶剑英来访时称，代表团驻地警卫缺少枪支，先生即将家中所存四支步枪，

两支驳壳枪相赠。又应叶之请，将好友吴石、张维翰、缪秋杰等介绍给中共代表团成员。

某日，南京市长马超俊突然来访，说"共产党要在南京暴动"。先生即询叶剑英，叶称，近日因大批政治犯获释后，打听寻找十八集团军办事处和中共代表，引起一些市民误会，有人恶意造谣。请先生向马超俊作解释，并向孙科作说明。先生照办了。

9月，先生代表军委会参谋总长程潜陪同周恩来赴山西，周之秘书和先生副官苏鸿恩随行。在山西，先生力劝阎锡山联共保晋，真诚与八路军合作；并通过林蔚（林是先生的学生，时任蒋介石侍从室主任、军令部次长）疏通，给八路军增加了军饷。先生还到访了五台县八路军总部，见朱德与彭德怀，相谈甚欢。

11月，先生与吴石同离南京。先生作《满江红》一词抒怀（见《叙圃词》）。

1938 年（民国二十七年，戊寅）

先生50岁。

2月，先生与世庸同至郑州。先生任第一战区高参室主任。寓原日本驻郑州领事馆。

3月下旬至4月初，台儿庄战役，经惨烈作战，获大捷。先生高度关注战局进展。

5月，徐州会战不利。先生虑及一旦徐州不保，日寇必挟其机械化优势，长驱进入豫东平原，沿平汉线直取武汉。先生认为，我军装备、训练处于劣势。从战略上，必须避免日军利用平原有利地形，由东向西逼近。他在研究了日领馆机要室保存的黄河水文资料后，向第一战区高层提出了决黄河堤以水代兵的方案，并写成《确保西北交通线，阻止日寇于平汉线以东》的建议。通过林蔚，呈交蒋介石。

5月末，先生偕妻同至武汉。因战局险恶，再次命三子何康将决河阻敌建议送交宋美龄亲信邢契莘，邢即转交宋美龄。

6月初，林蔚约见先生，告之蒋委员长已决定采纳其方案。

6月12日，先生随白崇禧巡视马当要塞。27日晨离去，马当于当日沦陷。（《叙圃词》留《齐天乐》一阕）。

11月下旬，先生参加在湖南衡山召开的南岳军事会议。会议决定，设军委会桂林、天水两个行营，分别统一指挥南北两战场作战，桂林行营主任白崇禧，参谋长林蔚，先生任桂林行营总顾问。

是年，先生胞弟何缵在杭州投敌，当了伪杭州市市长。先生亟感羞愧，立即在各大报刊登声明，与何缵断绝兄弟关系。（次年何缵被蓝衣社刺死）。

1939 年（民国二十八年，己卯）

先生51岁。

先生于武汉沦陷前，举家迁往重庆，始寓两路口"云庄"，后迁督邮街，寓所被炸，残存之家什财物，又在转移江北的码头上被炸，家人窘居江北。国民政府立法院在歇马场办公，先生时为立法院军事委员会领导，又任桂林行营总顾问，因此经常往返于广西与重庆之间。

9月，先生在桂林参与第一次长沙会战之谋划。

11月末12月初，日寇攻占南宁及地扼桂越交通线之要隘昆仑关，桂南战役爆发，先生赴迁江协助白崇禧指挥作战。

是年末，叶剑英在何康陪同下至重庆"云庄"见先生，请先生向山西阎锡山转达中共"拥阎抗日"和坚决自卫的立场，劝阎立即停止反共军事行动。先生即访山西驻渝办事处主任孙涣庸，转达了中共意见，并劝阎勿做令亲者痛、仇者快，有损山西实际利益之事。孙为阎之亲信，答应立即密电告阎。

是年，先生内兄陈裕时（皈依佛门后号陈圆白）病重于重庆江北，延至次年逝世。

1940年（民国二十九年，庚辰）

先生52岁。

己卯除夕，先生在柳州前线；庚辰元旦先生又赴扬州军次。前留《青玉案》一阕，后留《探春慢》一词。

是年初，好友缪秋杰于上年末遭诬告被免去四川盐务管理局局长职，先生乃向桂系李、白力荐缪为干才。李宗仁、白崇禧即电蒋介石保荐缪秋杰任"江南六省盐务

特派员"，蒋同意后，缪移驻桂林。4月，经宋子文力荐，国民政府委任缪秋杰为盐务总局总办，主持全国盐政。

5月，缪秋杰通过先生联络，宴请中共南方局领导董必武、叶剑英，先生与何世庸作陪。缪提出拟调运陕甘宁边区花马池盐接济豫西、陕中、川北，以稳定民情军心。董必武、叶剑英表示支持。席间商定，由何世庸代表盐务总局负责经办此事。

是年4月，桂林行营撤销，改组为军委会桂林办公厅，李济深为主任，林蔚为副主任，先生仍任总顾问。是年夏，先生携夫人同住迁江，参与桂南战役前线指挥，留词《采桑子》二阕。

10月末至11月，先生与缪秋杰携朱庆澜长女朱德君同至兰州。先生见第八战区司令长官朱绍良，由朱安排专机，再与白崇禧、胡宗南一同飞往宁夏。宁夏军政长官马鸿逵盛情接待并邀请检阅军队操练。先生等此行，实为贯彻蒋介石笼络控制宁夏地方势力之意图。缪秋杰则为视察西北盐政，安排落实花马池盐运输机构。为此，先生一行由西安至洛阳再至鄂境老河口，访问了第五战区司令长官李宗仁。

是年冬，先生通过缪秋杰安排次子何世平（何鹏）进入浙江盐务系统，又托付老友吕公望予以关照。何世平在浙江永康住进吕公望家（吕曾任浙省督军、省长，其寓所人称"大房子"），中共东南局永康联

络站即设于此。（皖南事变后，何世平与吕公望之子吕师简曾护送饶漱石由浙经沪潜往苏北。）

1941年（民国三十年，辛巳）

先生53岁。

年初，"皖南事变"爆发，先生对蒋介石当局在大敌当前之时，枪口对内，同根相残的做法甚为不满。他从何康转来的董必武信件中得知，八路军办事处经济困难，即筹现款一笔，送至曾家岩五十号交付董老。

是年，先生与张维翰、彭醇士等筑屋北碚。先生不仅在渝常与文人交往，而且在广西桂林也与一批文化人交往密切。据一篇记述篆刻大师周哲文的文章称，先生在桂林曾带同乡青年周哲文（周是福建人）去拜访徐悲鸿、马万里、高甜心等名家。徐悲鸿出示珍藏的《八十七神仙卷》真迹，令周哲文大开眼界，更心向艺术之峰。

是年中，在夫人陈坤立主持下，先生娶陈文玉为庶妻。

9月，先生参与第二次长沙会战之谋划。

10月4日，先生老母孙弄琴病逝于上海。

10月中旬，先生参加蒋介石主持的第三次南岳军事会议。

12月，日军偷袭珍珠港，太平洋战争爆发。

是年，先生醉心书画创作。首绘《长江万里图》（后曾再三创作此题材），好友吴

石亲题"七律"四首于其上。

1942年（民国三十一年，壬午）

先生54岁。

1月末，第三次长沙会战大捷。各界庆祝，先生亦甚欣喜。

3月，先生参加立法院全体会议，通过《国家总动员法》。

4月，先生送中国远征军第一路司令官罗卓英赴印缅，赠罗《水调歌头》词一首（见《叙圃词》）。

7月，应缪秋杰邀请，赴自流井（今自贡市）参加盐井河在邓井关举行的船闸通航典礼。

12月，先生参加立法院例会，通过决议，规定公务员不得直接或间接经商。

1943年（民国三十二年，癸未）

先生55岁。

3月，先生五子出生，名仲山。

7月，先生逭暑贵阳，许国霖将所著《敦煌石室写经题记汇编》及《敦煌杂录》相赠。先生读后，写了《校经图序》。该文是先生重要的考古著作，其中许多观点和论断至今仍闪烁着睿智之光（此文发表于《说文月刊》1945年第5卷3～4期合刊，后被选入《中国敦煌学百年文库（文献卷）》）。

8月初，先生在贵阳参加了公祭国民政府主席林森之典仪。先生对这位早年帮助过

他的同乡十分尊敬。

是年中秋，恰逢好友吴石五十华诞，吴时任第四战区中将参谋长，驻柳州，与先生交往甚密。先生作《百字令》一词奉赠（见《叙圃词》），该词较集中地表现了他与吴石的友谊与共同抱负。

1944 年（民国三十三年，甲申）

先生 56 岁。

是年，日寇发动了困兽之斗的豫湘桂战役。4 月中，日军强渡黄河，豫中会战开始。至 5 月下旬，郑州、洛阳尽失。日寇又进攻长沙、衡阳，长衡战役虽经喋血苦战，但 6 月 18 日长沙失陷，8 月 8 日衡阳陷落。10 万日军又直扑桂林。国民政府虽极力强调桂柳会战之重要，部分军队也曾殊死战斗，付出重大牺牲，但桂林、柳州仍于 11 月中相继陷落。日军前锋直逼贵州独山。

先生时任立法院军事委员会委员长，又长期担任军委会桂林行营和桂林办公厅总顾问，参加过多次军事计划的制订。此次桂柳会战作战计划更出自其好友吴石将军之手。但战事节节失利，酿成抗战以来战场上最重大的失败。特别是成千上万民众不愿做亡国奴，扶老携幼，啼饥号寒，奔走于逃难之途，无数同胞倒毙于荒野路侧，先生二子一女也在难民之列。至此，先生悟及，豫湘桂战役之败，绝非军队装备、训练差或指挥失当问题，根本原因是国民党政府腐败，专制独裁，脱离民众。尤其是出现"前方吃紧，后方紧吃"局面，令先生痛心疾首，扼腕长叹。

是年，先生内心苦闷，寄情山水，创作了大量诗词书画。

1945 年（民国三十四年，乙酉）

先生 57 岁。

4 月 27 日至 5 月 10 日，先生参加了由中国辞典馆馆长杨家骆发起的，有马衡、顾颉刚、庄尚严、朱锦江等参加的大足石刻考察团赴大足县的考察活动。先生三子何康、副官苏鸿恩也参加了考察活动。由吴显齐执笔撰写的考察报告详细介绍了大足石刻群，并对其文化价值作出了极高的评价。

7 月，先生次女出生，名敏。

8 月，日本宣布无条件投降，重庆狂欢。先生时寓北温泉之松林，亦与友人共庆胜利。

10 月下旬，先生参加立法院会议，通过了《处理汉奸条例》，规定曾任伪职荐任以上者均应检举处理。

1946 年（民国三十五年，丙戌）

先生 58 岁。

1 月 9 日，先生偕吴石、陈孝威同游北温泉之缙云山。在汉藏教理院，先生与吴石诗画合璧，陈亦留诗并记其事。

年初，先生外地子媳，本地子女皆聚于重

庆，在大河顺城街赁屋暂住。国民政府颁布定 5 月 5 日自陪都重庆凯旋南京。

6 月，先生举家迁返南京。先生发现，南京普陀路 4 号住宅完好无损，栖霞山别墅虽经日军火焚，但墙垣尤在，颇易修复，大喜过望。何康利用栖霞山别墅及农田办"栖霞农场"，包括张登（沙文汉）在内的不少中共人士曾在此避难。

6 月末，全面内战爆发。

10 月，先生参加立法院会议，呼吁改善公务员待遇。据调查，自上年 9 月至当年 10 月，京沪物价上涨 17 倍，而公务员薪给仅增 7 倍，以至生存维艰。

11 月 15 日至 12 月 25 日，先生作为"制宪国大代表"出席了在南京举行的国民代表大会。大会最终通过了《中华民国宪法》，定"民国三十六年十二月二十五日实施"。

1947 年（民国三十六年，丁亥）

先生 59 岁。

4 月，中共中央上海局书记刘晓、副书记刘长胜，负责统战、军运工作的领导张执一，在上海锦江饭店会见并宴请吴石将军，先生与何康作陪。

是年农历三月初十，先生六十初度。普陀路宅宾客盈门，于右任、邵力子等高官亲莅致贺，侯宝林、郭启儒等名艺人演艺助兴，亦一时之盛也。

8 月，先生突患心冠动脉血栓症，病情极度险恶。幸抢救及时，治疗有方，始转危为安。

先生付印《叙圃词》，答谢亲友存问。

9 月，先生六子出生，名群。

是年末，先生卖掉南京普陀路房产。此后，先生或住栖霞山别墅静养，或至上海与何康、缪希霞夫妇同寓愚园路俭德坊二号，何康时任瑞明公司总经理，俭德坊寓所实为中共上海局地下机关。

1948 年（民国三十七年，戊子）

先生 60 岁。

1 月，先生抱病回家乡福建参加行宪后首届立法委员直选（选民从 40 名参选人中直接选举 3 人）。中共上海局授意何世庸出任竞选办公室主任。行前，先生往访陈立夫，陈亲笔致函国民党福建省党部，要求尽力帮助先生竞选。此函打乱了福建省党部预定之部署，并使福建省主席刘建绪（先生辛亥战友刘建藩之胞弟）找到了相助的借口；加上省议长丁超五为首的地方派与福清县何氏宗亲的鼎力支持，先生后来居上，高票当选。同时，先生也当选了"行宪国大代表"。

3 月 30 日，第一届"行宪国民大会"第一次预备会议在南京召开。此次大会，至 5 月 1 日闭幕。重头戏是选举总统与副总统。总统候选人只有蒋介石与居正；副总统候选人则有孙科、于右任、李宗仁、程潜、莫德惠。副总统竞选各有

"助选团"、"竞选委员会"等，颇为热闹。蒋介石虽力挺孙科，但最终选出的是李宗仁。先生与桂系渊源甚深，自然尽力助李。

5月，先生参加行宪后第一届立法院会议。17日投票选举孙科为立法院院长，陈立夫为副院长。

7月，先生参加立法院会议，三读通过《监察法》。

9月15日，先生参加立法院会议，通过海南岛建省议案。

12月24日，白崇禧在汉口发出"亥电"，谓人心、士气、物力均不能再战。非蒋下台不能谈和，蒋应让别人来谈。

1949年（中华人民共和国建立，己丑）

先生61岁。

1月，先生按照中共意见，在女儿何嘉（中共地下党员）陪同下至汉口，与华中"剿匪"总司令白崇禧三次面谈。完成任务后，返程途经南京，先生又主动面见"代总统"李宗仁，劝李真诚与共产党和谈息兵，避免继续生灵涂炭，勿存"划江而治"之想。

3月，先生由宁转沪，张执一在锦江饭店宴请先生，何康、缪希霞、何嘉在座。

4月下旬，在何嘉陪同下，与吴石同机由沪飞穗。

6月，先生与何嘉同赴台湾。

8月，在台北，先生与吴石密商。时任台湾国防部参谋次长的吴石将军慨允继续为人民解放和祖国统一事业工作。

9月，吴石送先生至机场，先生由台北飞至香港，住何世庸岳父李朗如先生宅。经何嘉联系，吴石将军与中共方面接上关系。

12月末，先生偕陈坤立、何嘉乘一艘英国轮船由香港至青岛，经济南返抵上海。当日，刘晓即到家中看望了先生。

1950年（庚寅）

先生62岁。

1月27日，华东军政委员会在上海成立。中华人民共和国中央人民政府任命先生为华东军政委员会委员、政法委员会副主任、司法部部长。时年27岁的三子何康出任华东农林部副部长，父子同朝，先生甚喜。

3月，"民革"在上海建华东分部，请先生与丁超五、陈建晨等为筹备委员。先生向李济深婉谢未就。先生于1912年同盟会改国民党时，拒绝登记。新中国成立后，先生始终是以无党派民主人士身份参加政府工作和政治活动的。

3月，先生致函上海市长陈毅，副市长潘汉年、盛丕华表示愿将原寄存于上海市博物馆之私人收藏文物7330件捐赠上海市，作为上海人民公共文化财产。经上海市历史博物馆专家核查，原存之物已有435件无法确认，确定尚存者为6895件。陈毅市长等对此甚为重视。

4月，中央文化部褒奖状下达，陈毅特派市教育局长戴白韬至先生家，面交了褒奖状和由陈毅市长，潘汉年、盛丕华副市长署名的致谢函。

6月10日，先生挚友吴石将军在台北市被蒋介石当局杀害。

年中，先生又将收藏于南京栖霞山别墅（即先生所创"中国艺典馆"）中之碑帖等文物捐献给上海市，并将栖霞山别墅房产捐赠给当地办栖霞小学。当地政府曾来函致谢，并附小学照片。

是年，先生与陈文玉女士离婚。

1951年（辛卯）

先生63岁。

据故宫博物院1951年文物入藏大事记载：当年接收文物局转拨北京图书馆旧藏文物一批，其中有"何遂先生捐赠的石雕龙头一件"（此物何时捐赠不详）。

是年末，先生心脏病复发，住华东医院，病情险恶，医院发了病危通知。先生自度将死，特请中共华东区统战部负责人陈同生至病房，当面对中共的统战工作、干部作风，以及吴石将军的暴露牺牲等问题提出了尖锐的批评，措辞激烈。事后又觉有些话说过了头，以至不愿配合医生诊治。此时，陈毅市长亲至病房看望了他，对他多所宽慰。在华东医院医护人员的精心治疗护理下，先生渡过了

危险期。但医生诊断，先生的心脏病已相当严重，已不适宜担当正规的工作，需要长期休养。

1952年（壬辰）

先生64岁。

是年，先生疗养于沪上，以书画自娱。与画家吴湖帆、唐云、谢稚柳、陈佩秋夫妇、王个簃、钱瘦铁、吴青霞等颇多交往。先生曾多次向上海市领导反映过书画家们的处境、愿望与要求。

是年夏，政府安排先生至太湖大矶山华东干部疗养院疗养。此后连续4年，每至盛暑，先生均至太湖大矶山疗养。先生健康日益恢复。

1953年（癸巳）

先生65岁。

1月，华东军政委员会撤销，同时改为华东行政委员会。先生仍任华东行政委员会委员、政法委员会副主任、司法部部长。

2月，先生心脏病再次发作，入住华东医院。

4月，中央政府免去先生华东行政委员会司法部部长职务。

7月，朝鲜战争宣告结束。先生一直十分关注抗美援朝进程，并为这一胜利深感自豪。

1954 年（甲午）

先生 66 岁。

是年夏，先生在无锡太湖大矶山华东干部疗养院为四子何达讲述了生平经历，为期两月，后曾多次补充。

8 月末，华东行政委员会遵照中央人民政府决定宣布结束。先生所任华东行政委员会委员、政法委员会副主任职务同时免去。

9 月，先生当选中华人民共和国第一届全国人民代表大会代表（代表单位为福建省），参加了 9 月 15 日至 28 日在北京召开的第一届全国人民代表大会。20 日通过了中华人民共和国宪法。先生当选第一届全国人民代表大会法案委员会委员。

1955 年（乙未）

先生 67 岁。

是年，先生举家由上海迁居北京，先借寓孙岳遗孀崔雪琴家，后迁至西四帅府胡同（今西四北二条）长住。

是年，先生将家中尚存之古文物，包括敦煌唐人彩绘佛像残片及若干宋枕等，悉数捐赠故宫博物院。至此，家中再无一件古文物。

1956 年（丙申）

先生 68 岁。

4 月清明，先生携世平、仲山、何迪等赴小汤山孙岳墓祭扫。先生迁京后，特往拜望了李济深、李根源、康同璧等老友，与画家李可染、萧淑芳等多有交往。人大办公厅本为先生配有专车，先生多年除公务外很少使用。他曾携仲山等步行到邻近的报子胡同（今西四北三条）去看望程砚秋，还多次乘三轮车去看望顾颉刚。

是年，先生参加全国人大代表赴地方的视察，目睹社会经济欣欣向荣，民生安定，民心昂扬向上，先生深庆民族振兴有望，创作了许多诗词书画作品。

1957 年（丁酉）

先生 69 岁。

7 月 11 日，先生在全国人大一届四次会议上做了《对中国现代史研究的几点建议》的发言。

是年 7、8 月，先生参加了全国人大常委会组织的多次反"右派"会议。先生四子何达及多位好友被界定为"右派分子"，先生深感困惑。先生在沪与台盟中央主席谢雪红为病友，私交甚好；某日突见报载谢为"大右派"，竟持报茫然呆坐半晌。

1958 年（戊戌）

先生 70 岁。

是年，"大跃进"，"超英、赶美"的呼喊使先生格外兴奋。先生起草了一份关于保护和利用北京古城墙的建议，相当具体，如提出可在北京古城墙上修路、发展旅游业等。此外，还建议山区重视造林，提出山区造林可利用《天工开物》（明宋应星著）中的办法，如把种子包在掺有肥料的泥土中，用弓箭射到峭崖上。这些建议，都经何世平交给了人大常委会办公厅。

是年，先生到兰州视察，见到邓宝珊、邓团子父女，非常高兴。他带白兰瓜回京，对家人说："兰州发展这么快，我真没想到。"

是年，在"除四害"、"讲卫生"运动中，先生应五子仲山之请，为邻近的41中学画了大量国画，用以美化该校清洁的楼道，颇受师生赞扬。

1959 年（己亥）

先生 71 岁。

4 月，先生当选第二届全国人大代表，参加了 4 月 18 日至 28 日在北京召开的二届人大一次会议。大会选举刘少奇为国家主席，宋庆龄、董必武为副主席。先生继续担任人大法案委员会委员。

9 月，发现大庆油田，先生兴奋不已，赋诗作画。

10 月，李济深逝世。先生与长子世庸同往吊唁。数十年挚友猝然永诀，先生为之一恸。

先生帅府胡同寓所系一较大四合院，家中常住人口不多，仅占北房与东厢房，南房与西厢房长期空置。是年恰逢新中国成立十周年，特赦一批战犯。先生主动表示欢迎特赦战犯前来同住。杜聿明、宋希濂、王耀武、杨伯韬、周振强等被安排至南房与西厢房居住（后杜聿明、宋希濂迁出）。先生本隶军界，多为熟人，相处和睦。陈长捷等故旧还特地来看望过先生。

1960 年（庚子）

先生 72 岁。

1 月 25 日春节，溥仪来家拜年，相谈甚欢。

3 月末至 4 月上旬，全国人大二次会议确定了高指标跃进计划，先生与会。至年中，粮荒袭击神州大地。

12 月 19 日，先生心脏病第五次发作，入阜外医院。

1961 年（辛丑）

先生 73 岁

1 月 30 日，先生病稍瘥，出院回家。

是年，中共中央统战部召开党外人士"神仙会"，又在人民大会堂每两周组织一次"形势报告会"，先生几乎每会必到。

10 月 7 日，先生与诸多辛亥老友一起参加了纪念辛亥革命五十周年的座谈会；董必武副主席、周恩来总理接见并与辛亥老人们合影留念。10 月 9 日，先生参加了在人民大会堂隆重举行的纪念辛亥革命五十周年大会，并出席了董必武副主席的宴请。

是年，在全国政协文史办主编，中华书局出版的《辛亥革命回忆录》第一辑上，先生发表了《辛亥革命亲历纪实》一文。

是年冬，先生偕夫人赴广东休养。

1962年（壬寅）

先生74岁。

年初，先生夫妇到海南岛儋县三子何康家过农历春节。何康时任华南热带作物研究院暨华南热带作物学院院长兼党委书记。先生参观"两院"后，对橡胶北移事业甚感兴趣。在何康一家陪伴下，先生夫妇遍游海南岛。并在何世庸陪伴下，参观了莺歌海盐田。何世庸当时是莺歌海盐田建设工程的负责人。

是年春，先生在广东从化疗养。喜遇1906年南京第九镇任排长时之战友季方。二人追忆往事，不胜感慨，先生画竹梅持赠。在从化温泉疗养期间，先生与康同璧、萧三、顾颉刚、戴爱莲等过从甚密。创作多幅国画，多首诗词记其游踪。

是年，先生写了一个"促进我国天然橡胶事业发展"的议案，呈交全国人大常委会。

12月，蓝菊孙携《诗经国风研究》书稿来访，请先生作序，先生高兴地作长诗代序，并画山水图持赠。应蓝之请，先生偕蓝拜访了同乡作家谢冰心。

1963年（癸卯）

先生75岁。

春节，先生家团年饭聚者26人，丝竹歌乐各尽其兴，先生即兴赋诗纪之。

是年，先生在京以书画自娱。写过一篇有关开发莺歌海盐业及其他产业的建议送交全国人大。

11月17日至12月3日，先生参加了第二届全国人大第四次会议。

1964年（甲辰）

先生76岁。

是年，先生在《文史资料选集》第四十八辑上发表了《反袁回忆》一文。

是年，先生再次当选第三届全国人大代表（代表单位为福建省）。三子何康同时当选第三届全国人大代表（代表单位为广东省）。父子再次同朝，何康始届"不惑"，先生以"切勿骄傲"诫之。

10月，我国第一颗原子弹爆炸成功，先生为之欢呼。

1965年（乙巳）

先生77岁。

是年，先生在《文史资料选集》第五十一辑上发表了《关于国民军的几段回忆》。

某日，王震将军来访，两个老军人在客厅兴奋地拥抱。

是年秋，李宗仁、郭德洁回国后，曾去绒线胡同施今墨家看病，恰与携孙儿何迪至施处诊病之先生巧遇。老友重逢甚欢。李宗仁夫妇得知缪秋杰住在隔壁，即往看望。时缪已瘫痪在床，李甚念旧，特从国外购药赠之。李宗仁、郭德洁不久即到帅府胡同看望了先生。

1966 年（丙午）

先生78岁。

年中，"文化大革命"狂飙乍起。先生于不安中致信何康，称"你自少年即忠于党的事业，兢兢业业，埋头苦干，绝非走资本主义道路的当权派"。又写长信致何达，称"你心地善良，悟性很高，我相信你将来的生活一定会好起来的"。

1967 年（丁未）

先生79岁。

此时，先生多位亲友已在浩劫中罹难。先生心平如水，处之泰然。

1968 年（戊申）

先生80岁。

元旦后，先生心脏病再次发作。先生拒绝住院。延至1月10日，在表亲孙昌惕、柳璇医生劝说、帮助下，始入北大医院。1月11日12时30分，先生因心力衰竭逝世。守在身边的有小女何敏、孙儿何巍，还有何敏好友樊沈英。

何遂家系简表

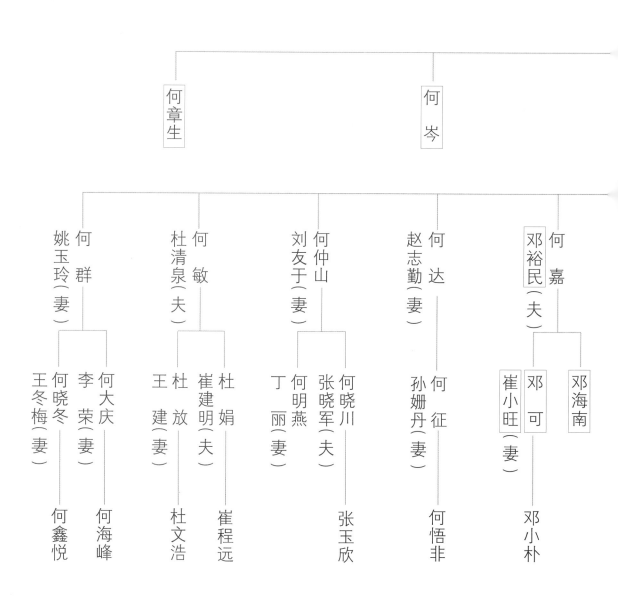

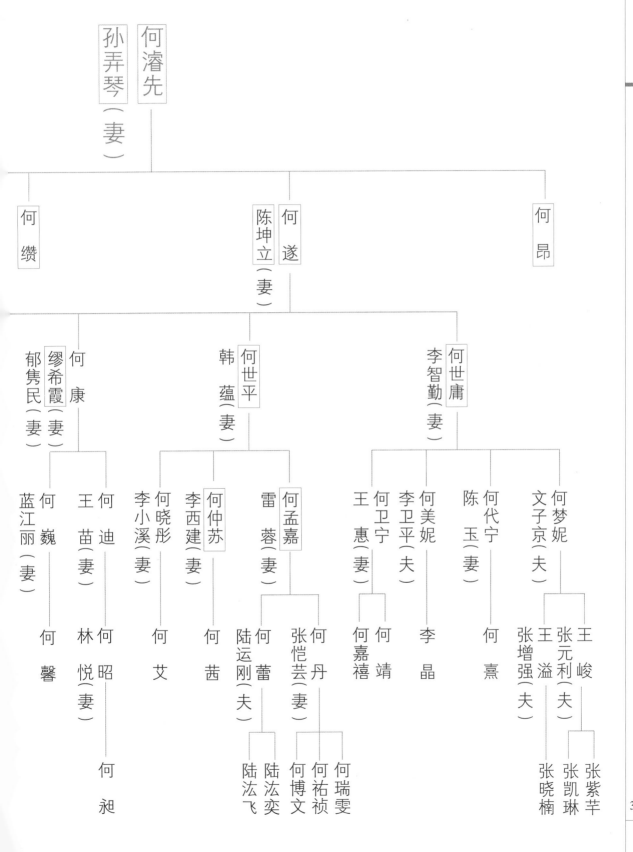

这本书的故事 （代后记）

何 达

眼下有句时尚的话："重要的不是结果，而是过程。"本书成书的过程，其实是一段漫长的，交织着梦想与破灭、快乐与辛酸的故事。

1954年夏，父亲大病初愈，被安排到太湖大矶山华东干部疗养院休养，我正休学在家，父亲把我带去，住在疗养院附设的招待所里。应我的要求，父亲为我详细地讲述了他生平的经历。父亲的讲述坦白、形象，极富感情。对己，绝无隐恶扬善的矫饰，即便最难启齿的隐私也直言不讳。对人、对事，直抒己见，词锋如刀。父亲非常投入，他圆睁双目的怒吼声，曾惊得护士闯进门来。我被感动了，陶醉了，也增加了不少历史知识。当仲秋的凉风催我们回家，父子站在宽宽的阳台上，隔湖面对的是美丽的鼋头渚，远处据传是范蠡载西施泛五湖的地方。江山如画，我透着几分自负对父亲许诺，一定要把他一生的传奇经历写出来，父亲像孩子般开心地笑了。

1957年，我被错划为"右派"分子。在农村，

父与子。何遂、何达1950年摄于上海

经过近4年"脱胎换骨"的劳动改造，1961年摘掉"右派"帽子。从这年起，我依据记录协助父亲陆续撰写并发表了三篇自述文章，即《辛亥革命亲历纪实》、《反袁回忆》和《关于国民军的几段回忆》。遗憾的是，在"文化大革命"中，为了保护老父亲的安全，那份几经补充但过于直白且涉人甚广的原始记录被烧掉了。两代人不同的"梦"化作缕缕青烟，消失在暗夜里了。

"文化大革命"后，机会多起来，但年逾不惑的我不得不为适应新的职业和养家糊口奔忙，仅在1985年写过一篇悼念父亲的文章，该文经三哥何康托习仲勋副委员长转呈邓颖超主席阅后，在当年2月24日的《人民日报》上发表了。这是父亲去世17年后对社会的一个告白。

2001年，我以父亲《辛亥革命亲历纪实》一文为基础，经过实地考察，参照相关史料，费了老大力气，写完长篇纪实作品《辛亥血》。结果市场反应极其冷淡，该文仅在美国《侨报》全文连载，内地

只有武汉的《长江日报》选载了一部分。我意识到父亲的知名度不高，而且已经失去鲜活的第一手资料，走纪实文学的路是不行的。

我的大哥何世庸是个宽厚而富有远见的人。他生于1914年，是父亲最看重的长子，了解父亲中年以后的事情最多，个人的经历也很丰富。他很想把父亲的事迹以至第二代的经历写出来，传之于世，认为这反映了大时代的脉动与变迁，是有意义的。他给我写过许多长信，鼓励我并以丰富的想象出谋划策。他把多年积累的图书文字资料全部交给了我，其中包括他在"文化大革命"被囚期间以交代历史为名撰写的长篇回忆资料。作为广东省黄埔同学会的会长，他以八十余岁高龄带着姐姐何嘉、我和赵志勤夫妇参观了长洲岛黄埔军校旧址，逐一瞻仰了父亲留下的那些碑刻原迹。他又和大嫂李智勤约同三哥与三嫂郁隽民住到他们家里，用了半个月时间，共同追忆了何家两代人的往事，三嫂将全部录音交给了我。二嫂韩蕴也把二哥何世平生前所写全部个人、家庭资料交给了我。这些资料不仅成为撰写《何遂年谱简编》的依据，而且使我认识到，通过哥哥姐姐的叙述，可以基本上勾勒出父亲中年以后的主要事迹。从2002年起，我与大哥合作开始了这方面的实践。于是，《花园口决堤见闻与思考》、《筹运花马池盐的往事》等文，相继在《百年潮》杂志上发表。

我的妹妹何敏、妹夫杜清泉曾两次向我建议编辑出版一本纪念父亲的文集，并提出父亲的遗作《丛台集序》和《叙圃词》等均有出版价值。有些社会人士，譬如保定军校亲属联谊会中的故旧，原国民军第三军将领的后人，都曾表示过类似的意愿。

总之，亲友们的愿望和支持，促使我着手谋划编辑出版一本纪念父亲的综合性文集。

但是，囿于我个人的视野、能力和精力，这件事情的进展是缓慢的，我也深感力不从心。

2006年春，我到香港旅游，见到何迪和王苗。谈到我正为父亲编一本纪念文集，何迪说他也正想为爷爷出一本书，自然有了共同的话题。何迪是三哥何康的长子，好学而敏锐，在金融界已颇有成就。他的少年和进入青年的时期，都在爷爷身边度过，对晚年的爷爷有所了解并怀有很深的感情。王苗是靠勤奋与灵性从不幸中闯出来的著名摄影家，又是出版业的行家里手。他们夫妇带着崭新的思路和运作方式倾情投入，迅速组成了本书的编委会，安排了多次"寻踪之旅"，成功地调动起何家两代人的积极性，也大大激发了我的潜能。把原本少数人分散孤立的行为转化为整个家族集中协调一致的实践，是何迪和王苗的点睛之笔，也是他们组织才能的体现。从此，本书的编辑程序进入了快车道。

俗话说"众人拾柴火焰高"，有一段时期，每一次编委会的聚议，都会看到令人惊喜的进展，无论在父亲遗作的搜集或主要事迹的挖掘方面，都在快速地推进。

根据何代宁从互联网上获得的线索，我顺利地从国家图书馆查到了父亲作于1932年的《唐故米国大首领米公墓志铭考》（保存本书库），出版于1937年的《叙圃甲骨释略》（普通古籍书库），作于1943年的《校经图序》（敦煌专题书库）。继而，在国家图书馆工作人员热情帮助下，又查到了《绘园画册》、《绘园藏瓦》、《绘园古鉴》、《丛台集序》、《兵要地理》（手稿）等遗作。这个过程使我深切感受到图书馆事业对传承人类文明有多么重要，而国家图书馆计算机管理系统的投入运行，又给读者带来了多么大的方便。本书编委会第二次会议到的人特别多，大家看见这么多"老人家"遗作的复印件，都高兴得欢呼起来。父亲生前讲过他和陈独秀的交往和在文化方面的合作，现在从石印出版的《叙圃甲骨释略》上看到陈独秀不仅为该书题词，而且亲自誊写了全文。面对当年两位文化跋涉者的友谊结晶，大家都肃然起敬。所有的亲人都知道，父亲曾把大量收藏的古文物捐赠给多个地方的博物馆，但不理解他为何不给子孙留下一件文物。这次读了他被列为"百年敦煌文献"的《校经图序》，才找到了真正的答案。我们真诚地向国家图书馆致敬，致谢！

父亲有两本遗作，是这次经过一番曲折才找到的。一本是《何叙甫藏甲骨文》，我们知道这个书目。1935年父亲将收藏的甲骨文拓片整理成《何叙甫藏甲骨文》，由南京中央研究院历史语言研究所制成粘装拓本。但我们在大陆多个图书馆均未找到复制本。王苗为此向她在台湾的朋友庄灵先生求助，终于在台北中央研究院历史语言研究所找到了。该研究所慨赠三页，其一钤有朱印，本书得以刊载。这也是两岸民间文化的一次自然交流。另一本是《欧洲观战记》。有些名人词典在何遂条目中提及过此书，但家人从未见过。2007年夏，经何仲山、刘友于联络，耄耋高龄的三哥三嫂带领我们远赴重庆寻踪。在潘国平博士帮助下，居然于搬迁中的重庆图书馆查到此书书目。后经潘博士多方努力，终于获得这本1921年由重庆军事日刊社出版的《参观欧洲大战记》。该书记录了1916年12月至1918年7月何遂奉命赴欧观战，历经日、美、法、英、意、比、瑞士诸国，考察战场、战事之见闻记录与心得。贯穿全书的力主向西方先进科学技术学习，引进外

本书编委会会议。左起：雷蓉、何迪、何康、何达、何嘉、郁隽民、徐鸣（后坐者，何遂好友徐祖善之子）、何仲山、背对者为缪希陶（缪秋杰之小女）。会议讨论热烈，王苗抓拍了这一瞬间

国人才，培养国内人才的议论和建议，应该说是较早提倡打开国门、学习西方的声音。我们谨向台北中央研究院历史语言研究所和重庆市图书馆致敬、致谢！衷心感谢庄灵先生、潘国平博士的帮助。

杜清泉、何代宁从互联网上下载了二百余页有关父亲的资料，其中孙中山1924年11月7日致包括父亲在内的参加北京政变的主要将领的具名复电，有关广州长洲岛黄埔军校旧址的资料，以及多幅流传于社会的父亲书画真迹等，均在核实后充实了本书的内容。

父亲热爱传统的诗词书画，毕生创作，乐此不疲。经众亲友共同努力搜集，使本书在这几方面都能有所选载。1947年出版的《叙圃词》是父亲留下的最完整的一束旧体词作，写作年代贯穿整个抗战时期。其中不乏饱含爱国激情的豪放之篇，也确有不少懊怅柔懑之音。父亲深受柳永、周邦彦、吴文英的影响，又是多情种子，实不足为怪。这里原汁原味地刊出，并做了必要的校注。

我们力求在本书中较完整地概括父亲一生的主要事迹。父亲生前留下四篇自述性文章，对早年经历有比较详细的记载。辛亥革命是他一生的起点，也是他一生最辉煌的篇章。他的《辛亥革命亲历纪实》一文，已被众多史论文章或著作直接引用。《关于国民军的几段回忆》以他自身的视角，撮记了北京政变的背景和过程，留下了国民军第三军若干珍贵的第一手资料。

何世庸口述的《抗战初何遂与中共高层的交往》，生动具体地描述了"抗战"初期国共合作的真实状况。《花园口决堤见闻与思考》一文，则触及黄河决堤以水代兵那场巨大的民族灾难。显然这个事件绝非三五人的建议所能酿成，该文只是一个当事者后辈的回忆。值得注意的是，何世庸亲聆了当年叶剑英对此事的评价。战争是无情的，赢弱的中华民族为战胜暴虐的强敌是不惜付出任何代价的！千秋功罪，任后人评说吧。

吴石将军对中国人民的解放事业和国家统一大业做出过巨大贡献，并为此奉献了自己的生命和全家的幸福。但他的事迹长期偃然无闻，坊间里下（特别在境外）对吴石本人以至吴石与父亲的关系误传、误解甚多，本书刊载了何康口述的《从大陆战斗到台湾——缅怀吴石伯伯》一文。何康、何嘉两位沉默了半个多世纪的当事人提供了珍贵的第一手资料，吴石长子吴韶成世兄多次给予指导并提供了重要的第一手资料，使这篇沉甸甸的文章对历史、对公众都做出了必要的交代。

父亲一生非常热衷于社会的文化事业，特别是文物考古事业。弟弟何仲山撰写的《父亲与文物考古》一文，以学者的严谨，经过多方调查、考证，对父亲参与的文化活动进行了可贵的发掘与彰显，对父亲留下的几篇考古著述，也做了有益的阐释。

父亲在新中国生活了18年。这个饱经沧桑、极富个性的老人如何适应新的环境？如何渡过运动接着运动的18个春秋？何迪以第三代的视角，深情地讲述了一个又一个故事，并不吝"触及自己的灵魂"。《我心中的爷爷》一文，堪称以个人事件见证大时代的佳作。何代宁缅怀爷爷的文章，则生动地再现了老人家晚年休养、文化生活中的一些趣闻。

2008年是父亲诞辰的120周年，也是他逝世的40周年。老人家人缘好，全家亲人都热望能在这年出版文集来纪念他。到年底已经汇集了父亲的遗作19篇（部），还有一批书画作品和旧照片，同时汇集了14篇有针对性的纪念文章，撰写了《年谱简编》。这个成果，远远超出我原本的设想。如果没有第三代何迪、王苗的组织策动，没有何家两代人的共同努力，是不可能实现的。

令大家欣喜的是，此时年届九五与先父有过交谊的老艺术家黄苗子先生为本书题写了书名。他慨然说"义不容辞"，我们衷心地感谢他的盛情。

我写文章马马虎虎，编书却不在行。王苗富有编辑出版的实践经验，由她承担了这方面的工作，从文章的排列分部、语言的风格、图片的选择安插到版式、装帧的设计，处处渗透了她的美学理念和心血。本书追求"亲切自然、真实客观、多元谐和、贴近生活"的整体风格，这主要是王苗的贡献。

2008年12月，《何遂遗踪》在香港由中国书局出版了。

捧读之余，我再次领悟：一件美好事物的背后，总是会聚着许多人的心血和智慧。这里我们还要感谢朱建辉先生，他为本书翻拍了数百张照片，辛辛苦苦为许多旧照片修版。我们感谢雷蓉女士热心地多方支持效力，感谢王菓女士做了大量后勤工作，她们的努力使编书的运作更为顺畅。我本人还要特别感谢数十年与我忧患与共的爱妻赵志勤，她勤劳低调，总是默默地承担起各种家事，使我能精力充沛地去做想做的事情。

《何遂遗踪》在港出版后，内地也有一些读者。不敢说好评如潮，但确实听到不少赞扬的声音——"真实"、"坦诚"、"美"、"看上去很舒服"，等等。我们也萌生出将此书在内地出版的念头。

两年多过去了，因为考虑诸如"市场前景"之类的问题，《何遂遗踪》被内地一些出版机构拒之门外。终于，人民出版社把目光投向了一个几乎被社会遗忘的人物，该社的领导辛广伟和编辑们决定出版这本书，并且充分肯定香港版的优点，同意基本保持原书整体风格，并提出了许多中肯的改进意见，责任编辑孙涵女士及校对、美编为本书付出的智慧与辛勤劳动，令我们敬重难忘。

这次内地出版，增加了两篇文章，即《何遂主持黄埔军校校务前后》与《解放战争时期的何遂》，这样就把父亲一生的历史表达得更加清晰完整了。

我们感谢人民出版社。我们衷心祈望，本书的出版，能把一位一生爱国，一生孜孜不倦地追求进步的已故辛亥老人的拳拳之心留驻于人世间。

2012年4月

从辛亥走进新中国

编委会主任：何 康

编委会成员：何世庸 李智勤 韩 蕴 何 康 郁隽民
何 嘉 何 达 赵志勤 何仲山 刘友于
何 敏 杜清泉 雷 蓉 何 迪 王 苗

主 编：何 达 王 苗

总 策 划：何 迪

书名题字：黄苗子

装帧设计：李明元

摄 影：朱建辉

图书在版编目（CIP）数据

何遂遗踪：从辛亥走进新中国／何达 王苗 主编 .- 北京：人民出版社，2012.11

ISBN 978 - 7 - 01 - 011366 - 1

I.①何… II.①何… ②王… III.①何遂（1888～1968）- 纪念文集 IV.① K827=7

中国版本图书馆 CIP 数据核字（2012）第 249476 号

责任编辑：孙 涵

出版发行：人民出版社

地 址：北京东城区隆福寺大街 99 号

邮 编：100706

邮购电话：(010) 65250042 65289539

印 刷：环球印刷（北京）有限公司

经 销：新华书店

版 次：2012 年 11 月第 1 版 2012 年 11 月北京第 1 次印刷

开 本：787 毫米 ×1092 毫米 1/16

印 张：24

字 数：360 千字

书 号：ISBN 978 - 7 - 01 - 011366 - 1

定 价：188.00 元

版权所有·侵权必究